ANNETTE KEHNEL

DIE SIEBEN TODSÜNDEN

Menschheitswissen
für das Zeitalter der Krise

ROWOHLT

3. Auflage April 2026
Originalausgabe
Veröffentlicht im Rowohlt Verlag, Kirchenallee 19,
20099 Hamburg, Oktober 2024

Satz aus der Mercury Text
Gesamtherstellung CPI books GmbH, Leck
ISBN 978-3-498-00696-9

Kontaktadresse nach EU-Produktsicherheitsverordnung:
produktsicherheit@rowohlt.de

FÜR MEINE ELTERN.

Ein großer Dank für den Reichtum an Erfahrung,
den ihr an uns weitergegeben habt.

INHALT

II. AVARITIA – BESITZ

III. LUXURIA – KONSUM

VI. IRA – GEWALT

VII. SUPERBIA – MACHT

Where is the wisdom we have lost in knowledge?
Where is the knowledge we have lost in information?

Wo bleibt die Weisheit, die wir im Wissen verloren?
Wo bleibt das Wissen, das die viele Information uns nahm?

T. S. ELIOT, CHORUSES FROM «THE ROCK» (1934)

PROLOG:

ERFAHRUNGSWISSEN KANN LEBEN RETTEN

Als am 26. Dezember 2004 eine Tsunamiwelle über die Küsten Thailands und Indiens hereinbrach, starben mehr als eine Viertelmillion Menschen. Touristen, die Sonne tanken wollten, Einheimische, die ihrer täglichen Arbeit nachgingen, Väter, Mütter, Kinder, alle wurden gleichermaßen von der Naturkatastrophe überrollt. Mit einer Ausnahme: Mehrere indigene Stämme blieben weitgehend verschont. Sie mussten kaum Opfer verzeichnen, obwohl sie sich mitten im Auge der Katastrophe befanden. Es handelte sich um Bewohner der Andamanen und Nikobaren, einer Inselgruppe im Golf von Bengalen. Menschen, die in einfachsten Verhältnissen lebten und Fischfang betrieben, beinahe unberührt von der modernen Zivilisation. Was rettete sie?

Keine ausgeklügelte Technologie, sondern Erfahrungswissen. Überlieferte Kenntnis im Umgang mit Naturgewalten. Die Inselbewohner wussten, dass die Götter des Meeres alle zehn oder zwanzig Generationen zornig werden. Dass sie dann wild um sich schlagen, Wind und Wellen schicken, wie sie kaum ein Mensch je gesehen hat. Und sie wussten auch, was in einem solchen Fall zu tun ist: auf die Frühwarnsysteme achten, etwa den Tieren folgen, sich gegenseitig warnen, in die Höhen steigen und abwarten, bis sich der Zorn der Götter gelegt hat. Genau das war es, was die indigenen Stämme taten. Zu einem Zeitpunkt, als alles noch in Ordnung schien, als die Touristen an den thailändischen Stränden sich noch in der Sonne aalten. Die Inselbewohner überlebten, weil sie rechtzeitig handelten, in Einklang mit jahrhundertealtem Erfahrungswissen.[1]

Erfahrungswissen kann Leben retten. Diese Einsicht sorgt gegenwärtig – im Zeitalter der Polykrisen – dafür, dass sich die Arbeitsweisen der Wissenschaft verändern. Das betrifft nicht nur die Erdbebenforschung, sondern auch die Klimaforschung, die Resilienzforschung, sämtliche Zweige der Zukunftsforschung. So werden die Auswirkungen der Eisschmelze in der Arktis auf die globalen Ökosysteme in enger Zusammenarbeit mit den Inuit erforscht. Maßnahmen zum Erhalt der Artenvielfalt von Flora und Fauna, etwa im Gebiet des Sambesi, bauen auf die Kenntnisse einheimischer Kulturen, und das indigene Heilpflanzenwissen Asiens ist von großem Interesse für die Pharmaindustrie. «Traditional Ecological Knowledge» (TEK) ist weltweit auf dem Vormarsch. Die Zeiten, in denen traditionelles Wissen belächelt wurde, sind vorbei.[2]

Zugleich ist Vorsicht geboten vor einem blinden *run* auf verschollene Weisheiten und Wissenstraditionen sogenannter Naturvölker, vor falschen Hoffnungen, romantischer Verklärung und gefährlichen Heilsversprechen. Im Januar 2023 besuchte ich meine jüngste Tochter Lotte in Vancouver, wo sie ihr «Gap Year» nach dem Abitur verbrachte. Sie begleitete mich ein Stück auf der Suche nach den Weisheiten der First Nations an der Pazifikküste. Zuerst ging es nach Squamish ins Lil'wat Cultural Centre, dann mit der Fähre von Horseshoe Bay nach Nanaimo auf Vancouver Island und von dort nach Alert Bay, weit im Norden, wo uns im U'mista Cultural Centre Vain Alfred, ein Vertreter der Kwakwaka'wakw, die Masken, Tänze, Rituale seines Stammes, aber auch die Regeln, Tabus und Verbote erklärte. Ich nahm an einer Survivors Conference teil, mit Menschen, die als Kinder die berüchtigten Residential Schools überlebt hatten, und führte Arbeitsgespräche mit Kolleginnen und Kollegen an der University of British Columbia. Es war die vermutlich spannendste meiner bisherigen Forschungsreisen und zugleich die ernüchterndste. Denn in all den Gesprächen mit den Menschen vor Ort war eine Botschaft unüberhörbar: Unsere Traditionen lassen sich nicht einfach nachahmen. Sie sind nicht statisch. Auch wir verändern uns ständig und aktualisieren unsere Wissensvorräte von Generation zu Generation. Hört auf, uns nachahmen zu wollen. Indigenes Wissen ist kein Exportgut. «Davon, dass ihr ein bisschen trommeln lernt, mit den Bäumen redet und Süßgras flechtet, werden sich Klimawandel, Artenschwund, Müllberge in den Weltmeeren etc. nicht beeindrucken lassen. Ihr habt all diese Krisen verursacht! Warum nutzt ihr nicht eure eigenen Wissensressourcen?»[3]

Doch wo ist das «traditionelle Wissen» des Westens? Auf diese Frage war ich nicht vorbereitet. War enttäuscht und ernüchtert zugleich. Denn natürlich war sie berechtigt, aber eben nicht das, was ich hören wollte. Dazu kam die fast provokante Frage meiner Tochter: Du kennst dich doch aus in der Vergangenheit. Wo ist das Problem?

Spontan fallen uns die weisen alten Frauen ein, Kräuterweiblein, Hildegard von Bingen oder das frühe keltische Christentum, sibirische Schamanen usw. Wenn man etwas tiefer bohrt, stellt sich automatisch die Frage nach den Regelsystemen traditioneller westlicher Gesellschaften. Welche Rituale, welche Tabus, welche Verbote gab es? Welche Feste bestimmten ihren Lebensrhythmus? Was war ihnen heilig? Welche Geschichten erzählte man sich, und wer war zuständig für die Weitergabe dieser Traditionen an die nächste Generation? Spätestens hier kommen Überlieferungen ins Spiel, die meist mit Religion verbunden waren. Genauer gesagt jene Wissenssysteme, die seit dem Zeitalter der Aufklärung dem Bereich des Magisch-Religiösen zugeordnet und zur Privatsache erklärt wurden. Man war froh, diese altmodischen Regeln endlich loszuhaben. Ganz besonders traf dies auf all die Einschränkungen im Namen der Sünde zu. Hatte nicht die Kirche damit über Jahrhunderte die Menschheit geknechtet, individuelle Freiheiten eingeschränkt, Unterdrückung und Sklaverei gerechtfertigt, Menschen zu dumpfem Schuldbewusstsein verdammt? Ganz besonders den Todsünden haftet der Mief der Jahrhunderte an. Allenfalls etwas für religiöse Fanatiker oder Psychopathen, wie sie Morgan Freeman und Brad Pitt im Psychothriller «Se7en» aus dem Jahr 1995 zur Strecke bringen müssen.

Doch es steckt viel mehr dahinter. Auf der Suche nach den Weisheiten des Westens, ermutigt durch die vielen Fragen, wage ich in diesem Buch ein Experiment, indem ich das Konzept der Todsünden gleichsam unter das Mikroskop lege, die einzelnen Bestandteile analysiere, um das darin tradierte Erfahrungswissen des Westens, Weisheiten, Maßnahmen, Regeln für den Erhalt des sozialen und natürlichen Gleichgewichts – und damit für das langfristige Überleben einer Gesellschaft –, herauszuarbeiten. Denn jede der sieben Todsünden deckt eine Grundbedingung menschlicher Existenz ab: Bei Gula (Völlerei) geht es um Ernährung, bei Avaritia (Habgier) um Besitz, Reichtum und Gerechtigkeit, bei Luxuria (Ausschweifung) um Konsum, um das Verhältnis zur Mitwelt, seien dies Menschen, Tiere, Natur oder Konsumgüter. Acedia (Trägheit) betrifft das menschliche Bedürfnis nach Sicherheit, das Problem von Verlustängsten, die uns am Status quo festhalten lassen und Entwicklung verhindern. Invidia (Neid) verhandelt die Schattenseiten der Konkurrenz. Ira (Zorn) bearbeitet das Thema Aggression und Gewalt, und bei Superbia (Hochmut, Glaube an die eigene Unverwundbarkeit) geht es um Hierarchie, Status und insbesondere um die Gefahren der Macht.

Nimmt man all das zusammen, ergibt sich ein überraschend zeitgemäßes Bild des Menschen – als Ausgangspunkt einer Lehre, die nicht auf Maßregelung und Unterdrückung abzielt, sondern auf Balance, Resonanz und Ausgleich. Dabei geht es weniger um das individuelle Glück und Wohlbefinden, zu dem uns die Ratgeberliteratur unserer Tage verhelfen will. Vielmehr geht es um den Menschen in seiner Umwelt, als soziales Wesen und als Teil der Natur. Das in der Todsündenlehre gespeicherte kollektive Erfahrungswissen zeigt uns, wie wir unseren destruktiven Kräften entgegenwirken und unser positives, weltveränderndes Potenzial entfalten können. Es liefert uns einen neuen Deutungshorizont und, so hoffe ich, eine neue Denkweise für den Umgang mit den großen Herausforderungen unserer Zeit.

EINE KURZE GESCHICHTE DER TODSÜNDEN

*«Das Wort Sünde kommt von absondern,
das heißt sich entfremden.»*[1]

NIKOLAUS VON KUES

Das Konzept der Sünde kam zwar erst spät in der Menschheitsgeschichte auf, ist jedoch wesentlich älter als das Christentum.[2] Am Anfang war ein Störgefühl. Ein Gespür dafür, dass Menschen – warum auch immer – durch ihre bloße Existenz die kosmische Ordnung durcheinanderbringen. Dieses Unbehagen schlägt sich nieder in Versuchen der Wiedergutmachung und des Ausgleichs, wie sie in vielen alten Kulturen aufscheinen. Dazu gehören Opferkulte zur Beschwichtigung der Naturgewalten, Regeln der Zurückhaltung, Verbote, sogenannte Tabus, oder auch Vorstellungen postmortaler Wiedergutmachung: die Idee, dass eine Seele nach dem Tod erst dann zur Ruhe kommt, wenn all die Verletzungen, all die negativen Spuren, die ihr Träger zeitlebens hinterlassen hat, durch positive Taten ausgeglichen sein werden. Das heißt, die Seele wird nach dem Tod des Körpers weiterexistieren, wird reinkarniert, muss wandern. Bis das Gleichgewicht wiederhergestellt ist. Diese Idee reicht möglicherweise zurück bis ins 2. Jahrtausend v. Chr., lässt sich jedoch erstmals in indischen Quellen des 7. und 6. Jahrhunderts v. Chr. fassen.

Orpheus und die Seelenwanderung

Ungefähr in dieser Zeit taucht die Vorstellung der Seelenwanderung auch in Griechenland auf. Hier spielt Orpheus, der mythische Urvater der Musik, Kind des Gottes Apollo und der Muse Kalliope, eine zentrale Rolle. Er konnte so wunderbar singen, dass Menschen und Tiere gleichermaßen in seinen Bann gerieten. Ja sogar die Felsen vergossen Tränen, wenn er seine Lyra spielte. Trotz dieser außergewöhnlichen Gabe – die nicht schöner den Einklang des Menschen mit dem natürlichen Gleichgewicht zum Ausdruck bringen könnte – war da das Gefühl, dass etwas nicht stimmte. Es rührte von der Trauer, vom Leiden des Menschen am natürlichen Lauf der Dinge. Und der arme Orpheus litt unendlich. Er vermisste seine geliebte Gefährtin Eurydike. Sie war weg. Von einem Göttersohn vergewaltigt, von einer Schlange gebissen, tot. Es waren die Götter, die Gewalt der Natur, die ihm sein Liebstes entrissen hatten.

Der arme empfindsame Orpheus vermochte das nicht zu akzeptieren. Und weil er ein Liebling der Götter und so überaus musikalisch und so überaus verzweifelt war, gelang ihm das Unmögliche: der Abstieg in die Unterwelt. Mit dem unwiderstehlichen Zauber seiner Musik überlistete er Charon, den Fährmann über den Styx, und den Höllenhund Kerberos. Schließlich gelang es ihm sogar, Hades, den Gott der Unterwelt, zu überreden. Er rang ihm die Erlaubnis ab, seine geliebte Eurydike mit zurück ins Reich der Lebenden zu nehmen. Allerdings – Gott Hades war ein Zocker, für ihn war der Kampf um Leben und Tod das Alltagsgeschäft – unter der Bedingung, dass sich Orpheus auf dem Weg aus der Unterwelt kein einziges Mal nach seiner Geliebten umsehen dürfe.

Der Aufstieg verlief zunächst reibungslos, Orpheus voraus, Eurydike hinterher. Kurz vor dem Tor zur Welt der Lebenden fiel Orpheus jedoch plötzlich auf, dass er die Schritte seiner Eurydike nicht mehr hören konnte. Reflexhaft drehte er sich zu ihr um – und augenblicklich sank die Geliebte zurück ins Totenreich.

Gleich mehrfach wird in dieser Geschichte über verletzte

Ordnung erzählt. Vergewaltigung, Schlangenbiss, Tod. Das alles klingt schrecklich und steht doch für die unerbittliche, gewaltsame Natur. Den Lauf der Dinge. Orpheus – der Mensch – kann sich damit nicht abfinden. Versucht, eine bessere Welt zu schaffen. Das Paradies wiederherzustellen, das er dereinst mit Eurydike teilte. Dieses Unterfangen misslingt. Und lässt den armen Orpheus in einer Not zurück, die die Trauer um den Tod seiner Geliebten bei Weitem übertrifft. Denn fortan lastet auf ihm die Schuld. Dabei hatte er es ja nur gut gemeint.

Es ist diese tragische Geschichte, die Orpheus zur Gründerfigur einer frühen griechischen Religion macht. Die Orphiker waren eine Art postmortaler Wanderverein. Ihre Lehren kreisten um eine Reise, die die Seele nach dem Tod antreten musste. Sinn und Zweck dieser Reise war die Reinigung.[3] Dabei war der Orphismus keine Religion im Sinne eines institutionalisierten Kultes, vielmehr – davon geht man heute aus – gab es mehrere verschiedene, kleine, regional organisierte, voneinander isolierte orphische Gemeinden oder Gruppen, die manche gemeinsame Ansichten und Praktiken teilten.

Unser Wissen über die Orphiker stammt von Grabungen auf Kreta, Sizilien und in Nordgriechenland. Dort fand man Grabbeigaben, beschriftete Goldplättchen, die den Toten in die Hand oder vor den Mund gelegt worden waren. Die Inschriften auf diesen Plättchen erzählen von der Wanderung durch die Unterwelt.[4] Genauer noch handelt es sich um eine Art Reiseführer ins Jenseits mit erstaunlich präzisen Angaben zur Jenseitsetikette:

> Der Erinnerung Werk ist dies. Wenn du gestorben bist,
> kommst du zu des Hades weitem Haus. Es liegt rechts eine Quelle,
> bei ihr steht eine weiße Zypresse.
> Dort erfrischen sich beim Abstieg die Seelen der Toten.

Dieser Quelle sollst du ja nicht nahekommen.
Weiter weg wirst du, wie es vom See der Erinnerung
niederrinnt,
kaltes Wasser finden: Wächter stehen darüber,
die werden dich mit klugem Geiste fragen,
weshalb du durchwanderst des schlimmen Hades' Dunkel.
Sprich: Kind bin ich der Erde und des gestirnten Himmels.
Von Durst bin ich trocken und vergehe: doch gebt rasch
kaltes Wasser, das niederrinnt vom See der Erinnerung.
Und sie werden mit dir Mitleid haben, auf Wunsch des
unterirdischen Königs,
und sie werden dir zu trinken geben vom See der
Erinnerung,
und auch du wirst den langen Weg gehen, den auch
die anderen
Mysten und Bakchen gingen, den heiligen, die berühmten.[5]

Der See der Erinnerung ermöglicht Orientierung für die Seele. Das Goldplättchen hilft dem Wanderer, den gefährlichsten Teil des Weges bis zur Quelle der Erinnerung zu bewältigen. Es zeigt ihm, wo es langgeht, und sagt ihm, was zu tun ist. Wenn auch unklar bleibt, was genau das Ziel ist, scheint es hier um die Suche nach Erlösung zu gehen.

Doch warum bedarf es der Erlösung, woher rührt die Schuld? Nun, von Orpheus' misslungenem Versuch, der Natur eine Ausnahme abzuringen. Das Leben schöner zu machen. Jenes Paradies wiederherzustellen, das er mit seiner Geliebten Eurydike erfahren durfte. Orpheus hat alles gegeben und ist doch gescheitert. In der orphischen Welt gründet die «Ur-Schuld» in der Liebe, im Verlangen, eine ursprünglich verlorene Unschuld zurückzugewinnen.

Brudermord, Dionysos und die Titanen

Es gibt noch eine andere, weniger komplexe Erzählung, die das ursprüngliche Störgefühl auf einen Akt der Gewalt zurückführt. Gemäß einem aus späterer Zeit überlieferten orphischen Schöpfungsmythos hat das Menschengeschlecht seinen Ursprung in einer ungeheuerlichen Bluttat.[6] Hier sind die Titanen die Übeltäter, eine göttliche Geschwisterschar, Kinder des Uranos, die zunächst von sich reden machen, weil sie, angespornt von ihrer Mutter Gaia, ihren Vater kastrieren. Später treten sie den Kampf gegen die Götter des Olymps an und töten aus Übermut, vielleicht auch aus Eifersucht, den Knaben Zagreus alias Dionysos. Zagreus ist der kleine Sohn des Zeus, und als er wieder einmal mit Blitzen seines Vaters spielt, kommt es zum grausamen Mord: Die Titanen reißen das Kind in sieben Teile und kochen es in einem Kessel, um es dann gemeinsam zu verspeisen. Als Zeus davon erfährt, ist er außer sich, und er bestraft seinerseits die Titanen, indem er sie mit seinen Blitzen verbrennt. Später bereut er die Tat und macht aus der Asche der Titanen, in der ja auch die des kleinen Dionysos enthalten ist, Menschen.

Ein Ursprungsmythos, der die Erschaffung der Menschen gleich mit zwei Gräueltaten in Verbindung bringt: mit der grausamen Gemeinschaftstat der Titanen an dem unschuldigen Kindgott Dionysos und mit dem Rachemord des Zeus an den Titanen. Die Botschaft liegt auf der Hand: Der Stoff, aus dem Menschen gemacht sind, ist eine hochgefährliche Mischung. Sie enthält sowohl die Stärke und Gewalttätigkeit der Titanen als auch den göttlichen Funken des Dionysos. Hier, im dionysischen Ursprung, wurzelt der orphische Glaube an die Unsterblichkeit der Seele. Doch lastet andererseits das gewalttätige Erbe der Titanen schwer auf der menschlichen Existenz.

Nur zur Beruhigung sei erwähnt, dass Dionysos auf wundersame Weise überlebt beziehungsweise reanimiert wird. Zeus persönlich – oder, je nach Erzähltradition, auch Rhea, eine der Titaninnen – fügt die Glieder des jungen Gottes wieder zusammen und lässt ihn auferstehen. Nun lebt Dionysos erst einmal glücklich und zufrieden als Gott des Weines und des Rausches. Eine Lebensform, die nicht lange auf dem Olymp geduldet wird: Bald gehen den Göttern der Lärm und die Gesänge der ständig besoffenen Freunde so auf die Nerven, dass sie Dionysos und seinem Gefolge Hausverbot erteilen. Und sogar die Titanen werden wieder zu neuem Leben erweckt.

Dieser Mythos begründet das Störgefühl mit einer Art Systemfehler. Die Erkenntnis, dass Menschen eine Gefahr für die kosmische Ordnung sind, wird begründet mit dem explosiven Material, aus dem sie geschaffen wurden.[7] Wichtig ist, dass es dabei nicht um Sünde im Sinne eines individuellen Fehltritts geht, sondern um eine Schuld, die dem Einzelnen vorausgeht, eine «prähumane» Schuld. Allerdings, und das ist die gute Nachricht, besteht die Möglichkeit des Ausgleichs und der Versöhnung: Dazu muss die Seele auf ihrer postmortalen Wanderung zur Quelle der Erinnerung gelangen, wo sie die Fähigkeit zur Wiederherstellung des ursprünglichen Gleichgewichts erlangt.

Doch wer genau muss versöhnt werden? Es ist Persephone alias Kore, die Mutter des Knaben Dionysos, Königin der Unterwelt und zuständig – gemeinsam mit Demeter, dessen Großmutter – für Wachstum und Gedeihen auf der Erde. Persephone war einst als lebenslustiges Mädchen beim Blumenpflücken überrascht, vergewaltigt und von Hades in die Unterwelt entführt worden. Mehr noch, irgendwie gelang es ihm, Persephone zum Bleiben und zur Heirat zu überreden, was allerdings zur Folge hatte, dass Wachstum und Gedeihen oben auf der Erde zum Erliegen kamen. Schließlich einigte man sich auf eine Teilzeitehe als Kompromiss. Persephone wohnte abwechselnd bei ihrem Gatten in der Unterwelt und auf dem Olymp bei ihrer Mutter Demeter. So konnte das natürliche Gleichgewicht und insbesondere der rechtmäßige Ablauf der Jahreszeiten gesichert werden. Wenn Persephone in der Unterwelt weilte, war es Winter, und wenn sie wieder auf der Erde erschien, wurde es Frühling und Sommer. Damit waren Saat und Ernte, Hitze und Kälte, Tod und Leben, Werden und Vergehen, kurz: der Kreislauf der Natur, gesichert. Mit dem Mord der Titanen an Dionysos drohte erneut Verstimmung. Persephone, die Mutter, die Natur, musste versöhnt werden.

Hier liegt der Grund dafür, dass die Orphiker alles Lebende als etwas ihnen Ebenbürtiges verehrten. Sie versuchten, jede überflüssige Einflussnahme auf die Natur zu vermeiden, ernährten sich ausschließlich von Unbeseeltem, verzichteten auf tierische Produkte, trugen Leinen statt Wolle, lehnten Lederschuhe ab, und was ihnen ganz und gar nicht behagte, waren Blutopfer für die Götter. Auch andere hellenistische Schulen, etwa die des Sokrates, vertraten das Konzept der Seelenwanderung und versuchten, ihre Spuren so gering wie möglich zu halten. Sokrates selbst sei Vegetarier gewesen, wird überliefert, laut einer arabischen Erzählung stammt von ihm die Mahnung «Macht aus eurem Magen keinen Tierfriedhof».[8] Auch die Pythagoräer predigten die Enthaltung von Beseeltem, und Empedokles predigte die Abschaffung des blutigen Tieropfers und schlug stattdessen Opfergaben aus Teig und Honig vor.[9]

Der jüdisch christliche und der muslimische Ursprungsmythos begründet das Störgefühl noch mal anders, gewissermaßen intellektuell, mit dem Genuss der Frucht vom Baum der Erkenntnis. Adam und Eva und alle ihre Nachkommen verlieren damit ihren Platz im Paradies, sind seither Heimatvertriebene, ein Mythos, der der gesamten Menschheit einen kollektiven Migrationshintergrund gibt. Die Wanderung wird ins Diesseits verlegt. Und auch hier ist Gewalt im Spiel. Die Bluttat des Kain an seinem

Bruder Abel entspringt allerdings nicht der Lust an Gewalt oder einem unbändigen Naturell, sondern vielmehr dem Neid des Älteren auf den Jüngeren. Kain fühlt sich zurückgesetzt, weil sein Brandopfer von den Göttern weniger geschätzt wird als das seines Bruders. Gleichzeitig wird in der christlichen Tradition seit der Spätantike der Orpheusmythos lebendig gehalten und vielfach weiterentwickelt. Orpheus und Jesus teilen die Erfahrung in der Unterwelt und die Hoffnung auf die Möglichkeit der Überwindung des Todes.[10]

Mit dem Anbruch der Moderne im 18. Jahrhundert wurden weniger empfindsame Stimmen immer lauter. Prometheus: der unbändigste der Titanen, der den Göttern trotzte, das himmlische Feuer stahl, es zu den Menschen trug und sie die Schmiedekunst lehrte, die Voraussetzung zur Unterwerfung, ja Überwindung der Natur. Der junge Goethe erhob den Titanen in seiner Sturm-und-Drang-Zeit zum Schutzheiligen der Moderne: «Bedecke deinen Himmel, Zeus, mit Wolkendunst!» Sein Gedicht «Prometheus» (1772) war dem modernen Menschen gewidmet, der seine Faust gen Himmel erhebt und all das Wissen der Alten abschüttelt. Der sich der göttlichen Ordnung widersetzt, weder Sinn für Schuld noch ein Interesse am kosmischen Gleichgewicht zeigt. Selbst als er zur Strafe an einen Felsen im Kaukasus geschmiedet wird, schleudert Prometheus dem Göttervater Zeus sein trotziges «Ich dich ehren? Wofür?» entgegen.

Vom orphischen Urfehler zu den antiken Lasterkatalogen

Wie lassen sich die Folgen der orphischen Urschuld ausgleichen? Wie die Gefahren, die von dem dionysisch-titanischen Gemisch namens Mensch ausgehen, möglichst kleinhalten? Die griechischen Philosophen brachen das Problem herunter auf die Frage nach dem guten Leben. Für Aristoteles war die Spannung zwischen *arete* (Gutheit, Tugend) und *kakia* (Schlechtigkeit, Laster) entscheidend. Beide beruhen gleichermaßen auf dem Wollen, und erst das Übermaß macht eine Disposition zum Problem. Die aristotelischen Einzeltugenden – Tapferkeit, Mäßigung, Freigebigkeit im Umgang mit äußeren Gütern, Ehre, Sanftmut, Freundlichkeit, Wahrhaftigkeit, Gerechtigkeit und vor allem die Vernunfttugenden wie Klugheit, Weisheit, Intuition, Einsicht, Beherrschtheit – bilden die Grundlage aller traditionellen Wissenssysteme des Westens.[11]

Die gnostische Lehre formulierte ihr Wissen im Bild der Seele, die nach dem Tod himmlische Lasterkreise durchwandern und die verschiedenen Wirkbereiche böser Gestirneinflüsse in der Planetensphäre überwinden muss: die Trägheit des Saturn, den Zorn des Mars, die Wollust der Venus, die Habsucht des Merkur, die Herrschsucht des Jupiter. Die Essener, eine jüdische Sekte, unterschieden zwischen dem Geist des Lichts und dem Geist des Frevels, Letzterer charakterisiert durch Unersättlichkeit in Form von Habgier, Trägheit, Bosheit, Lüge, Stolz und Hochmut, Betrug und Täuschung, Grausamkeit, Jähzorn, Torheit, Eifersucht und Halsstarrigkeit. Die Stoiker kamen ohne Sterne oder Götter aus. Sie verorteten das Problem im Inneren des Menschen, insbesondere im menschlichen Begehren. Zu den Hauptleidenschaften (pathe) zählten sie Betrübnis, Furcht, Begierde und Lust.[12]

Daraus entstanden sogenannte Lasterkataloge. Sie sind im Grunde als Versuch zu verstehen, eine Antwort auf die Frage nach den Ursachen des Ungleichgewichts zu finden. Einige sprachen auch von der Herkunft des Bösen. Doch noch wichtiger ist ihre praktische Bedeutung: Der Aufzählung und dem Aussprechen dieser «Sünden» wurde ein reinigender Effekt zugesprochen. Um das «Böse» – egal, ob in Form von Gedanken, Taten,

Worten oder Gewohnheiten – loszuwerden, muss die Seele sie benennen können. Aus dieser Vorstellung heraus erwuchsen lange Listen von Schädlichem, das oft nur vorausschauend ausgesprochen werden musste, um es unwirksam zu machen. Auch in vielen anderen Kulturkreisen ist diese Idee verbreitet. Wir finden solche «Sündenlisten» in religiösen Texten aus China, Tibet, Turkestan oder Ägypten. Das ägyptische «Buch der Toten» etwa nennt gleich zweiundvierzig Sünden, von denen der Verstorbene quasi vorsorglich bestätigt, dass er sie nicht begangen oder schon gesühnt hat.

Am Anfang steht also eine ernüchternde Erkenntnis: Das Menschensein ist mit der Gefahr verbunden, die natürliche Ordnung aus dem Gleichgewicht zu bringen. Auch im Christentum wird Sünde als Rebellion gegen die Natur, als Gewalt gegen die Schöpfung definiert.[13] «Sündenlisten» sind ein Versuch, die Störungsquellen genauer zu identifizieren, um die Fehler, wenn nicht beheben, so doch immerhin eindämmen zu können. Laster- und Tugendkataloge waren nützliche Hilfsmittel, Werkzeuge, wie Minendetektoren ermöglichten sie das Auffinden des im Menschen verborgenen explosiven Materials.

Allerdings war es schon bei den alten Griechen mit dem Wissen allein nicht getan. Der Erkenntnis folgt Arbeit: Geradeso, wie ein Athlet tagtäglich trainieren muss, um fit zu bleiben, muss sich der Philosoph tagtäglich im Guten üben. Man nannte das Askese, vom griechischen *askein,* übersetzt «üben», «ausüben» oder etwas «mit Sorgfalt bearbeiten». Askese bezeichnete neben sportlichen und militärischen Übungen (exercitia) ein körperliches und seelisch-geistiges Training.[14]

Die Anfänge in der ägyptischen Wüste: Evagrius Ponticus

Die Grenzen zwischen der Welt der antiken und jener der christlichen Philosophie sind fließend. Im 4. Jahrhundert findet man die ältesten christlichen Spuren, und zwar in der ägyptischen Wüste. Dorthin nämlich zogen sich vermehrt überforderte Großstadtmenschen zurück, um in der Einsamkeit endlich Ruhe zu finden. Einer davon war Evagrius Ponticus (griech. Euagrios Pontikos, 345 bis 399 n. Chr.).[15] Er gilt als Vater der christlichen Todsündenlehre.

Evagrius kam wie viele große Heilige aus der heutigen Türkei, der anatolischen Stadt Ibora, damals die römische Provinz Helenopontus (daher der Name Ponticus), heute Turhal. Er entstammte einer wohlhabenden Familie, hatte eine gute Ausbildung bei bedeutenden Lehrern wie Basilius von Caesarea und Gregor von Nazianz genossen und zog als junger Mensch in die Großstadt, nach Konstantinopel, der damaligen Hauptstadt des oströmischen Reiches. Dort studierte er weiter, wurde Diakon und erarbeitete sich eine Stellung als nachgefragter Berater und Redner. Wie es scheint, lebte er ein gutes und nicht besonders frommes Leben. Dazu gehörten auch Liebesbeziehungen, bis schließlich eine davon gefährlich zu werden drohte: Der Ehemann einer Geliebten hegte Mordpläne gegen Evagrius. Diese Geschichte führte ihn in eine tiefe Krise. Evagrius ließ alles hinter sich und zog nach Jerusalem. Dort lebte er einige Zeit in einer Gemeinschaft von Männern und Frauen, die unter Führung von Melania, einer adeligen Römerin, und Rufinus, ihrem Gefährten, ihr spirituelles Fortkommen suchten. Evagrius aber wurde krank, litt an einem unerklärlichen Fieber, das einfach nicht besser werden wollte. Bis ihn Melania zur Rede stellte: «Sohn, deine lange Krankheit gefällt mir nicht. Sag mir, was in dir vorgeht.» Kaum hatte Evagrius ihr seine

Geschichte erzählt, eine Generalbeichte abgelegt, setzte die Heilung ein. Er entschloss sich, als Mönch, im radikalen Rückzug von der Welt, nach innerem Frieden zu suchen.

Der Ort, an dem man ein solches Vorhaben damals am besten verwirklichen konnte, war die Wüste. Vermutlich um das Jahr 384 zog Evagrius nach Kellia, einer Eremitensiedlung in der Sketischen Wüste, ungefähr siebzig Kilometer südöstlich von Alexandria. In diesen Ausläufern der Sahara hatten sich seit der Mitte des Jahrhunderts immer mehr christliche Männer und Frauen niedergelassen, um in der Einsamkeit Gott und sich selbst zu finden. Trendsetter war der heilige Antonius, der im Jahr 356 als Hundertjähriger verstorben war. Es ging diesen Menschen auch um den Rückzug aus familiären Bindungen und den Verpflichtungen ihrer Herkunftsgemeinden. Untereinander jedoch pflegten sie – auch als Eremiten – eine lose Gemeinschaft, geprägt von festen Regeln und angeleitet durch einen frei gewählten erfahrenen «Seelenführer». Sie lebten ein Leben im ständigen Wechsel von Handarbeit und Gebet, der Rezitation von Gebeten und Psalmen sowie der Meditation im Sitzen.

Die Eremiten suchten nach Freiheit von den Leidenschaften und innerer Gelassenheit. Das Ziel war Stille, *hesychia*. Ein Zustand innerer Ruhe als Voraussetzung eines Lebens der Kontemplation. Der Einstieg in dieses Leben erfolgte in drei Schritten: zunächst im Rückzug aus der Welt, der Aufgabe enger persönlicher Bindungen und Partnerschaften; sodann mit einfacher, rein pflanzlicher Ernährung, schlichter Kleidung, wenig Besitz; schließlich durch die tägliche Übung in Meditation und Gebet (Askese).[16]

Der Lebensweg des Evagrius Ponticus – von Ibora in der römischen Provinz Helenopontus (der Evagrius seinen Beinamen verdankt) bis zur Eremitensiedlung Kellia in der Sketischen Wüste. Welche Routen Evagrius genau gewählt hat und ob er etwa zu Land oder zu Wasser gereist ist, lässt sich nicht mit Sicherheit sagen.

Donau
Schwarzes Meer
THRACIAE
Sinope
Trapezunt
Hadrianopolis
Konstantinopel
PONTUS
Ibora
(Geburtsort)
Nicomedia
Ancyra
Caesarea
ASIANA
Euphrat
Ephesos
Antiochia
Tripolis
ORIENS
Mittelmeer
Caesarea
Jerusalem
Bethlehem
Hebron
Pelusium
Alexandria
Petra
Nitria
Aegyptus
Kellia
Bubastis
Sketische
Wüste
Palaestina
Salutaris
Memphis
AEGYPTUS
Arcadia
Nil
Rotes
Meer
0 100 200 300 km
Theben

In einer solchen Gemeinschaft also verbrachte Evagrius den Rest seines Lebens. Bis zu seinem Tod im Jahr 399 schrieb er erstaunlich viele Bücher: Anleitungen zum geistlichen Leben (Institutio), Briefe aus der Wüste an befreundete Mönche und Nonnen (Epistulae), Regeln für Männer und Frauen, die ein spirituelles Leben führten (Ad monachos, Ad virginem), hundert Sätze für die praktische Umsetzung (Praktike). In einem Traktat über acht Übel des Geistes (De octo spiritibus malitiae tractatus) dokumentiert Evagrius die Ergebnisse aufmerksamer Selbstbeobachtung: Was man früher etwas altbacken «Anfechtungen» nannte, bezeichnet er als schädliche Gedanken, als Feinde im eigenen Kopf, die Zufriedenheit und das Erreichen der eigenen Ziele verhindern. Die Grundlage seiner Überlegungen ist die «Praktike», also das ganz praktisch-asketische Alltagsleben. Es geht um Erfahrungswissen im Umgang mit inneren Konflikten. Evagrius ist im Grunde ein Psychologe, der die verborgensten Winkel menschlicher Regungen und Motivationen ausleuchtet.

In seiner Sammlung von «Sprüchen», die er mit spitzer Feder, oft selbstironisch, aber stets mit Zugewandtheit und Humor zu Papier brachte, identifiziert Evagrius acht Hauptfeinde, denen er jeweils ein eigenes Kapitel widmet:

1. Fresslust (gastrimargia)
2. Ausschweifung (porneia)
3. Geldgier (philargyria)
4. Kummer und Sorgen (lypê)
5. Zorn (orgê)
6. Überdruss (akedia)
7. eitle Ruhmsucht (kenodoxia)
8. Hochmut (hyperêphania)[17]

Um die Sache anschaulich zu machen, gibt er den inneren Feinden die Gestalt von Dämonen, die sich anschleichen und dem Menschen etwas einflüstern. Der Dämon der Fresslust zum Beispiel setzt den Verstand außer Kraft: «Nebelgewölk verhüllt die Sonnenstrahlen, und die dumpfe Verdauung der Speisen verfinstert den Intellekt.» Vertrieben werden kann dieser Dämon mit einer möglichst trockenen Diät. Der Feind namens Zorn verleitet zur Selbstzerfleischung: «Die Gedanken des Zornigen sind ein Natterngezücht, und sie fressen das sie gebärende Herz.» Hochmut vergleicht Evagrius mit einem «Geschwulst der Seele, voll von Eiter, wenn es reif ist, platzt es und verursacht starken Ekel». Die Gier nach Geld und Besitz macht das Leben schwer und raubt die Freiheit: «Wie ein überladenes Schiff von jeder Welle bedrängt wird, so wird der Vielbegüterte von seinen Sorgen überschwemmt.» Die Habsucht verführt den Menschen dazu, sich einer Vorsorge zu widmen, die in Wirklichkeit nur Ausdruck von Angst um sich selbst ist.

Sprüche wie «Ein Reicher ist von Sorgen gefesselt, wie ein Hund an die Kette gebunden ist» oder «Ein wütender Mönch ist eine einsame Wildsau» sind einprägsam und unterhaltsam. Zwar richtet sich Evagrius damit auch an die «Weltlinge», doch sind die Mönche im Grunde schlimmer dran, denn in der Einsamkeit der Wüste sind sie nur mit sich selbst konfrontiert, und der Intellekt, die inneren Stimmen – davon ist Evagrius überzeugt – sind das, was am schwersten zu zügeln ist. Dieser innere Feind plagt alle gleichermaßen, egal, ob Mönch oder nicht.

Das Büchlein wurde ein Bestseller spätantiker Ratgeberliteratur und auch international rezipiert: Evagrius schrieb in seiner Muttersprache Griechisch, überliefert sind Übersetzungen auf Äthiopisch, Arabisch, Armenisch, Koptisch, Latein, Syrisch und möglicherweise auch Georgisch. Bald schon fanden die acht Gedanken auch im Westen Europas Verbreitung.[18]

Von Ägypten nach Südfrankreich. Cassian verbreitet die «acht Gedanken» im Westen

Johannes Cassian (ca. 360 bis ca. 435 n. Chr.) war ein Schüler des Evagrius. Er zog nach einigen Jahren in der ägyptischen Wüste nach Frankreich, damals Gallien, und gründete in Marseille ein Kloster. Man bat ihn, die Weisheiten der ägyptischen Klöster aufzuschreiben. Anfangs weigerte er sich. Ihn interessierte die Zukunft, nicht die Vergangenheit. Auch war er der Meinung, dass handeln wesentlich mehr zählt als reden oder Bücher lesen. Und er hielt wenig von guten Ratschlägen für die Jungen. So berichtet er jedenfalls im Vorwort seiner «Instituta» (Grundsätze), zu deren Abfassung er sich also doch überreden ließ.

Prominent vertreten war in dieser Schrift Evagrius' Achtlasterlehre. Cassian fasste die schädlichen Gedanken in Krankheitsbildern zusammen, fragte nach möglichen Ursachen und empfahl – ganz in der Tradition der Antike – Gegenmaßnahmen als Heilmittel (remedia).[19] Im Grunde war er, wie auch Evagrius, ein Psychologe, der die inneren Nöte der Zeitgenossen zu formulieren verstand. Und auch seine Schrift fand ein großes Publikum. In ganz Europa machte das Konzept aus der ägyptischen Wüste Karriere, Texte aus dem 6. Jahrhundert belegen die Verbreitung von Irland bis Nordafrika. Die Synthese von antiker Gelehrsamkeit, ägyptischer Psychologie und abendländischem Pragmatismus erwies sich als ungemein erfolgreich.[20]

Wie so oft in der Weltgeschichte wurden mehr oder weniger zeitgleich an verschiedenen Orten ähnliche Entdeckungen gemacht. In Spanien schrieb ein pensionierter Jurist namens Aurelius Prudentius Clemens (348 bis 405) ein Lehrgedicht mit dem schönen Titel «Psychomachia», wörtlich der «Kampf der Seele» – und zwar gegen die Laster. Prudentius hatte in Rom studiert und dort Gladiatorenkämpfe gesehen. Er kannte das Gefühl, im

Kolosseum mitzuverfolgen, wie zwei Kämpfer ihre Kräfte messen. Entsprechend ließ er in seiner «Psychomachia» jedes Laster, ausgestattet mit einem Heer von Kriegern, gegen die zugehörige Tugend antreten.

Wie überaus unterhaltsam das werden konnte, zeigt der Kampf zwischen Luxuria, hier Verschwendung, und Sobrietas, Nüchternheit (Gregor der Große wird ein Jahrhundert später Sobrietas zum Gegenmittel gegen Gula erklären):[21] Luxuria erscheint auf dem Schlachtfeld ziemlich verlebt und verwahrlost, stinkend nach Essensresten und Alkohol. Ein so heruntergekommenes Laster dürfte eigentlich nicht in der Lage sein, seinem tugendhaften Gegner standzuhalten, zumal sich Luxuria vor Kampfbeginn auch noch übergibt und völlig erschöpft ist. Als das Signal zum Kampf ertönt, lässt sie erst mal alles stehen und liegen und schwankt vom Schlachtfeld. Nach einiger Zeit kommt sie – noch immer sturzbetrunken – auf ihrem prächtig verzierten Prunkwagen zurück und streut körbeweise Veilchen und Rosen über ihre Gegner aus, um sie so, durch eine völlig unkriegerische Kampfesweise, zu entwaffnen. Doch die Rechnung geht nicht auf, Luxuria verliert den Kampf. Ihre Vasallen fliehen vom Schlachtfeld: Die Lust lässt ihren Bogen samt vergifteten Pfeilen fallen, die Eitelkeit flieht nackt, lässt ihr teures Kleid zurück, ebenso Verführung und Vergnügen, die barfuß über dornige Pfade davoneilen. Sobrietas geht siegreich vom Platz, und alle Zuschauer hatten ihren Spaß.

Knapp zweihundert Jahre später arbeitet ein Mönch namens Gregor, von Geburt Römer, aber aus beruflichen Gründen einige Zeit in Konstantinopel tätig, an einem umfassenden Kommentar zum Buch Hiob (Moralia in Iob). Über die Todsünden kommt Gregor zu den Versen Hiob 39,24–25, die beschreiben, wie ein Schlachtross aufhorcht, nervös mit den Hufen scharrt und wiehert, wenn es den Kampf wittert, das Klappern der Speere vernimmt und das Jauchzen und Schreien der Feinde von ferne hört.

In bunten Farben malt Gregor diese Schlacht aus und beschreibt dabei den Kampf des Soldaten mit den Feinden, als da wären Neid, Zorn, Schwermut, Geldgier, Völlerei und Wollust. Angeführt werden sie von Hochmut, dem Ursprung allen Übels. Auch hier ist die Seele Schauplatz des Kampfes. Einmal beschreibt Gregor den Menschen als Gefangenen der Laster, ein andermal betont er, dass diese im Grunde genommen aus guten Absichten hervorgehen. Hochmut etwa ist oft eine Folge von großer Kenntnis und Gelehrsamkeit, Grausamkeit kann dem Bedürfnis nach Gerechtigkeit entspringen, Gleichgültigkeit erscheint zuweilen als eine Begleiterscheinung der Sanftmut, Zorn ist die Kehrseite von Eifer und Trägheit die von Freundlichkeit.[22]

Gregors Gedanken leuchten ein. Und auch weil er später als Gregor der Große zu einem der berühmtesten Päpste wurde, hat man seine Texte gelesen, studiert, zitiert und immer wieder abgeschrieben. Mehr als 1666 erhaltene Handschriften belegen die Popularität seiner Schrift.[23] Dabei bestand die größte Neuerung Gregors in einer winzigen, aber entscheidenden Veränderung. Er vereinfachte das Konzept und vervollständigte es zugleich. Evagrius' Kummer (lypê/tristitia) fasste er mit Überdruss (acedia) zusammen, die Ruhmsucht (kenodoxia) schlug er dem Hochmut (superbia/hyperêphania) zu. Er machte also aus den acht Gedanken sechs. Und fügte den Neid (invidia) hinzu. So entstand der Siebenerkatalog:

Superbia
Avaritia
Luxuria
Invidia
Gula
Ira
Acedia

Die Reihenfolge war variabel. Kürzel wie «SALIGIA», «SIIAAGL» oder «SIAGLIA» dienten als Eselsbrücken. Stets führte Superbia die sieben Laster an.[24]

Komplementär setzt sich auch eine Siebenerliste der Tugenden durch:

humilitas (Demut, gegen den Hochmut)
paupertas (Armut, gegen die Habgier)
castitas (Zurückhaltung, gegen die Ausschweifung)
caritas (Liebe, gegen den Neid)
sobrietas (Nüchternheit, gegen die Völlerei)
patientia (Geduld, gegen den Zorn)
contricio (Reue, gegen die Trägheit)

Was genau sind Todsünden?

(Thomas von Aquin)

Bisher war – das dürfte vielleicht schon aufgefallen sein – kein einziges Mal von «Todsünden» die Rede. Wir sollten uns klarmachen, dass im Mittelalter die sogenannten Todsünden weder unbedingt Sünden waren noch zwangsläufig tödlich, und auch nicht immer sieben.[25] Erst in der Frühen Neuzeit, im späten 16. Jahrhundert, erhob der Jesuit Petrus Canisius die sieben Todsünden zum allgemeinen Katechismuswissen.

Die antiken Philosophen sprachen von Lastern (vitia), Evagrius von schlechten Gedanken (malitia spiritūs), gemeint waren lebensfeindliche Gewohnheiten, Charaktereigenschaften, Persönlichkeitszüge. Erst im Hochmittelalter wird auch der Begriff «Todsünden» (peccata mortalia) gebraucht. Im Grunde geht es durchweg um psychologische Fragen. Man behandelt die Laster auch als Krankheiten, die wie verdorbene Speisen den Körper schädigen (vitia corporalia) oder wie schlechte Luft Kopfschmerzen verursachen (vitia spiritualia). Als Medizin (remedia) wurden die Tugenden verschrieben. Gegen Beklemmungen und Verlustängste half Großzügigkeit (nach dem Prinzip der paradoxen Intervention), gegen Neid wirkte regelmäßiges Zufriedenheitstraining (vielleicht verwandt mit dem, was wir heute Achtsamkeit nennen), gegen Magenkrämpfe wegen Völlerei wurde Maßhalten verschrieben. Es waren Probleme, die jeden Einzelnen, aber auch alle gemeinsam betrafen.

Bücher über Todsünden verkauften sich, ähnlich wie die heutige Ratgeberliteratur, sehr gut. Kein Wunder also, dass im Laufe des Mittelalters unzählige Schriften, Traktate, philosophische Abhandlungen, Gedichte, Romane und insbesondere Predigthandbücher entstanden.[26] Eine solche Materialsammlung war ein Buch mit dem Titel «Fasciculus Morum», wörtlich «Bündel der Sitten», verfasst im frühen 14. Jahrhundert in England, in der Nähe von Shrewsbury an der Grenze zu Wales. Der Autor war vermutlich ein Franziskaner namens Richard Selke. Er sammelte Material zur Vorbereitung von Predigten. Dazu ordnete er seinen Stoff – Zitate, Geschichten über Tugenden und Laster seit den alten Griechen, Anekdoten aus dem Alltagsleben, Merkverse aus der Bibel – übersichtlich nach den sieben Lastern oder Sünden (vitia sive peccata). Diese Sammlung ist überaus hilfreich bei der Analyse zeitgenössischer Wissensbestände zu den einzelnen Todsünden.

Noch wichtiger für diesen Zweck ist Thomas von Aquin, der im späten 13. Jahrhundert an einer umfassenden Synthese zum Thema arbeitete. Er war einer der bedeutendsten Intellektuellen seiner Epoche, lehrte als Philosoph und Theologe an der Universität Paris und war maßgeblich beteiligt an der Wiederentdeckung der Werke des Aristoteles. Man arbeitete damals nach neuen wissenschaftlichen Standards, nach der sogenannten scholastischen

Darstellung der sieben Todsünden im Krumauer Bildercodex aus dem späten 14. Jahrhundert, heute in der Österreichischen Nationalbibliothek Wien. Superbia (Hochmut) steht ganz oben, am Kopf der Figur. In ihrer rechten Hand Ira (Zorn), links Avaritia (Habgier), Gula (Völlerei) in der Magengegend, Invidia (Neid) als Schlange, die in das Bein der Figur beißt, und am Fuß Acedia (Trägheit). Aus unerfindlichen Gründen fehlt Luxuria (Ausschweifung), die in der Körpermitte bei Gula anzusiedeln wäre. Man könnte auf die Idee kommen, die Zunge des Löwen als Penis zu deuten – das Spätmittelalter konzentrierte sich im Kampf gegen die Luxuria vor allem auf Sex, das konsumptive Verhältnis im Umgang mit dem Körper.

Methode. Eine These wurde zur Diskussion gestellt, und die Studierenden mussten verschiedene Argumente durchspielen, zunächst dagegen, dann dafür. Am Ende der Übung stand in der Regel eine ausgewogene Synthese. Die Vorbereitung beziehungsweise Ergebnisse dieser Diskussionen im Hörsaal wurden oft verschriftlicht und sind als «Quaestiones disputatae» überliefert. Zu den populären Themen zählte das «Böse» (De malo), und hier verhandelte Thomas ausführlich die sieben Hauptlaster (vitia capitalia). Der scholastischen Methode entsprechend wird alles zur Diskussion gestellt: Gibt es fünf oder sieben oder vielleicht sogar acht Todsünden? Gibt es schlimmere und weniger schlimme? Was ist die größte Todsünde? Gehen alle anderen aus der Superbia hervor? Die Antwort auf die letzte Frage ist ja. Hochmut steht, nicht anders als bei Gregor dem Großen, ganz oben an der Spitze der Laster, während Fresssucht und Wollust die vergleichsweise harmlosen Schlusslichter bilden.

Bemerkenswert ist die Definition, die Thomas an den Anfang stellt.[27] Für ihn sind Laster allgemeine charakterliche Orientierungen oder innere Grundeinstellungen, die uns das Falsche tun lassen, aus denen also schlechte Einzelhandlungen hervorgehen. Er geht aus von der aristotelischen Tugendlehre, die die Natur des Menschen aus der Spannung seines Strebens zwischen arete (Gutheit, Tugend) und kakia (Schlechtigkeit, Laster) herleitet. Es ist das Übermaß des Wollens, das ein Begehren zum Laster werden lässt. Gute und schlechte Grundhaltungen lassen sich gleichermaßen trainieren. Durch wiederholtes Tun und Gewöhnung gehen sie dem Menschen in Fleisch und Blut über. Während die guten Grundhaltungen, also die Tugenden, aus den Maßgaben der Vernunft hervorgehen, rühren die Laster aus irrationalem Streben.

Zentral für die Scholastik ist die Annahme, dass erst die Grundhaltung eine Sünde zur Todsünde macht und den Verlust des ewigen Lebens zur Folge hat. Konkret heißt das, dass nicht jede Form der Eitelkeit eine Todsünde ist: Ein eitler Sänger, der sich im guten Glauben seiner Sangeskunst rühmt, obwohl er eigentlich schrecklich singt, macht sich selbstverständlich keiner Todsünde schuldig. Was die Todsünde ausmacht, ist der Umstand, dass sie im Sinne der Entfremdung gegenüber Gott den gesamten Lebensweg des Menschen charakterisiert. Der Mensch wird durch eine fehlerhafte Grundeinstellung so nachhaltig geformt beziehungsweise verformt, dass das Böse und das Übel die Oberhand gewinnen. Wenn die verderbliche Grundeinstellung zur zweiten Natur des Menschen wird und die erste – die ursprünglich gute Natur – gänzlich überlagert, dann wird sie zur Todsünde.[28]

Und woher rühren die Todsünden? Hier gibt Thomas eine höchst erstaunliche Antwort. Der Neid zum Beispiel, den er als Kummer definiert, ausgelöst durch das Glück des anderen, entstehe in der Regel aus Angst. Ja, mehr noch, jede Sünde sei ihrer Ursache nach «schlechtgeratene Liebe», denn jede Bewegung der Seele, auch der Kummer, entstehe aus Liebe.[29] Oftmals komme das Böse von einem Zuviel des Guten. Thomas spricht vom «ungeordneten Begehren» (inordinatus appetitus) und meint damit, dass die Hauptlaster ihren Ursprung in einer Übersteigerung der natürlichen guten Antriebe haben, in einer Kultivierung des Guten in übertriebener und falscher Form.[30]

Auf zum Höllenkrater: Dantes «Göttliche Komödie»

Karfreitag im Jahr 1300. Dante Alighieri macht einen friedlichen Waldspaziergang, der unvermittelt gefährlich wird: Plötzlich tauchen ein Panther, ein Löwe und eine Wölfin auf, die den Erzähler so tief in den Wald hineintreiben, dass er unmöglich wieder allein herausfinden kann. In dieser verzweifelten Situation erscheint Vergil, ein vor mehr als einem Jahrtausend verstorbener Dichterfreund. Leider hat er keine guten Nachrichten: Kein Weg führe aus der Wildnis heraus – außer der Weg durch die Hölle! Immerhin bietet Vergil dem armen Dante an, ihn zu begleiten. Ein schwacher Trost zwar, aber Dante weiß, dass sich Vergil mit Höllenfahrten auskennt, denn er hat einst Aeneas, einen der wenigen Überlebenden des Trojanischen Krieges, aus den brennenden Ruinen Trojas und durch die Hölle des wilden Meeres an die sicheren Ufer Latiums geführt – wo Aeneas zum Stammvater Roms wurde. Es gibt also ein Fünkchen Hoffnung für Dante.

Tatsächlich geht die Sache gut aus, jedenfalls langfristig. Denn was als Waldspaziergang beginnt, wird zur berühmtesten Wanderung der Weltliteratur: Dantes Abstieg in die Hölle (Inferno) und der steile Anstieg durch das Fegefeuer (Purgatorio) bis in den Himmel (Caelo) machen ihn unsterblich. Sein Inferno, die Hölle, ist ein riesiger, mehrstöckiger, trichterförmiger Einschlag in die Erdoberfläche – Folge des Zerstörungswerks der Sünde, die dazu führt, dass die Menschen in einer gestörten Beziehung zu sich selbst und zur Natur leben.[31] Durch den ersten Stock, die Vorhölle, geht es hinunter zu neun Höllenkreisen, bis zum Mittelpunkt der Erde.

Der Weg durch die Hölle liest sich wie ein Who's who des 13. und frühen 14. Jahrhunderts. Dante lässt seiner Fantasie freien Lauf und denkt sich für die politische und künstlerische Prominenz seiner Zeit die wunderbarsten Qualen aus. Die oberen Etagen sind für die Maßlosen reserviert, die mittleren für die Boshaften, und in den tiefsten Tiefen der Hölle werden die schlimmsten aller Sünder bestraft: die Verräter. Hierher verfrachtet Dante seine politischen Feinde und lässt sie büßen für das, was sie ihm angetan haben: Er selbst war 1302 als einstiger Rat der Stadt und Anhänger der kaiserfreundlichen Partei der Guelfen in die Ver-

Dante vor dem Läuterungsberg (Purgatorium), Fresko von Domenico di Michelino in der Kathedrale von Florenz, 1465. Man sieht im zweiten Stockwerk über dem rechten Arm des Dichters die von schweren Lasten niedergedrückten Hochmütigen, darüber die Neider, fast ununterscheidbar in ihren grauen Gewändern, und, noch ein Stockwerk höher, die Zornigen, eingehüllt in finsteren Rauch.

bannung geschickt worden. Ohne dieses Ereignis wäre die «Göttliche Komödie» vermutlich nie entstanden. Erst im Exil, das er in verschiedenen Städten Norditaliens verlebte, hatte er Zeit, um seine literarische Abrechnung niederzuschreiben, und kleine und große Sünder, von seinem eigenen Lehrer Brunetto Latini bis zu Papst Bonifaz VIII., in der Hölle schmoren zu lassen.

Vom zehnten Höllenkreis aus, am Mittelpunkt der Erde, gelangt man durch ein Weltenmeer zu einer Insel, auf der sich das

Purgatorium, genauer: der Läuterungsberg befindet. Diesen müssen die beiden Wanderer kreisend erklimmen, um ins Paradies zu gelangen. Während die Höllenqualen unendlich sind, darf derjenige, der hier angekommen ist, auf Erlösung hoffen. In sieben Stockwerken besteht die Möglichkeit zur Buße. In umgekehrter Reihenfolge zum Inferno beginnt die Läuterung mit der schwersten der Sünden, dem Hochmut, und endet mit der leichtesten, der Wollust. Ähnlich wie die Strafen im Inferno gestaltet Dante die Bußübungen im Purgatorium äußerst fantasievoll.[32] Superbia etwa wird durch die fortdauernde Übung in Humilitas geläutert: Die Hochmütigen laufen mit einem riesigen Felsbrocken auf dem Rücken gekrümmt umher, so tief zur Erde gebeugt, dass man sie kaum mehr erkennen kann. Und Dante lässt sie ihre Niedrigkeit spüren, vergleicht sie mit Raupen, die ihre Bestimmung verfehlten, weil sie zwar das Zeug zum Schmetterling hatten, aber leider die Metamorphose verpatzten.

> O ihr hochmütigen Christen, ihr saumseligen [...],
> Seht ihr denn nicht, dass wir nur Würmer sind,
> geboren, den Himmelsfalter einst zu bilden,
> der ohne Hülle auffliegt zum Gericht?
> Warum schwimmt euer Geist so obendrauf?
> Ihr seid doch wie ein fehlerhaft Insekt,
> gleichsam ein Wurm, in dem die Bildung fehlging.[33]

Die Zornigen lässt der große Dichter in einem finsteren, raucherfüllten Raum büßen, die Habgierigen fesselt er dicht am Boden, wo sie – zur Untätigkeit verdammt und von der Gerechtigkeit, gegen die sie so oft verstoßen haben, niedergedrückt – auf Erlösung warten müssen. Für die Fresssüchtigen denkt sich Dante einen Baum voller Früchte aus, der leider unmöglich zu besteigen ist, weil ganz unten die dünnsten Äste sind, die saftigen Früchte jedoch ganz oben hängen. Die Wollüstigen schließlich schickt er auf eine Gratwanderung an einer glühenden Wand entlang. Auf der einen Seite drohen Flammen, auf der anderen der Sturz in die Tiefe.

Bei aller Freude an den Qualen, die Dante sich für seine Feinde ausdenkt, ist sein Purgatorium jedoch kein Gefängnis und auch kein Folterkeller. Vielmehr ist es ein Ort der Veränderung, ein Ort, an dem es zu einem Bewusstseinswandel kommt: einer Transformation der Überheblichkeit in Demut, der Habgier in Bedürfnislosigkeit, des Neids in Nächstenliebe und so weiter.

Über die Jahrhunderte hinweg hielt sich die Überzeugung, dass die Probleme, mit denen Menschen zu tun haben, ihren Grund in bestimmten inneren Überzeugungen haben. Und man ging davon aus, dass diese verändert werden können, egal, ob auf einer Reise der Seele im Jenseits, wie sich das die Orphiker vorstellten, durch tägliches Training, das die griechischen Philosophen Askese nannten, oder durch Standhaftigkeit im inneren Kampf der Tugend gegen die Laster, wie ihn Prudentius und Gregor der Große beschrieben. Die antiken und mittelalterlichen Lasterlehren gingen davon aus, dass das Gute trainiert werden kann und muss.

Im 18. Jahrhundert zeichnete sich dann ein entscheidender Wandel ab.

Als die Todsünden zu Tugenden wurden: «Private Vices – Publick Benefits»

(Bernard Mandeville)

Nachdem die Laster alias Todsünden über Jahrhunderte hinweg als Feinde des guten Lebens bekämpft wurden, entdeckte man im 18. Jahrhundert ihren Nutzen für die Allgemeinheit. Im Grunde fand hier der bedeutendste Paradigmenwechsel im Wissenssystem des Westens statt: Aus Lastern wurden Tugenden.

Auch in der Antike und im Mittelalter wurden die Vorteile einzelner Laster diskutiert, doch im 18. Jahrhundert schlug die Stimmung um. Kaum jemand hat diesen Umschwung so prägnant zum Ausdruck gebracht wie Bernard Mandeville (1670 bis 1733) in seiner berühmt gewordenen «Bienenfabel». Mandeville hatte Medizin und Philosophie in Leuven studiert und war in jungen Jahren nach England ausgewandert, wo er als Arzt arbeitete und seine staatsphilosophischen Studien vorantrieb.[34] Die «Bienenfabel» ist ein Sammelsurium von Texten, Gedichten, Satiren und moralphilosophischen Essays, die er über die Jahre 1705 bis 1728 schrieb. Leitthema sind die Laster alias Todsünden, die er als wichtigste Triebfeder der Ökonomie zur Grundlage eines prosperierenden Gemeinwohls erklärte.

Mandeville stellt das bekannte Bild vom Bienenstock, das über Jahrhunderte als Musterbeispiel für den idealen Staat gedient hatte, auf den Kopf: Bei ihm verwenden Millionen von Bienen ihre Zeit und Kraft darauf, den Lastern zu frönen.[35] Kaufleute befriedigen die Eitelkeit und Lust ihrer Zeitgenossen. Diebe und Banditen, Falschmünzer und andere Nichtsnutze verstehen es mit ihrer Schläue, aus ihren Mitmenschen Profit zu ziehen, Rechtsverdreher und andere Gauner bereichern sich am Gut ihrer Nachbarn, Ärzte sind nicht an der Gesundheit ihrer Patienten interessiert, sondern einzig am Geldverdienen durchs Rezepteschreiben. Hinzu kommen ehrlose Soldaten und Politiker, Betrüger in Wissenschaft und Kunst, Halsabschneider in Handwerk und Gewerbe, bestechliche Richter. Doch trotz allem ist es wie im Himmel, denn die Wirtschaft boomt.

Das aber ändert sich schlagartig, als die Bienen beschließen, künftig ehrlich und tugendhaft zu leben. Was nämlich geschieht? Die Fleischpreise fallen, weil niemand mehr prasst, die Juristen verlieren ihren Job, weil es keine Streitfälle mehr vor Gericht gibt, ebenso werden die Gerichtsdiener, Wächter, Schmiede und Henker arbeitslos. Die Anzahl der Ärzte nimmt dramatisch ab, weil sie ihre Arbeit ordentlich machen und die Kranken gesund werden. Die Priester müssen nicht mehr nach Macht und Geld streben und haben plötzlich Zeit, sich um Arme, Hungrige und Erschöpfte zu kümmern. Minister und Politiker tun einfach ihre Arbeit und leben zufrieden vom Staatsgehalt, die Immobilienpreise stürzen in den Keller, das Baugewerbe liegt am Boden, Handwerker, Künstler, Maler, Steinschneider, Schnitzer finden keine Arbeit, weil die Lust an der Verschwendung fehlt. Alle leben sparsam und anspruchslos, niemand bestellt mehr Schaumwein und teure Leckereien, die Mode besteht nur noch in einfachen Leinengewändern, Handel und Handwerk kommen zum Erliegen. Es mangelt an Mitteln, um Waffen zur Verteidigung nach außen zu kaufen, den Soldaten fehlt es an Heldenmut, und da alle den ganzen Tag nur brav arbeiten, erstirbt auch das soziale Leben.

Mandevilles Moral leuchtet ein:

Stolz, Luxus und Betrügerei
Muss sein, damit ein Volk gedeih'.
Quält uns der Hunger oft auch grässlich,
Zum Leben ist er unerlässlich.

Ohne Unersättlichkeit, ohne den Hunger auf immer mehr, kann, so die Lehre daraus, eine Gemeinschaft nicht überleben. Was seit dem 4. Jahrhundert v. Chr. als Grund für alles Unglück galt – dass Menschen so unersättlich sind und notorisch unzufrieden, weil sie Dinge haben wollen, die sie gar nicht brauchen –, wurde im 18. Jahrhundert zum großen Heilsversprechen des Fortschritts. Aus Mandevilles Motto «Private Vices – Publick Benefits», also der Vorstellung, dass private Laster sozial von Nutzen seien, strickten seine Nachfolger das Glaubensbekenntnis des Kapitalismus. Friedrich Hayek adelte Mandeville in einer Vorlesung aus dem Jahr 1966, in der er die «Bienenfabel» zum Gründungstext der modernen Wirtschaftstheorien und Mandeville zum Vordenker von Adam Smiths Theorie der «unsichtbaren Hand» erklärte. Damit nicht genug, auch Darwin habe er vorweggenommen, indem er die Idee der Evolution mit der spontanen Formierung von Ordnung verband. Das Konzept der Todsünde, das über Jahrtausende diese Spontanität der Evolution zu unterdrücken suchte, wurde nun endlich abgeschafft, um dem freien Spiel der Kräfte Platz zu machen – so Hayek.[36]

Heute, dreihundert Jahre nach Mandeville, dämmert uns so ganz allmählich, dass der öffentliche Nutzen der privaten Laster uns langfristig teuer zu stehen kommt. Und dass es vielleicht gute Gründe dafür gab, dass frühere Gesellschaften den Kampf gegen die Unersättlichkeit und ihre Begleiterscheinungen so ernst nahmen.

Homo sapiens: Die unterschätzte Naturgewalt – und die unbeabsichtigten Nebenfolgen des Fortschritts

Abschließend noch einmal zurück zum Störgefühl, zum archaischen Unbehagen an der menschlichen Existenz. Vor 2500 Jahren, in der griechischen Antike, erklärte man die Gefahren, die vom Menschen ausgehen, in der Sprache des Mythos, etwa in der Erzählung von dem explosiven dionysisch-titanischen Stoff, aus dem Zeus die Menschen formte. Seit dem 18. Jahrhundert hat sich in Europa die Sprache der Wissenschaft als Leitmedium durchgesetzt. Nun wird versucht, das Unbehagen auf wissenschaftliche Befunde zurückzuführen.

So erzählt etwa die Paläoanthropologie die Geschichte einer beispiellosen Verdrängung. Mit der Ausbreitung von Homo sapiens auf dem Planeten verschwanden nach und nach alle seine «Brüder und Schwestern»: die Neandertaler-Menschen vor rund 30 000 Jahren, die Denisova-Menschen in Sibirien vor ca. 40 000 Jahren, die Zwergmenschen auf der Insel Flores vor gut 12 000 Jahren. Ein dramatischer Verlust an Diversität.

Das Gleiche gilt für die Großsäuger, auch sie verschwanden nach der Ankunft des Homo sapiens. So in Ostasien und Westeuropa die Mammuts, Wollnashörner oder die Europäischen Waldelefanten. Die australischen Riesenkängurus, Beutellöwen und Riesenwombats überlebten die Ankunft des Menschen vor ca. 45 000 Jahren um nur wenige Tausend Jahre. Freilich spielten dabei auch natürliche Faktoren und vor allem der Klimawandel eine Rolle. Doch das Schicksal der Riesenfaultiere in Amerika stimmt bedenklich: Sie hatten in zwei Millionen Jahren schon zahlreiche klimatische Veränderungen überlebt – die Ankunft der Menschen hingegen überlebten sie nicht.[37]

Egal, welche Sprache wir bevorzugen, die der Mythen oder die der Wissenschaft, beide erzählen von den Gefahren, die von Homo sapiens ausgehen. Während wir in den letzten drei Jahrhunderten alles unternommen haben, um die Gefahren zu bändigen, die von der Natur ausgehen, geriet die «Naturgewalt Mensch» aus dem Blick. Erst seit der Chemie-Nobelpreisträger Paul L. Crutzen im Jahr 2000 den Begriff «Anthropozän» eingeführt hat, dringt diese Erkenntnis wieder ins kollektive Bewusstsein: Menschen sind in der Lage, alles zu verändern. Sogar das Klima.

Das Fatale ist, niemand hatte die Absicht, das Klima zu verändern. Hier scheint der berühmte Schmetterlingseffekt am Werk, dem zufolge der Flügelschlag eines Schmetterlings in Brasilien einen Tornado in Texas auslösen kann (Edward N. Lorenz). Der Klimawandel ist nur eine von vielen unbeabsichtigten Nebenfolgen des sogenannten Fortschritts. James Watt wollte nur «die Verringerung des Dampf- und Brennstoffverbrauchs bei Verbrennungsmaschinen» erreichen, als er im Jahr 1769 sein Patent für die Weiterentwicklung der Dampfmaschine von Thomas Newcomen in London anmeldete. Über Kohlenstoffdioxid in der Atmosphäre machte er sich keine Gedanken. Und auch die Pioniere der Erdölindustrie – wie die Rockefellers, Rothschilds, Samuels etc. – verschwendeten keinen Gedanken an die langfristigen Folgen des fossilen Zeitalters, das sie einläuteten, als sie sich Anfang des 20. Jahrhunderts im Wettlauf um die weltweiten Erdölvorkommen wechselseitig zu Höchstleistungen anspornten.

Jenseits und unabhängig von individuellen Absichten historischer Akteure hat die «Naturgewalt Mensch» dramatische Umwälzungen des planetarischen Gleichgewichts verursacht und läuft nun Gefahr, sich selbst zu zerstören.[38] Seit mehr als einem halben Jahrhundert liegen die wissenschaftlichen Fakten auf dem Tisch. Als Donella und Dennis Meadows 1972 den ersten Bericht des Club of Rome veröffentlichten, ließen sie keinen Zweifel an der Dringlichkeit der Lage.[39] Und doch ging man schon bald wieder zum Tagesgeschäft über. Man hat die Situation unterschätzt, wollte den erreichten Wohlstand nicht gefährden, das Wachstum nicht bremsen. Oder, wie es der indische Historiker Dipesh Chakrabarty in seiner Studie zum «Klima der Geschichte» formuliert: Wir haben viel zu spät realisiert, dass der «Prachtbau der modernen Freiheiten» auf einem massiven Fundament der Nutzung fossiler Brennstoffe ruht.[40] Dass das fossile Zeitalter zu einer existenziellen Bedrohung für die wunderlich widersprüchliche Spezies Homo sapiens werden könnte, damit hatte keiner gerechnet. Alle wollten ja nur das Beste.

Mittlerweile aber hat die Wissenschaft die Grenzen, innerhalb derer eine Zukunft der Menschheit auf dem Planeten möglich ist, klar definiert. Wissenschaftlerinnen und Wissenschaftler haben den sicheren Handlungsraum auf der Erde quantifiziert. Es gibt eine wissenschaftliche Grundlage für die Maßnahmen, die jetzt notwendig sind, um die Widerstandsfähigkeit des Planeten wiederherzustellen.[41]

Doch zunächst ist es wichtig, daran zu erinnern, dass Menschen mehr können als nur Zerstörung. Es gibt jahrtausendealtes Erfahrungswissen im Umgang mit der Naturgewalt Mensch, Maßnahmen zur Einhegung ihres destruktiven Potenzials. Eine von vielen dieser zu bewahrenden Wissenstraditionen, nämlich die des Westens, soll in diesem Buch in Erinnerung gerufen werden.

I. GULA – ERNÄHRUNG

Regensburg im Sommer 1266. Aufregung herrscht in der Stadt, als der berühmte Prediger Berthold von Regensburg angekündigt wird. Man kennt ihn schon. Ein wortgewaltiger Redner, der die Menschen wie ein Magnet anzieht. Seine Vorträge sind unterhaltsam und geben viel Stoff zum Nachdenken. Er spricht den Menschen aus der Seele, erzählt von Teufeln und Engeln, als hätte er noch gestern mit ihnen Bier getrunken. Stets lebensnah. Nicht weltfremd. Theologische Spitzfindigkeiten, wie sie die Philosophen seiner Zeit pflegen, sind ihm zuwider.

Berthold wurde um 1210 vermutlich in Regensburg geboren, wo er im Jahr 1272 auch verstarb.[1] Über seine Familie wissen wir nichts, aber er wurde wohl, wie damals für begabte Schüler üblich, an einer Schule der Bettelorden ausgebildet. Möglicherweise besuchte er das Studium Generale der Franziskaner in Magdeburg, wo sein Talent als Redner erkannt und gefördert wurde. Dort mag er auch seinen späteren Freund und Begleiter David von Augsburg getroffen haben, der ebenfalls als begnadeter Rhetor große Berühmtheit erlangte. Die ersten Vorträge beziehungsweise Predigten hielt Berthold im Jahr 1240 in Augsburg. Von dort aus eroberte er den gesamten Süden des deutschsprachigen Raumes: Böhmen, Landshut, Speyer, Colmar, Konstanz, die Schweiz, die Steiermark. Er sprach häufig im Freien, adressierte ganz konkrete Belange der Menschen und forderte soziale Gerechtigkeit. Die Quellen berichten – wobei das sicher eine Übertreibung ist –, dass sich bis zu zweihunderttausend Menschen versammelten, wenn er in einer Stadt angekündigt wurde.

Fast fünfhundert Predigten sind in verschiedenen Sammlungen erhalten. Dabei handelt es sich nicht um Texte von Berthold selbst, sondern um Mitschriften, die oftmals später noch bearbeitet wurden. Deutlich wird darin das Geheimnis ihrer Unterhaltsamkeit: Berthold nutzt geschickt drastische Vergleiche, Sprichwörter, Wortspiele und auch rhetorische Fragen, um sein Publikum in den Bann zu schlagen. «Wonach stinkt die Sünde?», fragt er etwa seine Zuhörer. «Stinkt sie nach faulem Aas? Nein, stinkt sie nach faulem Ei? Nein. Sie stinkt nach Tod!»[2]

Immer wieder adressiert Berthold sein Publikum: «Ist jemand hier, der gerne gesund sein und lange leben möchte? Der hüte sich vor diesen zwei Sünden: Die eine heißt unmäßiges Essen und Trinken, die andere unmäßige Begierde nach Sex. Dabei nimmt man allerhand Schaden und handelt sich Krankheiten des Leibes ein, die keiner aufzählen kann. Doch möchte ich dazu ein bisschen mehr erzählen, jedenfalls so viel, wie ich weiß.» Man spürt die Spannung in der Menge. Wer möchte nicht gesund sein? Was müssen wir tun? Bertholds Antwort ist ebenso einfach wie lebensnah: «Hütet euch vor *frâzheit*. Sie stiehlt euch zwei der allerliebsten Dinge, die eurem Körper innewohnen: Gesundheit und ein langes Leben.»[3]

Zum Fresser wird man nicht geboren

Berthold macht aus seiner Meinung keinen Hehl. Für ihn ist Völlerei, *frâzheit*, das Laster der Oberschicht. «Ihr armen Leute, ihr habt mit dieser Sünde nichts zu schaffen.»[4] Warum? «Weil ihr sowieso nie viel zu essen habt, denn das, was euch eigentlich zusteht, das vernichten die Reichen mit ihrer Unersättlichkeit. Und dabei hat der allmächtige Gott für alle genug zum Essen und Trinken geschaffen. Guckt euch die Vögel in den Lüften an, sie haben doch auch alle genug. Und dabei haben sie weder Pflug noch Wagen, noch arbeiten sie, und haben doch alle genug, und sie sind doch gut genährt und schön. Seht, das kommt daher: Wenn einer von ihnen genug hat, dann lässt er dem anderen auch etwas. Aber die (reichen) Fresshälse stopfen so viel Essen in sich, dass man damit drei oder gar sechse satt bekäme. Und wenn zehn unersättliche Reiche beieinander sind, dann vergeuden beziehungsweise verfressen die an einem Tag so viel, dass es ausreichen würde, vierzig Menschen satt und zufrieden zu machen. Diese müssen sich alles vom Mund absparen, und es fehlt ihnen am eigenen Leib (also das, was die Reichen verprassen). Und wenn ein armer Bedürftiger einen Mund voll Brot erbittet, oder einen Becher Wein, dass er sein leidendes Herz erlaben kann, so vertreibt ihn der Reiche ungehalten und mit Spott. Und aus diesem Grund wirst du – wenn du ein reicher Fresser bist – in der Hölle begraben, so wie jener Reiche, der dem armen Lazarus die Brosamen versagte, die von seinem Tisch zu Boden fielen.»

Ohne Scheu prangert Berthold die Nahrungsmittelproduktion seiner Zeit und insbesondere die Manipulation der Lebensmittel an: verwässerten Wein, gepanschtes Öl, übermäßig aufgegangene Brotlaibe, die nur Luft enthalten, oder auch falsch deklarierte Lebensmittel. Als Beispiel nennt er das Fleisch einer alten Sau, das als Ferkelfleisch ausgegeben und verkauft wird, oder das eines alten Hammels als Lammfleisch. Er spricht offen über niederträchtige Täuschungspraktiken auf den Märkten: Manche Metzger bewahrten Fleisch unter der Haut des geschlachteten Tieres auf, um so die weiße Farbe zu erhalten, die der Kundschaft den Eindruck von Frischfleisch gibt. Berthold fordert entschiedene Gegenmaßnahmen: städtische Fleischbeschau durch zwei bis vier Experten, die darüber wachen sollen, dass man auch im Sommer das frisch geschlachtete Vieh sofort abhäutet und sicherstellt, dass das Fleisch genießbar ist. Es kann nicht sein, dass Händler und Metzger, nur um Gewinne zu machen, die Gesundheit und das Leben ihrer Mitmenschen aufs Spiel setzen.[5]

Hier ist nicht die Rede von Leibfeindlichkeit oder asketischer Verachtung von Sinnesfreuden. Berthold geht es um soziale Gerechtigkeit. Er macht immer wieder deutlich, dass die Sünde der Völlerei, dieser «ungeordnete fride mit dem vleische», eine Form der Habgier ist, die zulasten aller geht.[6] Sie schadet dem Einzelnen, aber auch der Gemeinschaft, denn: Wer viel frisst, frisst anderen etwas weg. Diese Meinung teilen viele Autoren des 13. Jahrhunderts. Der Prasser entzieht sich der Verantwortung für die Gemeinschaft. *Mâze*, das Maßhalten, ist hingegen der erste Schritt hin zu einer gerechten Weltordnung.

Berthold begnügt sich nicht mit dogmatischer Belehrung. In bunten Farben und reich an Vergleichen und Bildern führt er seinem Publikum die negativen Folgen der Überernährung vor Augen: «Man würde doch stark vermuten, dass einer, der viel und gut isst und trinkt, immer stärker und gesünder wird und auch länger lebt. Nein, so ist das nicht! Und ich sage dir auch, warum. Der Magen sitzt im Zentrum des Körpers, und alles, was wir essen und trinken, geht direkt dorthin. Er ist geformt wie ein Topf über dem Feuer, in dem man das Essen kocht. Und genau wie mit dem Topf verhält es sich auch mit dem Magen. Wenn man den Topf über dem Feuer zu voll macht und die Speise drin kochen soll, dann wird das nichts. Entweder kocht der Topf über und die Speise bleibt ungekocht, oder die Speise brennt im Topf an. Dann bleibt der Großteil ebenfalls ungekocht. Nur wenn der Topf richtig gefüllt ist – also nicht zu voll ist –, dann gelingt die Speise, schmeckt und ist gesund und bekömmlich. Und – ganz wichtig – alle im Haus werden satt: Der Hausherr, die Hausfrau, die Kinder, das Gesinde und alle, die dazugehören, haben genug zu essen, sind zufrieden und bleiben gesund. Grad so verhält es sich auch mit dem Magen des Menschen. Er bildet das Zentrum des Körpers, daneben befindet sich die Leber, die für den Magen quasi wie das Feuer für den Topf ist, denn die Leber sorgt für die ordentliche Verdauung des Mageninhaltes. Und nur wenn der Magen im richtigen Maße gefüllt ist, dann wird die Speise gut gekocht und ist gesund und bekömmlich. Und alle im Haus, also im Körper, können ausreichend mit Energie versorgt werden, also die Adern und Gliedmaßen, Hirn und Blut, Mark und Fleisch, Herz und Knochen. Wenn jedoch der Magen zu voll ist, dann gibt es ein Problem. Entweder der Magen läuft über, oder die Speise brennt an. Wenn die Nahrung im Magen ‹überkocht›, dann schadet das dem ganzen Körper. Insbesondere dem Kopf.»[7]

Als Folgen übermäßigen Essens nennt Berthold Schwerhörigkeit, Erblinden, entzündete Augen oder Grauen Star. Weitere abschreckende Folgeerkrankungen seien Wassersucht, Aussatz oder Gelbsucht «und viele andere Krankheiten, die dafür sorgen, dass du dir selbst zuwider wirst». Sodann Zittern, Lahmheit oder gar Bettlägerigkeit. Letztendlich führt chronische Überernährung zu einem frühen Tod oder aber zu einem langsamen qualvollen Dahinsiechen. Zum Schluss noch eine Warnung: «Und merkt euch eines: Dass die Kinder von reichen Leuten viel seltener alt werden als die Kinder armer Leute, das liegt an der Überernährung.»[8] Und Berthold beschreibt weiter, wie die armen Kinder der Reichen von Tanten, Ammen und Pflegerinnen gepäppelt und umsorgt werden, wie sie sich vergeblich wehren, weinen und zappeln und dennoch mit Essen vollgestopft werden.

Eine weitere schädliche Folge der Völlerei, die in den Schriften der mittelalterlichen Denker immer wieder auftaucht, ist die Verdunkelung des Verstands. Ein Zeitgenosse Bertholds, der Dichter Hugo von Trimberg, stellt nüchtern fest: Was kommt von der Völlerei? Dummheit! Völlerei bedeutet Verlust der *maze*, also des Gespürs für das richtige Maß. Sie verdirbt die Menschen und hindert sie daran, nach *grôzem guote* zu streben.[9] Dieser Meinung war auch schon Evagrius Ponticus, der Völlerei als eine Krankheit betrachtete und *gastrimagia* nannte, wörtlich übersetzt «Gier der

Kehle». Während Nüchternheit als glänzender Stern am heiteren Himmel leuchtet, verfinstert dumpfe Verdauung der Speisen den Intellekt, so wie Nebelgewölk die Sonnenstrahlen verhüllt.[10]

Berthold schließt seine Predigt gegen die Völlerei mit einem Aufruf zur Vernunft: «Nun seid ihr aber doch allesamt gerne gesund und ihr würdet alle gerne alt werden. Nun, wenn ihr gesund alt werden wollt, dann hütet euch vor der frâzheit!» Man könnte diese Mahnung des mittelalterlichen Predigers eins zu eins in einen heutigen Ernährungsberater aufnehmen, und dabei folgt er lediglich einem damals schon uralten Sprichwort: «Fressen und Saufen macht die Ärzte reich.»[11] Immer wieder betont Berthold wie auch andere mittelalterliche Prediger, dass man ohne Essen nicht überleben kann. «Aber ihr könnt ganz sicher – und sogar viel besser – leben, wenn ihr nicht übertrieben viel esst. Daher gebe ich euch den Rat, euch so zu ernähren, wie der Verstand es euch lehrt.»[12]

Nicht die Lust am Essen ist das Problem, sondern deren grenzenlose Befeuerung

Hunger allerdings ist ganz natürlich, noch dazu überlebenswichtig. Demnach kann Essen keine Sünde sein. Ja, ohne die Lust am Essen würde die Menschheit aussterben. Diese These stellte Thomas von Aquin an der Universität Paris seinen Studenten zur Diskussion. Ihre Aufgabe war es, Argumente dafür und dagegen zu diskutieren und schließlich zu einer Synthese zu gelangen. In den erhaltenen Aufzeichnungen dieser «Disputationes» wird das Ergebnis ungefähr folgendermaßen zusammengefasst: Das Hauptproblem liegt weder im Hunger noch im Essen selbst, sondern in der übertriebenen Gier nach Essen. Diese wiederum ist nicht angeboren, vielmehr verdankt sie sich der kulturellen Prägung und antrainierten Gewohnheiten. Denn geradeso natürlich wie der menschliche Hunger ist auch das Wissen um das rechte Maß. Der Löwe hört auf zu fressen, wenn er satt ist, und überlässt den Rest der Beute den anderen Mitgliedern des Rudels. Hier kann sich Thomas von Aquin einmal mehr auf Aristoteles berufen: Es ist Mensch und Tier gemeinsam, von Natur aus so viel zu sich zu nehmen, wie es zur Erhaltung der Gesundheit und zum gesellschaftlichen Zusammenhalt nötig ist.[13]

Man war sich also einig: Völlerei ist ungesund, verstärkt die soziale Ungerechtigkeit und macht dumm. Was aber kann man dagegen tun? Was unternahmen die Menschen vergangener Jahrhunderte gegen die grenzenlose Befeuerung der Lust am Essen und die damit verbundenen negativen Folgen? Johannes Cassian, der Schüler von Evagrius, ging ganz pragmatisch vor und gab seinen Brüdern und Schwestern konkrete Empfehlungen zur richtigen Ernährung. So stellte er ihnen etwa das gute Beispiel eines Freundes vor Augen, der folgende Grundsätze einhalte: regelmäßig essen, gesund essen und – nach Möglichkeit – in Gemeinschaft mit anderen essen.[14]

Auch regelmäßiges Fasten galt als probates Mittel im Kampf gegen die Unersättlichkeit und die damit verbundene Gefahr der Verfinsterung von Seele und Verstand. Wiederum ist Cassian pragmatisch und lebensnah. Statt strenge Vorschriften zu machen, denkt er darüber nach, wie schwer es ist, in puncto Essen eine Einheitslösung zu finden, ja er warnt ausdrücklich vor vermeintlich allgemeingültigen Regeln. Es brauche vielmehr individuelles Training: «Weder hat jeder Körper dieselbe Kraft, noch wird das Fasten allein durch die Willenskraft des Geistes zustande gebracht. [...] Nicht für alle ist die kraftlose Speise gequollener Hülsenfrüchte bekömmlich, ebenso wenig ist allen der knapp gehaltene Verzehr von trockenem Brot zuträglich. Der eine fühlt sich auch mit zwei Pfund nicht satt, der andere hat schon ein Völlegefühl nach dem Verzehr von einem Pfund oder sechs Unzen. Und doch gilt als Ziel der Enthaltsamkeit für sie alle: Keiner soll über das Maß seines Sättigungsgrades hinaus durch eine nimmersatte Kehle belastet werden. Denn nicht allein die Beschaffenheit der Speisen, sondern auch die Menge macht die Sehschärfe des Herzens stumpf und entzündet den gefährlichen Zunder und das zerstörende Feuer der Laster, da Geist und Fleisch gleichermaßen fett werden. [...] Zum Verzehr gut geeignete Speisen, wenn sie in Maßen gegessen werden, sorgen für die Gesundheit des Körpers. [...] Sehr wahr ist daher der altbewährte Satz der Väter: Das rechte Maß von Fasten und Enthaltsamkeit besteht lediglich im Maß des Weglassens.» Und weiter: «Besser ist vernünftiges tägliches Essen in Maßen, als immer wieder hart und lange zu fasten. Unkontrolliertes Fasten bringt es nicht nur fertig, einen gefestigten Geist ins Wanken zu bringen. Durch die Mattigkeit des Körpers entkräftet es auch die Gebete.»[15]

Nahrungstabus und Speisegesetze: Wissenschaftliche Erklärungsansätze

Natürlich sind Cassians Regeln zur Vermeidung von Völlerei nicht aus der Luft gegriffen. Die Regulierung der Nahrungsaufnahme durch Speisevorschriften, Nahrungstabus oder Fastengebote zählt zu den sogenannten Universalien menschlicher Kultur, so wie zum Beispiel auch Verwandtschaftssysteme, Bestattungsrituale oder Spiel.[16] Was haben Menschen nicht alles erfunden und festgelegt. Sie haben Regeln aufgestellt, wer wann und mit wem essen darf, was zusammen und was nur getrennt voneinander gegessen werden soll. Die jüdische Kultur trennt Fleisch- und Milchprodukte (2. Mose, 23,19: «Du sollst ein Böcklein nicht in der Milch seiner Mutter kochen»). Schweinefleisch ist in vielen mediterranen Kulturen tabu, in Indien isst man kein Rind, und in China trinkt man keine Milch. All diese Regelungen, so unterschiedlich sie klingen mögen, haben eines gemeinsam: Sie steuern Ernährungsgewohnheiten, lenken die Aufmerksamkeit und regeln den Umgang mit Nahrungsmitteln. Weit verbreitet ist die Unterscheidung von reinen und unreinen Speisen, in jeder Gesellschaft gibt es Regeln der Nahrungszubereitung und der Nahrungsaufnahme, oft wird ein Teil der Nahrung den Göttern als Opfer dargebracht – eine Tradition, die heute schemenhaft im Tischgebet oder im Erntedankopfer weiterlebt –, und wie es scheint, kennt man überall auf der Welt Fastenzeiten, sei dies kollektives Fasten im Ramadan oder in der vorösterlichen Fastenzeit zwischen Aschermittwoch und Karfreitag, sei dies individuelles Fasten in Vorbereitung auf Feste und besondere Ereignisse wie etwa Hochzeiten, Pubertätsriten oder Trauerfeiern.

Doch dienen Nahrungstabus und Speisevorschriften wirklich der Einhegung des Fresstriebs? Ganz so einfach ist es nicht. Zunächst ist es wichtig zu wissen, wer sie wann erfunden hat, aus welchem Grund und mit welcher Motivation. Die Forschung hat dazu verschiedene Ansätze verfolgt.

Marvin Harris, Begründer der kulturmaterialistischen Anthropologie, hat Nahrungstabus in ganz pragmatischer Absicht untersucht.[17] Warum essen Hindus kein Rindfleisch, Moslems und Juden kein Schweinefleisch? Warum widerstrebt es Europäern, Hundefleisch oder Insekten zu verzehren, warum mögen Asiaten keine Milch? Harris' Theorie: Nicht religiöse Tabus, Mythen oder Sitten waren ausschlaggebend für die vielfältigen menschlichen Essgewohnheiten, sondern ganz praktische Gründe – seien sie biologischer, medizinischer, geografischer oder klimatischer Art. Die Abneigung gegen das Schwein, wie sie für den Nahen Osten typisch ist, erklärt Harris etwa damit, dass die Menschen im fruchtbaren Halbmond und in den davon ausstrahlenden Kulturen die Landwirtschaft intensivierten, die Wälder seit dem 4. Jahrtausend v. Chr. immer mehr abholzten und damit die natürlichen Biotope des Schweins zerstörten. Somit wurde das Schwein zunehmend zu einer Belastung, ja zu einer Bedrohung für die Landwirtschaft. Überdies – das wäre ein hygienisch-medizinisches Argument – ist in den warmen Mittelmeergebieten die Gefahr, an Trichinose zu erkranken, die durch Fadenwürmer in Schweinefleisch übertragen wird, sehr hoch. Daher ist es nur klug, auf den Genuss dieser Fleischsorte zu verzichten. Allgemein geht es bei Harris' Forschungsansatz um die Funktion von Speisegesetzen auf der Ebene ihrer Nützlichkeit in Anpassung an die spezifischen Erfordernisse einer Region und Epoche.

Eine andere Erklärung für die kulturübergreifende Verbreitung von Speisegeboten liegt in ihrer identitätsstiftenden Funktion. Neben Sprache, Musik oder Mythen sind gemeinsame Essgewohnheiten etwas sehr Verbindendes. Das fängt bei Familientraditionen an: keine Weihnacht ohne Oma Carlas Linzer Torte, kein Grillfest ohne den legendären Kartoffelsalat von Onkel Gerd. Was für Familien gilt, gilt auch für Vereine, Regionen, Nationen. Und was für Lieblingsgerichte gilt, gilt auch für Speisegebote. Sie stiften ein Wir-Gefühl. Dieses Wir-Gefühl hat aber auch eine Kehrseite. Ernährungsgewohnheiten haben über Jahrtausende als Leitdifferenz zum Zweck der Abgrenzung gedient. Sie verstärken Abgrenzungsimpulse durch das Bewusstsein der Zugehörigkeit zu einer auserlesenen Kultgemeinschaft nach dem Motto: Wir, die Reinen – sie, die Unreinen, oder: Wir, die Zivilisierten – sie, die Barbaren. Die Historikerin Dorothea Weltecke hat erst kürzlich gezeigt, wie Speisegebote kultur- und epochenübergreifend als ein Merkmal interreligiöser Abgrenzung und Konkurrenz fungierten.[18]

Schließlich eine dritte Erklärung, im Grunde die naheliegendste und dennoch am wenigsten diskutiert: Essensrituale, Nahrungstabus, Speiseopfer und Fastenzeiten sind soziale Mechanismen kollektiver Aufmerksamkeitslenkung im Umgang mit den natürlichen Grundlagen menschlicher Existenz. Das betrifft sowohl die Natur als «Lieferantin» der Nahrungsmittel als auch den menschlichen Körper als «Verbraucher». Nehmen wir Speiseopfer für die Geister und Götter: Warum, so fragt man sich, kamen Menschen auf die Idee, freiwillig einen Teil ihrer mühsam erlegten Beute an die Götter abzugeben? Um sie zu besänftigen? Ja, sicherlich. Allerdings haben anthropologische Forschungen – unter anderem die von Mary Douglas – erstaunlich wenige Spuren von Angst in der Überlieferung zu diesen Ritualen gefunden.[19] Was also weiter? Wäre es denkbar, Speiseopfer als eine rituelle Verbeugung vor der Natur zu interpretieren – und zugleich als Vergegenwärtigung der menschlichen Fähigkeit, nicht alles wahllos in sich hineinzufressen? Sind sie eine tagtägliche Erinnerung an die großartige Befähigung zum Verzicht und zur Begrenzung menschlicher Unersättlichkeit? Das Gleiche könnte für die Erfindung von Fastenzeiten, Speisetabus und Essensritualen gelten. Sie regulieren den menschlichen Fresstrieb und begrenzen die damit verbundenen Risiken für Mensch und Mitwelt.

Warum hat die Wissenschaft die Erforschung dieses Ansatzes so sträflich vernachlässigt? Nun, man hat diese Kulturtechniken intuitiv dem Bereich der Religion zugeordnet. Und die wollte man ja loswerden, nicht zuletzt mithilfe der Wissenschaft. Wer braucht schon Speisegesetze, Fastengebote und andere Einschränkungen in einer Welt der unbegrenzten Möglichkeiten? Das passt nicht zu unserem heutigen Verständnis von Freiheit. Wieso sollte man den Göttern für Nahrung aus dem Supermarkt danken, die man mit Geld bezahlt hat? Zudem geht man vielfach – stillschweigend und eher intuitiv – davon aus, dass die Menschheit die letzten vier Millionen Jahre ihrer Geschichte sowieso immer gehungert habe und erst seit der Erfindung des Kühlschranks und des Kunstdüngers und anderen Segnungen des Kapitalismus wirklich satt wurde.

Frühe Schilderungen aus den Anfängen der Kolonialzeit prägten solche Vorstellungen. Man stellte etwa die Lebensweise der Aborigines in Australien vor der Einführung der Zivilisation durch die Briten als absolut desolat dar. Tagaus, tagein seien sie hungrig durch den Busch gestreift, gierig auf der Suche nach Essbarem. Solche Mythen sind natürlich längst widerlegt. Es war die gewaltsame Vertreibung durch die Kolonialherren, die zur Verarmung der in Australien damals heimischen Menschen führte. Die Ernährung der Aborigines war überaus reichhaltig und vielseitig. Sie hatten hervorragende Kenntnisse über die Nahrungsressourcen der Natur und regelten deren Gebrauch aufs Genaueste. Jede Gruppe kannte ihr Gebiet und wusste, wie die verfügbaren Ressourcen nachhaltig zu nutzen waren. Zu diesem Umgang zählte gezielte Brandrodung ebenso wie Nahrungstabus, Schonzeiten oder zeitlich begrenzte Genussverbote für bestimmte Nahrungsmittel. Die gegenwärtige Wiederentdeckung des «Bush Food» in all seiner Fülle vermag zumindest eine Ahnung von diesem verlorenen Wissen vermitteln.[20]

Im Folgenden sollen vergleichbare Wissensvorräte der abendländischen Tradition näher beleuchtet werden, insbesondere Praktiken des Fleischverzichts und des Fastens. Eine wichtige Rolle spielen dabei Rituale, die den Wechsel zwischen Überfluss und Verzicht, zwischen Alltag und Fest kulturell einbetten in den Rhythmus kollektiver Zeiten.

Von den Anfängen des Vegetarismus bei den alten Griechen

«Du sollst keine Tiere essen!» Dieses Gebot stammt nicht etwa aus dem Alten Testament, sondern von Pythagoras, Mitbegründer der euklidischen Geometrie. Die Geschichte des Vegetarismus reicht somit zurück in die sogenannte archaische Zeit des antiken Griechenlands.[21] Pythagoras wurde um das Jahr 570 v. Chr. auf der Insel Samos geboren und ging als junger Mann nach Milet, um dort bei Thales und Anaximander zu studieren. Man spricht zwar von einer Philosophieschule, doch waren diese Wissenschaftler näher an dem, was man heute ein international vernetztes Forschungsteam nennen würde. Lange Reisen unter anderem nach Syrien, Babylon und Ägypten, um sich mit anderen Wissenschaftlern auszutauschen, gehörten ganz selbstverständlich dazu. Philosophie, Mathematik und Religion waren nicht in der gleichen Art und Weise voneinander getrennt wie heute. So vertrat zum Beispiel Anaximander als Geometriker die Theorie, dass Menschen von den Fischen abstammen müssten und die Entstehung des Lebens ein unendlicher Prozess sei.

Eine seiner Forschungsreisen führte Pythagoras nach Ägypten – damals führend in den Wissenschaften. Als die Perser 525 v. Chr. Ägypten eroberten, wurde er als Kriegsgefangener nach Babylon gebracht. Nach seiner Freilassung kehrte er zunächst zurück nach Griechenland, wo er eine kleine Gemeinschaft Gleichgesinnter gründete. Später zog die Gruppe weiter nach Süditalien. Phythagoras, mittlerweile ungefähr sechzig Jahre alt, ließ sich im Städtchen Crotone am Golf von Tarent nieder und erhielt unvermittelt großen Zulauf. Er war weithin bekannt für seine Reden, und immer mehr Menschen baten darum, in seine Gemeinschaft aufgenommen zu werden, obwohl der Aufnahmeprozess mehr als drei Jahre dauerte.

Schweigen, Enthaltsamkeit und das Verbot von Privatbesitz gehörten zu den Grundsätzen der Gemeinschaft. Ernährung spielte eine wichtige Rolle, und Fleisch war tabu. Um denken, rechnen und träumen zu können, so die Überzeugung der Gruppe, braucht es eine entsprechende Lebensführung. Tierische Nahrung umnebelt den Verstand! Das war eine Grundregel der pythagoräischen Schule, mit der sie als eine der ältesten vegetarischen Bewegungen in die Geschichte eingehen sollte. Der pythagoräische Vegetarismus war eng verwoben mit der Lehre von der Unsterblichkeit der Seele und der Idee der Seelenwanderung, aus der sich wiederum die Vorstellung einer «Verwandtschaft» aller Lebewesen ergab. Jedes lebende Geschöpf, egal, ob Vogel, Reptil oder Fisch, war ein seelenverwandtes Wesen. Es zu töten und zu essen, kam demnach Verwandtenmord gleich.

Wie in allen Bewegungen dieser Art gab es auch bei den Pythagoreern schon bald interne Meinungsverschiedenheiten, die zur Aufspaltung in zwei Lager beziehungsweise Schulen führten. Sie unterschieden sich noch zu Lebzeiten des Gründers hinsichtlich ihrer Lebensweise und Ernährung. Die eine Schule, bestehend aus den eher wissenschaftlich orientierten Philosophen, den *mathematikoi*, vermied jeglichen Fleischgenuss. Ihre Anhänger hüteten sich, anderen Lebewesen Schmerz zuzufügen oder sie gar zu verletzen. Sie tranken keinen Wein und konzentrierten sich gänzlich auf das Training des Geistes, sogar während des gemeinsam schweigend eingenommenen Essens. Fleischgenuss blockierte ihrer Ansicht nach die geistigen Fähigkeiten, verdunkelte die Kraft der Vorstellung und minimierte die Aufmerksamkeitsspanne. Außerdem machte Fleisch die Menschen zu Unmenschen. Die andere Fraktion waren die *akousmatikoi*, die Esoteriker. Sie legten Pythagoras' Gebot des Mitgefühls für Tiere nicht so eng aus, Fleisch und auch Wein waren für sie an manchen Tagen erlaubt. Mehr als auf ihren Geist konzentrierten sie sich auf die Gesundheit und körperliches Training. Trotz dieser internen Spaltungen blieb bis ins 19. Jahrhundert «pythagoräische Ernährung» der gängige Begriff für den Verzicht auf Fleisch. Im Jahr 1847 taucht erstmals der Begriff «Vegetarismus» auf.

Pythagoras war kein versponnener Einzelgänger. Auch die Orphiker, die uns schon als Erfinder der Sünde begegnet sind, lehnten den Verzehr von Fleisch strikt ab. Der Philologe Johannes Haußleiter, der 1935 eine bis heute einschlägige Geschichte des Vegetarismus in der Antike verfasst hat, bezeichnet Orpheus und Pythagoras daher auch als Ahnherren (Archegeten) der vegetarischen Lebensweise. Doch reichen die Spuren noch weiter zurück.

Der im 8. Jahrhundert v. Chr. schreibende Hesiod – gemeinsam mit Homer einer der Urväter der griechischen Mythologie – unterteilt in seinem Epos «Werke und Tage» die Geschichte der Menschheit in vier Zeitalter: Gold, Silber, Bronze und Eisen. Im ersten, dem Goldenen Zeitalter, lebten die Menschen in einer Art paradiesischem Urzustand friedlich miteinander und mit der Natur. Der römische Dichter Ovid malte das später folgendermaßen aus: Und die Erde «gab alles von sich aus [...], von keiner Hacke berührt noch aufgerissen von irgendwelchen Pflugscharen. Zufrieden mit Speise, die ohne Zwang hervorgebracht wurde, sammelte man die Früchte des Erdbeerbaums und die Walderdbeeren, die Kornelkirschen und Brombeeren, die in dornigen Sträuchern hängen, auch Eicheln, die vom Baum Jupiters, der allen zugänglich war, herabgefallen waren.»[22]

Im zweiten, dem Silbernen Zeitalter, bauten sich die Menschen Häuser, begannen mit Ackerbau, zähmten die ersten Haustiere, im dritten erfanden sie Waffen. Doch erst im vierten, dem blutigen eisernen Zeitalter, gewannen Mord und Totschlag die Oberhand, und auch die Gewalt an der Natur. Erst jetzt begannen die Menschen, Tiere zu essen. Ähnlich erzählt die jüdisch-christliche Tradition von den Anfängen der Menschheit: Im Paradies wurde kein Fleisch gegessen, Adam und Eva lebten vegetarisch.[23]

Auch in anderen Teilen der Welt wurde das Wissen um oder vielleicht besser: die Sehnsucht nach einer Lebensform des «Nichtverletzens» in Worte gefasst. Zum Beispiel in Nepal, wo Gautama Buddha (563 bis 483 v. Chr.) lebte. In eine der herrschenden Familien der Zeit hineingeboren, wurde er mit achtzehn Jahren verheiratet. Er zeugte einen Sohn – den er sinnigerweise Rahula nannte, was so viel wie Fessel bedeutete –, um dann die Fesseln des Familienlebens abzuschütteln, Jahre in der Einsamkeit zu verbringen und zum Stifter des Buddhismus zu werden – einer Religion, die jede Form des Tieropfers und des Fleischgenusses gänzlich ablehnte. Wie viele der großen Religionen wurde der Buddhismus erst zwei Jahrhunderte später großflächig verbreitet, in diesem Fall durch den indischen König Ashoka (304 bis 232 v. Chr.), dem die Prinzipien des Buddhismus in seinem Großreich als Maßnahme der Friedenssicherung und Konsolidierung und zur Herstellung der Gerechtigkeit dienten. Ashoka setzte das Verbot von Tieropfern durch und stellte etwa das Abholzen von Unterholz, in dem sich Tiere aufhalten konnten, unter Strafe. Sogar Krankenstationen für Tiere ließ er einrichten.

Etwa zur selben Zeit wie Buddha wirkte in Indien ein Mann namens Mahavira, Anhänger des sogenannten Jainismus, einer ebenfalls offenbar sehr alten Tradition, die die Nichtverletzung von Lebewesen zum obersten Prinzip eines guten Lebens erhoben hatte. Die Vermeidung von Fleisch, der Respekt vor allem Lebenden, das Prinzip des Nichtverletzens zählten, so scheint es, zu den Grundsätzen der großen frühen Kulturen. Das Gleiche gilt für die großen philosophischen Schulen der griechischen Antike. Platon, die Kyniker in der Schule des Diogenes, Stoiker wie Seneca und Neuplatoniker der graeco-romanischen Philosophie wie Plotin lehnten es ab, Tiere zu essen. Und auch in der byzantinischen Tradition und in vielen islamischen Kulturen gab es Verfechter des Vegetarismus.[24]

Dabei sollte nicht vergessen werden, dass vegetarische Ernährung auch ohne philosophisch-theologischen Überbau in der Antike durchaus verbreitet war. Bei archäologischen Grabungen in Ephesus, in der heutigen Westtürkei, fand man jede Menge Grabsteine mit Kampfszenen und Hunderte von menschlichen Knochen, die Überreste von 68 Personen, alle davon jung, 67 männlich, eine Frau. Was zutage kam, war kein Schlachtfeld, sondern ein Gladiatorenfriedhof aus dem 2. Jahrhundert n. Chr. Wir kennen sogar den Namen der Frau, die hier bestattet wurde: Sie hieß Serapias und war sehr wahrscheinlich Gladiatorin.[25] Es ist anzunehmen, dass hier an einem prominenten Ort, nahe dem Tempel der Artemis, der zu den sieben Weltwundern der Antike zählte, regelmäßig Wettkämpfe stattfanden, an denen offensichtlich auch Frauen teilnehmen konnten.

Doch um auf den Vegetarismus zu kommen: Spektakulärer noch waren die Ergebnisse gentechnischer Untersuchungen der Knochen im Hinblick auf die Ernährung der Gladiatoren, wie sie von der Anthropologin Sandra Lösch durchgeführt wurden.[26] Die Kämpferinnen und Kämpfer ernährten sich überwiegend von Bohnen und Getreide und lebten ausschließlich vegetarisch. Daher rührte auch der Spitzname der Gladiatoren, *hordearii*, wörtlich «Gerstenfresser». Diese Form der Ernährung hatte nichts mit Tierrechten zu tun oder mit der Suche nach Erleuchtung. Auch war sie nicht der Armut oder dem Ideal eines schlanken, durchtrainierten Körpers geschuldet. Ganz im Gegenteil, Gladiatoren waren oft ziemlich füllig. Sie brauchten subkutanes Fett, das Blutgefäße und Nerven bei Schnittwunden im Kampf schützte. Außerdem machte das die Kämpfe spannender, denn bei oberflächlichen Schnittwunden floss zwar jede Menge Blut, doch sie behinderten nicht die Fortsetzung der Kämpfe.

Im antiken Sport wurde also zugunsten von Hochleistung regelmäßig auf Fleisch verzichtet. Und, auch das brachten die Gräberfunde von Ephesus zutage, die Gladiatoren und Gladiatorinnen unterschieden sich in ihrer überwiegend pflanzlichen Ernährung kaum vom Rest der Bevölkerung. Fleischgenuss war in der Spätantike besonderen Fest- und Feiertagen vorbehalten.[27]

Veganismus und die manichäische Lebensform des Nichtverletzens

Wie stellten sich Menschen im 4. Jahrhundert n. Chr. Ernährung ganz ohne Eingriffe in die Natur vor? Dazu zunächst ein Ausflug in ein spannendes Kapitel der Forschungsgeschichte.

14. Juni 1969, Hauptbahnhof Wien. Professor Albert Henrichs, Altphilologe an der Universität Harvard, war in den Morgenstunden mit dem Zug aus Köln angekommen.[28] In seiner Manteltasche befand sich ein geheimnisvolles Zigarrenkästchen, das er durch Zufall in der Kölner Universitätsbibliothek entdeckt hatte. Er wurde von Anton Fackelmann abgeholt, dem berühmtesten Restaurator alter Papyrushandschriften an der Österreichischen Nationalbibliothek. Die beiden gingen zu Fackelmann, öffneten auf dem Wohnzimmertisch das Zigarrenkästchen und fanden darin vier kleine zerbrechliche Minibüchlein, bestehend aus Pergamentseiten. Das größte maß etwa vier mal vier Zentimeter.

Man konnte die einzelnen Seiten nicht aufschlagen, da sie aneinanderklebten. Die Reste der Beschreibung auf den äußeren Seiten ließen erkennen, dass es sich um griechische Texte handelte. Später wurden die Seiten mit damals modernster Technik sorgfältig voneinander getrennt, gesäubert und einer Analyse unterzogen. Eine Sensation: Die vier Büchlein waren Fragmente eines Kleinstbuches, geschrieben im 5. Jahrhundert n. Chr. vermutlich in Ägypten. Die insgesamt 192 Seiten waren ungewöhnlich dicht beschrieben, mit bis zu 23 Zeilen, deren schwer zu entziffernder Inhalt nach und nach die Herkunft preisgab: Es handelte sich um eine Art Bibel der Manichäer.

Diese spätantike Religionsgemeinschaft berief sich auf einen Gründer namens Mani und war damals in ganz Asien und im gesamten Mittelmeerraum weit verbreitet. Mani hatte einen so nachhaltigen Einfluss wie kaum eine andere Persönlichkeit der Spätantike, und das, obwohl oder vielleicht gerade weil seine Lehren von allen großen Religionen bekämpft wurden. Daraus erklärt sich im Übrigen auch das Miniformat des Pergamentbüchleins in Professor Henrichs Zigarrenkästchen: Die Schriften des Mani sollten unentdeckt bleiben. Der spektakuläre Fund aus der Kölner Universitätsbibliothek trug fortan den Namen «Kölner Mani-Kodex» (Cologne Mani Codex, CMC).

Mani wuchs in einer Gemeinschaft jüdisch-christlicher Täufer, der Elkesaiten, um die Jahre 220 bis 240 n. Chr. südlich von Babylon auf. Nachdem ihn seine Mutter zunächst allein großgezogen hatte, weil der Vater ins Kloster gegangen war, holte dieser den Jungen im Alter von vier oder fünf Jahren zu sich in die Gemeinschaft. Mit zwölf Jahren, so wird erzählt, hatte der Junge eine erste Vision in Gestalt eines Zwillings, der ihn fortan begleiten und beschützen sollte. Im Alter von vierundzwanzig Jahren folgten weitere Erscheinungen. Mani war sehr begabt und charismatisch, und er predigte öffentlich und sah Dinge, die andere nicht sehen konnten. Dafür musste er sich vor seiner Glaubensgemeinschaft immer wieder rechtfertigen. Schließlich wurde er aufgefordert, die Gemeinschaft zu verlassen. Zwei junge Gefährten und auch sein Vater folgten ihm nach.

Den Rest seines Lebens verbrachte Mani auf unzähligen Missionsreisen, die ihn nach Indien, Nordafrika und in das Gebiet der heutigen Türkei führten. Zentraler Bestandteil seiner Lehre war die Doktrin der «Lebendigen Seele», nach der alle organischen Stoffe als belebt und als Teil einer universalen Seele angesehen wurden. Diese Seele durfte nicht verletzt werden. In den Augen der Manichäer, jedenfalls der Frömmsten unter ihnen, war einer, der die Äste eines Baumes abschnitt oder einen Kohlkopf erntete, ein Mörder. Eine der wenigen Quellen, die diese Lehren der Manichäer wortwörtlich überliefern, ist ebenjener Kölner Mani-Kodex, den Henrichs 1969 in seiner Manteltasche von Köln nach Wien gebracht hatte. Die darin enthaltenen Teile dreier Wundergeschichten, in denen Pflanzen sprechen und sich gar wehren gegen unrechtmäßige Zugriffe der Menschen, machen Manis Vorstellungen von der belebten Natur in ganz eigenwilliger Weise deutlich.[29]

Die erste der drei Geschichten erzählt, wie ein Mitglied der Gemeinschaft eine Dattelpalme hinaufklettert, um Holz zu sammeln, während Mani unten am Baum wartet. Plötzlich beginnt der Baum, zu Mani zu sprechen: «Wenn du mich vor diesem Schmerz bewahrst, wirst du nicht sterben mit dem Mann, der gerade versucht, mich zu töten.» Der Mann oben im Baum hört die Worte auch und ist zu Tode erschrocken. Er steigt hinunter und kniet vor Mani nieder, voller Verwunderung darüber, dass dieser mit den Bäumen sprechen kann. Als Mani ihm offenbart, dass alle Pflanzen sprechen können, ist er erst recht erstaunt und rät Mani, das Geheimnis für sich zu behalten, da ihm sonst der Neid der Gemeinschaft drohe und er möglicherweise getötet werde.

In der zweiten Geschichte wird erzählt, wie Mani einmal in den Garten geschickt wird, um Gemüse für das Mittagessen zu ernten. Mani weigert sich, das zu tun. Als daraufhin ein anderer in den Garten geht, fängt das Gemüse an zu klagen, und es klingt, als seien die Kohlköpfe Kinder, die da sprechen. Als der Mann das Messer ansetzt und die Kohlköpfe abschneidet, strömt an der

Schnittstelle Blut. Wieder ist der Mann voller Furcht und fällt vor Mani auf die Knie.

Die dritte Geschichte schließlich handelt von einer Dattelpalme, deren Früchte von einem Dieb geerntet werden. Der Besitzer droht daraufhin, den Baum zu fällen, doch die Palme bittet um ihr Leben und verspricht Ersatz für die gestohlene Ernte. Dem Dieb schickt sie folgende Nachricht: «Wenn du je wiederkommen solltest, dann werde ich dich hinunterschleudern von meiner Höhe, und zwar so, dass du sterben wirst.»

Wir wissen, dass Mani seine Lehre von der beseelten Natur auch in drastischen farbigen Bildern vermittelte. Leider ist heute keine Kopie dieses Bilderbuchs erhalten. Anzunehmen ist, dass auf den Bildern das rote Blut triefend über das frisch geerntete Grün der Pflanzen rann. Alles, was Mani sagte, schrieb und malte, ist das Ergebnis verschiedener kultureller Einflüsse, die er zusammenführte. Die Vorstellung beseelter und sprechender Pflanzen findet sich ebenso im griechischen wie auch im indischen Raum. Augustinus von Hippo, einer der berühmten Kirchenväter, gehörte selbst lange einer manichäischen Gemeinschaft an. In seinen «Bekenntnissen» schreibt er: «Allmählich kam ich so weit in den Torheiten der Manichäer, dass ich glaubte, die Feige mitsamt ihrem mütterlichen Baume vergieße milchweiße Tränen, wenn man sie pflücke. Wenn jedoch ein Auserwählter eine solche durch fremdes, nicht durch eigenes Vergehen abgepflückte Feige gegessen hätte, so würde er, wenn er sie verdaue, Engel, ja sogar Teilchen Gottes aushauchen, während er bete oder wenn es ihn aufstoße. Diese Teilchen des höchsten und wahren Gottes wären, so hatte man mir gesagt, an jene Frucht gebunden geblieben, wenn sie nicht die Auserwählten mit ihren Zähnen und ihrem Magen befreit hätten. Und ich Elender glaubte, man müsse den Früchten der Erde mehr Barmherzigkeit zollen als den Menschen, um derentwillen sie erschaffen. Denn wenn ein Nichtmanichäer hungernd nach Speise begehrte, so wäre der Bissen gleichsam verdammt gewesen, den man ihm gereicht hätte.»[30]

Mit der Vorstellung, dass den Früchten der Erde Barmherzigkeit zu zollen sei, räumte der Kirchenvater Augustinus radikal auf. Stattdessen stellte er den Menschen ins Zentrum. Das westliche Christentum entwickelte sich zu einer Religion der Allesfresser, ja eines seiner Alleinstellungsmerkmale bestand eben gerade im Verzicht auf überkommene Speisegesetzgebung. Nicht das, was zum Mund hineingeht, macht den Menschen unrein, sondern das, was aus dem Mund herauskommt, schrieb Paulus im Brief an Timotheus (1. Tim. 4,4, siehe auch Apg. 10,15, Tit. 1,15). Mit dieser Ablehnung von Speisevorschriften und der Hinwendung zu der Überzeugung, dass nichts von sich aus unrein sei – außer für den, der etwas für unrein hält (Röm. 14,14) –, ging der schleichende Abschied von der beseelten Natur einher.

Zauberkräfte und andere Vorteile des Fastens

Das Christentum fand andere Praktiken der Zurückhaltung und Maßnahmen gegen die Gefahren der Gula – eine davon ist das Fasten. Vor mehr als hundert Jahren kam der Altertumswissenschaftler Rudolph Arbesmann in seiner Studie zum Fasten bei den Griechen und Römern zu dem Ergebnis, dass immer und überall gefastet wurde: in den fast dreitausend Jahre alten hinduistischen Traditionen Indiens, im Buddhismus, bei den alten Griechen, im Judentum, Christentum, Islam, aber auch in den vorchristlichen Kulturen Mittelamerikas oder bei den Feuerland-Indianern Patagoniens.[31]

Obgleich Fastenriten in den alten römischen und griechischen Kulten eher selten waren, gibt es eine entscheidende Ausnahme im Rahmen von Fruchtbarkeitsfesten in Athen und Sparta.[32] Bekannt ist das sogenannte Demeterfasten bei den fünftägigen attischen Thesmophorien, einem Fruchtbarkeitsfest nur für Frauen. Im Zentrum stand Demeter, die Göttin der Fruchtbarkeit, auch als Ceres oder Thesmia benannt, auf der Suche nach ihrer Tochter Proserpina, die von Hades alias Pluto in die Unterwelt verschleppt worden war. Das Fest, das Ende Oktober oder Anfang November stattfand, war eine Art Reenactment dieser Suche und begann mit dem Auszug der Frauen aus der Stadt, wo sie fünf Tage gemeinsam verbrachten. Die Frauen, angeführt von den älteren, ließen es – wie man heute sagen würde – richtig krachen. Gefastet wurde dann am zweiten Tag, an dem die Erneuerung der Fruchtbarkeit im Mittelpunkt stand und die Frauen nackt auf Heilkräutern beisammensaßen. Hier kam Jambe ins Spiel, die Demeter als Dienerin auf der Suche nach der verschwundenen Tochter unbeirrt begleitete. Als Tochter des Satyrs Pan und der Nymphe Echo hatte Jambe jede Menge gute Laune geerbt, und über ihren Scherzen vergaß die Göttin die eigene Trauer. Demeter belohnte sie dafür reichlich und machte sie zur Priesterin. Jambe war fortan zuständig für Späße, und sie heiterte die Frauen am Tag des Fastens mit satyrischen Versen, lustigen Einfällen und anregender Unterhaltung auf.[33]

Warum diese antiken Gesellschaften Zeiten des freiwilligen Verzichts auf Essen in ihre Traditionen übernahmen, ist schwer zu erklären. Die alten Texte nennen dazu verschiedenste Gründe:[34]

- Fasten hilft, böse Mächte fernzuhalten. Beim sogenannten Trauerfasten etwa wurde die möglicherweise schädliche Wirkung der Totengeister abgewehrt. Fasten galt als Waffe im Kampf gegen das Böse, in dem die geistlichen Athleten, seien dies Priester, Heiler oder Mönche, an vorderster Front standen.

- Fasten ist gesund. Es galt als probates Mittel in der Volksmedizin. Man wusste ganz einfach: Der nüchterne Arzt und der nüchterne Patient erzielen bessere Ergebnisse.
- Fasten ermöglicht gesteigerte Konzentration. Es war deshalb fester Bestandteil der Vorbereitung auf wichtige rituelle Ereignisse, zum Beispiel Amtseinführungen, Herrschererhebungen und Übergangsfeste aller Art wie Beschneidung, Hochzeit oder Begräbnis.
- Dem Fasten wurden weitere positive, freudvolle Wirkungen zugeschrieben. Fasten macht einen Menschen den Engeln gleich, galt als eine Möglichkeit der Rückkehr ins Paradies. Dabei spielte der Gedanke der geistlichen Reinigung eine wichtige Rolle.
- Fasten hatte positive Auswirkungen auf die Gemeinschaft. Oft wurde empfohlen, das Geld, das an Speise und Trank gespart wurde, den Armen zugutekommen zu lassen. «Selig ist, wer auch darum fastet, dass er die Armen speise.» (Origenes)[35]
- Fasten verlieh Zauberkräfte. Außeralltägliche Fähigkeiten waren nur durch außeralltägliche Lebensweisen zu erlangen. Ein fortwährend gefüllter Magen kann keine verborgenen Dinge sehen. Hierher gehören auch das sogenannte ekstatische Fasten und die Erzeugung rauschartiger Zustände durch den Entzug von Nahrung.

Immer wieder klingt in den antiken Texten das Motiv der Buße durch. Fasten ist ein Versuch der Wiedergutmachung in demütiger Unterordnung, ein Akt der Erniedrigung, durch den sich die Götter beeinflussen lassen. Häufig werden Opfer, Gebet und Fasten in einem Ritual gebündelt. Das Flehen und Bitten der Menschen um die Gunst der Götter findet so Verstärkung im Fasten. Als Evagrius Ponticus im 4. Jahrhundert n. Chr. in der ägyptischen Wüste das Fasten als Heilmittel gegen die negativen Folgen der Völlerei empfahl, erfand er keineswegs das Rad neu. In den griechisch-orientalischen Mysterienreligionen, die in Ägypten besonders verbreitet waren, hatte Fasten eine noch viel größere Bedeutung als in der restlichen griechischen Welt.[36] So fasteten die Priesterinnen, Priester und Gläubige der Kybele-und-Attis-Mysterien, der Isis-Mysterien und der Mithraskulte regelmäßig.

Mit dem langsamen Übergang zum Christentum änderte sich im Grunde wenig.[37] Man übersetzte lediglich bewährte Praktiken der Selbstdisziplinierung und der Konzentrationssteigerung auf das nunmehr christlich motivierte Umfeld – und das, obwohl die Christen zunächst keine Freunde des Fastens waren.[38] Ganz im Gegenteil: Jesus kritisierte die Fastenpraxis der Pharisäer, und in den Briefen des Neuen Testaments findet sich kein Wort vom Fasten. Wie es scheint, wurde jedoch bald ein klares Fastengebot vermisst – haben Menschen ein natürliches Bedürfnis nach Regeln? –, und so führte man wöchentliche Fastentage ein, meist am Mittwoch und Freitag. Tertullian, ein christlicher Schriftsteller des 2. Jahrhunderts n. Chr., berichtet, dass entschiedene Christen generell keinen Wein tranken und kein Fleisch aßen. Dann kam auch das Initiationsfasten hinzu, zur Vorbereitung auf die Taufe, die Priesterweihe oder die Kommunion. Ebenfalls schon früh setzte sich das Fasten vor Ostern durch. Für die Dauer von vierzig Tagen war nur eine Mahlzeit am Tag erlaubt, und es galt ein generelles Wein- und Fleischverbot, während Geflügel und Fisch weiterhin gegessen werden konnten.

Von den Vätern des abendländischen Mönchtums werden ungewöhnlich strenge Fastengewohnheiten überliefert. Der heilige Benedikt aß angeblich nur einmal am Tag nach Sonnenuntergang. Zeitweise nahm er nur alle zwei, oft sogar nur alle vier Tag etwas zu sich. Brot und Salz war seine einzige Nahrung, Wasser sein Getränk. Noch radikaler waren die christlichen Mönche, die im 6. Jahrhundert im Frankenreich lebten und predigten. Der heilige Kolumban soll sich ausschließlich von Kräutern und winzigen kleinen Früchten ernährt haben, die er in der Wildnis fand. Das Volk nannte sie Brombeeren. Und auch er trank nur Wasser.

Erst mit der weiträumigen Verbreitung der gemäßigten Benediktsregel seit dem 8. Jahrhundert n. Chr. wurden Fastengewohnheiten in den christlichen Gemeinschaften moderater. Benedikt erklärte die Fastenzeit vor Ostern zu einer Phase der Entschleunigung. In Kapitel 48 seiner Regel schrieb er den Mitgliedern seiner Gemeinschaft vor, in Zeiten des Fastens weniger Handarbeit zu leisten. Stattdessen gab es mehr Zeit zum Lesen.

Kollektive Fastenrhythmen: Mittwoch, Freitag, Quadragesima, Quatember, Vigil

Jahresrhythmen zwischen Schlemmen und Darben waren über Jahrhunderte hinweg in weiten Teilen Europas verbreitet. Kehren wir noch einmal zurück zu Berthold von Regensburg, der als Praktiker seinem Publikum konkrete Handreichungen bot.[39] In seiner Predigt «Wie man vasten sol», aus der schon Ausschnitte zitiert wurden, buchstabiert er den Fastenrhythmus durch. Noch heute am bekanntesten ist die Quadragesima, wörtlich «die Vierzigste», womit die vierzig Tage vor Ostern gemeint sind, die Zeit der Vorbereitung auf die Auferstehung. Beginnend am Aschermittwoch erstreckt sie sich über vier Fastenwochen, gefolgt von der Passionswoche und der Karwoche, bis zur Ostervigil, dem Vorabend der Auferstehung. Dazu kam das sogenannte Quatemberfasten, das heute kaum jemand mehr kennt: je eine Fastenwoche im März (Frühlingsfasten), Juni (Pfingstfasten), September (Herbstfasten) und Dezember (Winterfasten), mit Fastengeboten für die Wochentage Mittwoch, Freitag und Samstag. Hinzu kamen Fastentage in Vorbereitung auf wichtige Heiligentage, das sogenannte Vigilfasten, die je nach Region variierten, aber vor Festen wie Allerheiligen, Mariä Himmelfahrt, Pfingsten oder Weihnachten durchgängig eingehalten wurden.

Die drei Hauptfastenzeiten – Quadragesima, Quatemberfasten und Vigilfasten – wurden wegen ihrer rigorosen Bestimmungen Vollfasttage genannt. Es galt das *ieiunium plenum*, bei dem nur eine Mahlzeit, in der Regel am frühen Abend, erlaubt war. Nicht erlaubt waren das Fleisch warmblütiger Tiere und deren Produkte. Davon betroffen waren alle in Europa damals verbreiteten landwirtschaftlichen Nutztiere, also Rinder, Schweine und Geflügel, ebenso Eier und Milchprodukte wie Butter, Schmalz, Joghurt und Käse (sogenannte Laktizinien). Fisch, Enten und Wasservögel hingegen waren erlaubt. Daneben existierte eine zweite Form des Fastens, das *ieiunium semiplenum*, oder *abstinentia*, mit etwas milderen Bestimmungen. Hier war nur das Fleisch warmblütiger Tiere verboten, nicht jedoch Laktizinien und Eier. Überdies waren drei Mahlzeiten täglich erlaubt. Diese verschlankte Variante des Fastens in Form vegetarischer Ernährung galt wöchentlich für Freitage und Samstage.

Dass es in der praktischen Durchführung eine große Variationsbreite gab, steht außer Zweifel. So variierte die Zahl der Fastentage je nach Region und den ortsüblichen Heiligenfesten zwischen 120 und 150 Tagen im Jahr. Wie ernst die Menschen die Fastenregeln nahmen, zeigen nicht zuletzt die vielen Bitten um Ausnahmegenehmigungen, die regelmäßig in Rom eingingen. In den päpstlichen Registern häuften sich insbesondere ab dem 15. Jahrhundert Gesuche um Erteilung eines sogenannten Fastendispens. Gegen einen entsprechenden Preis wurden diese Gesuche genehmigt.

Der Historiker Matthias Klipsch hat die betreffenden päpstlichen Register für die Jahre 1394 bis 1484 im mittelalterlichen Gebiet des Deutschen Reiches ausgewertet. Aus den neunzig Jahren sind insgesamt 684 Dispensgesuche erhalten, die auf die eine oder andere Art das Fasten betreffen. 508 davon sind «Butterbriefe», der volkstümliche Begriff für das Ersuchen eines Bittstellers um eine schriftlich erteilte Erlaubnis, in der Fastenzeit und an Fastentagen Butter und Milchprodukte zu genießen. Ein Problem ergab sich insbesondere in Gebieten nördlich der Alpen, denn anders als im Mittelmeerraum, wo Milchprodukte und Eier leicht durch Olivenöl und Fischeier ersetzt werden konnten, gab es in nördlicheren Regionen wenig alternative Proteinlieferanten. «Weil wir in einer kalten Region leben, in der keine Oliven wachsen» – so begründen denn auch die Ortschaften Rottweil, Derelingen, Nerkilch, Weinfelden, Schopfen und Waldshut-Tiengen in der Diözese Konstanz ihre Bitte um Erlass.[40] Die Mönche des Zisterzienserklosters Stams in der Diözese Brixen weisen darauf hin, dass in ihrer ärmlichen Gegend die Luft schlecht sei, während die Dörfer Sanen, Rotberg und Atyna in der Diözese Lausanne ihre Bitte um Dispens damit begründen, dass es bei ihnen nur Wald gebe, wo weder Wein noch Obst noch Oliven gediehen. Die Bewohner der Stadt Arbon am Bodensee erklären ganz offen, dass ihnen Olivenöl als Ersatz für Butter und Schmalz einfach nicht schmecke. Und die Stadt München begründet ihre Bitte im Jahr 1479 damit, dass Olivenöl einfach zu teuer sei, insbesondere für ärmere Leute. Auch Krankheit oder Alter werden als Gründe genannt.[41]

Die vielen Ausnahmegenehmigungen, die die Kurie erteilte, wurden und werden vielfach als Beleg für die Nichtigkeit der kirchlichen Fastenregeln gewertet. Doch möglicherweise ist auch der umgekehrte Schluss zulässig: Die vielen Anfragen an die Kurie dokumentieren vor allem das Bewusstsein um den Fortbestand und die Geltung des Laktiziniengebots. Sie sind vielmehr ein Beleg dafür, wie tief verankert Praktiken des Fastens in den Gesellschaften waren.

Wer fastet, darf auch feiern (und ein Ausflug nach Feuerland)

Den vielen Fastentagen stand ein aus heutiger Sicht erstaunliches Heer an Festtagen gegenüber. Je nach Region wurden auf das Jahr verteilt bis zu vierzig Heiligentage begangen, an denen getanzt, gefeiert und geschlemmt wurde. Diese kollektiven Rhythmen im Wechsel zwischen Überfluss und Entbehrung bestimmten über Jahrhunderte das Alltagsleben der Europäer. Sie folgten bekannten, entlastenden Regeln, boten Anlass für Kommunikation und Gemeinschaftserleben. Eingebettet in eine stete Abfolge von Festen, wurde das Fasten zum kontinuierlichen Training in Vorbereitung auf gesteigertes Erleben. Es ermöglichte die Erfahrung von Außeralltäglichkeit. Und es machte stark.

Es geht hier nicht darum, aus der Vergangenheit Lektionen für die Zukunft abzuleiten in dem Sinne, dass man von den Menschen im Mittelalter wieder das Fasten lernen sollte. Das Thema Fasten ist vielmehr ein schönes Beispiel dafür, wie sich Normalität, wie sich Selbstverständlichkeiten verändern. Wenn ich in einer Gesellschaft lebe, in der regelmäßig freitags und samstags kein Fleisch gegessen wird, dann wird sich kaum jemand über die Einführung eines Veggie-Tags in der Betriebskantine oder über fleischfreie Kost in Kindergärten aufregen. Die Frage muss lauten: Wann eigentlich wurde täglicher Fleischgenuss «Normalität»?

Mit der Reformation ging das Bewusstsein für die positiven Effekte des Fastens in den europäischen Kulturen allmählich verloren. Eine krasse Erinnerung an den «Machtverlust», der damit in Kauf genommen wurde, stammt aus der ersten Hälfte des 20. Jahrhunderts. Im Jahr 1934 reiste der Missionar und Ethnologe Martin Gusinde zu den Yámana nach Feuerland/Patagonien. Dort nahm er an einem Ausbildungslager für Medizinmänner teil. Die Einübung in die Kunst des Fastens war zentral, und Gusinde zeichnete seine Beobachtungen auf:

> Sowohl die erfahrenen *yékamuš* [Medizinmänner] als auch [...] die Schüler nehmen nur sehr wenig Nahrung zu sich, vermeiden unter allen Umständen Fett und Tran. Als Regel gilt, dass die kleine Miesmuschel (Mytilus) die beste und geeignetste Nahrung für beide Teile ist; daher erhält der Schüler während der ersten Zeit des Unterrichtes nur drei Miesmuscheln täglich und ein wenig Wasser, das er durch einen langen Röhrenknochen saugen muss; macht er aber einige Fortschritte in jener Kunst, nach dem Urteil der Alten, dann wird seine Ration auf nur zwei Muscheln heruntergesetzt, die er dann einhält bis zum Schluss der Unterweisung, und dies zu dem Zwecke, damit er noch weitere und schnellere Fortschritte mache. (Es gehörte Energie dazu, das während mehrerer Monate auszuhalten.) In Einzelfällen gestattet man den Schülern, auch Fisch zu essen; jedoch dürfen sie dann nur die hintere Hälfte nehmen und müssen die vordere Hälfte samt Kopf des Fisches verbrennen. Immer wieder wird betont: Je schmäler die Kost, je geringer das Maß von Speise und Trank, das einer zu sich nimmt, umso schneller und lebhafter kommen die Träume, umso geeigneter ist der *yékamuš* zu den Kunststücken und -proben, die er vorzuführen pflegt.[42]

Allerdings wurde überall geklagt, dass die Kraft der Medizinmänner schwinde und dass sie gegen die von den Europäern eingeschleppten Krankheiten wehrlos seien. Gusinde fragte nach den Gründen:

Auf meine Frage hin, warum wohl diese tüchtigen Meister sich heute nicht mehr finden, antworteten sie in ganz bezeichnender Weise: «Das kommt von dem vielen und guten Essen, das die Christen genießen und das auch wir alle jetzt zu nehmen uns angewöhnt haben. Davon werden Körper und Geist schwerfällig, die Träume aber kommen nicht mehr so lebhaft und häufig. Die alten *yékamuš* haben eben bis Mittag gefastet und dann nur zwei bis drei Miesmuscheln täglich gegessen, wenn sie einen Kranken heilen wollten, oder schlimme Geister verscheuchen mussten, oder im Traume ihre Schützgeister zu befragen wünschten – sie kannten eben Alkohol, Tee oder Kaffee nicht, wie wir diese Dinge heute so oft genießen. Jene alten Meister begnügten sich mit einigen Tropfen Wasser; nachts ruhten sie nur kurze Zeit aus und das nur in Hockerstellung!» Es ist wirklich Tatsache, dass die heute lebenden Yagan sich allzu viel an die europäischen oder importierten Nahrungsmittel wie Mehl, Zucker, Nudeln, Reis, Hülsenfrüchte, Kaffee, Alkohol und besonders Hammelfleisch gewöhnt haben; nur nebenbei, oder in Zeiten der Not, oder falls ihnen Geld mangelt, geben sie sich mit der Nahrungsversorgung, wie sie in alter Zeit geübt wurde, zufrieden.[43]

Ein neues Zeitalter in Sachen Ernährung: Die Zuckerrevolution

Zur Aufhebung der Fastengebote im Zuge der Reformation kam eine zweite historische Entwicklung hinzu, die die Ernährungsgewohnheiten der westlichen Welt grundlegend verändern sollte: die Entdeckung der Neuen Welt und der Aufstieg des Zuckers zum Volksnahrungsmittel. Über Jahrtausende und bis weit ins 17. Jahrhundert hinein wurde Zucker als medizinisches Mittel verwendet, das in feinsten Dosen bei Appetitlosigkeit, Fieber, Reizhusten, Schmerzen in der Brust oder aufgesprungenen Lippen verabreicht wurde. Er war aber auch ein wertvolles Luxusgut.[44] Als die Portugiesen im 15. Jahrhundert die vor der westafrikanischen Küste liegenden Inseln besiedelten, allen voran Madeira, die Kanaren und die Kapverdischen Inseln, entstanden dort die ersten großflächigen Zuckerrohrplantagen, auf denen vermehrt auch Sklavenarbeit zum Einsatz kam. Was lag näher, als die Erfahrung im Zuckeranbau in die neu entdeckte Welt mitzunehmen?

Schon auf seiner zweiten Reise im Jahr 1493 hatte Christoph Kolumbus Zuckerrohrpflanzen an Bord der Santa Maria. Bereits zwei Jahrzehnte später, im Jahr 1516, wurde der erste Zucker von der Insel Santo Domingo, heute Dominikanische Republik, zurück nach Europa verschifft.[45] Mit der Kolonialisierung Südamerikas setzte sich der Zuckeranbau flächendeckend durch. In Brasilien, Mexiko, Paraguay, auf den Großen Antillen, Kuba, Puerto Rico und Jamaika, ebenso wie an der Pazifikküste Südamerikas gediehen die Zuckerrohrpflanzen prächtig.

Zunächst waren die spanischen und portugiesischen Kolonialherren führend auf dem Zuckermarkt, im Laufe des 17. Jahrhunderts wurden sie zunehmend von Engländern und Niederländern zurückgedrängt. Diese Entwicklung ging einher mit der Expansion des Sklavenhandels in die Neue Welt. Früher sprach man – etwas zu vereinfacht, wie man heute weiß – vom «atlantischen Dreieckshandel», um das System zu beschreiben, mit dem Europa Fertigwaren wie Waffen, Tuch und Schmuckwaren nach Afrika exportierte, von wo aus Sklaven aus den lokalen Sklavenmärkten in die Neue Welt gebracht und zunächst in den spanischen Kolonien, ab 1619 auch in Nordamerika verkauft wurden. Dort wurden die Sklaven auf großen Plantagen ausgebeutet, wäh-

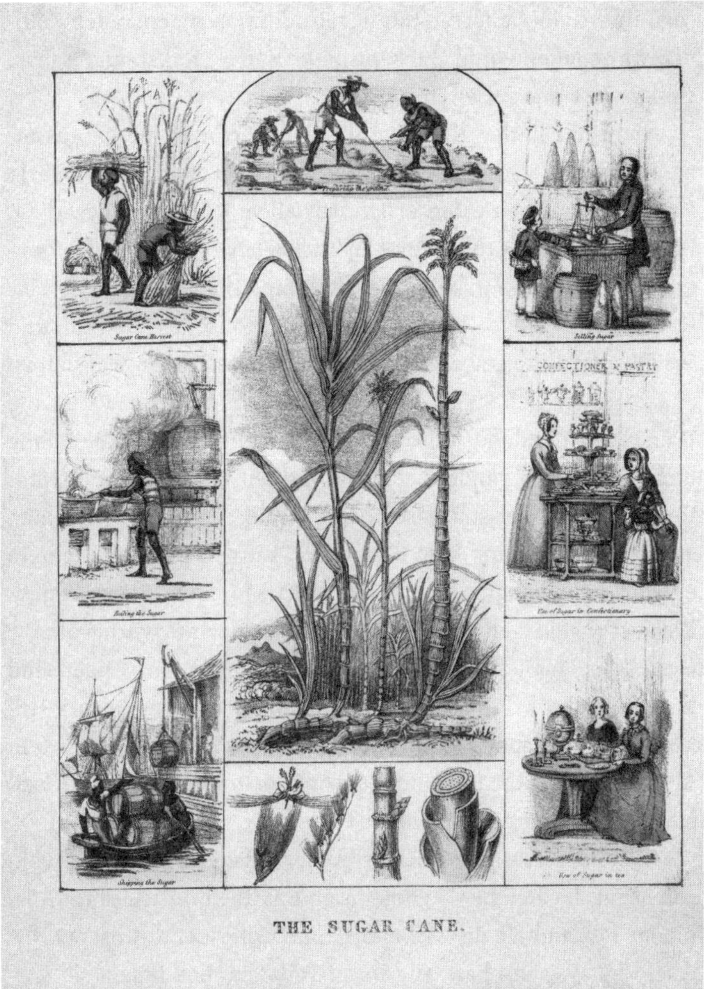

Eine Zuckerrohrpflanze (Saccharum officinarum), ihre Blüte und Teile des Stamms, umrahmt von sieben Szenen, die den Anbau und den Konsum von Zucker zeigen: Vorbereitung des Ackerlands, Ernte, das Kochen des Zuckers, Verschiffung; schließlich der Verkauf, Zucker in der Auslage eines Konfektionsgeschäfts, Zucker im Tee. Kolorierte Lithografie, um 1840.

rend ihre Kolonialherren mit der Produktion sogenannter Kolonialwaren, allen voran Zucker, später Kaffee, Kakao und Tabak, riesige Gewinne erzielten.[46]

Nicht nur in den Kolonien war harte Arbeit eine Voraussetzung, um das «Geschäftsmodell Zucker» zu skalieren. Auch in Europa war Arbeit erforderlich, vor allem Überzeugungsarbeit. Man musste die Europäer erst an Zucker gewöhnen, um die Plantagenwirtschaft rentabel zu machen, und das war nicht so einfach. Für sehr lange Zeit war Zucker ein exotisches Luxusgut und Privileg der Elite gewesen. Es gibt Berichte darüber, wie sich zu Shakespeares Zeiten, als die Zuckerimporte noch rar waren, die Damen der Londoner Elite vor dem Gang ins Theater die Zähne nicht etwa weiß, sondern schwarz färbten – Karies war ein Statussymbol. Als der schlesische Jurist Paul Hentzner mit seinem adeligen Zögling im Jahr 1598 durch Europa reiste, berichtete er vom königlichen Hof in Greenwich, London, über Königin Elisabeth: «Sie steht in ihrem 65. Jahr und wirkt würdevoll; ihr Gesicht ist länglich, ihre Haut hell, aber runzlig, ihre Augen sind klein, aber sehr dunkel und freundlich, sie hat eine leichte Hakennase, ihre Lippen sind schmal und ihre Zähne schwarz (ein Mangel, an dem die Engländer deshalb zu kranken scheinen, weil sie allzu viel Zucker verwenden).»[47]

Es sollte mehr als zwei Jahrhunderte dauern, bis Zucker vom Luxusgut der Reichen – gemeinsam mit Tee und Weißbrot – zu einem Bestandteil der Arbeiter- und Arme-Leute-Kost wurde. Auch die Wissenschaft trug ihren Teil dazu bei, indem sie Vor- und Nachteile des Zuckers in wissenschaftlichen Debatten zur Diskussion stellte. Einer der eifrigsten Verfechter der Vorteile war der Chemiker Frederick Slare, der regelmäßig seine Experimente vor der Royal Society demonstrierte. Er arbeitete über Phosphor, wies den Salzgehalt im Blut nach und widerlegte den damals verbreiteten Glauben an magische Heilkräfte von Magensteinen (Bezoaren). Durch und durch ein Mann der Wissenschaft, war er dennoch nicht gefeit gegen den neuen Glauben an die Wunderkräfte des Zuckers. Diese verteidigte er unter anderem gegen Zweifel seines Chemikerkollegen Thomas Willis, der 1675 als Erster das Krankheitsbild des Diabetes mellitus (nach dem honigsüßen Geschmack des Urins) beschrieb und vor dem neuen Produkt warnte.

Slare sah sich auf der Seite des Fortschritts. Schon der Titel seiner 1715 erschienenen Broschüre zur «Verteidigung des Zuckers gegen den Vorwurf von Dr. Willis, andere Ärzte und allgemeine Vorurteile. Gewidmet den Damen»[48] benannte die Zielgruppe der Kampagne: Vor allem die Frauen wollte er davon überzeugen, dass die Warnungen vor den angeblichen Gefahren des Zuckers sämtlich auf Missverständnissen beruhten. Als einzigen Nachteil ließ er gelten, dass Zucker «die Damen zu dick werden lasse» – was im Zeitalter des Barocks kein wirklicher Makel war. Sonst sah er nur Vorteile, insbesondere medizinischen Nutzen: Zucker schaffe Abhilfe bei Husten, Heiserkeit und schwerer Atmung. Bei Augenschmerzen zerstoße man Kandiszucker, Perlen und Blattgold, vermenge das Ganze zu einem feinen Pulver und blase dieses in angemessener Dosis ins Auge. Slare empfahl Zucker als Zahnputzmittel, als Hautwasser und auch für die Ernährung von Säuglingen: Zwar habe er «selbst gehört, wie Damen von besserem Stand, die die Bücher gelehrter Herrschaften gelesen hatten, den Zucker verdammten und ihn ihren armen Babys zu deren großem Nachteil vorenthielten», doch erkenne man den Wert des Zuckers allein daran, wie die Natur die Nahrung des Säuglings bereitet habe – süß sei die Muttermilch. Ergo sei Zucker dazu da, das natürliche menschliche Verlangen nach Zucker zu stillen.[49]

Slare kann als Begründer des bis heute weitverbreiteten populären Irrtums gelten, dass der Heißhunger auf Süßes im Erwachsenenalter der frühkindlichen Prägung durch Muttermilch zu verdanken sei. Wie aber ließe sich nach dieser Logik der Heißhunger auf Salziges erklären? Weder frühkindliche Prägungen noch die menschliche Stammesgeschichte, sondern physiologische Faktoren wie Schwankungen im Blutzuckerspiegel und Defizite an Mineralstoffen sind verantwortlich für Heißhungerzustände. Slare versuchte, das Verlangen nach Süßem zu naturalisieren, und er verband es mit den Vorzügen eines weiteren neu entdeckten Gutes. Denn, um die Sache noch komplizierter zu machen, auch «Muttermilch» war damals eine relativ neue Erfindung. Der Begriff kam erst im 18. Jahrhundert auf, im Zuge von Stillkampagnen, mit denen Frauen davon überzeugt werden sollten, ihre Kinder selbst zu stillen, statt sie, wie bis dahin schichtenübergreifend weit verbreitet, von Ammen mit «Frauenmilch» ernähren zu lassen.[50]

Schließlich verweist Slare auf einen weiteren großen Vorteil des Zuckers: Er erfreue das Herz jedes westindischen Handelsherrn, «der seine Schiffe mit diesem süßen Schatz belädt. Auf der Basis dieser Handelsware haben Personen aus durchaus unbedeutenden Vermögensverhältnissen Plantagen errichtet, die ihnen zu einem solchen Wohlstand verhalfen, dass sie, reich geworden, in ihre Heimat zurückkehrten».[51] Zucker ist also nicht allein wohlschmeckend, nahrhaft und gesund, sondern er macht noch dazu reich. Zwar nicht die, die ihn konsumieren, aber die, die ihn produzieren und damit handeln.

Die Auseinandersetzungen um den Zucker waren unmittelbar verknüpft mit der Frage der Sklaverei.[52] Nach 1783 erlebte der britische Sklavenhandel einen großen Aufschwung, denn mit dem Ende der amerikanischen Unabhängigkeitskriege konnten die Sklavenschiffe wieder ungehindert die Meere befahren. Bereits vier Jahre später wurde in einer kleinen Druckerei in einem Londoner Hinterhof ein Komitee gegen die Sklaverei gegründet. Granville Sharp und Thomas Clarkson, die beiden Vorsitzenden, arbeiteten mit juristischen Gutachten, Augenzeugenberichten und Arztberichten von Sklavenfrachtern, um die Öffentlichkeit über die menschenverachtenden Geschäftsmodelle aufzuklären. Schon bald gewannen sie die Unterstützung des Parlamentsabgeordneten William Wilberforce, der als der geistreichste Redner im britischen Unterhaus galt und großen Einfluss hatte.

Die britische Abolitionistenbewegung ist eine der beeindruckendsten und erfolgreichsten AktivistInnenbewegungen der Neuzeit, denn sie führte innerhalb von nur einer Generation zur Ächtung der Sklaverei auf der Insel. Unter den vielen Aktionen, zu denen Unterschriftensammlungen, Plakataktionen und der Verkauf von Buttons zählten, war die wohl wichtigste der Aufruf zum Zuckerboykott, der enorme Breitenwirkung entfaltete. Ein Mitglied des Komitees, William Fox, veröffentlichte 1791 ein Boykott-Pamphlet mit dem Titel «Adress to the People of Great Britain, on the Utility of Refraining from the Use of West India Sugar and Rum», das sich mehr als 100 000 Mal verkaufte.[53] Fox erklärte den Zuckerhandel als den Versuch, nicht nur die wirtschaftlichen, sondern auch die ethischen Entscheidungen der Verbraucher zu diktieren, und forderte ein Ende der Bevormundung. Mehr noch, er bezeichnete den erzwungenen Verbrauch von Zucker als modernen Kannibalismus, denn Zucker sei unmittelbar mit dem Elend derer verbunden, die ihn produzieren müssen. Jedes Pfund Zucker enthalte den Schweiß, das Blut, ja den Körper der Plantagensklaven.

Im darauffolgenden Jahr veröffentlichte die Schriftstellerin und Frauenrechtlerin Mary Wollstonecraft ihr Hauptwerk «A Vindication of the Rights of Woman». Darin stellte sie eine erstaunliche Analogie her – zwischen der Unterdrückung der Frauen durch das männliche Verlangen nach der metaphorischen «Süße» der Weiblichkeit und der Unterdrückung der Sklaven durch das Verlangen des Konsumenten nach der realen Süße des

Zuckers. Andere versuchten, die Verweigerung des Zuckerkonsums zum politischen Druckmittel im Dienst der Frauenbewegung zu machen: Frauen, so hieß es, könnten als Konsumentinnen mehr gegen die Unterdrückung der Sklaven ausrichten als all die Kriegsschiffe an der Küste Afrikas.[54] Der Porzellanfabrikant Josiah Wedgwood unterstützte die Abolitionisten und ließ Medaillons mit einem knienden schwarzen Sklaven herstellen, darüber die Losung: «Bin ich nicht ein Mensch und ein Bruder?» Die öffentliche Meinung erwies sich als eine Macht, die stärker war als die Interessen der Mächtigen.[55] Am Ende obsiegte die Stimme der Vernunft. In Großbritannien wurde der Sklavenhandel 1807 zumindest formal abgeschafft, 1833 auch in den Kolonien und 1865 in den Vereinigten Staaten – wenngleich feudale Abhängigkeiten weit darüber hinaus erhalten blieben.

Die Schlacht gegen den Zucker aber wurde verloren. In den westindischen Kolonien führte die Zuckerrevolution zum Übergang von einer diversifizierten Landwirtschaft zur Zuckerrohrmonokultur, die Produktion auf kleinen Bauernhöfen wurde zugunsten großer Plantagen aufgegeben, freie Arbeitskräfte wurden durch Sklaven ersetzt. Durch die kontinuierlichen Menschenimporte kam es zur Verdichtung der Bevölkerung in den Kolonien, zur Ablösung einer überwiegend weißen durch eine überwiegend schwarze Bevölkerung und zum enormen Anstieg der Produktivitätsrate pro Kopf. Die Zuckerrevolution kurbelte den atlantischen Sklavenhandel an und sorgte dafür, dass sich Ernährung und Konsum in Europa fundamental veränderten. Ohne Zucker und den damit verbundenen zusätzlichen Input von Kalorien für die Arbeiterinnen und Arbeiter, so die Einschätzung vieler ExpertInnen, wäre die industrielle Revolution nicht möglich gewesen.[56] «Die erste gesüßte Tasse heißen Tees, die von einem englischen Arbeiter getrunken wurde, war ein bedeutendes historisches Ereignis, weil sie die Transformation einer ganzen Gesellschaft, eine völlige Umgestaltung ihrer wirtschaftlichen und sozialen Grundlagen, vorwegnahm.»[57] Mittelfristig jedoch waren die westindischen Kolonien die Verlierer, denn ihr Zuckerrohr wurde im Laufe des 19. Jahrhunderts zunehmend durch die Kultivierung der in Europa heimischen Zuckerrübe verdrängt.

Summiert man die negativen Folgen auf der Verbrauchsseite, erscheint die Erfolgsgeschichte des Zuckers weniger als herausragende unternehmerische Leistung denn als großes Fiasko. Zucker wurde zum Suchtmittel, ernährungsphysiologisch gänzlich überflüssig, Ursache von Karies, Fettleibigkeit und Herz-Kreislauf-Problemen, und als Konsumgut dem Tabak, den er oft ersetzt, kaum vorzuziehen.

Geschichte hilft, uns daran zu erinnern, wie jung unsere Essgewohnheiten sind: Bis weit ins 18. Jahrhundert spielten Zucker, Tee, Kaffee, Schokolade und Tabak keine Rolle für die Ernährung der Bevölkerung. Der US-amerikanische Anthropologe Sidney Mintz sah im Siegeszug der sogenannten Kolonialwaren den Wegbereiter der Maßlosigkeit, die in modernen Konsumgesellschaften vorherrscht. Wissen und Kulturpraktiken des Essens, die Jahrhunderte alt waren, gerieten nicht nur in Vergessenheit, sondern wurden gezielt verdrängt. Das zeigt der Aufstieg des Zuckers zum Grundnahrungsmittel der Armen ab der Mitte des 19. Jahrhunderts besonders deutlich. Die besten KonsumentInnen sind abhängige KonsumentInnen. Insbesondere für eine Nahrungsmittelindustrie, die auf stetiges Wachstum angewiesen ist. Was würde aus ihr, wenn die Menschen plötzlich auf die Idee kämen, zuckerhaltige Getränke nur an Weihnachten zu kaufen, regelmäßig Konsumpausen einzulegen oder Süßes nur noch sonntags zu essen? Verzicht – so scheint es – ist ein Luxus, den sich der Kapitalismus nicht leisten kann.

II. AVARITIA – BESITZ

Ist Habgier gut oder schlecht? Ist der Wunsch nach Reichtum nützlich oder schädlich für die Gesellschaft? Verkauft der Bäcker seine Brötchen aus Nächstenliebe oder weil er Profite erzielen möchte?

Mehr als drei Jahrhunderte bevor Adam Smith in seinem Werk «Der Wohlstand der Nationen» (1776) diese Frage zugunsten des Profits entschied, wurde darüber in Rom diskutiert. An einem lauen Frühsommerabend im Jahre 1427 lud der Kuriensekretär Bartolomeo da Montepulciano in sein Landhaus auf dem Lateranhügel ein. Ein angenehm kühler Ort, jedenfalls für römische Verhältnisse. Bartolomeos Gäste waren Kollegen, gelehrte Männer, Juristen, Verwaltungsexperten und Staatsbeamte. Gut situiert, nicht reich, aber doch wohlhabend genug, um nach dem Tagesgeschäft bei gutem Essen und vorzüglichem Wein nächtelang über Gott und die Welt zu diskutieren. An diesem Abend kam das Gespräch auf die Habgier, denn ein berühmter Prediger war in der Stadt, und man war sich uneins darüber, ob er laut genug gegen diese Sünde, das Grundübel der Zeit, wettere.

Mit dieser Szene eröffnet der Humanist Poggio Bracciolini (1380 bis 1459) seinen «Dialog gegen die Habgier».[1] Blitzen in diesem Text, der große Berühmtheit erlangen sollte, weil er ausführlich die Theorie vom Nutzen der Habgier für das Gemeinwohl diskutiert, Funken eines frühkapitalistischen Geistes auf? Den Rahmen für das Gedankenexperiment bietet ein vertrauliches Gespräch unter nicht mehr ganz nüchternen Freunden. So wie Platon in der Antike mit Kollegen und Schülern zu Tisch saß und die großen Fragen des Lebens diskutierte, so plaudern hier vier Humanisten nach Feierabend bei einem Glas Wein. Natürlich hat Poggio dieses Gespräch frei erfunden, wenngleich er seine Freunde, also real existierende Personen, sprechen lässt. In erster Linie geht es ihm darum, all seine Gelehrtheit zu Papier zu bringen. Dazu wählt er die Form des Dialogs, nach dem Vorbild von Platons «Gastmahl». Nun führt er die gesammelten Weisheiten der Alten zum Thema Habgier vor, das Wissen der abendländischen Kultur seit den alten Griechen bis ins frühe 15. Jahrhundert, bis in die Zeit der Frührenaissance. Da Poggio noch dazu gut erzählen konnte, lohnt es sich, das Gespräch hier nachzuverfolgen.

«Kommt, schlaft jetzt nicht ein, lasst uns noch ein bisschen plaudern!», fordert Bartolomeo seine Gäste nach dem Essen auf. «Ich habe euch gut bewirtet, jetzt seid ihr dran. Bitte keine hochgestochenen Reden, einfach nur gute Unterhaltung, lasst uns zum Spaß ein bisschen streiten.» Doch alle sind etwas schläfrig, müde vom Essen und angesäuselt vom Wein, jeder will sich drücken, wirft dem anderen den Ball zu, bis am Ende Bartolomeo selbst sich bereit erklärt, den Anfang zu machen. Allerdings stellt er zwei Bedingungen: Erstens wolle er keine Rede halten, sondern nur die Diskussion in Schwung bringen; zweitens wolle er Gegenargumente provozieren. Antonio Loschi, einer der Gäste, möge sich bitte schon mal die Gegenrede überlegen. Und als just in dem Moment mit Verspätung und unter großem Hallo ein weiterer Freund, Andrea da Costantinopoli, auf die Terrasse tritt, wird er ebenfalls zu einer Stellungnahme verdonnert. Als Vierter mischt Censio Romano das Gespräch immer wieder auf.

Avaritia, so Bartolomeo, stamme von *avidus aeris* her, wörtlich übersetzt «gierig nach Bronze». Schon kommen alle in Diskutierlaune. Antonio nimmt einen Schluck und kommentiert grinsend: «Wenn das stimmt, dann gibt es heute keine Habgierigen mehr, denn heute will keiner mehr Bronze, heute wollen alle Gold und Silber.» Bartolomeo lächelt mitleidig zurück: Netter Versuch! Antonio dürfe die historische Entwicklung nicht vergessen. Der Begriff wurde in einer Zeit geprägt, als weder Gold noch Silber im Umlauf waren. Bis zum Ersten Punischen Krieg hatten die Römer bekanntlich Bronzegeld. Doch ist das alles völlig unerheblich, denn es geht ja um die Gier nach Geld, unabhängig davon, aus welchem Material die Münzen geprägt wurden.

Bartolomeo legt nach: «Avaritia ist der übermäßige Wunsch nach Besitz, oder besser noch: ein unstillbarer Hunger danach, Reichtümer anzuhäufen. Die Seele des Habgierigen wird beherrscht von der Gier. Dem Habgierigen fehlt das, was er hat, genauso sehr wie das, was er nicht hat. Das macht ihn zum Sklaven seines Eigeninteresses und formt seine Gedanken, Worte und Taten. Außer den eigenen Anliegen interessiert ihn nichts, weder öffentliche Angelegenheiten noch gemeinschaftliche Pflichten. Daher nenne ich dieses Laster abstoßend und entgegen der Natur. Schon Cicero betonte, wie ihr wisst, dass derjenige, der aus reinem Eigeninteresse handelt, eine Gefahr für die Allgemeinheit bedeutet, ein massives Problem für die Gerechtigkeit, denn der Habgierige scheut weder Mittel noch Wege, die bestehenden Gesetze zu unterwandern, um seine eigenen Interessen durchzusetzen: Er wird die Armen übers Ohr hauen, die Reichen betrügen, seine Freunde hintergehen, die Fremden ausnutzen, die Schwachen ausbeuten und die Unwissenden täuschen. Aus diesem Grund ist es ihm auch unmöglich, langfristige Beziehungen und Freundschaften zu führen, denn er mag ja am Ende nicht einmal sich selbst.»

So reiht Bartolomeo ein klassisches Argument ans andere, um abschließend zu einer medizinischen Erklärung zu kommen: «Habgier ist eine Krankheit des Alters. Just in dem Lebensabschnitt, wo die Zeit, die noch zum Leben bleibt, immer kürzer wird und man eigentlich immer weniger braucht, weil man schon alles hat, da tritt diese Seuche verstärkt auf. Die Alten halten verzweifelt fest an ihrem Besitz, statt ihn an die Jüngeren weiterzugeben, die damit ihr Leben gestalten könnten. Ja, es gibt viele Monster auf dieser Erde, doch übertrifft der alte Geizhals alle diese in seiner Abscheulichkeit. Habgier und Geiz – so das Fazit – sind zwei Facetten einer Krankheit, die den Menschen auf das Schrecklichste entstellt. Wer darunter leidet, gehört in Quarantäne, um Ansteckung zu verhindern.»[2]

Nun ist Antonio Loschi an der Reihe. Leicht angetrunken, dankt er zunächst höflich für die schönen Worte. Er scheint unschlüssig zu sein, was er erwidern könnte, soll er zustimmen oder dagegenhalten? Weil es mehr Spaß macht zu widersprechen und weil ihm der Gastgeber dies ausdrücklich aufgetragen hat, beschließt er, Bartolomeos Thesen infrage zu stellen. Sein Vorredner habe einiges auf die leichte Schulter genommen, unwichtigen Dingen allzu großes Gewicht beigemessen und ganz wichtige vernachlässigt. «Man muss unbedingt die Stimme des gemeinen Volkes hören, und die würde ganz anders argumentieren. So gibt es zum Beispiel sehr viele Gesetze gegen die Wollust, aber kein einziges gegen die Habgier. Also muss Wollust viel schlimmer sein als Habgier. Sie schwächt und zerrüttet Körper und Seele.» Hier müssen alle ein Lachen unterdrücken, denn jeder von ihnen lebt in einer Beziehung und hat Sex, und keiner fühlt sich an Körper oder Seele zerrüttet. Antonio wiederholt sich kichernd wieder und wieder, schließlich hebt er das Glas zu einem Toast. «Der Körper und der Geist also», so setzt er erneut an, «die werden geschwächt, der Wollüstige ist dumm, dämlich und feige usw. usf. Und die, die sich der Wollust hingeben» – jetzt wird Seneca zitiert – «verlieren ihre Energie, Kraft, Weisheit und Verstand. Diejenigen hingegen, die sich der Habgier hingeben, sind stark, vorsichtig, fleißig, kräftig, berechnend, herausragend in ihrem Verstand, aber noch herausragender in ihrer Fähigkeit, Situationen richtig einzuschätzen. Außerdem ist Wollust immer schlecht, die Habgier hingegen zuweilen sogar vorteilhaft.»

Spätestens hier bricht die ganze Runde in schallendes Gelächter aus, und dann feuern die Freunde Antonio an weiterzureden. Der zögert kurz, denkt nach, dann stellt er folgende These auf: Die Wollust sei schlimmer als die Habgier, weil sie den Menschen in jedem Alter befalle, die Habgier hingegen sei ein Leiden der alten Männer, außerdem halte sie – anders als die Wollust – nicht vom Studium ab. «Und wenn ich die Wahl hätte, dann wäre ich lieber habgierig als wollüstig. Ich würde mich nicht schämen, Mitglied eines Vereins zu sein, zu dem so viele große bedeutende Männer gehören.»

Damit hat Antonio den Vogel abgeschossen, denn natürlich gehören sie alle zu diesem Verein, als engste Mitarbeiter am Hof des Papstes haben sie täglich Kontakt mit der Habgier. Hinzu kommt, dass sie alle der Wollust nicht sonderlich abgeneigt sind. Poggio hat vier der vierzehn Kinder seiner Geliebten als die seinen anerkannt und heiratet im Alter von sechsundfünfzig Jahren eine achtzehnjährige Frau. Und Antonio selbst hat sechs Kinder mit seiner Frau Elisabetta Brivio.

Bis zu diesem Punkt ist das alles eher eine ausgelassene Parodie. Doch offensichtlich hat Antonio auch ernsthafte Argumente, und die bringt er, nunmehr erstaunlich nüchtern und zugespitzt – wenn auch mit vielen Wiederholungen –, im zweiten Teil seiner Rede auf den Punkt: «Wenn es stimmt, dass alle, die nach Bronze, Gold oder Silber gieren, habgierig genannt werden müssen, dann sind eigentlich alle habgierig, denn alles, was wir tun, tun wir für Geld. Wir werden alle angetrieben von dem Wunsch, Gewinne zu erzielen. Egal, ob Soldaten, Händler, Bauern, Künstler, sie alle treibt der Wunsch nach Geld an. Geld regiert die Welt. Was sonst motiviert die Juristen, wenn nicht die Aussicht auf ein gutes Einkommen? Was treibt den Arzt anderes an als das Geld? Was treibt die Wissenschaftler an? Sie wollen doch auch nichts außer Geld, und das trifft sogar auf hehre Disziplinen wie Theologie oder Philosophie zu. Glaubt ihr wirklich, die tun das aus Liebe zur Wahrheit? Nein, sie erhoffen sich davon Gewinne. Und das gilt umso mehr für die geistlichen Herren, die Priester, die nichts anderes wollen, als mit möglichst wenig Arbeitsaufwand möglichst reich zu werden. Außerdem», und jetzt fällt Antonio doch noch ein neues Argument ein, «ist Geld vorteilhaft für das Allgemeinwohl und die Bürgerschaft. Was soll am Appetit auf Gold und Silber verwerflicher sein als am Appetit auf Essen und Trinken? Ich weiß, es gibt genug fromme Redenschwinger, die durch die Städte ziehen, in freiwilliger Armut leben, sich jedoch in Wirklichkeit auf Kosten ehrlicher Bürger und Steuerzahler durchfüttern lassen. Von der Sorte haben wir genug. Aber wir brauchen dieses faule Pack nicht. Wir brauchen keine Männer, die Genügsamkeit predigen, statt zu arbeiten. Was wir brauchen, sind Männer, die einen ordentlichen Beitrag zum Fortbestand der Menschheit leisten. Wo kämen wir da hin, wenn alle mit dem zufrieden wären, was sie haben? Dann würden unsere Städte kollabieren. Denn wenn keiner Lust hätte, mehr zu erwirtschaften als das, was er selbst braucht, dann müssten wir ja alle zurück auf unsere Landgüter. Dann hätte keiner etwas, das er den anderen abgeben könnte. Was kann einer spenden oder den Armen geben, wenn er selbst nur das Nötigste zum Leben hat? Es gäbe keine Kunst, es gäbe keinen Schmuck, es gäbe keine Kultur, wenn alle nur ihre natürlichen Bedürfnisse und weiter nichts befriedigen würden. Wenn ihr die Habgierigen aus den Städten vertreibt, dann würden die eingehen. Und ihr müsst zugeben, wir selbst würden dann ja auch vertrieben. Denn wir alle, wie wir hier sitzen und trinken, wollen ja mehr als das, was wir zum Überleben brauchen. Hand aufs Herz, was sind Städte anderes als die Werkstätten der Habgier? Wir sollten die Habgierigen nicht aus den Städten vertreiben, sondern ganz im Gegenteil zu uns einladen, als wichtige Säulen des Gemeinwohls. Denn sie sind es, die Krankenhäuser finanzieren und wohltätige Einrichtungen stiften. Sie sichern mit ihrem Kapital die Grundlagen des städtischen Lebens.»

In dieser Art und Weise fährt Antonio noch lange fort. Er wirft die Frage in die Runde, ob nicht die Ehrgeizigen und Machtgierigen eine viel größere Gefahr für das Gemeinwohl darstellten als die Habgierigen: «Man denke nur an Crassus und Caesar. War es die Habgier des reichen Crassus oder die Machtgier des ehrgeizigen Caesar, die die römische Republik zugrunde richtete? Mag ja sein, dass die Reichen tatsächlich ziemlich geizig sind und selbst ihren Freunden in Not kein Geld leihen, aber dafür unterstützen sie mit guten Ratschlägen, Weisheit, Schutz und Trost. Das ist auch viel. Außerdem sind die Armen auch nicht freigiebig und haben auch sonst viele schlechte Angewohnheiten. Deine These, Bartolomeo, dass die Habgierigen sich nur für ihr eigenes Wohl und nicht für das Wohl der Gemeinschaft interessieren, die gilt doch letztlich für alle. Kennt ihr auch nur einen Einzigen, der sein persönliches Fortkommen hinter das Engagement für das Gemeinwohl stellen würde? Damit würde er sich doch selbst schaden. Die Philosophen behaupten das zwar, aber ihre Argumente sind fadenscheinig. Das irdische Leben wird nicht auf der Waage der Philosophen gewogen. Es gehört seit alters zu den Grundgesetzen des Menschseins, dass jeder nach seinem eigenen Wohl strebt und nicht nach dem Wohl der Gemeinschaft. Das sagt uns doch der gesunde Menschenverstand.»

Schließlich ein letztes Argument, diesmal scharfsinniger und klarer formuliert: «Ich glaube nicht», sagt Antonio, «dass Habgier eine Krankheit des Alters ist, sondern dass sie der menschlichen Fähigkeit zur langfristigen Planung entspringt. Daher sind die Alten hier auch besonders vorsichtig, denn sie wissen, dass stets Unvorhergesehenes passieren kann. Und die Erfahrung hat sie gelehrt, dass Geld sehr nützlich sein kann in solchen unvorhersehbaren Krisen. Es macht das Leben leichter. Aus diesem Grund ist es sehr vernünftig, dass insbesondere alte Menschen ihr Geld zusammenhalten. Das Problem ist also nicht die Habgier, das Problem ist die Unberechenbarkeit des Lebens. Die Habgierigen tun im Grunde nichts anderes, als sich dagegen zu wappnen.»

Mittlerweile sind fast alle wieder nüchtern, denn mit einem so klaren Plädoyer für die Habgier hat keiner gerechnet. Andrea, der zu spät gekommene Gast, muss gar nicht erst aufgefordert werden, nun auch zu sprechen. «Ich kann jetzt nicht mehr länger schweigen. Ich muss jetzt etwas erwidern auf diese schamlose Verteidigung eines so brutalen Monsters wie der Habgier.» Doch er tut dies lächelnd und operiert zunächst auf der persönlichen Ebene. Antonio sei ja der Älteste in der Runde, habe nur aus seiner reichen Erfahrung erzählt, was andere so sagen, einzig in der Verteidigung der Habgier der Alten habe er seine eigene Meinung vertreten, und zwar deshalb, weil er sich selbst vom Vorwurf der Habgier freisprechen wolle. «Alle anderen Argumente für die Habgier hat er vorgetragen, um mir die Gelegenheit zu bieten, sie zu widerlegen. Das haben die alten Griechen früher auch so gemacht. Und du hast mir damit geholfen, meine Gegenargumente besser zu sortieren. Lass mich mit zwei Irrtümern beginnen, die deiner Rede zugrunde liegen: Ich glaube, du hast den Unterschied zwischen ‹etwas wünschen› und ‹nach etwas gieren› nicht richtig verstanden. Du vermischst die beiden jedenfalls in deiner Argumentation. Und zweitens möchte ich deine Behauptung hinterfragen, dass Habgier eine natürliche Veranlagung des Menschen sei. Zunächst zu den Ausdrücken: Jeder habgierige Mensch brennt vor Verlangen, aber nicht jeder, der nach etwas verlangt, ist habgierig. Du kennst die philosophische Tradition, nach der es bestimmte natürliche Bedürfnisse gibt, gegen die niemand etwas einzuwenden hat. So verlangt es jeden nach den Dingen, die er zu einem würdigen Leben braucht, Essen, Trinken,

Kleider und natürlich Geld, um das zu kaufen, aber auch für gute Werke, Großzügigkeit und für die Unterstützung der Armen. Dagegen ist nichts einzuwenden. Doch gibt es darüber hinaus jenes unstillbare, übermächtige Verlangen nach immer mehr. Ein brachiales Verlangen, das das richtige Maß um ein Vielfaches übersteigt. Und wenn sich dieses Verlangen darauf richtet, immer mehr Geld und Besitz anzuhäufen, dann nennt man dies Habgier. Nun zu deiner Behauptung, dass dies im Einklang mit der Natur geschehe und von der das nun mal so vorgesehen sei. Diese scheint mir – verzeih, wenn ich das so direkt sage – von jemandem zu stammen, der wenig tatsächliche Erfahrung und Wissen aus eigener Anschauung über die Natur hat. Schau dich doch nur mal um: Schau den Himmel an, die Sterne, die Ozeane, das Land, die Wälder – alles Natur, aber siehst du dort auch nur eine Spur von Habgier? Ganz im Gegenteil, in der Natur dominiert Großmut und Freigiebigkeit. Fragt uns der überreiche Sternenhimmel, fragt uns das Meer voller Fische, fragt uns die Erde mit ihrer Fülle an Früchten je nach einer Gegengabe? Und wenn man dem Land Gutes tut, dann gibt es stets großzügig zurück. Denk mal nach, man legt ein Weizenkorn in die Erde und bekommt ein Vielfaches zurück. Die Natur ist überbordend. Nenn mir nur ein einziges Beispiel dafür, dass die Natur geizig oder habgierig ist. Ganz im Gegenteil: Habgier und Natur sind zwei absolute Gegenpole: Die Natur ist von Natur aus großzügig! Sie teilt mit offenen Händen aus, Habgier schnappt sich so viel, wie sie nur haben kann, die Natur spendet reichlich Nahrung, Habgier zerstört unser Essen, die Natur beschenkt uns reichlich, die Habgier leert sämtliche Truhen und Kassen – Habgier ist ganz und gar nicht natürlich, sondern genau das Gegenteil! Du hast recht, Antonio, wir kommen zur Welt mit bestimmten natürlichen Reflexen und Instinkten. Wir lachen, wir erschaudern beim Anblick schrecklicher Dinge, wir erblassen, wenn uns plötzlich Furcht überfällt

– aber welcher logisch denkende Mensch käme auf die Idee, dass das Verlangen nach immer mehr Besitz ein natürlicher Instinkt sei? Habgier ist das Ergebnis kultureller Prägung und nicht der Natur. Das ist die Weisheit der Alten, und die ganze Nacht wäre nicht lang genug, um sämtliche Gedanken der griechischen und römischen Autoren hier zu zitieren.»

Am Ende seiner Rede widmet sich Andrea der These von der Nützlichkeit der Habgierigen für das Wohl der Allgemeinheit. Er widerlegt sie mit einem Vergleich. «Wer das behauptet, kann genauso gut behaupten, dass Kriege und Seuchen gut sind für das Gemeinwohl. Denn auch davon profitieren viele! Zum einen, weil sie daran verdienen, zum anderen, weil sie sich der Hinterlassenschaften der Verstorbenen und Gefallenen bemächtigen. Ja, auch kriminelle Taten haben hin und wieder gute Folgen: Die Vergewaltigung der Lukretia zum Beispiel, gefolgt von ihrem Selbstmord, brachte das Volk gegen ihre mächtigen Tyrannen auf und gab letztlich den Ausschlag dafür, dass die armen unterdrückten Römer die ungeliebten Könige stürzten. Eine gute Sache also, aber das ändert nichts daran, dass die Vergewaltigung der Lukretia ein Verbrechen war. Gleichermaßen bleibt Habgier ein Verbrechen, auch wenn sie hin und wieder positive Folgen haben mag. Wenn überhaupt, wird der Habgierige dann zum Segen für die Allgemeinheit, wenn er ohne Erben stirbt und sein Besitz an die Stadt fällt.»

Das Beeindruckende an diesem sechshundert Jahre alten Text ist, wie aktuell die darin formulierten Argumente noch immer sind. Die ältere Forschung hat Antonio Loschis Diskussionsbeitrag in der Schrift des Poggio Bracciolini als ein erstes Aufblitzen des kapitalistischen, profitorientierten Denkens interpretiert. Quasi als direkten Vorläufer von Mandevilles «Bienenfabel» und Adam Smiths «Wohlstand der Nationen». Heute erscheint bemerkenswert, wie gut die Ambivalenz der Habgier in der Diskussion zum

Ausdruck kommt. Die alten Griechen und Römer werden zitiert, als Kronzeugen dafür, dass es die Lust auf mehr ist, die uns Menschen antreibt. Das Problem entsteht erst mit der übermäßigen Befeuerung dieser Lust. Und mit der Enttäuschung, die auf jede Erfüllung eines Wunsches folgt. Wenn es stimmt, dass die Lust auf mehr uns zu Menschen macht, dann ist es die Unfähigkeit, das Erreichte zu genießen, die uns zu Monstern macht.

Platon findet Privatbesitz schädlich, und Aristoteles beschimpft die Habgierigen als Kümmelspalter

Wo immer wieder modellhaft von Gemeinschaften und Gemeinwohl die Rede ist, lohnt es sich, einen Blick in Platons «Politeia» (Der Staat) zu werfen, einen Grundlagentext der politischen Philosophie. Die Düsseldorfer Philosophin Anna Schriefl hat Platons Kritik an Geld und Reichtum sorgfältig herausgearbeitet. Der Fachbegriff für materielle Gier war Pleonexie, wörtlich «Mehrhaben-Wollen» (griech. von *pleon* = mehr und *echein* = haben). Platon vertritt eine absolut radikale Position, für ihn war Habgier unvereinbar mit Gerechtigkeit. Ja, Gerechtigkeit scheint Privatbesitz überhaupt auszuschließen. Er verlangt strengste Besitzregeln für die Regierenden. Sie sollen nur die notwendigsten Güter haben, der Umgang mit Geld ist ihnen verboten, statt Lohn erhalten sie eine Grundversorgung, die genau ihren Bedürfnissen entspricht, jedoch keine Anhäufung von Besitz ermöglicht.[3]

Die gerechte Polis (Stadt) kann nur funktionieren, solange diese strengen Besitzregeln für die Regierenden gelten. Wenn dann doch Menschen mit Interesse an Geld und Reichtum in Regierungsämter gelangen, geht es mit der Polis bergab, da sie sich weniger um das Wohl der Allgemeinheit kümmern als um das

Geld, das sie in ihren Schatzkammern anhäufen. Im Vergleich zu anderen Begierden wie etwa dem Appetit auf Essen, der Lust auf Sex, ist die Gier nach Geld strukturell unersättlich, weil sie keine zeitlichen und körperlichen Grenzen kennt. Anna Schriefl bringt das anschaulich auf den Punkt: Man kann nur eine endliche Zahl von Sexualakten vollziehen oder Kuchenstücke konsumieren. Irgendwann kann der Körper nicht mehr. Geld hingegen kann man unendlich begehren, selbst in dem Moment, in dem man es gewinnt.[4]

Platon versteht Pleonexie in einem umfassenden Sinn. Nur dort, wo Menschen das Mehr-haben-Wollen auf Gutes richten, ist Habgier positiv besetzt. Dagegen ist die unbeherrschte Habgier den Tugenden der Gerechtigkeit und Besonnenheit entgegengesetzt. Sie verstößt vor allem gegen das, was Platon «geometrische Gleichheit» nennt, ein Prinzip, auf dem alle Einheit unter den Menschen und mit den Göttern beruht. Der Habsüchtige kümmert sich nicht um diese, hat kein Gespür für das Gleichgewicht des großen Ganzen. Pleonexie kehrt sich damit gegen jene Tugenden, die Himmel und Erde, Götter und Menschen miteinander verbinden. Sie zerstört die Einheit des Kosmos und die Harmonie unter den Menschen.

Aristoteles hatte ganz andere Vorstellungen vom idealen Staat. Für ihn ist Eigentum absolut notwendig, doch sind sich die beiden im Hinblick auf die Beurteilung von Habgier einig: Pleonexie verstößt gegen das Grundgesetz eines Staates. Von Aristoteles stammt die Pathologisierung der Habgier. Er nennt sie eine Krankheit, eine *epidemia*, die bevorzugt ältere Menschen erfasst. In der «Nikomachischen Ethik» widmet er dem Thema ein eigenes Kapitel.[5] Während Verschwendung heilbar sei, ob durch Armut oder Alter, sei Geiz – definiert als ein Mangel an Geben und ein Übermaß an Nehmen – nicht heilbar. Überdies ist der Geizige schlechter als der Verschwender, da er niemandem nützt, nicht einmal sich selbst. Aristoteles prägt wunderbare Schimpfwörter, nennt die Habgierigen und Geizigen Knicker, Knauser, Filze und Kümmelspalter, spricht von schmutziger Gewinnsucht, die schichtenübergreifend anzutreffen sei, egal, ob Zuhälter, Straßendieb, Räuber oder Tyrann, der aus Habgier fremde Länder und Städte überfällt und plündert. Auch den Ursprung des Krieges verorten die antiken Autoren in der unstillbaren Gier nach immer mehr.

Zum Abschluss zwei letzte Aspekte der Habgier, wie sie im späten 12. Jahrhundert der Jurist Lothar von Segni (später Papst Innozenz III.) in Rom zusammenfasste. Zum Elend der Habgierigen zähle das fatale Missverständnis, dass Reichtum die Armut beseitigen könne. Dabei seien alle Schätze dieser Welt nicht dazu in der Lage, die Armut abzuschaffen. Ganz im Gegenteil, der Reichtum der Reichen sei der Grund für die Armut der Armen.[6] Ebenso regelmäßig wird seit der Antike auf die destruktiven Auswirkungen der Habgier auf die Natur hingewiesen. Die Gier nach immer mehr zerstört die Umwelt. Der Wolf, der Falke, der Hecht im Wasser – sie sind zufrieden in ihrem Element. Aber der Mensch ist gieriger als sie alle, deshalb raubt er Erde, Luft und Wasser aus und stiehlt damit anderen die Grundlagen des Lebens. Habgier, so das Fazit, ist schuld am Raubbau an der Erde und am verantwortungslosen Umgang mit überlebenswichtigen Ressourcen.

Von der Philosophie in die Praxis. Der Kaufmann Francesco di Marco Datini

Man könnte hier einwenden, dass die Ablehnung des Strebens nach Besitz und Reichtum eine Eigenheit der Philosophen, Prediger und Theologen sei, die ohnehin nichts besaßen und mit Geld nicht klarkamen, denn wenn sie das täten, dann wären sie ja wohl kaum in der wenig lukrativen Branche der Wissenschaften gelandet. Ja, vielleicht glüht in ihren feurigen Reden gegen die Habgier gar ein Funke Neid mit? Neid auf die Reichen, Geschäftstüchtigen und Mächtigen, auf deren Wohlstand, Erfolg und Einfluss?

Der Einwand ist berechtigt. Schauen wir uns also die Welt eines erfolgreichen Geschäftsmannes des 14. Jahrhunderts an: die Geschichte von Francesco di Marco Datini, rekonstruiert von der US-amerikanischen Historikerin Iris Origo.[7] Geboren um 1335 als Sohn eines Schankwirts in der italienischen Stadt Prato, verlor Datini in der großen Pestwelle 1347 und 1350 Eltern und Geschwister, mit Ausnahme eines Bruders namens Stefano. Ein Verwandter, Piero di Giunta del Rosso, übernahm die Vormundschaft, verwaltete das Erbe – ein kleines Häuschen, ein bisschen Land und siebenundvierzig Gulden – und sorgte dafür, dass die beiden Brüder zu einer Pflegemutter kamen, Monna Piera di Pratese Boschetti, der Datini den Rest seines Lebens verbunden bleiben sollte. Datini ging zunächst nach Florenz in die Lehre bei verschiedenen Kaufleuten, im Alter von fünfzehn entschied er sich dann dazu, in Avignon sein Glück zu versuchen. Seit im frühen 14. Jahrhundert die Päpste dort residierten – sie waren mehr oder weniger unfreiwillig vom französischen König unter Schutz gestellt worden –, war Avignon die Stadt der Zukunft, eines der bedeutendsten Handelszentren Europas.

Drei Jahre später folgte auch Datinis Bruder Stefano nach Avignon. 1354 hatten die beiden so viel Gewinn erwirtschaftet, dass ihr Vormund in Prato davon ein Haus kaufen konnte, womit er den Grundstein legte für den Familiensitz, den Datini-Palast in Prato. Die Geschäfte in Avignon liefen blendend. Insbesondere der Import von Luxusartikeln und Waffen versprach Aussicht auf große Gewinne. Wie es scheint, handelte Datini zunächst vornehmlich mit Letzteren und hatte dabei, wie Waffenhändler vor und nach ihm, keinerlei Skrupel, gegnerische Parteien gleichzeitig zu beliefern. Er verkaufte Kesselhauben, Eisenhüte, Kürasse, Panzerhemden, Panzerhandschuhe, Kettenärmel, Beinharnische und vieles mehr. Das meiste davon importierte er aus Mailand, von wo aus die Rüstungen, sorgfältig mit Stroh gepolstert und in Leinwand zu Ballen verpackt, auf Maultieren über die Alpen transportiert wurden. Etwa drei Wochen dauerte es, bis eine solche Lieferung dann eintraf. Doch auch in Lyon kaufte er ein, weil dort die Kesselhauben der neuesten Mode entsprachen.

Als Datini im Jahr 1382 von der Niederlage eines Söldnerheers in Ligurien hörte, wies er umgehend seinen Mitarbeiter in Pisa an, so schnell wie möglich nach Genua zu reisen, um den Soldaten Waffen und Rüstungen abzukaufen, ehe diese alles einschmelzen ließen. Auch mit Metallen und Rüstungszubehör handelte er gelegentlich. Kupfer aus Cornwall, überschüssige Eisendrähte, Gürtelschließen und andere Ausschussware aus Mailand, verzinnte Beschlagnägel oder Klingen aus Deutschland orderte er nach Avignon, wo die Einzelteile zu ganzen Rüstungen zusammengebaut wurden. Datini beschäftigte einen Schmied, der auf Kettenhemden spezialisiert war, und offenbar verlieh er Waffen und Rüstungen gegen Gebühr und Hinterlegung eines Pfands an mittellose Edelleute. Er gründete nacheinander mehrere Geschäfte, stets mit anderen Geschäftspartnern gemeinsam, und brachte es auch im Handel mit Seide, Tuch und Gewürzen zu beträchtlichem Wohlstand, ohne jedoch in die Schicht der wirklich großen Gesellschaften vorzudringen. Datini blieb in Avignon, was im Vergleich mit dem Sitz etwa der Malabaila in Asti, mit den Alberti und den Soderini in Florenz, den Guinigi in Lucca oder Andrea di Tici in Pistoia eher unbedeutend war. Doch konnten in Avignon zu dieser Zeit Große und Kleine unbeirrt nebeneinander existieren und Gewinne machen, und das Angebot der Kleinen war ebenso reichhaltig wie das der Großen.[8]

1376 stieg Datini dann in den Salzhandel ein. Ebenso in das Wechselgeschäft, also den Geldverleih, und das, obwohl es bereits fünfzig zugelassene Geldwechsler in Avignon gab. Weiter begann er, französische Emailarbeiten aus Paris nach Florenz zu exportieren, als Schmuck für Damengewänder. Er handelte mit Wein, eröffnete eine Tuchhandlung und machte Geschäfte mit Safran. Später kamen Wolle, Scharlach-Farbe, Leder, Sättel, aber auch Weizen und Öl dazu. Alltagsgüter, insbesondere Stoffe, wurden immer wichtiger: Leinen aus Genua, Barchent aus Cremona, Taft aus Lucca, Silbergürtel aus Florenz, Seidenvorhänge, Tischtücher, Servietten und Badetücher. Und schließlich importierte Datini prächtig bemalte Hochzeitstruhen aus Florenz nach Frankreich, dazu Reisetruhen und Schmuckschatullen.[9] Was seinen persönlichen Lebensstil angeht, war Datini ohne Zweifel kein Kind von Traurigkeit. Ein Zeitgenosse beschrieb ihn als «einen Mann, der immer Weiber hatte, nichts als Rebhühner verzehrte, Kunst und Geld als seine Abgötter anbetete und dabei seinen Schöpfer und sich selbst vergaß».[10]

Die Geschichte Datinis ist kein Sonderfall, ganz im Gegenteil. Im Vergleich zu anderen Kaufleuten der Zeit war sein Vermögen sicherlich nicht außergewöhnlich. Einzig dem Zufall verdanken wir detailliertes Wissen über seine Handelsgesellschaft: Nach Datinis Tod wurden die Firmengebäude in Prato in ein Armenhaus umgewandelt – das hatte er testamentarisch verfügt –, und im Zuge der Umbaumaßnahmen mauerte man sämtliche Geschäftsunterlagen, die Korrespondenz und die Rechnungsbücher kurzerhand in einem Raum unter einer Treppe ein. So blieben sie bis zu ihrer Wiederentdeckung im Jahr 1870 erhalten. «Der Umfang und die Vielfalt seiner Unternehmungen», schreibt seine Biografin Iris Origo, «sein Organisationstalent, sein Weitblick über die Grenzen seines Landes hinaus, seine Fähigkeit, sich den ständig wandelnden Gegebenheiten einer Gesellschaft im

Umbruch anzupassen, dazu sein persönlicher Ehrgeiz, seine Geschäftstüchtigkeit, Zähigkeit, Ruhelosigkeit und Habgier machen aus ihm einen Vorläufer des modernen Unternehmers.»[11]

Und doch schreibt dieser Mann am Ende seiner Tage: «Das Schicksal hat es gewollt, dass ich seit dem Tag meiner Geburt keinen einzigen Tag vom Morgen bis zum Abend glücklich sein sollte.»[12] Origo fasst diesen Aspekt seines Lebens treffend zusammen: Der Wurm, der von früher Jugend bis ins Alter an jeder Freude nagte und der aus fast jeder Zeile seiner Briefe spricht, trägt den Namen Angst. Ein schlauer, findiger Kaufmann, doch ruhelos in seiner Getriebenheit und seinem Verlangen nach immer mehr. Jeder einzelne seiner Erfolge war Quelle neuer Unzufriedenheit. Allen und jedem misstraute er, seinen Partnern, seinen Geschäftsbevollmächtigten, den Kapitänen, die seine Waren auf ihren Schiffen transportierten, ständig die Angst, dass den Schiffen samt Ladung etwas zustoßen könnte, dass sie Schiffbruch erleiden oder von Piraten überfallen oder von der Pest heimgesucht würden. Er machte sich Sorgen um seine Investitionen, über Steuern, über Bußgelder. Und er lebte in täglicher Furcht, dass man ihn übers Ohr hauen könnte. Mit dem Vermögen wuchs die Angst, es zu verlieren.

Die negativen Folgen der Habgier, das zeigt dieses Beispiel aus der Praxis, waren also mehr als nur theoretische Probleme von Philosophen, Predigern und Theologen.

Erzählen gegen die Habgier: Midas, Tantalos & Co.

Was tun gegen die Gefahren der Habgier? Ein Gegenmittel waren und sind Geschichten. Daniel Smail, Historiker an der Universität Harvard, hat Geschichten als Container bezeichnet, in denen traditionelles Wissen aufbewahrt, von Generation zu Generation weitergegeben und immer wieder erneuert und verändert wird.[13] Viele Erzählungen transportieren das Wissen um die Gefahr der Selbstzerstörung, die dem obsessiven Verlangen nach Besitz innewohnt. In unendlichen Variationen wurden sie über die Jahrhunderte tradiert, vom unglückseligen goldgeilen König Midas bis zum griesgrämigen Geizhals Ebenezer Scrooge in Charles Dickens' Weihnachtsgeschichte.[14] Dabei scheint immer wieder dasselbe Motiv durch, die Armseligkeit der Habgier. Fast hat man Mitleid mit den Geizkragen und Habsüchtigen dieser Geschichten, die ihrem eigenen Streben zum Opfer fallen. Habgier entstellt bis zur Lächerlichkeit, sie macht dumm und unglücklich. Und wer den Schaden hat, hat bekanntlich auch den Spott.

Der römische Dichter Ovid erzählt in seinen «Metamorphosen», verfasst im frühen 1. Jahrhundert n. Chr., folgende Geschichte: Der für seinen Reichtum berühmte Midas, König von Phrygien, hat einst dem Gott Dionysos einen Gefallen erwiesen. Aus Dankbarkeit gewährt ihm Dionysos einen Wunsch. Der König überlegt nicht lange und erbittet die Gabe, alles in Gold zu verwandeln, was er anfasst. Ovid spricht von der «vis aurea», der goldenen beziehungsweise alles vergoldenden Kraft. Dionysos gewährt Midas den «schädlichen Wunsch», wenn auch mit Bedauern darüber, dass ihm nichts Besseres eingefallen ist. Midas, vor Glück verzückt, verbringt den ganzen Nachmittag damit, alles um ihn herum in Gold zu verwandeln. Er bricht einen Zweig von einer hohen Steineiche ab, prompt wird der Zweig zu Gold. Hebt einen Stein vom Boden auf, und schon schimmert er golden. Reife Kornähren werden zu Goldähren, ein Apfel wird zum Goldapfel, der Türpfosten, ja sogar das Wasser, das Midas über seine Hände rinnen lässt, wird zu Gold. Überglücklich mag er sich kaum ausmalen, was ihn noch alles erwartet in diesem goldenen Märchenleben.

Als Midas hungrig und durstig nach der großen Aufregung abends zu Tisch sitzt, kommt die Ernüchterung. Kaum hat er den Weinkrug in der Hand, wird dieser zu Gold, kaum berührt der Wein seine Lippen, verwandelt auch er sich. Das Gleiche geschieht mit den Speisen, die aufgetragen wurden, den Oliven, dem Brot, dem Braten. Alles, was Midas in den Mund nimmt, wird unvermittelt zu Gold. Ein Segen für die königliche Schatzkammer, eine lebensbedrohliche Gefahr für den hungrigen König: Auf das Schmerzlichste erfährt er am eigenen Leib, dass man Gold nicht essen kann.

Doch es kommt noch schlimmer. Midas sieht seine Tochter kommen, springt auf, will ihr erklären, was vor sich geht, sucht Trost, wirft sich in ihre Arme – mit dem Ergebnis, dass auch sie, die eigene Tochter, sich in einen Klumpen Gold verwandelt. Der König erkennt, welches Unheil er mit seinem Wunsch nach immer mehr angerichtet hat. In größter Verzweiflung ruft er die Götter um Hilfe an. Dionysos tritt erneut auf den Plan, diesmal als Retter. Er befreit Midas von seiner Gabe. Der König kann wieder essen und trinken, die Tochter wird wieder lebendig, und alle leben glücklich und zufrieden bis ans Ende ihrer Tage. So jedenfalls erzählt Ovid die Geschichte.[15] In einer Fassung, die Platon etwa vierhundert Jahre früher in seine «Politeia» aufnahm, geht die Sache weniger versöhnlich aus: Kein gütiger Gott erlöst den Habgierigen von der «vis aurea», die Tochter wird nicht mehr lebendig, und der König geht inmitten seiner Reichtümer buchstäblich an der «Unersättlichkeit seines Wunsches» zugrunde.

Die negativen Konsequenzen der Habgier können natürlich sehr unterhaltsam sein. So lässt Dante Alighieri die Habgierigen im vierten Höllenkreis seines Infernos schmoren, eine hoffnungslos überbevölkerte Ebene der Hölle, auf der sich insbesondere Päpste, Bischöfe und Kardinäle tummeln. In diesem Stand, so Dante, könne sich die Habgier am leichtesten ausbreiten – die

Lust am Geld, so die Vorstellung, als eine Art Ersatzbefriedigung für die von Berufs wegen zur Ehelosigkeit Verpflichteten. Von übergroßen tosenden Wellen werden die Bewohner dieses Höllenkreises hin und her geworfen, mit Geheul wälzen sie sich vor- und rückwärts, prallen gegeneinander, jeder hält ein großes Paket in den Armen und drückt es verzweifelt an sich. Die Frage, die sich die Gemarterten gegenseitig zurufen, lautet: Was hältst du fest? Was wirfst du von dir?[16]

Wesentlich härter gingen die alten Griechen mit den Habgierigen ins Gericht. Die sprichwörtlichen Tantalusqualen gingen weit über Dantes Purgatorium hinaus. Der unermesslich reiche König Tantalos, Herrscher in Sipylos, Sohn des Zeus und der Nymphe Pluto, wurde einst auf den Olymp zum Gastmahl der Götter eingeladen. Obwohl er schon unendlich reich war und obwohl ihm mit der Einladung auf den Olymp die größte aller Ehren zuteilwurde, wollte er noch mehr. Er stahl seinen Gastgebern Nektar und Ambrosia – beides den Göttern vorbehalten. Zurück in seinem Königreich, brüstete er sich mit seiner Raubgier. Doch statt zufrieden zu sein und sich darüber zu freuen, dass ihm Menschenunmögliches gelungen war, trieb Tantalos die Sache auf die Spitze. Er wollte die Allwissenheit der Götter testen. Also lud er sie zu sich ein und stellte ihnen eine Falle: Er tötete seinen eigenen Sohn Pelops und servierte ihn seinen göttlichen Gästen als Fleischpastete.

Das war nun doch zu viel. Dass Tantalos Nektar und Ambrosia entwendet hatte, ließ Zeus grade noch durchgehen, aber dass selbst der eigene Sohn seiner Habgier zum Opfer fallen sollte, war nicht mehr zu dulden. Die Götter erweckten zunächst den toten Pelops wieder zum Leben, dann enteigneten sie Tantalos – er wurde verstoßen, verlor alles, was er hatte, und musste fortan in den finsteren Untiefen des Tartaros, der Unterwelt, ein klägliches Dasein fristen. Doch damit nicht genug. Statt ihm einfach nur Armut oder Untätigkeit aufzuerlegen, überlegten sich die Götter eine ganz besondere Strafe:

> In einem Teich, dessen Wasser dem Dürstenden bis ans Kinn reichte, stand der alte Tantalos. Sooft er den Kopf neigte, um zu trinken, wurde das Wasser von einem bösen Geist in riesigen Schlucken weggeschlürft. Dann wurde unter seinen Füßen die schwarze Erde sichtbar und dörrte in Augenblickschnelle so sehr aus, dass sich sogar Trockenrisse bildeten. Danach strömte wieder Wasser herein und stieg ihm erneut bis unters Kinn. Über ihm im Wind schwankten herrliche Zweige mit saftigen Birnen, Äpfeln und Granatäpfeln, süßen Feigen und aromatischen Oliven. Doch stets, wenn der alte Mann danach griff, riss ein Windstoß sie nach oben bis unters Himmelsgewölbe.[17]

Die Strafe für seine unersättliche Gier sind ewig unerfüllte Bedürfnisse. Hunger und Durst sind eine Sache; Hunger und Durst inmitten eines Teichs und unter Bäumen voller paradiesischer Früchte eine andere. Und als wäre das noch nicht genug, schwebt über Tantalos' Kopf ein riesiger Felsbrocken, der auf ihn herabzufallen droht. Der Habgierige lebt in ständiger Todesangst.

Noch effizienter als Höllenqualen: Humor

Lothar von Segni beschwört das Elend der Habgier im Bild der an chronischer Verstopfung leidenden Alten. Der Geizkragen und der Höllenbewohner – beide schlingen in sich hinein, ohne zu verdauen, beide füllen sich an, ohne je etwas von sich zu geben. Lothars Psychogramm lädt zum Schmunzeln ein: «Schnell ist der Habgierige damit bei der Hand, Forderungen zu stellen, er zögert sehr, wenn es etwas zu verschenken gilt, bedenkenlos kann er einem etwas abschlagen. Auf der einen Seite ist er traurig, bekümmert und grämlich, sorgenvoll seufzt er und ängstigt sich, quält sich voller Zweifel und ist nur gegen großen Widerstand zu einer Aufwendung zu bewegen. Auf der anderen Seite kann er überschwänglich sein, er preist das, was man ihm schenkt, während er das, was von ihm an Geschenken erwartet wird, verächtlich macht. Er gibt, um selber einen Gewinn davon zu haben, aber er macht keine Gewinne, um etwas zu geben. Fremdes Gut behandelt er nachlässig, auf sein Eigentum dagegen ist er eifrig bedacht. Er spart am Essen und Trinken, um seine Kasse zu füllen, und um seinen Gewinn auszudehnen, schwächt er sogar seinen Körper. Gilt es Geschenke zu machen, bleibt seine Hand verschlossen, geht es aber darum, etwas zu empfangen, dann ist sie weit ausgestreckt. Beim Geben ist sie zurückgezogen, beim Nehmen weit geöffnet.»[18]

Auch im englischen Predigthandbuch «Fasciculus Morum» finden sich amüsante Geschichten zum Thema. Von habgierigen Priestern, Richtern und Advokaten mit Sprachfehler ist die Rede. Wie kleine Kinder, so der Autor, verwechseln sie ständig l und r, sagen «Logel» statt «Roger», und dieser Fehler passiert ihnen auch, wenn es um ihre eigentliche Aufgabe geht. Statt ihr Amt auszuüben und in Weisheit die Probleme und Fehler ihrer Kundschaft zu korrigieren, verwechseln sie auch hier rr und ll, statt *corrigere* sagen sie *colligere*, statt zu korrigieren, sammeln sie immer nur Geld ein.[19] Selke vergleicht die Habgierigen mit kleinen Schulbuben, die mit einem Apfel Fangen spielen. Der eine fängt den Apfel, fällt in einen Graben. Der andere gibt vor, ihm helfen zu wollen, und reicht ihm die Hand, schnappt sich aber nur den Apfel, lässt den Spielkameraden wieder in den Graben fallen, rennt davon und lacht. Auf diese Art und Weise tun sich habgierige Menschen zusammen, um weltliche Güter zu raffen und sie gemeinsam zu genießen – wenn aber einer von ihnen in den Graben fällt, also etwa Bankrott macht oder stirbt, dann freuen sich die andern und schnappen sich, was sie nur fassen können.

Eine der berühmtesten Geschichten im «Fasciculus Morum» erzählt von einem alten Geizhals und seiner jungen Ehefrau.[20] In diesem Fall ist der Geizhals besonders fromm. Er betet jeden Tag in der Kapelle seines Anwesens. Aus Sorge um seinen Reichtum hat er sein Barvermögen in einem großen Topf vor dem Altar der Kapelle versteckt. Unter einer Holzdiele, genau dort, wo er täglich in Andacht auf die Knie geht. Jeden Tag bittet er den lieben Gott darum, nicht eher zu sterben, als bis der Topf voll sei. Der erhört sein Gebet. Der Geizhals stirbt eines Tages, unerwartet und bei bester Gesundheit. Und hinterlässt einen Topf voller Geld, von dem allerdings niemand weiß. Seine junge Frau heiratet erneut, diesmal einen jungen Mann. Sie bittet ihn, wie der Verstorbene täglich in der Kapelle zu beten. Als er das tut, spürt der junge Gemahl eine Unebenheit an der Stelle, an der er kniet. Er will die Diele reparieren, nimmt sie heraus und findet – Überraschung – einen Topf gefüllt mit Geld.

Was tut er? Nun, er lebt weiter wie vorher, betet weiter wie vorher jeden Tag zu Gott. Einzig sein Gebet hat sich verändert. Er bittet Gott täglich darum, dass er nicht eher sterben möge, als bis er den Topf geleert habe, zum Wohle seiner Familie, seiner Freunde, der Armen, Waisen und Witwen. Gemeinsam mit seiner Frau und seinen Freunden lebt er glücklich und zufrieden bis ans Ende seiner Tage.

Florenz, 1329: Wer auf Versorgungskrisen spekuliert, wird gnadenlos bestraft

Domenico Lenzi, Getreidehändler und Mitglied der Florentiner Kaufmannszunft, war ein bemerkenswerter Mann. Wir wissen fast nichts über ihn, aber seine Hinterlassenschaft spricht Bände: ein Werk mit dem Titel «Il libro del Biadaiolo. Carestie e annona a Firenze», versehen mit herrlichen kostbaren Illuminationen, die das Florenz seiner Zeit in prächtigen Farben zeigen.[21] Es enthält Aufzeichnungen von Domenico, Nachrichten über das Wetter, Getreidepreise, Hungersnöte und über die aktuelle Stadtpolitik. Darunter auch einen Bericht darüber, wie der Stadtrat von Florenz in Zeiten massiver Getreideknappheit gegen habgierige Krisengewinnler vorging. Hintergrund der Versorgungskrise waren zwei aufeinanderfolgende ungewöhnlich feuchte Sommer in den Jahren 1328/29.

Der Stadtrat hatte einen Krisenausschuss zur Sicherung der Getreideversorgung gebildet, den Rat der Sechs. Domenicos Bericht setzt ein mit dem 8. April 1329, einem Samstag. An diesem Tag schickte der Rat der Sechs nach dem Bürgermeister, dem Cavaliere, dem Polizeivorsteher und seinen Leuten. Am frühen Morgen hatte es auf dem Getreidemarkt Orsanmichele ein Getümmel gegeben. Das Getreide ging aus, nur ein Drittel der Käufer konnte bedient werden. Umgehend einigte man sich auf ein Edikt, das den Getreidepreis auf dreißig Solidi per Bushel deckelte. Kaum war es erlassen, liefen die Cavaliere über den Markt und stellten sicher, dass niemand sein Getreide – das aus Calvello und aus Sizilien war besonders gut – für mehr Geld verkaufte. Zugleich wurde den Getreidehändlern eine staatliche Kompensation für entgangene Gewinne in Höhe von zwölf Solidi garantiert.

Leider änderte sich die Situation kaum, der Getreidemangel hielt an. Die Käufer fingen an, zu grummeln und zu schimpfen,

Getreidehandel in Florenz, eine der Illustrationen aus dem «Libro del Biadaiolo» des Domenico Lenzi.

sodass nunmehr die Getreidehändler vor dem Unmut der Massen geschützt werden mussten. Alle waren aufgebracht. Was dazu führte, dass am Tag darauf, einem Sonntag, aus Angst vor Unruhen kein Markt abgehalten wurde. Am Montag wiederholte sich das gleiche Spiel wie am Samstag. Und so ging es die ganze Woche über weiter, bis der Rat der Sechs ein Verbot erließ: Niemand dürfe mehr Getreide horten. Die Cavaliere wurden mit einem Durchsuchungsbefehl ausgestattet für Häuser, Keller und Speicher, ja sogar für die Schlafzimmer der Getreidehändler. Außerdem stellte man zwei Polizisten und einen Hackklotz samt zwei Äxten auf dem Orsanmichele auf, mit der Ankündigung, dass jedem, der Getreide zurückhalte, die Füße oder Hände abgehackt würden. Das tat man, erklärt Lenzi, weil die Lage so verzweifelt war und weil eine Hungersnot unbedingt verhindert werden musste. Überdies drohten Plünderungen: Einzelne Gruppen organisierten sich bereits und planten, in die Häuser der Getreidehändler einzudringen, um die geheimen Vorräte – die überall vermutet wurden – zu bergen. Eine weitere Maßnahme bestand darin, dass man hochwertiges Getreide mit weniger wertvollen Sorten, vor allem mit dem billigeren Hafer, mischte und etwas unter dem Höchstpreis, für neunundzwanzig Solidi per Bushel, verkaufte.

Hier unterbricht Domenico seinen Bericht. Vermutlich, weil sich die Lage einigermaßen beruhigt hatte. In den frühen Sommermonaten konnte der Mangel an Getreide zumindest teilweise durch Früchte und Gemüse ausgeglichen werden. Allerdings blieb nach einem überaus verregneten Sommer die erhoffte reiche Ernte aus, sodass sich die Lage im Herbst erneut zuspitzte. Domenicos Bericht setzt mit dem 18. September wieder ein. Diesmal ging der Stadtrat anders vor: Er lud die sechzig Getreidehändler der Stadt ein, um mit ihnen gemeinsam einen Weg zu finden.

Die Händler sollten sich morgens auf dem Markt versammeln. Messer Villano, der Polizeivorsteher, begrüßte die Händler und führte sie zum Gebäude des Stadtrats. Kaum hatten alle das Gebäude betreten, wurden sämtliche Türen verriegelt, sodass niemand es verlassen konnte. Villano erfasste Namen und Adresse von jedem Einzelnen, und er ließ sechsunddreißig der sechzig Anwesenden auf der Stelle verhaften. Die Übrigen durften wieder gehen.

Am nächsten Tag, dem 19. September, wurden vier der Verhafteten ausgewählt und in einen anderen Raum gebracht. Dolce Guidicci wurde als Erster verhört. Man folterte ihn an der «corda» (Seil), eine Methode, bei der der Gefangene an seinen hinter dem Rücken gefesselten Händen in regelmäßigen Abständen nach oben gezogen wurde. Die Schreie des Gefolterten drangen zu den anderen im Nebenraum durch. Zunächst beteuerte Guidicci, nichts zu wissen. Irgendwann schrie er nur noch, bis man ihm eine Pause gönnte, allerdings nur, um weitere Foltern anzudrohen, wenn er nicht alles sage, was er über weitere Getreidevorräte in den eigenen Speichern und in denen seiner Kollegen wusste. Der arme Guidicci hatte keine andere Wahl und gab alles preis. Auf die gleiche Weise wurden die anderen drei gefoltert und noch weitere vier der inhaftierten Getreidehändler. So gelangte der Stadtrat an die nötigen Informationen über heimliche Getreidevorräte, die die Händler mit Aussicht auf größere Gewinne später im Jahr, wenn sich der Notstand verschlechtert haben würde, zurückbehalten hatten.

Kurz darauf wurden alle wieder freigelassen – für eine Kaution von fünfhundert Lira und unter der Bedingung, dass sie keine Getreidegeschäfte mehr tätigen würden. Ein überaus grausames Vorgehen. Florenz unternahm alles, um den Getreidemangel zu mildern. Als die freiwilligen Selbstverpflichtungen der damaligen Großunternehmer nichts fruchteten, ging man mit harten Bandagen gegen die Spekulanten auf dem Getreidemarkt vor.

Freilich muss man diesen Bericht mit Vorsicht genießen. Domenico Lenzi war begeisterter Florentiner. Er liebte seine Stadt, lobte die Effizienz der Verwaltung. Er erzählt auch, dass die benachbarten Sienesen noch grausamere Methoden zur Lösung der Krise wählten: Sie vertrieben kurzerhand alle Armen aus ihrer Stadt, um so weniger Münder stopfen zu müssen.

Natürlich will keiner die Einführung der Folter für Spekulationsgewinnler. Doch eins wird klar aus dem Fall Florenz 1329: Die Verantwortlichen der Stadt taten alles, was in ihrer Macht stand, um gegen dubiose Spekulationsgeschäfte und Absprachen unter den superreichen Getreidehändlern vorzugehen.

Man kann nicht wissen, was sie unternommen hätten gegen Steuerdiebe im frühen 21. Jahrhundert. Was sie unternommen hätten gegen Fondsmanager und Banken, die sich über Jahre Steuerrückerstattungen vom Staat holten, für Steuern, die sie nie bezahlt hatten, und das gleich mehrfach. Hätten sie energisch Gegenmaßnahmen ergriffen, wo doch schon den «kleinen Leuten» auf jede Dividende Kapitalertragssteuer in Höhe von 25 Prozent abverlangt wird? Wie ist es möglich, dass eine Straßenbahnfahrt ohne Ticket im Gefängnis enden kann, während Menschen straffrei ausgehen, die mit Steuerhinterziehung in Millionenhöhe nachhaltigen Schaden für das Gemeinwesen anrichten?

Warum ist es so schwer in einem modernen Rechtsstaat, die Verantwortlichen vor Gericht zu bringen? Warum funktioniert diese Welt nach dem Prinzip «Die Kleinen hängt man, die Großen lässt man laufen»? Die Erinnerung daran, dass es Gesellschaften gab – ältere und aus unserer Sicht viel konservativere und christlichere Gesellschaften –, die entschlossen und konsequent gegen Schweigekartelle unter Superreichen vorgingen, mag viele überraschen. Eine Erinnerung, die die Lust auf Gerechtigkeit und Umverteilung befeuert.

So einfach geht Umverteilung: Schuldenerlass, Jubeljahre, Brache

«Umverteilung»: ein Reizwort, das nach Sozialismus stinkt, die Faulen werden belohnt, die Fleißigen bestraft. Außerdem wäre die Welt, selbst wenn man alles auf null stellen und jeder mit dem gleichen Kontostand von vorne beginnen würde, schon nach einer Woche wieder ungleich: Der eine hätte sein Geld ins Wirtshaus getragen, während die andere, sagen wir: die Wirtin des Gasthauses, die Gewinne für die Ausbildung ihrer Kinder beiseitelegt.

Dabei waren traditionelle Gesellschaften längst nicht so zimperlich, wie man meinen könnte. Schuldenerlasse und Routinen der Umverteilung gehörten in vielen Kulturen zur Regel. Das berühmteste und zugleich am konsequentesten vergessene Beispiel ist Gottes auserwähltes Volk. Im Alten Testament, gleich nach den Zehn Geboten, folgt ein ausdifferenziertes Gesetzeswerk: «Alle sieben Jahre sollst du ein Erlassjahr halten. So aber soll's zugehen mit dem Erlassjahr. Wenn einer seinem Nächsten etwas geborgt hat, der soll's ihm erlassen, und soll's nicht eintreiben von seinem Nächsten oder von seinem Bruder, denn es heißt das Erlassjahr des Herrn [...], denn es soll kein Armer unter euch sein.» (Deut. 15,1–3)[22] Überdies sollten jedem hebräischen Schuldknecht – also Menschen, die ihre Schulden durch Arbeit für den Gläubiger ableisten – die verbleibenden Schulden ebenfalls einfach erlassen werden. Die Verfügungsgewalt des Herrn endete. Qua Gesetz, ein für alle Mal. Das war die Quintessenz des «Erlassjahrs», im Hebräischen «šemiṭṭah» oder «Schabbaton».

«Schabat» bedeutet wörtlich «aufhören». Das Substantiv «schabbat» bezeichnet eine festgelegte Ruheperiode von unterschiedlicher Dauer. Gemeint ist damit nicht nur der siebte Tag der Woche, sondern auch die Ruhezeit während des Pessachfestes und eben das Sabbatjahr. Doch die Bestimmungen gehen noch weiter. Der Erlass galt nicht allein für Schuldknechte und Schulden, sondern auch für die Natur. «Sechs Jahre kannst du in deinem Land säen und die Ernte einbringen; im siebten sollst du es brachliegen lassen und nicht bestellen. Die Armen in deinem Volk sollen davon essen, den Rest mögen die Tiere des Feldes fressen. Das Gleiche sollst du mit deinem Weinberg und deinen Ölbäumen tun.» (Ex. 23,10–11; vgl. Lev. 25,3–4)[23]

Was Gott seinem Volk hier vorschreibt, klingt zunächst unmöglich. Wie soll das in der Praxis gehen? Kann man in jedem siebten Jahr alle Schulden einfach erlassen? Dass das nicht einfach war, war den Menschen damals klar, das geht ebenfalls aus den Texten des Alten Testaments hervor. So fehlt es nicht an Mahnungen an die Reichen, einem hilfsbedürftigen Armen auf jeden Fall Kredit zu gewähren, unabhängig davon, wie nah oder fern das Erlassjahr war. «Du sollst ihm geben, und dein Herz nicht verdrießen lassen, dass du ihm gibst, denn um solches willen wird dich der Herr dein Gott segnen in allen deinen Werken und in allem, was du dir vornimmst.» (Dtn. 15,10). Auch muss man betonen, dass der Verzicht auf die Rückzahlung von Krediten nur für arme Schuldner und für jüdische Glaubensgenossen galt. Der Schuldenerlass bezog sich ausschließlich auf Notdarlehen. Handelskredite mit Fremden waren davon nicht betroffen. Diese wurden damals ohnehin nur dann zurückgezahlt, wenn das gemeinsame Unternehmen erfolgreich zum Abschluss gebracht worden war. Das heißt, hier war ein Erlass gar nicht notwendig.

Die mit dem Erlassjahr verbundene Ruhephase für das Land wurde ebenfalls umgesetzt. Auch das gestaltete sich sehr schwierig, denn es bedeutete ja Gewinneinbußen! Verzicht auf die Erträge eines ganzen Jahres. Wer will denn so was? Das klingt nach wirtschaftlichem Ruin und verstößt gegen das Gesetz der Effizienz. Doch offensichtlich wurde diese Regel von allen akzeptiert und respektiert, sogar von den Besatzern in der Zeit, als Judäa römische Provinz war. Quellen aus dem 1. Jahrhundert v. Chr. erwähnen Steuerbefreiungen für die jüdischen Städte im siebten Jahr, da dort aufgrund des Brachjahres keine Erträge zu erwarten waren. Die gleiche Ausnahme galt für die jährlichen Abgaben für die Hafenzölle.[24]

Bei Pacht- und Kaufverträgen für Felder, Weinberge und Ölpflanzungen wurde die Brache individuell für jedes Grundstück vorweg berechnet und berücksichtigt. Und natürlich gab es auch Versuche, das Sabbatjahr zu umgehen. So klingt es für uns wie eine Mogelpackung, wenn wir hören, dass das Sabbatjahr zuweilen auch gestückelt und jedes Jahr im Voraus ein Siebtel des Landes brach gelegt wurde, um die Verluste abzufedern.

Man fragt sich, wie eine Gesellschaft auf die Idee kam, den Armen alle sieben Jahre einfach sämtliche Schulden zu erlassen. Bedeutete das nicht ein enormes Problem für die Wirtschaft? Massive Verluste für die Gläubiger? Und wer um Himmels willen gibt überhaupt noch Kredite, wenn er weiß, dass das Geld nie zurückgezahlt wird?

Die Antwort auf die letzte Frage mag zunächst überraschen. Mit der vollumfänglichen Rückzahlung von Krediten wurde über die längsten Phasen der Menschheitsgeschichte hinweg nicht gerechnet. Verschleppte Rückzahlungen, wieder und wieder verschobene Zahlungsfristen oder auch Kreditvergaben im Wissen, dass man das Geld nie wiedersehen würde, all dies zählte zu den Selbstverständlichkeiten auf vormodernen Finanzmärkten. Die Langmut vormoderner Gläubiger hat die Forschung immer wieder irritiert. Die Rückzahlungen konnten sich teilweise über Jahrzehnte hinziehen.[25] Aus diesen Befunden hat der früh verstorbene Anthropologe David Graeber die Forderung abgeleitet, Schulden neu zu definieren. Er plädierte dafür, sie weniger als ökonomisches Problem zu betrachten, sondern vielmehr als Ausdruck von Abhängigkeitsbeziehungen und Kooperationen, ohne die keine Gesellschaft existieren kann.[26] Aus dieser Sicht wird auch verständlich, warum eine Gesellschaft sich ein wiederkehrendes Erlassjahr verordnet. Es handelt sich um eine Maßnahme, die dazu dient, Chancen neu zu verteilen und neue Kooperationen zu ermöglichen.

Im Übrigen mussten die Hebräer das Rad nicht neu erfinden, vergleichbare Regelungen waren im gesamten östlichen Mittelmeerraum üblich. Ein Beispiel aus dem archaischen Griechenland: Als Solon im Jahr 594 v. Chr. als Archon in Athen mit besonderen Befugnissen ausgestattet wurde, um die drängenden Probleme der Polis zu lösen, war die erste Maßnahme «das Abschütteln von Lasten». Diese sogenannte Seisachtheia war ein genereller Schuldenerlass, zu dem auch das Verbot gehörte, Kredite auf die eigene Person aufzunehmen, was wiederum das Ende der Schuldknechtschaft bedeutete. Eine rechtliche Innovation, die bis dato unbekannt war. Dass Solon dabei auf assyrische und babylonische Vorbilder zurückgreifen konnte, wurde jüngst von Josine Blok und Julia Krul nachgewiesen.[27] Die beiden Althistorikerinnen suchten nach vergleichbaren Rechtsformen in verwandten Kulturen des Nahen Ostens und stießen auf Rechtstexte aus der Zeit der babylonischen Könige Sargon II. (723 bis 704 v. Chr.) und Asarhaddon (674 bis 672 v. Chr.). Das heißt freilich nicht, dass der eine vom anderen abgeschrieben hat. Vielmehr spiegeln diese Texte allesamt ein damals weitverbreitetes Wissen um die Pflichten eines weisen Gesetzgebers, zu denen die Sorge für Gerechtigkeit und Chancen auf einen Neuanfang für die Armen zählte.

Die Spuren führen sogar noch weiter zurück, bis ins Mesopotamien des 3. Jahrtausends v. Chr., wo offenbar in unregelmäßigen Abständen allgemeine «Freilassung» ausgerufen wurde. Das bedeutete Befreiung aus der Schuldknechtschaft, also aus

Abhängigkeitsverhältnissen, in denen jene, die nichts hatten, zu denen standen, die etwas hatten. Man zahlte gewissermaßen für Versorgung und Unterhalt mit Arbeit. Klingt heute hart, war aber ein bewährtes System der «Daseinsfürsorge». In diesem Zusammenhang erschließt sich der tiefere Sinn der Freilassungen. Man bot damit regelmäßig Chancen für «Ausstiegswillige». Jene, die bleiben wollten, waren von den Erlassen ja nicht negativ betroffen, für sie änderte sich nichts.

Wie sah das in der Praxis aus? Schuldurkunden wurden auf königlichen Befehl hin zerstört, und gepfändetes Land fiel zurück an die ursprünglichen Besitzer. Sehr gut belegt ist diese Praxis in babylonischer und assyrischer Zeit, also im heutigen Nahen Osten des 6. Jahrhunderts v. Chr. Hier boten Herrscherwechsel regelmäßig Anlass zur Umverteilung: Jeder neue Herrscher versprach, Gerechtigkeit zu schaffen, und wichtige Mittel dazu waren die Wiedergutmachung und die Reparatur von entstandenem Schaden. Schuldenerlasse zählten zu den von den Göttern auferlegten Herrscherpflichten.[28]

Freilich hatten auch solche Maßnahmen nicht immer nur die gewünschte Wirkung. Solons Schuldenerlass etwa blieb wohl eine einmalige Sache. Denn wie immer gab es die Möglichkeit des Missbrauchs. So wird berichtet, wie Freunde von Solon, denen er von dem Vorhaben des Schuldenerlasses erzählt hatte, hinter seinem Rücken kurzfristige Kredite aufnahmen, um Land zu kaufen. Durch die Reformen wurden sie quasi über Nacht zu wohlhabenden Großgrundbesitzern. Schuldenerlasse und die Restituierung von Besitz waren auch aus einem anderen Grund problematisch: Es waren Versprechen, mit denen Tyrannen sich die Unterstützung des Volkes sichern konnten. Daher hat man in Griechenland Schuldenerlass und Enteignung als politische Maßnahmen verboten. Was von Solons Reformen blieb, war die Abschaffung der Schuldknechtschaft in Athen.

Das jüdische Erlassjahr dagegen gilt zumindest vielen der orthodoxen Juden bis heute als Pflicht. Jedes siebente Jahr dürfen die Gläubigen ihr Land nicht bestellen, und zu den Produktionsbedingungen für koschere Lebensmittel zählt die Einhaltung des «šemiṭṭah». Doch auch hier gibt es Umgehungsstrategien: Man verkauft das Land während des Sabbatjahres an Nichtjuden und bearbeitet es in Pacht. Das Sabbatjahr gilt schließlich nur für jüdischen Besitz, also können die jüdischen Bauern als Pächter unbehelligt weiterproduzieren, um das Land nach Ablauf des Jahres wieder zurückzukaufen. Ganz modern mutet eine Strategie an, die mit Hydrokulturen arbeitet und keine Erde benötigt, sondern mit Schotter und Kies auskommt. Da es sich nicht um Ackerland handelt, können diese Kulturen ganz normal bearbeitet werden. Hier hat die Lust am Aufstellen und Einhalten von Geboten über den Sinn derselben gesiegt.

Zunehmend werden jedoch Stimmen laut, die die ethischen, ökologischen und sozialen Implikationen des Sabbatjahres wieder stärker in den Vordergrund rücken. Die Reform-Rabbinerin Dalia Marx aus Jerusalem legt den Finger in die Wunde, wenn sie die durch die Rabbiner gewährten Ausnahmeregelungen und -genehmigungen kritisiert: «Nach sieben Jahren sollen die Schulden vergessen sein. Es geht um soziale Gerechtigkeit. Wenn man Eigentum hat und ein materiell gutes Leben führt, muss man Solidarität mit denen zeigen, die all das nicht haben.»[29] Es gibt eine Rückbesinnung, auch unter ihren Kollegen, auf die Sinnhaftigkeit einer regelmäßig wiederkehrenden Produktionspause für Menschen, Tiere und Land. Das Sabbatjahr dient der sozialen und ökologischen Nachhaltigkeit. Es bewahrt das Wissen darüber, dass der Habgier regelmäßig Einhalt geboten werden muss. Dass wir sonst unsere Lebensgrundlagen zerstören, dass wir die Natur nicht rücksichtslos ausbeuten dürfen, dass wir ihr Pausen von uns Menschen gönnen sollten. Dass wir Lasten umverteilen müssen.

Brauchen wir mehr Umverteilung, muss die Einkommenssteuer ausgeweitet werden?

Zurück zur Ausgangsfrage: Ist Habgier gut oder schlecht? Nun, man muss das Bedürfnis nach Besitz, das Streben nach Reichtum ja nicht gleich Habgier nennen. Menschen streben nun mal danach, ihre Lebenssituation zu verbessern. Was ist daran schlecht? Wir reden von den Gesetzen des Marktes, und wenn wir diesen möglichst viel Freiraum gewähren, dann sei alles besser. Der Staat solle sich nach Möglichkeit raushalten und den Selbstregulierungskräften des Marktes und der Mündigkeit der Leute vertrauen. Die haben Präferenzen und treffen Entscheidungen. Eigennutz hat Vorteile!

Keiner predigte diese Botschaft eindrücklicher als der Investmentbanker Gordon Gekko alias Michael Douglas im Film «Wall Street» aus dem Jahr 1987. «Greed, for lack of a better word, is good»: So lautete die frohe – wenn auch verbissene – Botschaft des entfesselten Kapitalismus im späten 20. Jahrhundert. Aber ist das Konzept auch geeignet, für eine Gesellschaft langfristig Gerechtigkeit und damit Stabilität zu gewährleisten?

1987 war interessanterweise auch das Jahr, in dem das US-amerikanische Wirtschaftsmagazin «Forbes» erstmals eine Weltrangliste der Milliardäre (in US-Dollar) veröffentlichte. Insgesamt 140 Milliardäre zählte man damals, darunter der Fiat-Chef Giovanni Agnelli, die Benetton-Familie, Yoshiaki Tsutsumi, ein japanischer Immobilienmogul, oder auch Pablo Escobar, der kolumbianische Drogenbaron. Seither hat sich viel geändert. Frauen kamen und kommen vor auf diesen Listen, haben sie jedoch noch nie angeführt. Im Jahr 2023 verzeichnete die «Forbes»-Liste weltweit 2640 Milliardäre.[30]

Die Weltbevölkerung ist in diesen Jahren von etwa 4,4 Milliarden auf 7,9 Milliarden angewachsen. In der gleichen Zeitspanne, innerhalb von nur einer Generation, hat sich die Zahl der Milliardäre fast verzehnfacht. Kann es sein, dass nicht das globale Bevölkerungswachstum das Problem ist, sondern das exponentielle Wachstum der Ungleichheit? Zwar hat sich der Abstand zwischen reichen und armen Staaten in den letzten Jahrzehnten verringert, doch gleichzeitig nahm das Gefälle innerhalb einzelner Länder drastisch zu.[31] Ende 2022 verfügten 1,1 Prozent der Weltbevölkerung über rund 45,8 Prozent des weltweiten Vermögens. Am anderen Ende der Vermögenskurve sieht es genau umgekehrt aus: 52,5 Prozent der Weltbevölkerung besaßen 2022 insgesamt nur 1,2 Prozent des weltweiten Vermögens.[32]

Und die Aussichten für das weltweite Vermögen sind weiterhin rosig. Nannette Hechler-Fayd'herbe, damals Chief Investment Officer und Leiterin Global Economics & Research bei der Credit Suisse, machte im Global Wealth Report 2023 folgende Prognosen für die nächsten fünf Jahre: «Die globale Vermögensentwicklung erwies sich in der Covid-19-Ära als widerstandsfähig und verzeichnete 2021 ein Rekordwachstum. Die Inflation, steigende Zinsen und eine Währungsabwertung führten 2022 zu einer Umkehrung. Wir gehen jedoch davon aus, dass das globale Vermögen in den nächsten fünf Jahren bis 2027 um 38 Prozent auf 629 Billionen US-Dollar ansteigen wird, wobei das Vermögen je Erwachsenen voraussichtlich um 30 Prozent auf 110 270 US-Dollar ansteigen wird. Ebenso gehen wir davon aus, dass die Zahl der Millionäre in den nächsten fünf Jahren auf 86 Millionen steigen und damit deutlich zulegen wird und dass sich die Zahl der UHNWI auf 372 000 erhöhen wird.»[33] UHNWIs, «Ultra-High-Net-Worth Individuals», das sind Menschen mit einem Vermögen, das 30 Millionen übersteigt. Davon leben 41 Prozent in den USA.

Wie passt ein weltweit durchschnittliches Pro-Kopf-Vermögen von mehr als 100 000 US-Dollar zu dem Befund, dass mehr als 50 Prozent der Weltbevölkerung weniger als 10 000 US-Dollar besitzen? Ungleichheit ist eines der drängendsten Probleme der Gegenwart. Und dennoch zucken wir zusammen, wenn einer «Umverteilung» sagt. Schrecken zurück, weil wir Angst haben um unser Einfamilienhaus. Um unser Erbe. Um unsere Zukunft. Weil wir um unser bisschen Freiheit im Ruhestand bangen. Weil wir vorsorgen wollen.

Oder ist es die aristotelische Krankheit des Alters namens Habgier, an der wir leiden? Wenn ja, wie erklären wir das den uns nachfolgenden Generationen? Hat uns die Sorge um das Alter blind gemacht für die Ungerechtigkeit des Systems? Es gibt Stimmen, die lautstark nach Umverteilung rufen. Die die Ungerechtigkeit des Systems immer wieder anprangern. Die vor dem Klassenkampf warnen oder ihn befeuern wollen.

So wird auch die Forderung nach einem neuen Steuersystem immer lauter. «Ich glaube nach wie vor daran, dass das Steuersystem deutlich verändert werden sollte. Ich hoffe, dass die Einkommenssteuer deutlich ausgeweitet wird, und ich glaube außerdem, dass große Vermögensdynastien nicht hilfreich für unsere Gesellschaft sind.»[34] Diese Worte stammen nicht etwa von linken Systemkritikern. Sie stammen von dem US-Investor Warren Buffett, einem der Milliardäre, die die «Forbes»-Weltrangliste seit Jahren anführen. Noch klarer lässt sich die Erkenntnis, dass nur eine kleine Minderheit von einer deregulierten Globalisierung profitiert, nicht formulieren. Die Mehrzahl der Menschen wird der Welt der deregulierten Märkte zum Opfer fallen und auf wirtschaftlicher, individueller, psychischer und politischer Ebene einen hohen Preis dafür bezahlen. So formuliert das die französische Philosophin Corine Pelluchon und fordert dazu auf, einen neuen Zivilisationsprozess in Gang zu bringen, der wesentlich den Ausstieg aus dem Ökonomismus der Gegenwart voraussetzt. Staaten, so ihr Plädoyer, müssen sich wieder auf ihre eigentliche

Mission besinnen, nämlich das Wohl der Individuen und Völker zu organisieren, also den Blick auf Gerechtigkeit, Glück und das Leben der Menschen zu lenken.[35]

Geld scheint nicht das Problem, es gibt mehr als genug davon. Doch muss es im Kampf gegen Ungerechtigkeit, Unglück und Leid, zur Milderung der Folgen von Krieg, Epidemien, Hunger und Klimawandel gezielt investiert und neu verteilt werden. Wenn selbst Warren Buffett diese Aufgabe den Vermögensdynastien des 21. Jahrhunderts nicht zutraut, dann sollten wir ihn ernst nehmen und das Unternehmen Umverteilung endlich konsequent angehen.

III. LUXURIA – KONSUM

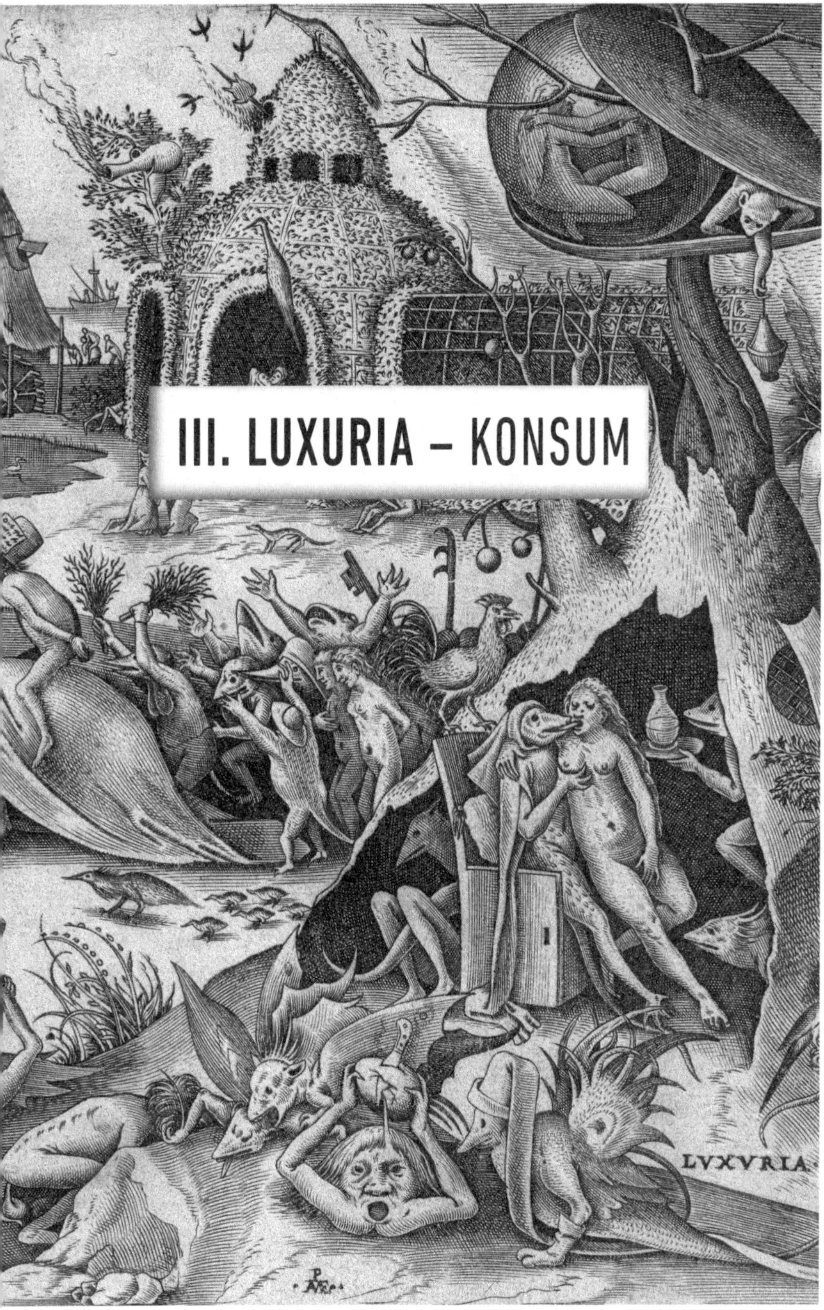

Sergius Orata war der Stararchitekt der späten römischen Republik, und sein Markenzeichen war Luxus, Luxus, Luxus. Bis heute am bekanntesten ist das geniale Heizungssystem, das er erfand, das Hypokaustum: Heiße Luft, durch Hohlräume unter Steinfußböden und Rohre in Wandmauern geleitet, erzeugt eine angenehme Raumtemperatur – das Prinzip der Fußbodenheizung machte das Leben für die Römerinnen und Römer ab dem 1. Jahrhundert v. Chr. um vieles angenehmer. Auch für den zeitgenössischen Wellnessbetrieb war das Hypokaustum-System ein Quantensprung in Sachen Komfort. Die über einer unterirdischen Wärmekammer gleichsam schwebend aufgebauten Wasserbecken (balnea pensilia) hielten die Wärme stundenlang, so konnte die Badegesellschaft genüsslich verweilen, sich amüsieren und erholen, ohne dass lästige Sklaven ständig heißes Wasser nachgießen mussten. Diese schwitzten woanders, befeuerten ununterbrochen den außerhalb gelegenen Ofen, von dem aus die Wärme in die unter dem Fußboden gelegene Wärmekammer geleitet wurde. Oratas fußbodenbeheizte Bauten wurden zum Inbegriff luxuriöser Prachtentfaltung. Nur teuerste Baustoffe, etwa Cipollino, ein wertvoller Marmor aus dem griechischen Ort Karystos, war gut genug für die Säulen, nur goldbestickte Tuche aus Ägypten genügten seinen Ansprüchen als Tapeten an den Wänden seiner Prachtvillen.

Und dann waren da noch die Austern. Orata war nicht nur genialer Architekt und Erfinder, sondern auch überaus geschäftstüchtig. Nachdem er früh erkannt hatte, dass die Nachfrage nach Austern und Perlen stark zunahm, legte er im Lukriner See in Kampanien künstlich beheizbare Becken an, in denen das Wasser auf einer für Austern optimalen Temperatur gehalten werden konnte. Diese Austernfelder, die bis heute als ein Meilenstein in der Geschichte der Austernzucht gelten, entwickelten sich zu einem überaus lukrativen Geschäftsmodell.[1]

In Ruhe ausgedehnte Bäder genießen und Austern essen: der reinste Luxus! Vorausgesetzt natürlich, man gehörte zu den Schönen und Reichen. Und nicht alle konnten dem Luxus etwas abgewinnen. Für den römischen Schriftsteller Valerius Maximus, von dem wir das alles wissen, zählte das süße Gift der Luxuria – er sprach von «Schwelgerei und Wollust» – zu den größten Gefahren überhaupt. Aus seiner Sicht führte es früher oder später ins Elend. Und er malte dieses Elend in bunten Farben aus: Man erinnere sich nur, wie die im Luxus groß gewordenen Kinder das Erbe ihrer Väter verprassen. Luxus macht wehleidig und unzufrieden, das sieht man, meint Valerius, an den Frauen, die sich täglich neue Dinge kaufen müssen, weil ihnen das, was sie bereits haben, niemals reicht. Oder an den Männern, die sich in Überbietungsspielchen gegenseitig die Größe ihrer Häuser und Besitzungen vorrechnen. Außerdem schafft Luxus massive Ungleichheit und fördert die Korruption. Bestechliche Richter verkünden genehme Urteile im Gegenzug für Geld oder die Zuführung junger Knaben. Und dann ist da das Problem der Verweichlichung. Sogar der berühmte Hannibal, der größte aller Feldherrn, der eine ganze Armee samt Elefanten über die Alpen führte und den Römern eine Niederlage nach der anderen bescherte, selbst dieser Haudegen war gegen das Gift der Luxuria nicht gefeit. Kaum nämlich hatte er – nach seinem größten Sieg in Cannae – das Lager in Capua aufgeschlagen, verfiel er den Ausschweifungen der Kampanier, ihren üppigen Mahlzeiten, den köstlichen Weinen, dem Duft der Salben und den schönen Frauen. Von da an ging es mit ihm bergab. Gleichsam «im Schlummer des Vergnügens» ließ er sich besiegen.[2]

Nun muss man wissen, dass Valerius in der frühen Kaiserzeit lebte, etwa ein Jahrhundert nach Sergius Orata, und von Berufs wegen Lehrbücher für den Rhetorikunterricht verfasste. Er war kein Historiker, sondern versammelte brauchbare Argumente, anekdotische Evidenz würden wir das heute nennen, wie sie etwa für einen Anwalt vor Gericht hilfreich sein konnten. Ob die Geschichten wahr oder falsch waren, zählte nicht. Fest steht allerdings, dass die Wörter «Orata», «Kampanien» oder «Austern» in Zeiten des Kaisers Tiberius nahezu sprichwörtlich verwendet wurden, wenn es darum ging, Luxus und übermäßigen Konsum zu geißeln.

Ausschweifung, Wollust, «betrunkener Durst»: Was genau ist Luxuria?

Doch was genau ist Luxuria?[3] Etymologisch, also der ursprünglichen Herkunft und Bedeutung des Wortes nach, wird das lateinische Adjektiv «luxus» von «seitlich gebogen, schief, schräg» hergeleitet. «Luxuria» als Substantiv bedeutet Üppigkeit, verschwenderischer Aufwand, maßlose Lebensführung, ungehemmter Konsum, Schlemmerei und Ausschweifung. Beide Bedeutungen sind insofern miteinander verwandt, als es um Abweichungen vom als normal anerkannten Maß, also vom Geraden, Gesunden, sowie vom sittlich-moralisch Guten geht. Seit Platon umfasst der Begriff alles, was über die Befriedigung der «natürlichen» Bedürfnisse hinausgeht. Dazu zählen unverhältnismäßiger Aufwand für Kleidung, Schmuck, Reisen, Essen und Wohnen, zügellose Sexualität, insbesondere im Umgang mit Lustknaben und Prostituierten, ebenso wie Vergnügungen, Lustspiele, Festgelage oder Vergnügungsreisen. Auch übermäßige Prachtentfaltung im Bauwesen fällt unter Luxuria, zusammen mit der übertriebenen

Inszenierung von Protz und Prunk an Fahrzeugen, bei Triumphzügen oder Aufmärschen, und schließlich Zügellosigkeit in der Machtausübung oder herrscherlicher Gewaltanwendung. Auch in der Kunst gibt es schädlichen Luxus, etwa in der Dichtung ein Zuviel an Versformen, Takten oder Worten, das die Schönheit des Stils beeinträchtigt. Zwar überwiegt die abwertende Verwendung des Begriffs, doch gibt es auch eine positive Luxuria: etwa öffentliche Pracht und Herrlichkeit, solange sie dem Rang des Herrschers entspricht, oder auch Überfluss der Natur, Üppigkeit, Fülle und Fruchtbarkeit.

Der Kirchenvater Augustinus verfolgte das Problem zurück bis ins Paradies. Unmäßiger Gebrauch, der Mangel an Zurückhaltung, das Zuviel an Verlangen waren der Anfang vom Ende. Im Paradies waren bekanntlich alle wunschlos glücklich. Adam und Eva lebten in einem Zustand vollkommener Bedürfnislosigkeit, denn es fehlte ihnen an nichts. Und doch überkam sie das Verlangen nach mehr, und damit war die Welt der Fülle nicht länger vollkommen. Die Vertreibung aus dem Paradies – das war nicht der liebe Gott oder der Erzengel Michael. Die Menschen waren es, die das Paradies zerstörten. Sie verlangten nach der Frucht, nicht weil sie Hunger hatten, nein, sie waren satt, der Grund war der menschliche «Überschuss an Begehren».

Augustinus zufolge sollte sich dieser Überschuss nach der Vertreibung aus dem Paradies wie eine Seuche ausbreiten. Seither steckt er in jedem und jeder der Söhne und Töchter Adams, und er wird von einer Generation zur nächsten weitervererbt. Die sogenannte Erbsünde ist die dem Menschen innewohnende Lust auf immer mehr, und zwar unabhängig davon, wie viel er schon hat und was genau er begehrt. Das Begehren nach Dingen und das Begehren des Fleisches entspringen ein und derselben Quelle.[4] Auch die Auswirkungen sind die gleichen: Luxuria – egal, in welcher Ausprägung – schwächt und verunreinigt Körper und

Seele, sorgt für Gebrechen aller Art und lässt frühzeitig altern. Sie verdirbt den guten Ruf, den Wohlstand, das Augenlicht und die Stimme. Sie beschmutzt die Menschen, löscht aus, tötet, verdirbt, beraubt und macht stumpf.[5]

«Wollust» ist als gängige deutsche Übersetzung von «Luxuria» eigentlich irreführend. Gebildet aus «wohl» und «Lust» hat der mittelhochdeutsche Begriff die Bedeutung «Wohlgefallen, Vergnügen», und das durchaus im positiven Sinn. Er wird auch in religiösen Texten des Mittelalters verwendet, es gibt eine heilige Wollust der Hingabe. Die negative Konnotation und die Einschränkung auf den sexuellen Bereich kommen erst spät hinzu und sind regional ganz unterschiedlich verbreitet.[6] Der lateinische Begriff «luxuria» dagegen wird im Laufe des Mittelalters zunehmend auf sexuelle Ausschweifungen verengt. So definiert das Predigthandbuch «Fasciculus Morum» aus dem 14. Jahrhundert Luxuria als eine Form von körperlicher Inkontinenz, als den Wunsch nach Sex jenseits von Maß und Verstand und als «betrunkenen Durst» (sitis ebria), als kurzfristige Eruption und ewige Bitterkeit, die die Nacht sucht und den Verstand des Menschen verdunkelt.[7]

In jedem Fall liegt das Problem in der gezielten Steigerung der Lust nach immer mehr. Man spricht heute von einem konsumtiven Verhältnis zur Mitwelt und von der stetigen Befeuerung des Verbrauchs, ob es dabei um Kleider, Ressourcen, Sexualpartner oder Austern geht. Und wie bei allen Todsünden gilt auch hier: Sobald der Appetit gestillt ist, wird das Objekt der Begierde uninteressant und kaum mehr beachtet, so, wie man eine Zitrone wegschmeißt, wenn der Saft ausgepresst ist (Kant).[8] Wie es zur Verengung der Luxuria auf sexuelles Begehren kam, ist eine andere Geschichte. Hier konzentrieren wir uns auf das Gesamtproblem: den maßlosen Konsum, egal, in welchem Bereich.

Kleopatra serviert Meerbarbenfilet, Seneca bedauert die Lustknaben, und Veblen erfindet den Geltungskonsum

Nun zu den Risikogruppen. Als besonders anfällig für das Laster galten schon immer die Reichen, entsprechend gehört Luxuria standardmäßig zur Kritik an der Elite. Das klassische Beispiel dafür ist die legendär ausschweifende und dekadente Lebensweise der Römer, oder besser vielleicht: die gleichermaßen ausschweifende Kritik der Zeitgenossen – denn das meiste, was wir darüber wissen, stammt aus Hetzschriften gegen «die da oben».

Zu einer solchen Kritik fühlten sich damals sehr viele berufen. Zum Beispiel der Naturwissenschaftler Plinius der Ältere, Verfasser einer über Jahrhunderte einschlägigen Enzyklopädie, der siebenunddreißigbändigen «Naturalis historia». Er kritisiert mit Leidenschaft den Luxus am Bau. Plinius beschreibt entrüstet und zugleich fasziniert die mit Gold ausgeschmückten Paläste der Kaiser Gaius und Nero, und er fragt sich, wie das zusammenpasst, wenn die Äcker der Bauern, die Rom ernähren, ähnlich groß sind wie die Thronzimmer des Kaisers. Ein nicht ganz unwichtiges Detail: Plinius war Präfekt der römischen Flotte in Misenum nahe Pompeji, gehörte also der Elite an. Viele der von ihm kritisierten Luxusgüter besaß er vermutlich selbst, und manches wurde gut erhalten unter der Asche des Vesuvs ausgegraben. Denn leider hielt Plinius in all seiner Gelehrsamkeit den Vulkanismus für ein Hirngespinst. Ja, er widmete diesem Naturphänomen in seiner Naturgeschichte keinen einzigen Abschnitt. Als der Vesuv im Oktober 79 n. Chr. ausbrach, kam er – wohl bei dem Versuch, ein Schiff flottzumachen, um seinem wissenschaftlichen Pflichtgefühl zu folgen und die Rauchwolke näher zu erforschen – im Ascheregen ums Leben.

Plinius' Zeitgenosse Lukan, ein Historiker, der sich auf die

Zeit des römischen Bürgerkriegs bis zur Errichtung des Prinzipats unter Augustus, dem Stiefsohn Caesars, im Jahr 27 v. Chr. spezialisiert hatte, schildert mit sichtlicher Faszination die ausschweifenden Feste der ägyptischen Königin Kleopatra. Wie war es ihr gelungen, Caesar den Kopf zu verdrehen und ihn zu ihrem Verbündeten zu machen, nachdem dieser Ägypten doch schon längst besiegt und die Aufständischen in Alexandria niedergerungen hatte? Der entscheidende Moment, so Lukan, war eine Nacht der Luxuria, in der Kleopatra zu einem ungeheuren Gelage lud. Schon der Gastraum glich einem Tempel – Inbegriff der Verderbnis – mit Kassettendecken, Gold auf den Balken, Marmor an den Wänden, Achat, Porphyr und Onyx, nicht etwa Schmuck, nein, massive Säulen. Ebenholz und Elfenbein in der Eingangshalle, indisches Schildpatt – vom Horn der Meeresschildkröte – mit Smaragden reich verziert. Edelsteine glitzerten an den Liegen, und in jedem Raum ein anderes Licht. Und viele Sklaven, ein ganzes Volk von Dienern. Manche trugen libysche Haartracht, andere hatten blond gefärbtes Haar – so viele blonde Locken hatte Caesar im ganzen germanischen Rheintal nicht gesehen –, und manche hatten Kräusellocken mit kunstvoll nach hinten gelegten Frisuren.

In diesem Saal nun legte sich das Herrscherpaar nieder, um gemeinsam zu speisen. Kleopatra hatte ihre unheilvolle Schönheit mächtig aufgeputzt: Allein ihr Halsschmuck war ein Vermögen wert, sie wurde von Juwelen regelrecht erdrückt. Auf schneeweiße Elfenbeinfüßchen wurden runde Platten gesetzt, wertvollstes Holz aus dem Atlasgebirge. In goldenen Schüsseln wurden dann Speisen aus Luft, Land und Meer serviert, auf dem ganzen Erdkreis zusammengesucht. Kleopatra ließ sogar Tiere servieren, die in Ägypten als Götter verehrt wurden – Sakrileg! –, und Nilwasser in Kristallkrügen. Wein, nicht etwa den heimischen Meroër-Wein, sondern den römischen Falerner, reichte man in Pokalen aus Edelstein. Dazu Kränze aus Nardenblüten und Rosen geflochten, das Haar benetzte man sich mit Zimtöl, das seinen Duft voll entfaltete, und Kräutergüsse der frisch importierten Amomumpflanze, ein Ingwergewächs, dienten der regelmäßigen Erfrischung. So lernte Caesar, dem ein solcher Luxus fremd war, die Reichtümer einer geplünderten Welt zu vergeuden – und er ließ sich von Kleopatra blenden.[9]

Auch für andere Autoren waren Ausschweifungen geradezu ein Signum der Zeit. Livius führte den sittlichen Verfall der römischen Elite auf die fremden Einflüsse aus dem Osten zurück. Im Zweifel waren es die «Neureichen», die den Generalverdacht der Luxuria auf sich zogen.[10] Horaz nennt Verschwendungssucht eine Geisteskrankheit (morbus mentis). Gemeinsam mit falschem Ehrgeiz, Geldgier und finsterem Aberglaube zählt er Luxuria zu jenen Qualen der Seele, die den Menschen zum Narren werden lassen.[11]

Eine besondere Ausprägung dieser Geisteskrankheit ist der sogenannte Geltungskonsum. Ein Beispiel liefert Seneca. Er erzählt, wie sich zwei wohlhabende Römer in aller Öffentlichkeit beim Kauf einer übergroßen Seebarbe, angeblich aus der Küche des Kaisers Tiberius, einst wechselseitig überboten. Der Fisch ging schließlich für fünftausend Sesterzen über die Ladentheke. Ein utopischer Preis – ein Huhn kostete an die zwei Sesterzen, ein Schwein um die zwanzig Sesterzen. Der Käufer bezahlte den völlig überteuerten Fisch nicht etwa, weil er Hunger hatte, auch nicht, weil der Fisch besonders köstlich schmeckte – ganz im Gegenteil, er war schon etwas abgehangen und sicher nicht mehr frisch –, nein, der Käufer demonstrierte mit dem Kauf, dass er sich das leisten konnte. Er wollte die anderen beeindrucken, seine Zugehörigkeit zur Elite öffentlich kommunizieren. Das Bedürfnis, das hier gestillt wurde, war das Bedürfnis nach Geltung.[12]

Eben daher rührt der Begriff «Geltungskonsum», den der Ökonom Thorstein Veblen in seiner 1899 erschienenen «Theorie der feinen Leute» prägte. Wahlweise ist auch von «demonstrativem Konsum» oder von «Prestigekonsum» die Rede. Veblen machte mit seiner Theorie das Phänomen sichtbar, dass Menschen offenbar bereit sind, Geld für Dinge auszugeben, deren eigentlicher Zweck auch von deutlich günstigeren Produkten erfüllt werden kann. Der Nutzen liegt weniger in der Befriedigung materieller Bedürfnisse als in ihrem symbolischen Wert. Genauer noch, es gibt eine Form des Luxuskonsums, dessen Zweck im Genuss öffentlicher Anerkennung besteht. Die Demonstration von Reichtum dient der Stabilisierung des eigenen Status in der Gesellschaft. Das Prinzip ist kulturübergreifend verbreitet. Entscheidend ist, dass der verschwenderische Verbrauch – sei es der Verbrauch von Gütern, Dienstleistungen oder Menschenleben – folgende Bedingung erfüllt: Die Ausgaben müssen völlig überflüssig sein. Nur Verschwendung bringt Prestige! Manchen galt Veblens Theorie des demonstrativen Konsums als eine Art Grundgesetz in der Geschichte des Luxus, während man heute eher vor Überschätzung warnt. Die Lust am Luxus lässt sich sicherlich nicht auf Prestigegewinn reduzieren.[13]

Früher war weniger Lametta ...

Weitere Risikogruppe für die Luxuria waren – folgt man den antiken Autoren – die Städter und die Jugend. Ländliche Genügsamkeit und Einfachheit, Besonnenheit und Gerechtigkeit stehen als probate Gegenmittel in scharfem Kontrast zum luxuriösen Leben der Stadt. Überhaupt gilt das vom Luxus noch nicht verdorbene Landleben als leuchtender Gegenpol zur dekadenten Stadt. Caesar lobte die Nervier, ein kriegerischer Volksstamm Galliens, der sich der römischen Unterwerfung entschieden widersetzte, für ihre unverdorbenen Sitten und sah darin einen Grund für ihre Widerstandsfähigkeit. Während die raue, einfache Lebensweise ihrer Vorfahren dafür gesorgt habe, dass sie gesund blieben, führe die verfeinerte städtische Lebensweise der Römer zu deren Verfall.[14]

Das Gleiche gilt für die Jugend im Allgemeinen. Ihr Hang zu Verschwendung und insbesondere zur Abweichung von den «guten Sitten» der Vorfahren werden seit alters beklagt. Aristoteles sieht die größte Gefahr im heftigen Begehren der Jugend. Vor allem die leiblichen Begierden des Liebesgenusses hätten einen Mangel an Selbstbeherrschung zur Folge. Plutarch wirft im 1. Jahrhundert n. Chr. der Jugend vor, sie kenne nur Verschwendung, gebe sich leidenschaftlich dem Tanz hin, vergreife sich am Geld der Väter und fröne dem Würfelspiel, dem Saufgelage und dem Liebesspiel mit jungen Mädchen oder verheirateten Frauen.[15] Sallust, ebenso wie andere lateinische Autoren, kritisiert die Jugend dafür, dass sie so voreilig sei. Statt die gesunde Entwicklung der Bedürfnisse abzuwarten, errege sie vielmehr künstliche Bedürfnisse durch gesteigerte Sinnesreize. Überdies sehe man an den Konsequenzen von sittenlosem Verhalten, hemmungslosem Erwerb und ungezügeltem Aufwand, dass das nicht gut enden kann. Prasserei und Schwelgerei im Wohlstand, den die Eltern erarbeitet haben, führe nicht allein zu individuellem Verfall, sondern obendrein zur Zerstörung von Reichtum und Wohlstand.[16]

Im Grunde genommen gelten all diese Vorwürfe nicht allein der Jugend, sondern ganz allgemein den Zeitgenossen. So wie der Vorwurf der Luxuria standardmäßig zur Kritik an der Elite gehört, gibt er auch dem kollektiven Unbehagen an der Gegenwart eine Stimme. Denn im Vergleich mit einem imaginierten Damals hat fast jede Gegenwart schlechte Karten. «Früher» war im Gegensatz zu «heute» schon immer alles irgendwie einfacher, vielleicht etwas primitiver, aber dafür weniger kompliziert. Es galt noch der Handschlag. Man musste noch richtig arbeiten. Das war zwar anstrengend, aber gut für Körper und Geist. Die Menschen waren abgehärtet durch die Mühe ehrlicher Arbeit. Man aß, weil man Hunger hatte. Und nicht, wie heute, um den Appetit immer mehr anzuregen.

Mit luxuriösen Ausschweifungen beschäftigt sich auch Seneca im 1. Jahrhundert n. Chr. Er war der berühmteste Vertreter der römischen Stoa, Erzieher und Lehrer des berüchtigten Kaisers Nero – mehr über ihn im Kapitel zur Superbia – und damit vermutlich der frustrierteste Pädagoge aller Zeiten. Nachdem er, bereits im Greisenalter, immer wieder versuchte, sich aus Rom zurückzuziehen, schrieb er auf seinem Landgut zahlreiche, endlos lange Briefe über das gute Leben und – noch unterhaltsamer – über das Gegenteil, nämlich das schlechte, dekadente Leben der Römer. Dabei widmet er sich vor allem Gelagen, bei denen alle sich mit Austern, Venusmuscheln, Seeigeln, Meerbarbenfilets vollstopfen und sich zwischendurch übergeben, um danach weiteressen zu können. Von der Wollust, die der Völlerei folgt, und von deren Opfern, Scharen unglücklicher Knaben, auf die nach dem üppigen Gelage im Schlafzimmer unsägliche Schmach wartet, will Seneca lieber schweigen. Dann beschreibt er die Lustknaben aber doch, die «Reihen derer, die nach Nationen und Farben abgeteilt sind, damit sich bei allen dieselbe Glätte der Haut, die gleiche Länge des ersten Flaums, die selbe Beschaffenheit des Haupthaars finde, damit nicht einer, der schlichteres Haar hat, sich unter die Krausköpfe mische».[17]

Für Seneca sind die Folgen offensichtlich. Zu viel Essen, zu viel Trinken, zu viel Sex führt dazu, dass sich in den Körpern alles Ungesunde ansammelt. Die Menschen leiden an Magenerweiterung, gehen bleich und kränklich durch die Gegend, geplagt von Gleichgewichtsstörungen, Leberverhärtung, Tinnitus, Migräne und Krebs – Strafen für die Genusssucht, natürliche Folgen der Luxuria, typische Zivilisationskrankheiten. Die Behandlungskosten sind der Zins, der für die Maßlosigkeit entrichtet werden muss.

Doch nicht nur der Mensch leidet, ebenso schlimm sind die Folgen städtischer Dekadenz für die Natur. Seneca nennt Verschwendungssucht die «Verwüsterin von Land und Meer».[18] Die ausgefallenen Gelüste der Römer führen langfristig dazu, dass Land und See geplündert werden. Und Seneca wird nicht müde, als Heilmittel das einfache Leben zu preisen. Ähnlich wie das «Damals» dient auch das Landleben als Projektionsfläche für vermeintlich idyllische Einfachheit. Dort, so die Annahme, sind die Menschen zufrieden mit dem, was sie haben, sie leben in Eintracht mit der Natur und kennen weder Habgier noch Verbrechen. Man rastet am murmelnden Quell, ernährt sich von dem, was die Natur von selbst spendet, und genießt den ruhigen Schlaf des Gerechten.

Der Lobgesang auf das einfache Landleben ist ein sogenannter Topos, ein Gemeinplatz, ebenso alt wie der Luxus. Ein ewiger Seufzer all derer, die an Zivilisationsmüdigkeit und an den Überlastungen des Alltags leiden; die Sehnsucht nach dem Paradies, dem Goldenen Zeitalter, nach einer Welt, bevor sie aus den Fugen geriet. Interessant eigentlich, dass diese Welt – ohne Luxus, ohne Begehren und ohne Not – ausgerechnet auf dem Land angesiedelt wurde, wo doch der ständige Wechsel zwischen Überfluss und Mangel quasi naturgegeben zum Alltag gehört.

Für Seneca war jedes Abweichen vom rechten Maß gleichbedeutend mit einem naturwidrigen Leben. Ja, er ging noch weiter: Tiere kennen keinen Luxus, also sei er ein Verbrechen wider die Natur. Andersherum ist das Fehlen von Luxus Zeichen eines glücklichen, quasigöttlichen Urzustandes, der durch Zivilisation und Fortschritt bedauerlicherweise verdorben wurde. Wenig originell zwar, aber dafür zeitlos – von Hesiod und Platon über Jean-Jacques Rousseau bis hin zu Karl Marx und William Morris oder Henry David Thoreau wird dieser Topos immer wieder erfolgreich vermarktet.[19]

Johannes Capestrano gibt Pflegetipps für die langen Haare der Wiener Männer, und Werner Sombart erfindet die Luxusweibchen

Zur Frage nach dem Gender-Bias: Sind Frauen besonders anfällig für die Verlockungen der Luxuria?

Nach der Schlacht von Cannae in Kalabrien im Jahr 216 v. Chr., in der Hannibal dem römischen Heer seine größte Niederlage bereitet hatte, habe der Volkstribun C. Oppius ein strenges Gesetz erlassen, um den Luxus der Frauen einzudämmen, weil dieser überhandgenommen habe und das Staatswesen zu ruinieren drohe. Das jedenfalls berichtet Livius fast zweihundert Jahre nach dem Ereignis.

In der Tat finden Frauen in der Gesetzgebung gegen übermäßigen Luxus ungleich mehr Aufmerksamkeit als Männer. Doch fehlt es nicht an prominenten Gegenstimmen. Seneca, sonst eher nicht als Frauenversteher bekannt, sieht keinerlei Anzeichen dafür, dass Frauen stärker gefährdet sind. Schließlich zeigen Männer das gleiche Streben nach teuren Dingen wie Kleidung, Schmuck und Kosmetik und messen sich in Schönheitswettbewerben.[20] Und ausgerechnet der humorloseste aller Kirchenväter, Tertullian (160 bis 220 n. Chr.), Autor eines Traktats über den weiblichen Putz, nimmt die Frauen in Schutz. Er stellt ihrer Würde und ihrem züchtigen Verhalten die Gefallsucht der Männer entgegen, denen gleichermaßen, wie ein Naturfehler, die Eitelkeit angeboren sei. Tertullian macht sich lustig über eigentümliche Kunstgriffe, die Männer zur Optimierung ihres Körpers vornehmen, etwa den Bart auszudünnen, ihn rundumher zu stutzen, das Haar zu scheiteln, das grau gewordene zu färben, stets allen Flaum am ganzen Körper zu entfernen, das Haar mit Pomade glatt zu streichen, die Haut durch Einreiben mit rauem Pulver (Peeling) zu glätten und bei jeder Gelegenheit den Spiegel zu befragen und ängstlich hineinzuschauen.[21]

Ganz ähnlich wusch mehr als tausend Jahre später Johannes Capestrano, ein populärer italienischer Wanderprediger aus den Abruzzen, den Männern den Kopf. Im Jahr 1451 machte er bei einer Predigttour durch Europa auch in Wien Station. Die dortigen Männer kritisierte er dafür, dass sie ihr Haar so lang trugen und es mehr liebten als ihre Seelen. Capestrano rechnet den Wienern vor, wie teuer sie die aufwendige Haarpflege auf längere Sicht zu stehen kommt: «Ihr braucht dazu täglich Eier, Wein, Quecksilber und verschiedene Spezereien. Ihr bildet euch so viel auf eure langen Haare ein, und der Nutzen davon? Euren armen Frauen nehmt ihr täglich bis zu zwölf Eier weg zum Waschen eurer Haare. Wie viele Hühnchen könnten daraus entstehen? Wie teuer ist das auf Dauer? Ein Ross könntet ihr mit all dem Geld kaufen, das ihr für die Haarpflege aufwendet!»[22]

Die Althistorikerin Melanie Meaker konnte für die archaische Frühzeit in Griechenland zeigen, dass Luxusaufwand, etwa goldener Schmuck, Haarspangen, Körperpflege, Parfüm, Duftöle, lange Haartrachten und selbst Blumenkränze und Girlanden auch für Männer typisch waren. Und gerade sie galten damals als besonders anfällig für Luxus, schließlich waren Frauen von der Teilnahme an Symposien oder politischen Versammlungen ausgeschlossen und hatten daher viel weniger Gelegenheit, sich herausgeputzt zu zeigen. Nur ein verschwindend geringer Teil des zeitgenössischen Quellenmaterials richtet sich explizit gegen den Luxus der Frauen.[23]

Die Erfindung des Luxusweibchens kam später. Während mittelalterliche Prediger keinen Zweifel am Hang der Männer zur Luxuria ließen, entdeckte ausgerechnet die Wissenschaft im 20. Jahrhundert die Frau als Ursprung allen Übels, nämlich des Kapitalismus. So jedenfalls sah das der Nationalökonom und Kultursoziologe Werner Sombart, der im Jahr 1913 die Geburt des Kapitalismus aus dem Geist des Luxus erklärte. Dabei wies er – für dieses eine Mal in der Geschichte – den Frauen, den von ihm sogenannten «Luxusweibchen», die entscheidende Rolle zu. Besonders die Mätressen des Ancien Régime, also etwa am Hof der französischen Könige in Versailles, waren ihm ein Dorn im Auge. Ihre Liebhaber, so Sombart, mussten im Konkurrenzkampf den luxuriösen Lebensstil der Damen finanzieren und sie mit immer aufwendigeren Geschenken bei Laune halten. So hatten sie den Ansporn, ihr Vermögen immer weiter zu vergrößern – und damit auch das Bruttosozialprodukt. Ihre Mätressen sorgten, ganz nebenbei, auf diese Weise für die Entstehung des Kapitalismus im 18. Jahrhundert.[24]

Von der Luxuria zur obszönen Verschwendung

Auch wenn Sombarts Theorie in der Forschung wegen Mangel an Beweisen nicht weiter beachtet wurde, treibt sie die kollektive Fantasie bis heute an. Denn natürlich steckt auch ein Körnchen Wahrheit darin: Die Lust am Luxus motiviert den menschlichen Erfindungsgeist und bringt damit die Zivilisation voran. Das zeigt auch das Eingangsbeispiel des Architekten Orata. Wer Fußbodenheizung und Austernzucht erfindet, erzeugt Nachfrage, steigert den Konsum und sorgt für wirtschaftlichen Aufschwung. Luxus ist unentbehrlich für eine gesunde Wirtschaft, und davon profitieren letztlich alle.

Über die Anfänge der modernen Konsumgesellschaft herrscht Uneinigkeit in der Forschung. Schlug ihre Geburtsstunde im Großbritannien des 18. Jahrhunderts? Oder bereits in den Niederlanden des 17. Jahrhunderts? Oder sogar schon im 15. Jahrhundert, im Italien der Renaissance, als die Produktion von Luxusgütern massiv ausgeweitet wurde?[25] Der Londoner Historiker Frank Trentmann geht in «Herrschaft der Dinge», seiner Geschichte des Konsums, ausführlich auf diese Frage ein. Materielle Begierden, so stellt er fest, sind keine moderne Erfindung. Doch lassen sich Konsumbedürfnisse kultivieren und verstärken oder vernachlässigen und zum Schweigen bringen. Die letzten fünfhundert Jahre waren Trentmann zufolge eine Zeit der anhaltenden Verstärkung.[26]

Der Massenkonsum, der ausgehend von den westlichen Industrienationen in den letzten fünfzig Jahren angekurbelt wurde, übertrifft jedoch alles bisher Dagewesene. Neue Technologien und Produktionsweisen ermöglichten Quantensprünge in Sachen Verschwendung. Und mit der Erfindung des Onlinehandels Ende des 20. Jahrhunderts – Jeff Bezos gründete Amazon als Online-Buchhandel im Jahr 1995 – beschleunigten sich die Rhythmen des Konsums erneut um ein Vielfaches. Es begann das Zeitalter der obszönen Verschwendung, die den Planeten jetzt an seine Grenzen zu bringen droht.

Wie sah die Welt aus in Gesellschaften, die die materiellen Begierden eher vernachlässigten oder gar gezielt drosselten? Dazu folgen im zweiten Teil dieses Kapitels drei Beispiele aus unterschiedlichen Epochen und Kulturen: erstens Luxusordnungen, zweitens Architekturen der Einfachheit, drittens «Verschenken statt Konsumieren».

Hochzeit in Hildesheim 1475: Maximal hundert Gäste beim Polterabend, fünf Gänge beim Hochzeitsessen, bitte nur heimisches Bier und höchstens eine Zuckerbäckerin

Am 17. September 1475 heirateten Henning Brandis und Anna Alten in Hildesheim.[27] Henning war einundzwanzig Jahre alt, die Braut etwas jünger. Beide stammten aus angesehenen Familien. Der Bräutigam, 1454 als jüngster Sohn eines Tuchhändlers und Großkaufmanns in Hildesheim geboren, wurde mit achtzehn zum «Knochenhaueramt» zugelassen, das heißt in die Hildesheimer Fleischerzunft aufgenommen. Wenig später erwarb er den sogenannten Gewandschnitt, also die Mitgliedschaft in der Tuchhändlergilde, und gleich darauf noch die Braugerechtigkeit, also das Braurecht. Im Alter von vierundzwanzig wurde er in den Rat der Stadt aufgenommen und im Jahr 1493 – noch keine dreißig – zum Bürgermeister gewählt. Henning Brandis war reich, gut vernetzt, ein erfolgreicher Politiker. Seit seinem achtzehnten Lebensjahr führte er akribisch Buch, unterteilt nach dem Prinzip der doppelten Buchführung: Im «Binnenbok» verzeichnete er die persönlichen, im «Butenbok» die städtischen Angelegenheiten. Sein Diarium gibt lebendige Einblicke in den Alltag eines wohlhabenden Bürgers in der zweiten Hälfte des 15. Jahrhunderts. Dazu gehören persönliche Erfolge und Niederlagen, wichtige Ereignisse und Schicksalsschläge, aber ebenso Feste und Rituale der Stadt. Daher sind wir auch ausnehmend gut informiert über die Details der Hochzeit mit Anna Alten im September 1475.

Schon im Juni 1474 hatten erste Vorgespräche mit den Eltern stattgefunden, im Februar 1475 wurde man sich bei einem Treffen in der Gruft des Hildesheimer Domes einig über die Eheschließung. Es folgten die Verhandlungen der Mutter über die Höhe des Brautschatzes, am Ende sollten es vierhundert Pfund sein.

Henning berichtet darüber, wie die beiden Familien samt Freunden zusammenkamen, um mit Brief und Siegel das Übereinkommen, das der Vater aufgesetzt hatte, zu bestätigen. Dazu zählten weitere zweihundert Gulden seitens der Familie des Bräutigams. Der erzählt, wie er am 11. März, einem Samstagabend, zu seinen künftigen Schwiegereltern nach Hause ging und von sieben bis zehn Uhr alles Mögliche mit ihnen besprach; dann, am letzten Sonntag vor Palmsonntag, besuchte er gemeinsam mit seinem Freund Ludeke van Hagen zum ersten Mal die Braut, nachts, gegen Mitternacht. Nachdem im August Hennings Bruder von seinen Studien in Rom zurückgekehrt war, setzte man die Hochzeit auf den 17. September fest.

In seinem Tagebuch notiert Henning nicht ohne Stolz, wie ehrenhaft, fein und stattlich alles zuging. Er berichtet davon, wie vor der Hochzeit, die im Übrigen mehrere Tage dauerte, Geschenke und Festkleider ausgetauscht wurden, wie viele Gäste anwesend waren, was ihnen serviert wurde – und das alles in einem sehr persönlichen Stil:

> Die Braut sandte uns siebenundzwanzig Hemden. Auf den Hemden für meinen Bruder war ein goldener Ring eingestickt. Die Hemden für meine Mutter, zwei Schwägerinnen und für Ilseben van Hagen waren auch jeweils mit einem Ring bestickt. Ich sandte den Freundinnen der Braut acht braune Kleider aus Leinen. Dann ging ich aus meines Vaters Haus, wo die Hochzeit gefeiert werden sollte, um die Braut zu sehen, und empfing sie mit den Freundinnen, die bei ihr waren, auf dem Marktplatz. Mein Bruder und Hinrik Galle begleiteten mich. Später kamen alle unsere Freunde, und die sechs, die sich mit mir gekleidet hatten. Ihr Vater und der Offizial brachten die Braut dann zu meinem Vater und meinem Bruder. Dann gingen wir in das Haus meines

Vaters, fröhliche Spielleute vor uns her und hinter uns ein schöner langer Zug. Und so wurden wir einander in die Ehe gegeben durch den Prediger Johann Schilling. Den ganzen Abend waren wir fröhlich beisammen, wie es sich gehört. Und wir tanzten. Die Braut wurde mir von ihrem Vater ins Bett gesetzt. Ich ging erst hinein, danach brachten sie mir die Braut. Wie mir befohlen wurde, nahm ich sie in meinen rechten Arm. Die Frauen schlugen die Laken und Decken halb über uns und dann gleich wieder zurück. So gab man uns also die Pflicht am Brautbett. Dann sind wir wieder aufgestanden, und mein Vater hat mit der Braut einen kleinen Reigen getanzt. Wir saßen und aßen, tranken Bier, neuen Wein wie zuvor. Danach, so gegen zwei, gingen die Leute. Am nächsten Tag, dem Montag, geleiteten mein Bruder und ihr Vater die Braut in die Kirche, und wir gingen allesamt mit den jungen Frauen und Freundinnen der Braut einer neben dem anderen, in unseren neuen Kleidern, und auch die Jungs und Männer. Es ging erneut sehr feierlich zu, und wir hörten die Brautmesse. Es wurde gesungen, und auch die Orgel spielte. Als wir wieder zurückkamen, waren die Herren, die kommen wollten, alle schon da. Die Leute nahmen Platz. Ludeke van Hagen neben der Braut, am vorherigen Abend saß er neben ihrem Vater, Hinrik van Alten. Am Montag gab es am Tisch der Herren und der Braut Gewürzwein, Bier und Gose, eine Art Weißbier. Nach der Mahlzeit übergab ich der Braut, wie vereinbart, den Goldschmuck und die Kleinodien. Nachdem dies geschehen war, gingen wir ins Rathaus zum Tanz. Nach dem Tanzen gingen wir wieder zurück und speisten und tanzten dort weiter. Die Leute gingen um Mitternacht. Der Vater, Hans Brandis, war mit den Freunden aus Braunschweig noch wach und verpflegte alle. Aber da war ich nicht mehr dabei. Am Dienstag hatten

> wir die Festleute wieder eingeladen und servierten frische Kost und Trinken wie zuvor. Nach dem Essen tanzten wir wieder und gingen wie an den vorausgegangenen Abenden vor. Um zehn gingen die Leute. Mein Bruder und ich gingen noch mit den Braunschweigern in Hans Brandis' Haus bis ungefähr um zwei. Dort war auch die Frau von Kordes van Huddessem mit drei anderen jungen Frauen. Und so ging es noch einen Tag weiter. Am nächsten Tag kamen nur die engsten Freunde zu uns und sie gingen auch bald wieder. Da habe ich das erste Mal bei meiner Braut geschlafen. Nach dem Beilager wohnten ich und die Braut noch eine Weile bei den Schwiegereltern, bis wir dann in das Schonehelsesche Haus neben dem Ratsstall zogen.[28]

Henning Brandis war ein begeisterter Tagebuchschreiber, und man heiratet nicht alle Tage. Aber warum all die Details? Vierhundert Pfund, zweihundert Gulden, siebenundzwanzig Hemden, acht braune Kleider aus Leinen, Schmuck, Kleinodien, Bier, Wein, Gewürzwein, der Vermerk, wann die Gäste verköstigt wurden, wer am Hochzeitszug teilnahm, wann getanzt wurde und wie viele Spielleute aufspielten: Für all das gibt es eine weitere Erklärung.

Es gab in Hildesheim eindeutige Regeln fürs Feiern, mit festgelegten Obergrenzen für den betriebenen Aufwand bei Hochzeiten, Taufen oder Beerdigungen. Das beginnt mit der Anzahl der Gäste und reicht über den Wert der Geschenke und die Menge an Speisen und Getränken bis hin zu den Ausgaben für die Unterhaltung. Diese Regeln wurden immer wieder überarbeitet. Das Ziel wurde meist in einer Präambel formuliert. Für die Bürger und Bürgerinnen der Stadt Hildesheim etwa begründete der Stadtrat in einem Statut vom 15. Mai 1440 seine Maßnahmen zur Konsumbeschränkung bei Hochzeiten folgendermaßen:

> So sind wir uns einig geworden, um die Zahl der Hochzeiten wieder zu heben, dass am Abend vor der Hochzeit – also am Polterabend – nicht mehr als hundert Gäste zum Essen eingeladen werden dürfen. Das Gleiche gilt für den nächsten Morgen. Und am zweiten Abend der Hochzeit sind dann nur noch fünfzig Gäste zugelassen. Aus dem Rat dürfen zusätzlich drei Herren mit ihren Gattinnen eingeladen werden, auch über die Höchstgrenze hinaus. Dabei sollen zu den Essen nicht mehr als fünf Gänge gereicht werden. Zwei Spielmannspaare darf man einladen, und eine Kuchenbäckerin darf beschäftigt werden. Und wer die Pfeifer und Trompeter des Rates engagiert, der soll den Pfeifern maximal zwölf neue Schillinge zahlen, den Trompetern neun. Und die Kuchenbäckerin erhält sechs neue Schilling als Lohn, samt neunerlei Kleinodien. Auch soll der Bräutigam in den vierzehn Tagen nach der Hochzeit keine größeren Einladungen mehr abhalten und allenfalls acht Gäste einladen. Dabei zählen Bräutigam und Braut und deren Eltern nicht mit. Wer Ausnahmeregelungen geltend machen möchte, soll dem Rat fünf wichtige Gründe nennen, und der Rat wird dazu Stellung nehmen. Hiernach soll sich jeder richten zu seinem eigenen Vorteil und um Schaden abzuwenden. (Am 22. November 1445 wird ergänzt, dass bei den Hochzeitsfeierlichkeiten, aber auch bei Genossenschaftsfeiern (broiderschup) und größeren Gesellschaften (kumpaneien) nur Hildesheimer Bier ausgeschenkt werden darf und dass zu diesen Anlässen jeweils größere Spenden für die Armen fällig werden.)[29]

Es war also nicht ganz einfach, in Hildesheim eine Hochzeit auszurichten. Für fast alles und alle gab es Obergrenzen. Das wirkt erst einmal befremdlich und nicht besonders attraktiv. Andererseits: Wer schon mal eine Hochzeit ausgerichtet hat, verspürt vielleicht eine gewisse Sympathie, ein Fünkchen Hoffnung auf Entlastung. Die Frage, wer eingeladen werden darf (oder muss), wie teuer das Menü sein darf (oder muss), wie viel man für die Musik ausgibt und wer dafür sorgt, dass das junge Paar nicht mit Schulden in die Zukunft startet – wenn es allgemein gültige Obergrenzen für all das gibt, bleibt einem manches erspart. Nicht nur der Groll der nicht eingeladenen Tante dritten Grades, sondern insgesamt immense Kosten.

Luxusordnungen – ein zwiespältiges Konzept zwischen Konsumdrosselung und Sozialdisziplinierung

Hildesheim war kein Einzelfall. Man fasst die Gesetze zur Einschränkung des materiellen Aufwands unter dem Sammelbegriff «Luxus-» oder «Aufwandsordnungen» zusammen. Ganz offensichtlich wurde damit massiv in das «Privatleben» eingegriffen.[30] In der Forschung wurde dieses Phänomen als eine der vielen Begleiterscheinungen des Aufbruchs in die Moderne betrachtet, der mit der Entdeckung der Neuen Welt (1492) und der Reformation (1517) einsetzt. Als ein entscheidendes Merkmal der Epoche gilt neben Konfessionalisierung, demografischem Wachstum, Globalisierung und Verwissenschaftlichung die allmähliche Herausbildung moderner Staatlichkeit. Diese geht einher mit zunehmender sozialer Differenzierung der Bevölkerung und dem Abschied von der ständischen Ordnung des Mittelalters. Auf verschiedenen Ebenen formierten sich städtische und territoriale Gemeinwesen (Staaten) mit zentraler Verwaltung, Beamtenapparat, allgemeingültigen, einheitlichen Rechtssystemen und dem Anspruch auf das Gewaltmonopol. Vor diesem Hintergrund wird die Zunahme der Luxusordnungen als Ausdruck des Strebens nach Selbstständigkeit auf städtischer oder territorialer Ebene gedeutet. Gleichzeitig waren die Luxusverordnungen ein effizientes Instrument, um existierende Hierarchien aufrechtzuerhalten.

Nach den Stadträten griffen bald auch Territorialherren, Herzöge, Grafen, Fürsten und Könige zu diesen Maßnahmen. Im Jahr 1495 wurde die Regelung von Luxus und Kleidung im Gebiet des heutigen Deutschlands erstmals auf Reichsebene verhandelt, und die neuen Vorgaben fanden Aufnahme in die Reichspolizeiordnungen von 1530 und 1548. Mit der Herausbildung moderner Staatlichkeit ging auch die steigende Tendenz zur Sozialdisziplinierung einher. Angesichts der Vielfalt der Regelungen und der ständigen Änderungen, oft auch gegenläufiger Tendenzen in den Bestimmungen, lässt sich jedoch weder eine zunehmende Verschärfung noch eine fortwährende Lockerung feststellen.

Zu einer Kindstaufe im heute niederländischen Venlo zum Beispiel durften – wie aus einer Urkunde von Maria, Herzogin von Jülich-Kleve-Berg, hervorgeht – maximal sechs Frauen eingeladen werden. In Utrecht waren zwölf Frauen zugelassen. Die Paten durften dem Kind nicht mehr als sechs Pfennige schenken, es sei denn, es war das Kind armer Leute. Eine Verordnung für die Stadt Zutphen schrieb vor, dass während der Kindstaufe die Mutter acht Freundinnen bei sich zu Hause verköstigen durfte, während der Vater das Kind zur Taufe trug. Beim Taufmahl in der Stadt Harderwijk stand jedem Gast nicht mehr als ein Viertel Wein zu, dazu allenfalls Kuchen und Bier. Auch Ausgaben für *eysuyp*, ein Mixgetränk aus Bier und/oder Wein, sowie für Milch oder Fleischbrühe samt Eiern, Zimt, Nelken und Muskatblüte werden ausdrücklich verboten. Während einem frischgebackenen Vater in Harderwijk gestattet war, nach der Entbindung vierundzwanzig Männer einzuladen und mit diesen zu feiern, musste er in Amsterdam die Nacht nach der Niederkunft allein verbringen und durfte von niemandem angesprochen werden.[31]

Ein anderes Beispiel ist die *clostervard*, der Eintritt in ein Kloster. Für diese Festlichkeit schrieb der Göttinger Rat im späten 14. Jahrhundert vor, dass allenfalls zwei Wagen mit jeweils maximal neun Frauen plus vier Männern zur Begleitung mitgeschickt werden durften. Auch sollten keine Frauen auf Pferden nebenherreiten. Später wurde auch die Bewirtung bei diesem Anlass geregelt. So durften die Begleiterinnen nach ihrer Rückkehr bewirtet werden – allerdings auch nur die, nicht die Männer! Spielleute waren auch mit von der Partie. Maximal neun Pfeifer und Trompeter sowie zwei Spieler, die ein Saiteninstrument beherrschten. Die wiederum durften verköstigt werden und sollten zwei Schillinge als Lohn erhalten. Geschenke anlässlich des Eintritts ins Kloster sollten den Wert von vier Schillingen nicht überschreiten, nur Eltern und Geschwister durften schenken, so viel sie wollten.[32]

Auch bei Beerdigungen gab es Regulierungsbedarf. Man hat den Eindruck, dass es insbesondere beim Leichenschmaus oft ziemlich wild herging. Doch schon die Obergrenze für die Bestattungskosten wurde immer wieder angepasst. Die Beerdigung des Bürgermeisters Hans Tucher in Nürnberg im Jahr 1425 war ein großes öffentliches Ereignis. Allein für sein Leichentuch aus grünem Samt gab die Familie laut Rechnungsbuch hundertvierzig Gulden aus. Offenbar war das Anlass genug, neue Bestimmungen für Begräbnisfeierlichkeiten zu erlassen. Fortan sollte für das Leichentuch nur noch einfacher Wollstoff, grau oder schwarz, verwendet werden.[33]

Noch wichtiger war das, was die Lebenden trugen. Die Bestimmungen zur Kleidung sind derzeit am besten erforscht. Und hier wurde nahezu alles geregelt, von der Größe des Ausschnitts über das Tragen von Schmuck und Pelze am Mantelsaum bis hin zur Ärmellänge der Damenkleider oder zur Länge der Spitzen am berüchtigten Schnabelschuh. Im Landshut des späten 15. Jahrhunderts durften die überlangen Spitzen an Männerschuhen maximal

Albrecht Dürer, Nürnbergerin und Venezianerin, ca. 1495: Plateauschuhe avant la lettre – *noch weit höher als selbst die ausgefallensten Modelle unserer Tage.*

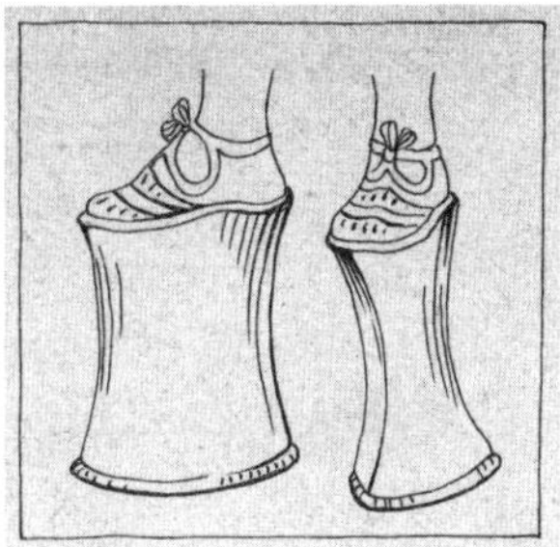

anderthalb Fingerglieder, also etwa fünf bis acht Zentimeter, lang sein, für Frauen wurde die Schuhspitze nicht begrenzt.

Auch die Höhe der Schuhe wurde reguliert. Sieht man sich die Sache etwas genauer an, kann man verstehen, warum. Als Albrecht Dürer im Jahr 1494 nach Venedig kam, war er beeindruckt von der vornehmen Größe der Venezianerin. In einer Zeichnung stellte er sie der ihm vertrauten agilen, aber viel kleineren Nürnbergerin gegenüber. Das Geheimnis der vornehmen Größe jedoch war ganz profan: Es hieß Sockelschuh oder Pianella, auch Chopine oder Zoccolo genannt, ein überdimensionierter Plateauschuh. Diese Mode kam im 15. Jahrhundert erst in spanischen und dann auch in oberitalienischen Städten auf. Die Sohle der Schuhe bestand aus übereinandergeleimten Lederstücken; darunter ein Sockel, aus Holz oder Kork, mit sehr weichem Ziegenleder überzogen. Aus Venedig sind Exemplare erhalten, die zeigen, dass die sich nach unten verbreiternden Sohlen zwischen 25 und 74 Zentimeter hoch sein konnten. Zur Fortbewegung musste auf Bedienstete zurückgegriffen werden, die die Damen beim Gehen stützten.

Aufseiten der Männer wurde die Größe des Hosenlatzes beschränkt, da bei dessen Gestaltung mancher offenbar selbst vor Nachbildungen des männlichen Glieds nicht zurückschreckte. Der Nürnberger Rat reagierte im späten 15. Jahrhundert mit einer Mindestlänge für Oberkleidung, sie sollte bis zur Mitte des Oberschenkels reichen. Eine spätere Ordnung machte ein Zugeständnis mit der Bestimmung, dass der Mantel bis mindestens zwei Fingerbreit unter den Hosenlatz ragen und diesen bedecken sollte. Überdies wurden die Herren angehalten, ihre Mäntel generell geschlossen zu tragen.[34]

Die Liste der Regulierungen ließe sich unendlich fortführen. Aber haben sie etwas bewirkt? Es gibt jede Menge Ausnahmeregelungen und überdies klare Hinweise darauf, dass die Vorgaben vielfach nicht eingehalten, ignoriert oder umgangen wurden. Das zeigen etwa die von den Städten eingenommenen Strafzahlungen. In Köln wurden in den Jahren 1384 und 1385 gerade mal sieben Verstöße gegen die Luxusordnungen mit Geldstrafen geahndet. Man muss davon ausgehen, dass die Zahl der tatsächlichen Übertretungen wesentlich höher war als die verzeichneten Einnahmen. Offenbar hat man Verstöße durchaus verfolgt, jedoch nicht immer mit ganzer Schärfe des Gesetzes. Das wurde verschiedentlich als Hinweis auf die Unwirksamkeit der Ordnungen gewertet.

Doch möglicherweise waren sie wichtig als Medium der Kommunikation des Wissens um das «rechte Maß». Man verständigte sich gewissermaßen als Gemeinschaft immer wieder darüber, dass es ein «Genug» geben muss. Und selbst diejenigen, die sich darüber hinwegsetzten, konsolidierten dieses Wissen, gleichsam unbeabsichtigt, spätestens dann, wenn ihre Ausschweifungen öffentliche Empörung auslösten.[35]

Dass die Ordnungen immer wieder erneuert werden mussten, wird vielfach als Argument für ihre Nutzlosigkeit ins Feld geführt. Und doch kommt die kanadische Modehistorikerin Hilary Doda, nach der Auswertung von Daten aus unzähligen Testamenten und Haushaltsinventaren, im Hinblick auf die Frage, ob die Besitzungen den Luxusordnungen entsprachen, zu folgendem Ergebnis: Die Mehrheit hielt sich daran. Zwar lassen sich Überschreitungen insbesondere in den oberen Schichten feststellen, insgesamt zeigt sich jedoch ein deutlicher Trend zur Einhaltung der Regeln.[36]

Ein europaweites, ein globales Phänomen

Der Historiker Neithard Bulst hat allein für den deutschsprachigen Raum bis Mitte des 16. Jahrhunderts mehr als 600 erhaltene Aufwandsordnungen aus 74 Städten erfasst, die ältesten aus Straßburg und Worms. Aus manchen Städten, darunter Braunschweig, Hamburg, Köln, Nürnberg, Göttingen und Konstanz, sind mehr als 20 Ordnungen in Folge erhalten. Bis ins späte 18. Jahrhundert dürfte sich die Zahl noch verdoppelt haben, und die neuere Forschung hat weitere Quellen entdeckt. Anteilig liegen die Hochzeitsordnungen mit bis zu 60 Prozent vorne, gefolgt von Taufordnungen (30 bis 35 Prozent) und Regelungen zu Beerdigungen (10 bis 15 Prozent).[37] Für Italien in der Zeit zwischen

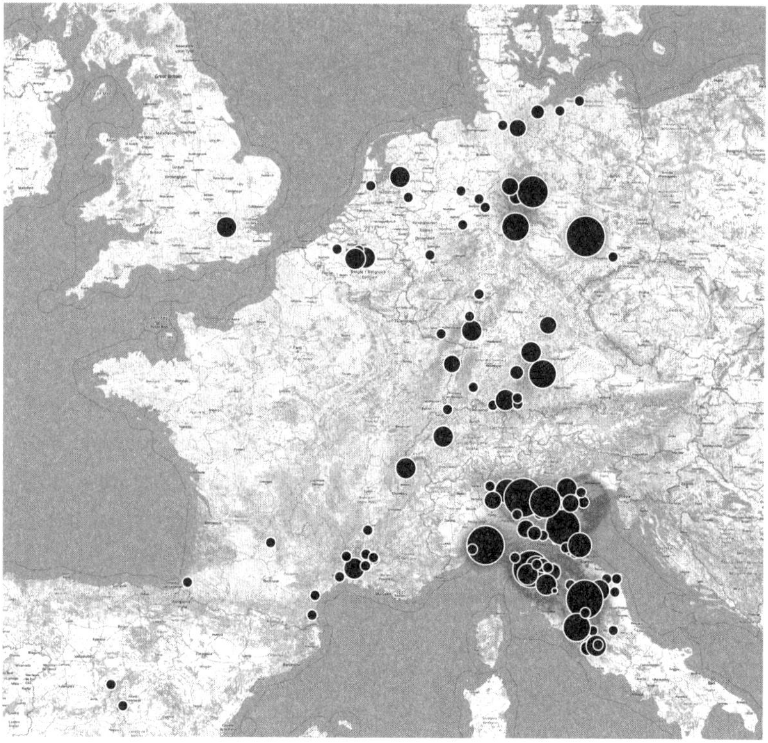

Überblick zu den heute erhaltenen Aufwandsordnungen, 1200 bis 1800.[38]

dem 13. und 15. Jahrhundert haben Maria Giuseppina Muzzarelli und Catherine Kovesi mehr als 330 Ordnungen aufgespürt. Hier überwiegen Bestimmungen zur Kleidung, insbesondere zur Kleidung von Frauen.[39] In Portugal dagegen spielten, mit der Gründung der ersten Kolonien seit dem 16. Jahrhundert, Import und Export von Luxusartikeln eine dominierende Rolle.[40] Die älteste Kleiderordnung aus den niederländischen Städten stammt aus dem 14. Jahrhundert. Hier fällt die Häufung von Regelungen für Kindbett- und Tauffeiern auf. Seit dem späten 16. Jahrhundert und dem Sieg des Protestantismus in den nördlichen Niederlanden bestimmen konfessionelle Dresscodes die Inhalte.[41] In England beginnt die Überlieferung im Jahr 1337 und endet 1604, also viel früher als auf dem Kontinent; auch waren es weniger die Städte als vielmehr das Parlament oder der König, die die Gesetze erließen. In Irland schließlich sahen die englischen Kolonialherren insbesondere bei der Länge der Bärte und dem Preis gelb gefärbter Leinenhemden Regelungsbedarf.[42] Interessantes Detail: Obwohl es längst keine Luxusordnungen mehr gab, wurde die öffentliche Diskussion über deren Nutzen und Nachteile auf den Britischen Inseln bis ins 18. Jahrhundert intensiv fortgeführt.[43]

Luxusordnungen waren ein gesamteuropäisches Phänomen. Und mehr noch: Die jüngste Forschung konzentriert sich zunehmend auf die globale und epochenübergreifende Verbreitung von Aufwandsordnungen, vom spätmittelalterlichen Schweden über die Schweiz bis ins Königreich Dahomey im vorkolonialen Benin, von Japan über das China der Ming-Dynastie bis in die Karibik.[44]

Vom Nutzen und Nachteil der Luxusordnungen

Über Jahrtausende und in den verschiedensten Kulturen war Regulierung der Normalfall. Das erscheint uns heute fast so fremd wie Witwenverbrennungen oder der Eintritt ins Kloster. Doch die Befunde könnten nicht eindeutiger sein. Warum, so fragt die Historikerin Ulinka Rublack, die die Geschichte der Kleiderordnungen in globaler Perspektive von Japan bis Südamerika im Blick hat, warum haben Gesetzgeber und Politiker ebenso wie Theologen und Moralphilosophen Regulierung ganz selbstverständlich als notwendig betrachtet?[45]

Eine erste Antwort: Kleiderordnungen waren ein Versuch, in Zeiten massiver Veränderung das Gleichgewicht und die soziale

Ordnung aufrechtzuerhalten.[46] Zudem dienten Aufwandsordnungen als Steuerungsinstrumente, insbesondere zur Stärkung der lokalen Wirtschaft, etwa durch Vorschriften zum Ausschank einheimischer Biere, das Verbot ausländischer Weine oder Einfuhrbeschränkungen für ausländische Luxusartikel. Die Einnahmen aus den Strafgebühren stärkten den städtischen Fiskus. Und eine wichtige Rolle spielt schließlich der in den Ordnungen stets beschworene «gemeine Nutzen». Gemeint ist das Wohl der Gemeinschaft, der Schutz vor Verschwendung und Verschuldung. Luxuria barg – das zählte zum traditionellen Wissen unserer Vorfahren – die Gefahr der Selbstzerstörung in sich. Selbstzerstörung durch Verschwendung war nicht allein für den Einzelnen, sondern vor allem auch für das Gemeinwesen eine Gefahr, die es zu bekämpfen galt.

Ausführlich thematisiert die Untersuchungskommission, die der Stadtrat von Carpentras im Jahr 1417 eingesetzt hatte, die konkreten Gründe für den Erlass einer Hochzeits-, Tauf- und Kleiderordnung: Da ist zunächst die Gefahr des wirtschaftlichen Ruins. Wenn wegen zu hoher Aufwendungen für Hochzeiten die Zahl der Eheschließungen sinkt, dann führt das zu weniger Kindern beziehungsweise zu mehr illegitimen Verbindungen. Des Weiteren besteht die Gefahr, dass sich die Bürger verschulden und der Ruf der Stadt Schaden nimmt. *Res publica leditur*. Die Allgemeinheit wird beschädigt. Hinzu kommen soziale Spannungen und die Verletzung religiöser Gefühle. Die Ratsherren waren sich darüber im Klaren, dass das Bedürfnis der Menschen zu feiern nicht unterdrückt werden darf. Es ging darum, es in gemäßigten, sozialverträglichen Bahnen zu halten.

Die Ordnungen dienten – auch dann, wenn sie übertreten wurden – der Kommunikation des «rechten Maßes», also dessen, was sich die Gemeinschaft als allgemein anerkannte Norm gesetzt hatte. Wer diese überschritt, musste zahlen. Und die Strafgelder wurden zum Wohl der Allgemeinheit eingesetzt. Die allfälligen Geldstrafen für übermäßige Ausgaben bei Festen wurden zum Beispiel in der Stadt Montauban für den Bau der Jakobuskirche und der Brücke über den Tarn verwendet. In Cahors flossen die Einnahmen dem Hospital zu und in Lüneburg dem Bau städtischer Wohnungen.

Man könnte die Aufwands- und Luxusgesetze vormoderner Gesellschaften als «Wissenscontainer» bezeichnen. Sie transportierten das Wissen um die Notwendigkeit von Grenzen in Sachen Konsum. Eine zwiespältige Angelegenheit freilich, denn sie sorgten stets auch für die Aufrechterhaltung bestehender Ungleichheit. Niemand wünscht sich die Zeiten der Luxusordnungen zurück. Sinnvoll wäre es, zeitgemäße Äquivalente aufs Gleis zu setzen, wie zum Beispiel Anreize zur Förderung von Kreativität bei der Um- und Weiternutzung von Möbeln, Kleidung, Schmuck etc. Steuerfreiheit für «Refurbish»-Geschäfte, Subventionen für Änderungsschneidereien, Tauschhäuser statt Kaufhäusern oder gar Werbung, die Lust auf «Weniger ist mehr» macht. Ein kleiner Schritt für eine Wohlstandsnation, ein großer Schritt für den Planeten Erde.

Luxuria im Baugewerbe. Alternativen zur Wegwerfarchitektur

Seit alters steht Verschwendung am Bau in der Kritik. Die Luxusvillen des römischen Architekten Sergius Orata wurden zugleich bewundert und scharf verurteilt. Antike Autoren ergingen sich in beißendem Spott über Verschwendungssucht und Luxus ihrer Eliten, kritisierten ihre übergroßen Landsitze und die Prunkbauten kaiserlicher Paläste.[47] Während jedoch die meisten Luxusvillen Oratas immerhin eine Lebensdauer hatten, die weit über ihre

Zeit hinausreichte, wurde in der zweiten Hälfte des 20. Jahrhunderts eine ganz neue Form der Wegwerfarchitektur zum Erfolgsfaktor einer stetig wachsenden Baubranche.

In der Vormoderne wurden die Bestandteile der allermeisten Gebäude systematisch wiederverwertet. Die antiken und mittelalterlichen Baustoffmärkte waren das, was wir heute Recyclinghöfe nennen. Antike Steinsäulen ließen sich gut verkaufen, man konnte sie – ein Beispiel von vielen – im Längsschnitt vierteln und die Einzelteile als Treppenstufen verbauen. Aus dem Schmuck, den antiken Skulpturen, brannte man Kalk, und Marmorplatten eigneten sich hervorragend als Fußbodenbelag oder Wandverkleidung. Die Bauindustrie war über Jahrhunderte zu großen Teilen eine Wiederverwertungsindustrie.

Im 20. Jahrhundert änderte sich das vollkommen. 1910 wurde das Gillender Building in Manhattan, ein sechzehnstöckiges Bürohochhaus, knapp dreizehn Jahre nach seiner Errichtung schon wieder abgerissen, um einem noch moderneren Wolkenkratzer Platz zu machen, mit dem eine höhere Rendite erwirtschaftet werden konnte. Diese Praxis machte weltweit Schule. Das 1911 erschienene Buch «Building for Profit. Principles Governing the Economic Improvement of Real Estate» des Ingenieurs Reginald Pelham Bolton erklärte den regelmäßigen Abriss von intakten Gebäuden zugunsten wirtschaftlich effizienterer Neubauten zum Erfolgsgeheimnis. So wurde jene Bauwirtschaft entfesselt, die im Laufe des 20. Jahrhunderts weltweit immense Mengen an Material, Energie und Landschaftsfläche verschlang und verantwortlich war für 50 Prozent der Emissionen klimaschädlicher Gase, 50 Prozent des Abfallaufkommens, 60 Prozent des Ressourcenverbrauchs und 70 Prozent des Flächenverbrauchs. Diese Baukultur braucht einen Paradigmenwechsel – mit diesem Befund eröffnet der Architekturhistoriker Vittorio Lampugnani sein Plädoyer gegen «Wegwerfarchitektur».[48]

Die zisterziensische Architektur der Einfachheit

Aber wie sah das früher aus? Als ein hochgelobtes Best-Practice-Beispiel gilt vielen bis heute die Architektur der mittelalterlichen Mönche, insbesondere die Baukunst der Zisterzienser: Einfachheit der Formen, Reinheit der Materialien, Strenge und Harmonie der Proportionen und kontemplative, weltentsagende Stimmung. Ihren Ursprung hat diese Baukunst in Cîteaux, einem Örtchen im Burgund, ungefähr auf halber Strecke zwischen Dijon und Beaune. Auf dieses abgelegene Fleckchen Erde flüchtete sich im März des Jahres 1098 ein frustrierter Mönch namens Robert und gründete mit einigen Gefährten ein Kloster nach seinen eigenen Vorstellungen. Was er suchte, war ein Leben der Einfachheit. Dazu brauchte es Abgeschiedenheit und den Rückzug von den Überforderungen des betriebsamen Alltags.

Roberts Projekt zog viele junge Männer aus der Umgebung an. Und obgleich er selbst wieder in sein Mutterkloster Molesme zurückkehrte, wuchs seine Reformgemeinschaft stetig. Im Jahr 1112 waren es schon mehrere Dutzend Mönche, sodass es in Cîteaux zu eng wurde. Man expandierte. 1113 wurde im benachbarten La Ferté eine Filiale gegründet, 1114 in Pontigny, 1115 in Clairvaux und 1117 in Morimond. Dann gab es kein Halten mehr, diese Gründungen waren nur der Anfang eines rasant wachsenden Klosterverbands. All das geschah unter Roberts Nachfolger, dem Engländer Stephen Harding. Als dieser im Jahr 1133 altersbedingt zurücktrat, waren bereits mehr als 70 neue Klöster nach dem Vorbild von Cîteaux entstanden. Weitere zwanzig Jahre später, Mitte des 12. Jahrhunderts, gab es an die 340 Klöster und 11 000 Mitglieder, über ganz Europa verteilt.

Aus der verzweifelten Flucht eines frustrierten Mönchs war innerhalb eines halben Jahrhunderts eine europaweit expandierende Gemeinschaft, ein internationales Netzwerk entstanden.

Benannt wurde dieser Klosterverband nach dem Gründungsort Cîteaux, lateinisch Ordo Cisterciensis, auf Deutsch Zisterzienser.[49] Kennzeichnend war die strenge Konzentration auf das spirituelle Leben in täglicher Askese. Dem dienten klare Organisationsstrukturen und eine Grundordnung, die weit vorausschauend gemeinschaftliche Entscheidungsprozesse formalisierte und Risikoabwägungen erlaubte, die den Wandel als Grundprinzip anerkannte und gemeinschaftliche Mitgestaltung vorsah.[50]

Charakteristisch für die Klöster der Zisterzienser war eine Bauweise, die als «Architektur der Einfachheit» bis heute fasziniert. Wer je Gelegenheit hatte, die von Lavendelfeldern umgebene Abtei Sénanque in der Provence zu besuchen, unweit von Gordes im Département Vaucluse, hat die Faszination erlebt: klar gegliederte weite Räume, einfache unverputzte Wände, nichts Überflüssiges, allein die Schönheit des rohen Steins. Erhabenheit und Stille strahlt sie aus, diese Architektur.

> Zeugen der Wahrheit. Jedes einzelne Element dieses Bauwerks spiegelt ein architektonisches Gestaltungsprinzip wider. […] Die Bearbeitung des Steins nutzt auch das geringste aus dem Steinbruch gewonnene Bruchstück. Sparsamkeit verbindet sich dabei mit Meisterschaft; seine Form ist stets verschieden und beständig neu. Die Bänder und Schlusssteine der Bogen und Gewölbe, die Arten, ein Fenster in die Dicke einer Wand einzufügen, Bodenplatten, freistehende Pfeiler und Archivolten, Dächer mit ihren gebrannten Ziegeln, die Schäfte von freistehenden Pfeilern und Diensten, ihre Basen und Kapitelle […], diese sind die Worte und Ausdrucksformen der Architektur. Vollkommene Fülle. Nichts ließe sich hinzufügen. Licht und Schatten sind das Megaphon dieser Architektur der Wahrheit, der Stille und der Stärke. Nichts ließe sich hinzufügen.[51]

Diese Einschätzung stammt nicht etwa von einem Mönch, auch nicht vom Papst oder einem anderen Verteidiger christlicher Werte. Sie stammt von Le Corbusier, einem der maßgeblichen Architekten der Moderne und Begründer des sogenannten Brutalismus. Er war begeistert, und mit ihm Freunde und Kollegen wie Alvar Aalto, Marcel Breuer, Kenzō Tange, Richard Neutra oder Oscar Niemeyer. Sie alle fanden in der Architektur der Zisterzienser Inspiration und Vorbild. Nach den traumatischen Erfahrungen zweier Weltkriege suchten sie den Neuanfang in einer organischen Architektur der Einfachheit. Es sollte Schluss sein mit der als dekadent und oberflächlich wahrgenommenen Architektur des 19. Jahrhunderts, geprägt durch Historismus und Jugendstil. Überflüssige Dekoration war ihnen ein Gräuel. Der moderne Mensch braucht das Ornament nicht, er verabscheut es, hieß es. Da kam die Bauweise der Zisterzienser wie gerufen.

Die Ablehnung der Zisterzienser gegenüber dem Alten kam dem modernen Selbstverständnis dieser Generation sehr entgegen. So ist auch nicht weiter erstaunlich, dass ausgerechnet ein Kloster zum vielleicht bedeutendsten Bauwerk der Moderne erklärt wurde: Sainte-Marie de La Tourette, unweit von Lyon, in einsamer Abgelegenheit, erbaut nach den Plänen Le Corbusiers, eingeweiht 1960, inspiriert unter anderem von dem Zisterzienserkloster Le Thoronet in der Provence.[52] 1956 hatte der Fotograf Lucien Hervé, der eng mit Le Corbusier zusammenarbeitete, eine Fotoserie veröffentlicht unter dem nicht ganz unbescheidenen Titel «Das größte Abenteuer der Menschheit».[53] Die Vorbildfunktion von Le Thoronet ging hier so weit, dass das Zisterzienserkloster Pate stehen sollte für das moderne Bürogebäude: Von allem Überflüssigen entkleidet, auf die allerwesentlichste Form reduziert, sollte das Büro die Arbeit mit Zahlen optimieren, so, wie das Kloster dereinst die Kontemplation optimierte.[54]

Eine Ansicht aus dem Zisterzienserkloster Le Thoronet, wie sie auch der Fotograf Lucien Hervé 1956 ins Bild fasste. Le Corbusier ließ sich von Hervés Fotoserie inspirieren.

Abschied vom modernen Mythos menschenleerer Schlichtheit

Historisch gesehen – das hat der Oxforder Architekturhistoriker Maximilian Sternberg gezeigt – war diese Interpretation zisterziensischer Einfachheit ein grandioses Missverständnis. Es ging den Vätern der modernen Architektur im frühen 20. Jahrhundert nicht um ein stilistisches Interesse, geschweige denn ruhte die Rezeption auf historisch fundierter Forschung. Vielmehr ging es bei dieser Aneignung spirituell-ästhetischer Motive durch die moderne Architektur um die Legitimierung eigener Bedeutungsansprüche.[55] Dem Belastungstest der Praxis hat das Projekt nicht standgehalten. Vergleicht man den Zustand von La Tourette mit dem der Zisterzienserklöster, dann ist das Ergebnis ernüchternd. Die Bauten der Nachkriegsarchitektur und des Brutalismus sind schlecht gealtert. Sénanque oder Le Thoronet stehen heute, im Alter von mehr als achthundert Jahren, wesentlich besser da als La Tourette, das noch keine achtzig Jahre auf dem Buckel hat.

Die französische Architekturhistorikerin Françoise Choay, eine der frühen Kritikerinnen Le Corbusiers, stellte fest, dass eine Architektur und Stadtplanung, die Funktion, Technik und Design zu ihrem Maßstab macht, das menschliche Maß vernachlässigt.[56] Wo sind die Menschen? In den Klöstern der Zisterzienser, wie sie Hervé 1956 fotografierte, kamen sie nicht vor. Das war der Zustand nach der Revolution Ende des 18. Jahrhunderts, mit der die Klöster auf einen Schlag säkularisiert und enteignet wurden. Was heute so abgeschieden, weltabgewandt und still erscheint, bot früher ein ganz anderes Bild. Die Zisterzienser waren mit ihrer Umgebung, mit den Städten und Siedlungen als wichtigen wirtschaftlichen Zentren, intensiv vernetzt. So ein Kloster war reich bevölkert und überaus lebendig. Hier wohnten Menschen, nicht Steine.

Wir wollen die Verehrung der modernen Nachkriegsarchitektur für die Bauweise der Zisterzienser nicht schlechtreden. Das Problem ist nur, dass damit eine Architektur ohne Menschen aufs Podest gehoben wurde – abgetrennt und isoliert von sozialer Interaktion, dem Zeitenlauf enthoben. Die Architektur der Einfachheit erhielt Denkmalcharakter.[57] Dabei hatte schon der Zisterziensermönch Bernhard von Clairvaux im 12. Jahrhundert betont, dass die Steine der Kirchen und Klöster etwas Heiliges an sich haben, aber nur in Verbindung mit den Körpern ihrer Besucher und Bewohner.[58]

Es ist also höchste Zeit für eine Neuinterpretation im Licht aktueller Forschung. Die zeigt klar und deutlich: Die zisterziensische Architektur folgte keinem erhabenen Masterplan, vielmehr waren die Bauten eingebettet in das Zusammenspiel von Mensch und Natur. Der erste Klosterbau in Clairvaux war aus Holz. Ein kleines Empfangshäuschen, ein einfacher Gemeinschaftsbau mit Speisesaal und Schlafsaal, samt einer hölzernen Kapelle, und auf beiden Seiten Gärten.[59] Als Bernhard im Jahr 1153 starb, lebten laut dem Chronisten Robert von Auxerre siebenhundert Mönche, Novizen und Konversen in Clairvaux. Kein Wunder, dass Bernhard fünf Jahre zuvor einen großen Neubau in Auftrag gegeben hatte. Das bedeutete nicht, dass man die frühere Bescheidenheit aufgab. Die Erweiterung war eine notwendige Maßnahme, gebaut für die Menschen, die in Clairvaux zusammenlebten. Auch wenn dieser Plan keine Allgemeingültigkeit beanspruchen kann, zeigt er doch das zisterziensische Verständnis einer auf stete Veränderung und insbesondere auf die Menschen ausgerichteten Architektur.[60]

Zentral war der sogenannte Kreuzgang, der sämtliche Gebäude miteinander verband. Im Norden die Kirche (Tonnenwölbung des Langhauses, fensterloses Mittelschiff, gerader Chorabschluss ohne Chorumgang und Kapellenkranz, einfaches Querschiff). Im Süden der Speisesaal (Refektorium) mit angrenzender Küche und Wärmestube. Während in der Kirche die Bedürfnisse der Seele in Gebet, Gesang und Gemeinschaft gestillt wurden, fand im Süden der Körper Nahrung, Wärme und Gesellschaft. Im Osten lag im Erdgeschoss der sogenannte Kapitelsaal, wo das morgendliche Treffen der Gemeinschaft zur Lesung der heiligen Schriften, aber auch andere Versammlungen stattfanden. Zwischen Kapitelsaal und Kirche lag die Bibliothek, das sogenannte Armarium, wörtlich der Waffenraum der Gemeinschaft. Über dem Kapitelsaal im ersten Obergeschoss befand sich der Schlafsaal (Dormitorium), von dem aus die Mönche über eine Treppe direkt in den Chorraum der Kirche gelangten. Im Süden angrenzend lag der Bereich für die Novizen. Auf der Westseite schließlich der Speisesaal der Laienbrüder, auch Konversen genannt. (Sie gehörten zur Gemeinschaft, hatten jedoch keine Gelübde abgelegt und waren zuständig für die Wirtschaft des Klosters im operativen Bereich. Zur Kirche im Bereich des Westportals hatten sie einen eigenen Zugang. Viele von ihnen lebten außerhalb auf den zugehörigen Wirtschaftshöfen und kamen nur sonntags ins Kloster.) In der Mitte des Kreuzgangs lag zentral das Brunnenhaus, wo sich die Brüder wuschen und ihre Bärte und Tonsuren schnitten. Zur Klosteranlage zählten schließlich weitläufige Wirtschaftsgebäude, Gärten, Stallungen und Speicherräume. Ein Haus für die Pflege der Kranken fand sich im Norden. Der Friedhof war vielfach zugleich ein Obstgarten. Die Generation der Verstorbenen nährte die Generation der Lebenden.

Die zisterziensische Klosterbauform wurde – mit vielen Variationen – zum europäischen Erfolgsmodell für ein Leben in Gemeinschaft jenseits familiärer Bindungen. Das ist umso erstaunlicher, als der Orden keine eigenen Bauvorschriften im engeren Sinne hatte.[61] Dass dennoch viele Zisterzienserklöster ein vergleichsweise einheitliches Gepräge aufweisen, verdankt sich zwei Faktoren: zum einen der Rückbesinnung auf den benediktinischen Klosterplan, zum anderen dem Sachverhalt, dass sie alle im Laufe des 12. Jahrhunderts geplant und zum großen Teil auch gebaut wurden. Überdies war das einheitliche Erscheinungsbild auch das Ergebnis des ständigen Austausches von Erfahrungen, den die Äbte bei ihren jährlichen Treffen in Cîteaux pflegten.

Das Bemühen um Schlichtheit ist unverkennbar, zugleich findet sich jedoch auch eine immense Vielfalt, die zum Teil auf Wünsche der jeweiligen Stifter zurückgeht. Bauformen und Bauornamentik zeigen, dass vielfach heimische Traditionen und lokale Stile aufgenommen wurden, was der Baukunst keinen Abbruch tut.[62] Statt sie ästhetisch zu überhöhen und nur monolithische Uniformität zu sehen, erkennt die Forschung heute die entscheidenden Wesensmerkmale dieser Architektur in der Vielfalt und Anpassung an lokale Bedürfnisse. Oder wie der Kunsthistoriker Jens Rüffer es treffend formulierte: Es ging nicht um die Reduktion auf das Notwendige, sondern um Angemessenheit, Einfachheit und Sorgfalt.[63]

Das in dieser Bauform des 12. Jahrhunderts gespeicherte Erfahrungswissen lässt sich folgendermaßen zusammenfassen: Einfachheit ist gut gegen Luxuria. Anstelle römischer Luxusvillen, gezüchteter Austern und von Sklaven beheizten Wellnesspools für die Schönen und Reichen bot die Gemeinschaftsarchitektur der Zisterzienser mit ihren aus der Küche gewärmten Gemeinschaftsräumen für alle ein wirksames Gegenmittel gegen die Todsünde des Überkonsums.

Freilich hat dies den Orden nicht daran gehindert, im Laufe der Zeit beträchtliche Reichtümer anzuhäufen. Und auch die Zisterzienser waren nie gefeit gegen das hochansteckende Virus der Bauwut. Von *morbus aedificandi*, der Baukrankheit, sprachen bereits die Zeitgenossen im 13. Jahrhundert. So fragte der Prior Hélinand von Froidmont, einstiger Troubadour: «Warum errichtet ihr Zisterzienser, die ihr alles verlassen, die ihr Nüchternheit und Armut gelobt habt, solch kostspielige und überflüssige Bauten?»[64] Ganz zu schweigen von den vielen Zisterzienserkirchen, die im 17. Jahrhundert der Üppigkeit des Barocks zum Opfer fielen und bis zur Unkenntlichkeit entstellt wurden. Es gibt nun mal keine Lebensversicherung gegen Luxuria.[65]

Dennoch kann die zisterziensische Bauweise durchaus als Best-Practice-Modell für zukunftsfähige gemeinschaftliche Bauformen im 21. Jahrhundert gelten. Aufgeben müssen wir dafür nur das überkommene Bild vom isolierten, weltabgewandten Kloster. In den bis zu fünfzig Gebäuden eines Zisterzienserklosters herrschte Betriebsamkeit. Hier fand «Leben in Gemeinschaft» statt. Diese Anlagen waren Zentren gesteigerter Spiritualität und Gelehrsamkeit, ihre Grenzen zur Außenwelt waren jedoch durchlässig. In den Männer- und Frauenklöstern teilten Mönche, Nonnen, Laienbrüder- und schwestern, Handwerker, Köche, Manager, Experten für Wasserversorgung, Landwirtschaft oder Gartenbau, tätige Erwachsene, weise Alte und wissbegierige Kinder, Schülerinnen und Schüler einen Teil ihrer Lebenszeit. Verschiedene Generationen kamen zusammen, und mit der Ausbildung der Novizinnen und Novizen sowie dem regen Betrieb in den klösterlichen Skriptorien standen Schule und Bildung im Mittelpunkt. Der Kreislauf des Lebens war gewissermaßen in die Architektur integriert: Kommen und Gehen, Fremde und Freunde, Gemeinschaft und Zurückgezogenheit.

Überdies waren die Gebäude äußerst langlebig: Clairvaux und andere Häuser bestanden, seit ihrer Erbauung Mitte des 12. Jahrhunderts bis zur Zerstörung im Zuge der Französischen Revolution Ende des 18. Jahrhunderts, fast sechs Jahrhunderte lang. Die Anlagen waren flexibel in der Nutzung, wurden teilweise abgerissen und neu gebaut und so immer weiterentwickelt. Ihre Bewohner kannten und respektierten die historische Bedingtheit ihres Gebäudebestands. Mit Vittorio Lampugnani kann man hier von einer dichten, räumlich hochgradig zweckmäßigen, funktional organisierten Architektur sprechen, die Körper und Seele ein Zuhause in Beziehung zur Mitwelt bot.[66]

Zirkulation statt Akkumulation, Verschenken statt Horten

Egal, ob Luxusordnungen oder zisterziensische Architektur der Zurückhaltung – immer geht es irgendwie um Verzicht. Und davor haben die meisten Angst. Verzicht klingt freudlos, riecht nach

Mottenkugeln, schmeckt wie Magerquark. Mehr noch, Verzicht macht schlechte Laune und bedroht unseren Wohlstand. Das Leben ist kurz und will gefeiert werden. Ein bisschen Glitzer, ein bisschen Luxus, ein bisschen Überfluss! Das muss doch wohl erlaubt sein. Und ist Verzicht wirklich die Lösung? Oder schafft er nicht ganz neue Probleme? Was würde passieren, wenn wir aufhören zu konsumieren? Die Wirtschaft ginge den Bach runter.[67]

Davon abgesehen: Ist es nicht so, dass Luxus und Konsum uns glücklich machen? Einkaufen macht nun mal Spaß, jedenfalls kurzfristig. Das Zauberwort heißt Dopamin, das ultimative Glückshormon. Genau genommen ein Neurotransmitter, der ausgeschüttet wird, wenn wir Motivation brauchen. Dopamin produziert im Körper jene positive Erregung, die uns hilft durchzuhalten. Wenn wir kurz vor dem Gipfel sind und fast nicht mehr können, dann gibt uns Dopamin den entscheidenden Kick: die Aussicht auf das Ziel, auf Erfolg oder Gewinn – es kribbelt im ganzen Körper, das Glückshormon hat ganze Arbeit geleistet. Dieses Gefühl ist wunderbar. Und es sorgt dafür, dass wir – trotz der Anstrengung – wieder bergsteigen gehen, denn wir wollen diesen Zustand immer wieder erleben.

Das Gleiche passiert beim Konsum von Drogen oder auch beim Einkaufen. Kundenorientiertes Marketing zielt direkt auf das Belohnungssystem im menschlichen Gehirn. Wir belohnen uns durch Konsum. Der Dopaminkick ist entscheidend, viel entscheidender als das Produkt, das uns nach dem Kauf oft viel weniger begeistert als davor. Deswegen verschwinden die Schuhe, die ich mir nach einer besonders stressigen Woche gegönnt habe, ungetragen im Schrank. Was ich brauchte, war Dopamin, keine Schuhe. Langfristig verursachen diese Dopaminkicks allerdings ziemlich viele Probleme, und zwar nicht nur überquellende Kleiderschränke, sondern, noch viel schlimmer, die Vermüllung des Planeten. Denn für die Herstellung der Produkte werden bekanntlich Unmengen von Ressourcen verbraucht, und das Müllaufkommen von derzeit zwei Milliarden Tonnen pro Jahr wächst stetig.[68]

Aber brauchen Menschen diese Kicks wirklich? VertreterInnen des sogenannten Dopaminfastens sagen Nein. Ist Verzicht der Weg zu einem besseren Leben? Oder, wenn wir die Frage umdrehen: Lässt sich Dopaminglück auch ohne Dauerkonsum herstellen?

Es gibt jedenfalls eine bewährte Alternative: das Verschenken. Geben ist seliger als Nehmen, so steht es schon in der Bibel. Schenken zählt zu den ältesten Kulturtechniken kollektiver Glücksproduktion. Sich wechselseitig zu beschenken, löst – beim Beschenkten wie beim Schenkenden – ähnliche Dopaminkicks aus wie der Kauf eines Produkts. Das Problem ist nur: Es gibt zwar Kaufhäuser, aber keine Schenkhäuser. Im Gegensatz zum Konsum neu produzierter Waren wurden Kulturtechniken des Weitergebens gänzlich in den Bereich des Privaten verlegt. Das war noch nicht immer so – zum Abschluss eine historische Spurensuche nach Ritualen der Großzügigkeit und des Verschenkens.

Freigiebigkeit: die Tugend der Könige

«Für allen Reichtum, den dir Gott überließ, benütze eine freigebige Hand, um auszuteilen! Denn Geiz, weil er ein Götzendienst ist, soll es bei dir nicht geben. Doch wenn dir Gott etwas gegeben hat, so teile viel oder auch wenig, je nachdem, wie viel du hast, an den aus, der dich bittet! Gib, wie du bekommst!»[69]

Mit dieser Mahnung richtet sich Dhuoda, Herrscherin in Septimanien im heutigen Südfrankreich, an ihren Sohn Wilhelm. Wir schreiben das Jahr 841, die Zeit der Karolinger. Dhuoda war verheiratet mit Bernhard, Graf von Septimanien und Onkel

Ludwigs des Frommen. Als Mitglied der politischen Elite hielt sich Bernhard überwiegend am Hof in Aachen auf, daher lagen die Regierungsgeschäfte weitgehend in der Hand Dhuodas. Darüber hinaus konzentrierte sie sich auf die Zukunft des Reiches und auf die ihres ältesten Sohnes Wilhelm, der zur Stärkung diplomatischer Beziehungen im Alter von vierzehn Jahren an den Hof Karls des Kahlen, einer der drei Söhne Ludwigs, geschickt worden war. Dazu schrieb sie ein Handbuch für ihn, einen «Liber manualis», mit sorgfältig zusammengestellten Anweisungen für eine gute Herrschaft.

Hier ging es Dhuoda, wie sie selbst erklärt, um zweierlei: zum einen um das, was nützlich und wichtig ist für die eigene Zeit, mit all ihren Problemen und Herausforderungen; zum anderen um das, was nützlich für das Wohl der Seele ihres Sohnes sein sollte. Freigiebigkeit ist in der Tradition der heiligen Schriften ein Teilaspekt der Gerechtigkeit eines jeden Herrschers und unerlässlich sowohl für den politischen Frieden als auch für das Wohl der Seele. Wie Wasser vermag sie das Feuer der Sünde zu löschen. Das Handbuch zeigt große Belesenheit und Originalität. Es ist auch deshalb so wertvoll, weil Dhuodas Stimme ganz unmittelbar im Text vernehmbar ist und so den Wissenshorizont einer gebildeten Frau der Karolingerzeit dokumentiert. Man rechnete sie zu den großen Intellektuellen.[70]

Leider blieb Wilhelm nur wenig Zeit, die Ratschläge seiner Mutter umzusetzen. Wir wissen, dass ihm das Handbuch im Jahr 843 zugesandt wurde. Bereits im Folgejahr wurde Graf Bernhard, sein Vater, in den politischen Wirren der Zeit als Aufständischer verurteilt und hingerichtet. Wenig später traf auch Wilhelm dieses Schicksal. Nur Dhuodas Werk blieb erhalten.

Mit ihrer Mahnung zur Freigiebigkeit steht Dhuoda nicht allein. Largitas zählt zu den Qualifikationsmerkmalen eines Herrschers, darin sind sich die Autoren (fast immer Männer) vieler

Anleitungen zum guten Regieren einig. Die historische Forschung fasst diese Texte unter dem Begriff «Fürstenspiegel» zusammen. Die ältesten Beispiele stammen aus Mesopotamien und Ägypten im 2. Jahrtausend v. Chr. Besonders die griechische und die römische Antike brachten viele Fürstenspiegel hervor, darunter der Ciceros («De officiis», 44 v. Chr.), der Senecas («De clementia», 55 n. Chr.) und der Marc Aurels («Selbstbetrachtungen», 170 n. Chr.). Während in den antiken Fürstenspiegeln das Leitbild eines idealen Philosophenkönigs als Gegenbild zu einem tyrannischen Herrscher dominiert, zeichnet sich im Frühmittelalter der ideale Herrscher dadurch aus, dass er nicht nach irdischem Glück und Erfolg strebt, sondern nach Gerechtigkeit (iustitia). Daneben zählen Weisheit (sapientia), Milde (clementia), Demut (humilitas) und Großzügigkeit (largitas) zu den wichtigsten Herrschertugenden. Im Hoch- und Spätmittelalter entwickeln die Fürstenspiegel ein zunehmend höfisches Ideal des Herrschers, und sie werden in staatsphilosophische Überlegungen eingebettet. Neben den Erwartungen an den künftigen Herrscher werden nun auch politische Sachfragen und praktisches Wissen vermittelt, etwa zu Verwaltung, Wirtschafts- und Finanzpolitik oder Diplomatie und Kriegstechnik. Vielfach findet man Anleihen aus dem römischen Recht und auch aus orientalischen Quellen.[71]

Besonders populär war ein Text, der in Form eines Briefs des Aristoteles an seinen berühmten Schüler Alexander den Großen abgefasst wurde. Darin bietet der Philosoph dem griechischen Herrscher eine Einweisung in die Kunst des Regierens an und verspricht, sämtliche Geheimnisse politischer Führung zu offenbaren. Unter dem Titel «Secretum secretorum», Geheimnis aller Geheimnisse, fand das Werk im Mittelalter weite Verbreitung, es wurde vielfach zitiert und abgeschrieben. Natürlich stammte der Brief nicht von Aristoteles. Ein antikes Exemplar in griechischer Sprache ist nicht erhalten. Die älteste Fassung stammt aus dem

10. Jahrhundert und wurde in arabischer Sprache verfasst. Um die Bedeutung des Werks hervorzuheben und dafür zu sorgen, dass es auch gelesen wurde, schrieb man es kurzerhand Aristoteles zu.[72]

Ab dem 12. Jahrhundert wurde der arabische Text zunächst in Persische, dann ins Türkische, Hebräische, Kastilische und schließlich ins Lateinische übersetzt und fand dann so in Europa Verbreitung. Bald entstanden auch volkssprachliche Versionen. Die Übersetzung ins Mittelhochdeutsche lieferte eine Frau namens Hiltgart von Hürnheim. Auch in England, Frankreich, Polen, sogar ins Skandinavische wurde der Text übersetzt, und vieles daraus diente als Vorlage für weitere Fürstenspiegel. Heute bekannt sind fünfzig arabische und mehr als fünfhundert lateinische Handschriften, dazu knapp zwanzig verschiedene deutsche Fassungen sowie Übersetzungen in fünfzehn verschiedene orientalische und europäische Sprachen. Ein wahrer Bestseller des Mittelalters und ein außergewöhnliches Phänomen in der Geschichte der orientalisch-europäischen Übersetzungsbewegung.[73]

Der weise Aristoteles tritt auf als Ratgeber und verrät die wichtigsten Geheimnisse guter Herrschaft, nämlich Gerechtigkeit, Friedfertigkeit und Largitas alias Liberalitas, am besten mit Großzügigkeit oder Großmut zu übersetzen.[74] Er erklärt Alexander dem Großen zunächst, welche Arten von Königen es gibt – je nach der Ausprägung ihrer Großzügigkeit:

> Es gibt vier Arten von Königen: (i.) einen gegen sich selbst und seine Untertanen freigiebigen König; (ii.) einen gegen sich selbst freigiebigen, gegen seine Untertanen geizigen König; (iii.) einen gegen sich selbst und gegen seine Untertanen geizigen König, und (iv.) einen gegen sich selbst geizigen, gegen seine Untertanen aber freigiebigen König.[75]

Den arabischen Gelehrten zufolge – so der Text weiter – schade es nicht, wenn ein König geizig gegenüber sich selbst, aber großzügig zu seinem Volk ist. Die Inder hingegen fanden es wichtig, dass ein König sowohl gegenüber sich selbst als auch gegenüber seinem Volk geizig ist. Die Perser widersprachen den Indern und sagten, ein König solle sowohl zu sich selbst als auch zu seinem Volk großzügig sein. Nur in einem waren sich alle einig: Es gehe nicht an, dass ein König zu sich selbst großzügig und gegenüber seinem Volk geizig sei. Damit verderbe er sein Reich.

Sowohl ein Übermaß als auch der Mangel an Freigiebigkeit bereiten Probleme. Wie überall ist das richtige Maß entscheidend. Maßhalten bedeutet in diesem Fall, das zu geben, was gebraucht wird, und zwar dann, wenn es gebraucht wird. Was darüber hinausgeht, ist Verschwendung. Wer zur Unzeit gibt, ist wie einer, der am Flussufer Wasser anbietet. Und wer gibt, was nicht gebraucht wird, oder einem, der es nicht verdient hat, ist wie einer, der seinem Feind gegen sich selbst hilft. Nun wird Aristoteles konkret und verrät das Geheimnis königlicher Freigiebigkeit:

> Jeder, der in der Zeit der Bedürftigkeit gibt, was gebraucht wird, und das denen zukommen lässt, die es verdienen […], trifft das Richtige in seinen Taten […]. Dieser ist es, den die Alten freigiebig und edel genannt haben, nicht der, der Geschenke gibt und denjenigen nach Wunsch beschenkt, der es nicht verdient hat – dieser ist ein Verschwender und Zerstörer des Vermögens des Königreichs. Überhaupt ist Geiz ein Name, der sich für die Könige nicht geziemt und sich nicht mit dem Königreich verbinden soll.[76]

Und weiter erklärt Aristoteles, dass die Tugend der Könige darin bestehe, sich von der ständigen Fehlersuche abzuwenden, die Großzügigen zu ehren, den Menschen mit einem fröhlichen

Gesicht zu begegnen und ihren Gruß zu erwidern und über die Fehler der Unwissenden hinwegzusehen. Großmut macht gute Laune. Beides zusammen macht aus dem guten König einen glücklichen König. Noch dazu ist Großzügigkeit gut für das Seelenheil. Heute würde man wohl eher von gutem Karma sprechen. Und dafür eignete sich die Freigiebigkeit gegenüber Armen in besonderer Weise. Ihnen wurde im Mittelalter eine einzigartige Kraft zugeschrieben. In ihrer Macht nämlich stand es, die Fesseln des Todes zu lösen. Daher die goldene Regel für den guten Herrscher:

> Gebet Almosen […]. Denn, wie die Gelehrten sagen, befreit Almosen die Seele vom Tod, und lässt sie nicht die Finsternis betreten. Warum? Wie Wasser Feuer löscht, so löscht Almosen die Sünden.[77]

Armenspeisung im Westminster Palace

Aber wie sah das in der Praxis aus? Dazu ein Blick nach England, Westminster Palace in London. Hier befand sich seit dem 11. Jahrhundert der Sitz der englischen Könige. Der angelsächsische König Eduard der Bekenner hatte den Bau eines Klosters und eines Palasts in Auftrag gegeben, und der Normanne Wilhelm der Eroberer, der im Jahr 1066 die Insel von der Normandie aus eroberte, baute Westminster als sein Herrschaftszentrum aus. Der Sohn des Eroberers, Wilhelm Rufus, ließ die Great Hall errichten – damals mit siebzig Meter Länge und mehr als zwanzig Meter Breite ein beeindruckendes Bauwerk –, die ungeachtet einiger Umbaumaßnahmen heute den ältesten Teil von Westminster Palace ausmacht.

Überdies war das Gebäude ein wahres Raumwunder, offen für

eine Fülle gemeinschaftlicher Zwischen- und Mehrfachnutzungen. Seit dem 13. Jahrhundert steht in der Great Hall ein erhöhter Königsthron aus weißem Marmor. Hier trat der Rat des Königs zusammen, und hier versammelte sich im Jahr 1295 erstmals ein englisches Parlament. Auch der Oberste Gerichtshof (Court of Common Pleas) mit dem Obersten Richter Englands hatte seinen Sitz in der Great Hall, und unter der Woche tagten hier regelmäßig die kleineren Gerichte. Zu diesem Zweck wurden in der Halle provisorische Wände und hölzerne Absperrungen errichtet, weiter stellte man Verkaufsbuden für die Händler auf, denn wo Recht gesprochen wird, da sind Menschen, die warten müssen, die Hunger und Durst haben und Zeit zum Einkaufen. Die Great Hall erfüllte in diesem Sinne auch die Funktion eines überdachten Einkaufszentrums. Alles konnte außerhalb der Gerichtstage schnell wieder abgebaut werden. Schließlich wurden hier bedeutende Ereignisse wie Krönungen mit großen Festbanketten gefeiert, und verstorbenen Monarchinnen gab man in der Great Hall die letzte Ehre, wie zuletzt Queen Elizabeth II. im September 2022. In den unmittelbar angrenzenden Teilen des Palasts befanden sich die Wohnräume des Königs, unter anderem das King's Chamber, das Schlafzimmer des Königspaars, in dem bei Bedarf auch wichtige Unterredungen des Rates stattfanden.

All das lässt sich überall nachlesen. Doch dass ausgerechnet in diesem zentralen Raum des Palasts im Mittelalter regelmäßig Armenspeisungen stattfanden, ist uns heute kaum noch geläufig. Dass man hier, ebenso wie in der angrenzenden Lesser Hall und gelegentlich auch in dem King's and Queen's Chamber, die Armen verköstigte, ist in den Quellen sehr gut belegt. Die reiche Überlieferung englischer Verwaltungsakten erlaubt präzise Einblicke in Haushaltsführung und Routinen des Alltags am Hof. Tägliche Speisungen bildeten einen festen Ausgabeposten in der königlichen Finanzbuchhaltung. Es gab einen Beamten, der eigens für ihre Organisation zuständig war, den Almoner. Besonders gut dokumentiert sind die großzügigen Armenspeisungen am englischen Hof in der Zeit König Heinrichs III., der England von 1216 bis 1272, über mehr als ein halbes Jahrhundert, regierte.

Anlässe boten regelmäßig Fest- und Heiligentage. An jedem 13. Oktober und 5. Januar wurden die Armen – zu Ehren des angelsächsischen Königs Eduard der Bekenner, des persönlichen Schutzpatrons Heinrichs III. – mit Essen, Kleidung und Schuhen versorgt. Auch Gedenkfeiern für die Seelen der Verstorbenen waren regelmäßig Anlass für Armenspeisungen. Isabella, eine Schwester des Königs, verheiratet mit dem Stauferkaiser Friedrich II., starb im Dezember 1241 im Alter von nur siebenundzwanzig Jahren bei der Geburt ihres dritten Kindes. Seitdem wurden regelmäßig im Dezember Feierlichkeiten für Isabellas Seelenheil ausgerichtet.[78]

Eine außergewöhnlich präzise Dokumentation der regelmäßigen Ausgaben für die Armen findet sich in einem Auszahlungsbeleg vom 4. Juni 1245 an Edward von Westminster. Er war Beamter am Hof des Königs und erhielt Kostenerstattung für Ausgaben zur Speisung der Armen im Laufe des Rechnungsjahres 1244. Daraus ergibt sich ein Bild kontinuierlicher Präsenz der Armen am Hof. Mindestens einmal im Monat, in den Wintermonaten öfter, wurden die Armen dort verköstigt. Ihre Zahl variiert zwischen 500 und 7000. Eine Ausnahme war das Fest des heiligen Paulus am 25. Januar. Hier wurden 15 000 Arme im Kirchhof von St. Paul's zum Essen eingeladen. Kostenpunkt: 62 Pfund, 10 Schilling. Am 22. Februar wurden 5000 Menschen eingeladen und für etwas mehr als 21 Pfund verköstigt, am 25. Februar – Anlass war das Gedenken an Joan, die Schwester des Königs, ehemals Königin von Schottland – waren es etwas weniger. Und am 4. März wurden so viele verpflegt, wie in die Great Hall und in die angrenzenden Räume in Westminster passten.[79]

Auch in Schloss Windsor wurden regelmäßig über das Jahr verteilt Arme verköstigt. Die sogenannte Upper Bailey war der Teil der Nursery, wo der königliche Nachwuchs und auch andere zum königlichen Haushalt gehörende Kinder großgezogen wurden. Hier veranstaltete man an Weihnachten 1239 nach der Geburt von Edward, dem ältesten Sohn von Heinrich III. und seiner Frau Eleonore, eine Art Baby Shower, allerdings in einer für uns sehr ungewöhnlichen Form: Fünfzehn Arme wurden gespeist und mit neuen Schuhen und Kleidern versorgt, dazu erhielt jeder einen Penny für sein Wohlbefinden. Ein Priester wurde beauftragt, all das auch in den darauffolgenden Jahren zu organisieren und regelmäßig die Messe für die Armen zum Wohle des Neugeborenen zu lesen. Als sich der Junge acht Jahre später, im September 1247, von einer offenbar sehr ernsthaften Erkrankung erholt hatte, finanzierte der König die Verköstigung von siebentausend Armen in Westminster Hall.[80]

Hier wird der Zusammenhang zwischen königlicher Großzügigkeit und individuellem Wohlergehen sehr konkret. Dankbarkeit macht großzügig. Dieses System stellte nicht die Unterschiede zwischen Arm und Reich infrage, vielmehr war es eine Übung in Wertschätzung und sorgte noch dazu für maximale Diversität am königlichen Hof.

Vom Konsumrausch zurück zur Kunst der edlen Verschwendung

Weitergeben, was man hat, um zu erhalten, wonach man strebt. Anstelle des Verzichts ist Großzügigkeit also offenbar ein gutes Mittel gegen Luxuria. Großzügigkeit im Umgang mit Besitz, die Freude am Freudemachen, der Dopaminkick beim Verschenken brauchen jedoch eine Richtung, sodass nicht nur die «Happy

Few», sondern auch die weniger Privilegierten am gesellschaftlichen Reichtum teilhaben können. In diesem Zusammenhang wird viel vom «warm glow of giving» gesprochen – allerdings mit dem Nachteil, dass damit die wohltuende Wirkung von Großzügigkeit auf die physische und psychische Gesundheit gänzlich ins Private verbannt wird. Noch dazu sind die klassischen Feste der Großzügigkeit wie Weihnachten, Ostern und Geburtstage in Verruf geraten, sind sie doch zu Hochmessen der Luxuria verkommen. Der Begriff der obszönen Verschwendung scheint angemessen.

Damit geriet leider auch die Kunst der edlen Verschwendung ins Hintertreffen. Dabei zählt die Macht der Gabe zu den universalen Prinzipien, wenn es um den Zusammenhalt von Gesellschaften geht.[81] Die Sorge um die Armen organisiert heute der Staat. Wir bezahlen Steuern, jede Menge Sozialabgaben und Rentenbeiträge. Die Umverteilung wurde bürokratisiert. Doch wer um Himmels willen käme beim Gedanken an die Steuererklärung in Festlaune und Feierstimmung? Was wir brauchen, sind neue Feste der Großzügigkeit. Wir müssen die Kunst der edlen Verschwendung neu erlernen. Verschenken macht glücklich. Befreit die Seele von der Last des Alltags.

IV. ACEDIA – TUN UND LASSEN

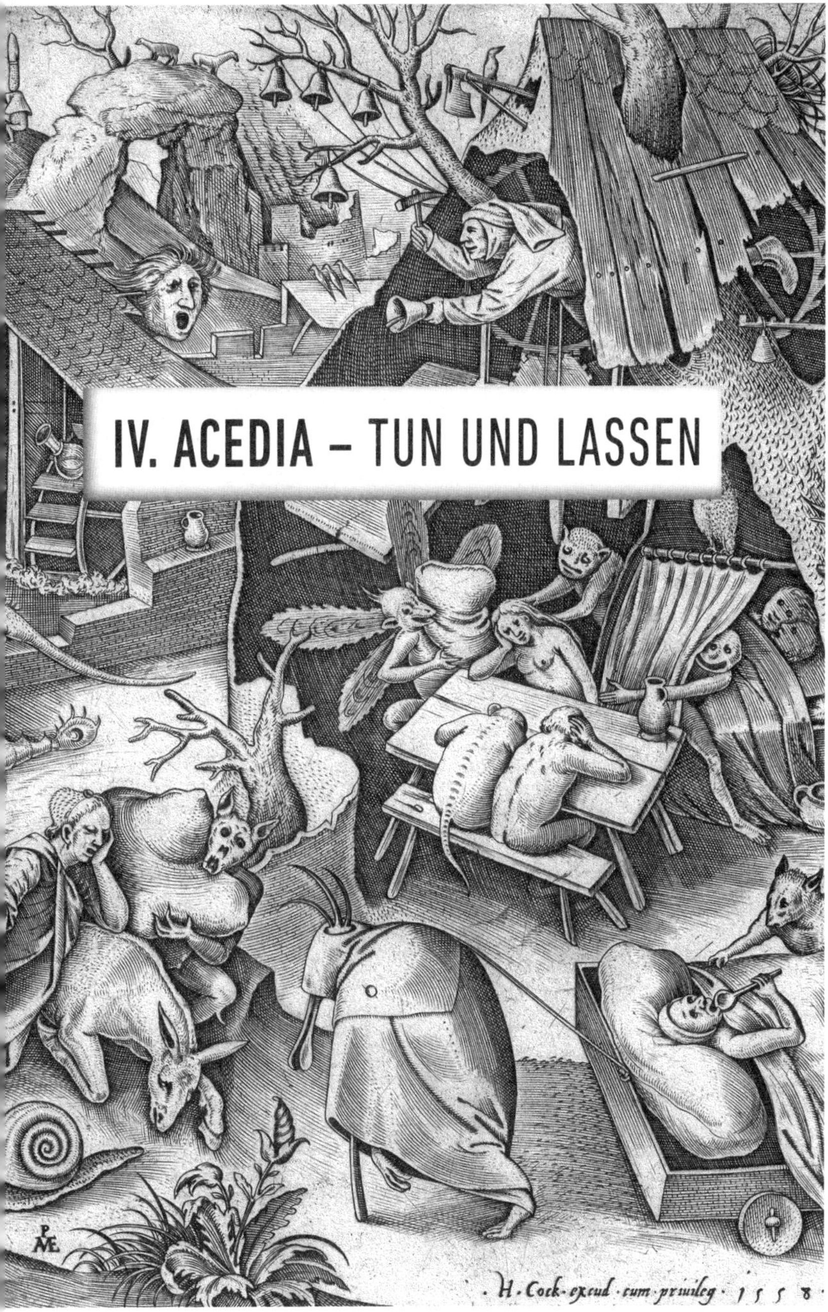

Die Schwester der Acedia ist Tristitia, die Traurigkeit. Das Zwillingspaar vereint all jene Symptome, aufgrund derer man heute eine Depression diagnostizieren würde: Trauer, Resignation, Mattigkeit, Langeweile, Missmut, Verzweiflung, Ekel, Selbstmitleid, Wut.[1] Acedia, vom griechischen *a-kêdeia*, heißt wörtlich übersetzt Mangel an Sorge, fehlende Achtsamkeit und fehlende Wertschätzung, auch Gleichgültigkeit trifft den Zustand gut.[2] Die Übersetzung mit «Trägheit» ist irreführend, denn es geht definitiv nicht darum, einfach mal nichts zu tun oder gemütlich faul zu sein, sondern vielmehr um einen Gemütszustand der Leere, eine dramatische Bedrohung für das innere Selbst, in dem alles wertlos und falsch erscheint. «Überdruss» ist daher der treffendere Begriff.

Wer – wie die asketischen Aussteiger im 4. Jahrhundert n. Chr. – sich für ein Leben in der Einsamkeit der Wüste entschieden hatte, dem war diese Todsünde bestens vertraut. Evagrius Ponticus spricht vom «Mittagsdämon» und beschreibt, wie ihn dieser als ungebetener Gast regelmäßig um die Mittagszeit besucht. Wie er die Seele verdunkelt und eine Atmosphäre lustloser Langeweile verströmt. Die Sonne scheint still zu stehen, die Zeit schleicht dahin, Unlust macht sich breit. Und dann flüstert der Dämon der Seele Zweifel ein: Was ist das für ein Leben, das ich hier führe? Früher war alles besser! Heute sind alle ständig beschäftigt, keiner da, keiner liebt mich! Und außerdem gibt es hier keinerlei Fortschritte, anderswo könnte ich so viel mehr bewirken, dort sind auch die Kollegen viel weiter in ihrer geistlichen Ausrichtung. Dagegen ist alles, was man hier geboten bekommt, grauenvoll. Warum noch bleiben? Alles scheint falsch und vergeblich. Das kann's doch nicht gewesen sein. Und so plagt der Mittagsdämon sein Opfer und treibt es in die Verzweiflung. Und schließlich in die Flucht.

Schon die Mönche in Ägypten stellten fest, dass der Mittagsdämon im fortgeschrittenen Alter, in der Mitte des Lebens, am lautesten wird. Man hat ihn daher auch als den Dämon der Midlife-Crisis identifiziert. Wie Nebel umhüllt Acedia die Seele, und sie lähmt Körper und Geist. Umgekehrt kann sie auch zu Hyperaktivität und Verdrängung führen: überzogene Askese, übertriebener Eifer, das Verlangen, besser als alle anderen zu sein – bis die ständige Überforderung im Burn-out endet. In beiden Fällen kann der Mittagsdämon schlussendlich triumphieren, denn er hat sein Ziel erreicht: Sein Opfer hat aufgegeben.[3]

Evagrius war, wie wir schon gesehen haben, ein begabter Psychologe. Vermutlich verdanken wir diese feinen Beobachtungen seiner eigenen Erfahrung. Die Erinnerung an sein früheres Leben, an die Geliebte, die er damals in Konstantinopel zurückgelassen hatte, plagte ihn. Er vermisste sie, vermisste Sex und die Annehmlichkeiten des städtischen Lebens, klagte jedenfalls bis ins Alter darüber, dass ihn auch der Dämon der Lust regelmäßig besuche, im Traum, in Gestalt einer schönen nackten Frau. Die Versuchung, alles hinzuschmeißen, die Angst, etwas zu verpassen, war vermutlich auch für ihn nicht nur abstrakt.

Als Heilmittel gegen die Einflüsterungen des Mittagsdämons empfiehlt Evagrius Standhaftigkeit. Konkret schlägt er vor, die negativen Gedanken durch eine Art innerliche Arbeitsteilung in Schach zu halten: «Wenn wir an den Dämon des Überdrusses geraten, dann teilen wir die Seele unter Tränen in zwei Hälften, von denen die eine tröstet und die andere getröstet wird, indem wir uns selbst gute Hoffnung säen.» Die eine Hälfte der Seele darf trauern, die andere tröstet und spricht Mut zu. Tränen gehören dazu, sie sorgen dafür, dass sich der Überdruss löst.[4]

Vom erschöpften Ich zur Künstlerkrankheit

Traurigkeit (tristitia) galt im Mittelalter nicht zwangsläufig als schlecht, vielmehr als ein notwendiger Zustand, eine Reaktion auf Verlust und Schmerz, die bestimmte Entwicklungsprozesse der Seele überhaupt erst ermöglicht. Wenn sich die Traurigkeit jedoch verhärtet und die Seele ohne Aussicht auf Entlastung zu erdrücken droht, dann wird sie lebensgefährlich. Man sprach von Traurigkeit, die niederdrückt, «tristitia aggravans». Thomas von Aquin machte daraus im 13. Jahrhundert eine Art Leitdefinition.[5] Er spricht wörtlich von der Erstarrung des Geistes (torpor mentis), einem Gemütszustand, der es unmöglich macht, ins Handeln zu kommen. Eine bedrohliche Negativität, die alle Lust am Tun raubt und in die Ohnmacht treibt.

Robert Grosseteste, der erste Kanzler der Universität Oxford, später Bischof von Lincoln, war Theologe und Experimentalphysiker. Egal, ob es um Wetterphänomene ging, die Brechung des Lichts oder Emotionen alias Todsünden – sein Zugriff war stets analytisch-pragmatischer Natur, er unterschied Objekte und Phänomene nach Kategorien, zerlegte sie in einzelne Bestandteile und fragte nach Ursache und Wirkung.[6] So unterschied er zwei Ausdrucksformen der Acedia: zum einen die Trägheit der Seele, innere Leere und Eintönigkeit, die er als Kummer oder Traurigkeit des Geistes (interna mentis tristitia) beschreibt; zum anderen die Trägheit des Körpers (otium corporis), die sich darin äußert, dass dieser sich weigert, zu tun, was der Geist sich wünscht. Die Ursachen dieser Krankheit erkennt Grossetestes Kollege Richard Wethershed in nicht erfüllten Hoffnungen, übergroßer physischer Anstrengung, intensivem Kummer und Todesangst.[7] Ein Befund, den die Verhaltenspsychologie heute unter dem Begriff «Ego-Depletion» fasst.

Im 15. Jahrhundert nimmt die Geschichte der Acedia eine entscheidende Wende. Man entdeckt einen Zusammenhang zwischen Verdruss und künstlerischer Kreativität, Depression und Genialität. Während in den philosophischen und theologischen Diskussionen des Mittelalters die Gefahren des Überdrusses für die Seele dominieren, rücken in der Renaissance zunehmend die positiven, schöpferischen Aspekte in den Vordergrund. Dies hängt unter anderem mit der Wiederentdeckung der antiken Viersäftelehre zusammen, auch Humoralpathologie genannt. Dazu ein kurzer Ausflug in die Antike.

Es soll Theophrast, der Schwiegersohn des Hippokrates, gewesen sein, der das Konzept um 400 v. Chr. erstmals schlüssig zusammenfasste. Demnach waren die vier Körpersäfte (humores) Blut (sanguis), Schleim (phlegma), gelbe Galle (cholera) und schwarze Galle (melancholia) für das natürliche Gleichgewicht im Körper, aber auch im Kosmos verantwortlich. Gesundheit, so das Grundkonzept der antiken Humoralpathologie, bestand in der ausgewogenen Mischung der Säfte; Krankheit war die Folge eines Ungleichgewichts. Zu viel Blut macht den Sanguiniker leichtsinnig und rastlos, zu viel Schleim hingegen ist das Problem des Phlegmatikers, zu viel gelbe Galle verursacht den Bluthochdruck und die Wutausbrüche des Cholerikers, und ein Überschuss an schwarzer Galle galt als Ursache der Melancholia.

Letztere geht auf den Einfluss des Sternbilds Saturn zurück, das für Sorge, Schwermut und harte Arbeit verantwortlich ist. Theophrast beschreibt das Krankheitsbild als «Entzweiung»: Der Melancholiker ist «uneins» mit sich selbst, einmal warm, einmal kalt, einmal hochgestimmt, dann missgestimmt, einmal manisch, dann depressiv. Heute würde man diese Selbstentzweiung im weitesten Sinne als Symptom einer bipolaren Störung beschreiben. Interessant ist, dass Theophrast bereits im 4. Jahrhundert v. Chr. betont, dass dieser Zustand der Uneinigkeit mit sich selbst nicht notwendigerweise krankhaft, sondern in gewisser Weise Teil der menschlichen Natur ist. Ja, im Grunde gibt es nach Theophrast niemanden, der nicht wenigstens ein bisschen von dem in sich hätte, was Menschen zu Melancholikern macht. Zudem erklärt er, dass die natürliche Melancholie Quelle überragender Leistungen sein kann. Das sehe man daran, dass jene, die Überragendes leisten (perittoí), immer auch Melancholiker seien.[8] So wird die Melancholie, die dunkle Seite der Seele, zu einer ermöglichenden Voraussetzung des Großen, im Positiven wie im Negativen. Entsprechend ist das griechische Wort «perittós» eigentümlich ambivalent: Es kann den Überragenden, Hervorragenden, Ausgezeichneten meinen, aber auch für das Übertriebene, Exaltierte, Vermessene und sogar die Hybris stehen.

Saturn und Melancholie

Raymond Klibansky, Erwin Panofsky und Fritz Saxl veröffentlichten im Jahr 1964 eine bahnbrechende Studie unter dem Titel «Saturn und Melancholie».[9] Darin rekonstruieren die drei Gelehrten die sich wandelnden Bedeutungen der Melancholie in Medizin, Philosophie und Kunst seit der Antike bis ins 19. Jahrhundert. Sie zeigen, wie die im Mittelalter als «Klosterkrankheit» bekämpfte Verzweiflung und Unlust am Leben seit der Renaissance eine Neubewertung erfuhr, eine Aufwertung als positive, geistige Kraft. Aus Acedia wurde Melancholia. Es kam zu einer Glorifizierung und Nobilitierung der Schwermut, ihrem Aufstieg zu einem Ideal des kontemplativen Lebens, in dem sich die Autarkie des menschlichen Geistes am reinsten zu verwirklichen schien. Trübsinn und Überdruss wurden zu ständigen Begleitern, ja zur Voraussetzung genialer Leistungen und tiefgründiger Erkenntnis. Als Kronzeuge dieser Entwicklung galt Marsilio Ficino

Albrecht Dürer, Melencolia I, 1514.

(1433 bis 1499), ein berühmter Humanist im Kreis des Cosimo de' Medici. Marsilio diagnostizierte die Melancholie als Künstler- und Gelehrtenkrankheit bei sich selbst und bei seinen Freunden.

Er verfasste Gesundheitsregeln mit Anweisungen zur Lebensführung für die ambivalente Natur genialer Geister.[10]

Albrecht Dürers Kupferstich Melencolia I, entstanden im Jahr 1514, wurde zur Ikone. Im Vordergrund eine geflügelte Frauengestalt, ein verzweifeltes Kind des Saturn. Der rechte Arm ruht auf einem Buch, in der Hand hält sie einen Zirkel. Mit stumpfen traurigen Augen blickt sie ziellos in die Leere, gänzlich abgerückt von den Objekten, die um sie herum versammelt sind. Auf dem Boden liegen verstreut Hobel, Säge, Nägel, eine Kugel, dahinter ein ausgemergeltes Kalb – viel wurde darüber gerätselt, was all diese Dinge zu bedeuten haben, und das gilt auch für das berühmte magische Dürer-Quadrat über Melencolia. Diesen Werkzeugen der Kreativität in Handwerk, Wissenschaft und Kunst stehen in der rechten Bildseite Symbole der Vergänglichkeit gegenüber. Über der sitzenden Frau ein Stundenglas, links daneben eine Waage, neben ihr auf einem Mühlstein sitzt ein Putto, dahinter eine Leiter, die aus dem Bild hinausreicht. Ein riesiger geometrisch zugehauener Steinblock versperrt den Zugang zu der weiten Meerlandschaft im Hintergrund, über die sich ein düsterer Nachthimmel spannt. Eine beängstigend aussehende Fledermaus hält ein Schriftband mit der Aufschrift «Melencolia I», und daneben stürzt ein Komet – Zeichen bevorstehenden Unheils – auf Land und Wasser zu. Der Übergang zwischen Werkstatt und Kosmos ist fließend. Zwar wirkt der Körper der Melencolia stark und tatkräftig, breitbeinig sitzt sie da, die Flügel funktionstüchtig, und doch prägt träge Schwermut das Bild. Ausdruck findet hier, in den Worten der Forscher Panofsky und Saxl, «das tragische Geschick des Menschengeistes, der sich kraft seiner inneren Gesetzlichkeit in Schranken eingeschlossen sieht, die er nicht überfliegen kann».[11]

Ein Heilmittel gegen Überdruss: Resonanzerfahrung

Was haben frühere Gesellschaften gegen die Acedia in ihren Erscheinungsformen der Schwermut, Melancholie, Depression und inneren Erstarrung unternommen?[12] Die positive Umwertung, die in der Renaissance vorgenommen wurde, erscheint durchaus bedenkenswert: Wer das Gute betont, das aus den negativen Energien der Acedia erwachsen kann, hat sie schon ein Stück weit entmachtet. In eine ähnliche Richtung geht die Rückbesinnung auf die Fähigkeit zur Gelassenheit. Jedes Team, ob im Sport oder im Beruf, profitiert von dem einen Mitglied, das sich durch nichts aus der Ruhe bringen lässt. Zudem ist das Nichtstun eine überaus segensreiche Erfindung. Nicht umsonst beneiden wir die Tiere um das Privileg, faul zu sein: «Sehet die Vögel unter dem Himmel, sie säen nicht, sie ernten nicht und Euer himmlischer Vater nährt sie doch», predigte Jesus (Mat. 6,26).

Ende des 19. Jahrhunderts erklärte Friedrich Nietzsche seinen Zeitgenossen: «Betrachte die Herde, die an dir vorüberweidet: sie weiss nicht, was Gestern, was Heute ist, springt umher, frisst, ruht, verdaut, springt wieder und so vom Morgen bis zur Nacht und von Tage zu Tage, kurz angebunden mit ihrer Lust und Unlust, nämlich an den Pflock des Augenblicks und deshalb weder schwermüthig noch überdrüssig. Dies zu sehen, geht dem Menschen hart ein, weil er seines Menschenthums sich vor dem Thiere brüstet und doch nach seinem Glücke eifersüchtig hinblickt [...].»[13] Der Mensch aber ist ruhelos. Er hat Kontinente bevölkert, Imperien aufgebaut und wieder zerstört, den Mond besucht und im Namen des Fortschritts seinen Energiebedarf ins Unermessliche gesteigert. Dass vor diesem Hintergrund individueller und kollektiver Überdruss ein Problem ist und bleibt, ist eigentlich nicht verwunderlich.

Liest man die mittelalterlichen Quellen, hat man fast den Eindruck, die Menschen hätten den Soziologen Hartmut Rosa gelesen. Sämtliche von ihm vorgeschlagenen Gegenmaßnahmen lassen sich im weitesten Sinne als Versuche beschreiben, die Welt wieder tönend und farbig, das eigene Selbst wieder bewegt, sensitiv und reich werden zu lassen. Rosa spricht von Resonanzerfahrung, womit er ein Weltverhältnis der Interaktion meint, des Schwingens zwischen Innen und Außen.[14] Wörtlich meint «resonare» widerhallen, ertönen. Bei Rosa ist die Rede von Schwingungen oder auch von Spiegelung zwischen dem Selbst und seinem Gegenüber. Zu diesem Gegenüber zählen nicht nur andere Menschen, Freunde, Familie, Arbeitskollegen, sondern auch die Außenwelt im weiteren Sinne, Natur, Räume, Landschaft, Wetter, Atmosphäre und so weiter.[15] Resonanzverlust ist die Angst vor dem Verstummen der Welt, Depression ein Zustand resonanzloser Welterfahrung. Die Welt scheint dann tot, kalt und leer. Ein Weg zur Gesundung besteht in der Schaffung von Resonanzachsen, in der Auflösung resonanzfeindlicher Verhaltensmuster, in interaktiven Ritualen zur Aufrechterhaltung der Schwingungen. Es geht um die Wiederherstellung eines vibrierenden Drahts zwischen dem Selbst und der Welt. Dazu im Folgenden einige Vorschläge aus der Vergangenheit.

Eine erste Maßnahme war die Ernährungsumstellung. Bei Kaiser Friedrich III. wurde um das Jahr 1452 Melancholie diagnostiziert. Diese stieg in der Frühen Neuzeit zum klassischen Herrscherleiden auf. Und tatsächlich spricht vieles dafür, dass die Diagnose zutraf. So wird Friedrich von seinen Zeitgenossen als unschlüssig und zögerlich beschrieben. Dass er immer wieder Albträume hatte, wissen wir aus seinem persönlichen Notizbuch. Und auch die Herrscherporträts zeigen einen wenig lebensfrohen Menschen, mit stechendem Blick und nach unten gezogenen Mundwinkeln, ein griesgrämiger Ausdruck, der Unsicherheit,

Passivität, Hypochondrie und gleichzeitig eine melancholische Würde ausstrahlt.

Die Mittelalterhistorikerin Claudia Märtl hat kürzlich in der Zentralbibliothek der Wiener Franziskanerprovinz in Graz ein «Regimen» entdeckt, einen Therapievorschlag seiner Ärzte.[16] Zunächst werden sorgfältig die einzelnen Symptome analysiert, dann entsprechende Rezepte verschrieben. Zu vermeiden, so heißt es im Regimen, sind Nahrungsmittel, die Organe und Gefäße verstopfen, zum Beispiel gebratenes Fleisch, Innereien von Wassertieren, Milchprodukte und stark gesalzene Speisen. Stattdessen wird dem Kaiser empfohlen, gekochtes Fleisch, Geflügel, kleine Meeresfische, Hammelfleisch, gekochtes Gemüse, weich gekochte Eidotter sowie gute Gewürze, insbesondere Fenchel, Borretsch, Petersilie und Zimt, zu sich zu nehmen. Allgemein sollte alles vermieden werden, was den natürlichen Wärmehaushalt des Patienten (calor naturalis) durcheinanderbringt. Dazu gehören verstörende Gefühlsregungen wie Zorn, Furcht, Traurigkeit, aber auch übermäßige Freude. Hilfreich sei dagegen moderat Erfreuliches.

Sodann werden Anweisungen zur Herstellung verschiedener Pillen und Arzneien gegeben, darunter ein Trinkgold (aurum potabile), bestehend aus Goldfolie, Orangenextrakt und Aqua Vitae, also hochprozentigem Alkohol. Ein Rezept zur Herstellung eines Pulvers aus Kräutern und Gewürzen soll gegen den Überschuss an schwarzer Galle helfen. Hier geht das Regimen von der Melancholieprophylaxe zu allgemeineren Ratschlägen über, etwa um das Altern hinauszuzögern. Empfohlen werden viel frische Luft, häufiges Baden, die Betrachtung schöner Objekte und Gespräche mit anderen, insbesondere auch mit jungen Menschen.[17]

Auch das zweite Mittel gegen Melancholie ist sehr einfach: *occupatio sancta*, wörtlich «heilige Aktivität», heute vielleicht etwas arg vereinfacht als «Ergotherapie» übersetzbar. Richard

Selke, der Autor des Predigthandbuchs Fasciculus Morum,[18] spricht lang und ausführlich über geeignete Therapien gegen den Überdruss. Dabei unterscheidet er zwischen körperlicher und spiritueller Arbeit. Erstere ist wörtlich zu verstehen: Handarbeit, Pflügen, Säen, Ernten, Bierbrauen, Backen, Schneidern, Nähen, Bauen und Ähnliches. Das alles hilft, solange man es damit nicht übertreibt. Insbesondere müssen Sonn- und Feiertage sowie Fastenzeiten eingehalten werden. Wichtig ist außerdem, dass die Arbeit an die Rhythmen der Natur angepasst und Rücksicht auf die Mitgeschöpfe genommen wird. Körperliche Beschäftigung gilt Selke als ein wirksames Heilmittel gegen die Ränke der Dämonen.

Die große Herausforderung jedoch ist die kontemplative und spirituelle Arbeit, die im Dreischritt von Reue, Beichte und Wiedergutmachung (contritio, confessio, satisfactio) zu erfolgen hat. Der Autor spricht von der Macht der Buße (virtus penitencie). Das lateinische Wort «paenitentia» ist die Übersetzung des griechischen «meta-noia», wörtlich um-denken, Sinnesänderung, Umkehr des Denkens. Obgleich das alles sehr religiös und nicht mehr zeitgemäß klingt, lohnt sich die Auseinandersetzung mit den Gedankengängen Richard Selkes, auch weil er das Wissen seiner Zeit, also des frühen 14. Jahrhunderts, verschriftlichte. Befreit man die Textoberfläche vom Gestrüpp der altmodisch religiösen Sprache, dann zeigt sich eine tiefe Kenntnis der menschlichen Seele.

Die Contritio, mit der die Arbeit der Transformation beginnt, steht für die Einsicht, dass etwas falsch gelaufen ist. Eine wichtige Rolle spielen dabei die Tränen: Sie lassen den Willen zur Veränderung aufkeimen. Die Beispiele im «Fasciculus Morum» sind erstaunlich lebensnah. Der Nutzen der Reue wird an der Situation eines Kleinkinds verdeutlicht. Solange es schläft, passiert nichts, erst wenn es aufwacht und anfängt zu schreien, nimmt die

Amme es auf, wiegt es in den Armen, singt Lieder, um die Tränen zu stillen. Das Gleiche geschieht, wenn eine erwachsene Person aufwacht, erkennt, was schiefgelaufen ist, und anfängt zu weinen – hier ist es Christus, der sie in die Arme nimmt wie die Amme den Säugling. Er spendet Trost, wiegt sie hin und her, legt die Seele an die Brust und bietet die Milch der Gnade.

Im zweiten Schritt geht es um das Aussprechen des Kummers. Selke vergleicht die Beichte mit einem Abführmittel, sie dient der inneren Reinigung. Das funktioniert allerdings nur, wenn auch wirklich alles zur Sprache kommt. Sonst nutzt es nichts. So wie es keinen Sinn ergibt, wenn ein Kranker dem Arzt nur von seinem Fieber erzählt, seine Pesterkrankung jedoch verschweigt, oder wenn ein Seemann nur einige der Löcher in seinem Boot stopft und andere offen lässt.

Der dritte Schritt sind die Taten der Wiedergutmachung. Hier beruft sich der Autor auf Aristoteles und Johannes von Salisbury. Die beste Tat ist die Herstellung von Gerechtigkeit, gefolgt von Gebeten und Almosen. Hier spielt Richard Selke auch ein paar klassische Ausreden durch, etwa «Ich werde mich ändern, aber erst morgen». Das sei nur Zeitverschwendung, während wahre Reue Entlastung bietet und die Seele reinigt. So wie der Regen sämtliche Abfälle in die Abwassergräben spült, so säubern Tränen die Seele und spülen all ihren Abfall in den Graben des Vergessens. Eine andere faule Ausrede: «Ich würde mich ja gerne ändern, aber ich bin halt so. Ich kann nicht anders.» Erfrischend lebensecht sind die Gegenargumente Selkes. Man stelle sich vor, einer, der einen Mord begangen hat, würde sich damit rausreden wollen, er habe sich jetzt so an das Morden gewöhnt, dass er es nicht unterlassen könne – jeder sieht ein, dass das nicht geht. Und doch versuchen viele Menschen, so zu argumentieren, wenn es darum geht, etwas, das sie unglücklich macht, zu unterlassen.

Wir brechen hier ab – wenngleich der Reichtum an Geschichten zur befreienden Kraft der Metanoia, der Umkehr, noch lange kein Ende findet.

Im steten Wechsel der Zeiten

Die Einteilung der Zeit in kollektive Rhythmen, in Resonanz mit der Natur, zählt zu den Grundlagen menschlicher Kultur. Hier wird die menschliche Zeit eingeordnet in die unendliche kosmische Zeit, in den Rhythmus von Saat und Ernte, von Trocken- und Regenzeiten, von Sommer und Winter. Der Wechsel von Fastenzeiten und Fruchtbarkeitsfesten feiert die Eingebundenheit und Zugehörigkeit des Homo sapiens zu einer höheren, übergeordneten Macht. Seit Jahrtausenden hat der Mensch diese Zugehörigkeit in Ritualen, Festen, Tänzen, Speisevorschriften immer wieder beschworen. Im Rhythmus der Schwingungen zwischen schneller und langsamer Zeit, Arbeits- und Ruhezeiten, Sommertanz und Winterschlaf findet die Seele des *animal rationale* ihren Resonanzraum.

Rhythmus ist gut für Homo sapiens. Dieses Wissen scheinen die meisten Kulturen zu teilen. Alle folgen in der Zeiteinteilung dem natürlichen Rhythmus des Sonnenjahrs (Solarrhythmus) mit 365,24 Tagen. In vielen Kulturen unterteilte man das Sonnenjahr in Anpassung an den Zyklus des Mondes, der 29,5 Tage umfasst. Hier die Sonne, dort der Mond. Das Problem besteht darin, dass Sonnen- und Mondzyklus sich nicht so einfach synchronisieren lassen. In dieser Dissonanz entstanden unterschiedliche Lösungen zur Rhythmisierung der Zeit. Im alten China zählte man die Tage der Monate einfach von eins bis plus/minus dreißig durch. Die Länge der Monate im altägyptischen Kalender war unterschiedlich lang und richtete sich nach den Zeiten der

Nilschwemme. Die Römer unterteilten ihre Monate in ungleiche Einheiten. Vom ersten Tag eines Monats, Kalendae, über die Nonen (am 5. oder 7. Tag) bis zu den Iden (am 13. oder 15. Tag) und dann wieder zu den Kalenden des Folgemonats. Die Babylonier rechneten in Fünfer- und Siebenereinheiten, man spricht vom Pentadenkalender. Ihr Jahr war eingeteilt in Untereinheiten von sieben mal fünfzig Tagen (insgesamt 350 Tage), dazu fünfzehn Tage am Ende eines Jahres (shappatum). Auch hatten manche Tage innerhalb der Fünfzigereinheiten besondere Bedeutung, vor allem der siebte, der vierzehnte, der neunzehnte, der einundzwanzigste und der achtundzwanzigste Tag. Sie waren mit Tabus belegt, zum Beispiel war Wagenfahren oder der Genuss von gekochtem Fleisch verboten.[19]

In diesem Umfeld, in der Zeit des babylonischen Exils, gewann der jüdische Kalender verbindliche Gestalt. Die Geschichte von der Erschaffung der Welt wurde in einen Sieben-Tage-Rhythmus eingebettet. Das Arbeitstabu an jedem siebten Tag sorgt für eine periodisch verordnete Unterbrechung des Alltags durch kollektive Enthaltsamkeit von Arbeit. Wenn Arbeit zur Herstellung resonanter Weltbeziehungen beiträgt, dann sind Routinen der Unterbrechung notwendige Resonanzverstärker.

Kehren wir noch einmal zu den frühchristlichen Mönchen zurück. Als Antwort auf die Mittagsdämonen des Überdrusses, die Evagrius Ponticus in der ägyptischen Wüste das Leben schwer machten, entwickelte das abendländische Mönchtum eine interessante Abwehrstrategie. Zum einen überführten die Mönche das Leben in gemeinschaftliche Bahnen. Benedikt von Nursia gab diesen Gemeinschaften um das Jahr 600 eine Regel, eine Art Grundgesetz oder Verfassung. Darin wird die zweite Maßnahme festgeschrieben: die Rhythmisierung des Alltags. Durch die Einbindung des Einzelnen in den kollektiven Rhythmus von Arbeit und Gebet werden die Mittagsdämonen gebannt. Der stete Wechsel von Schlaf, Gebet und Handarbeit synchronisiert die Lebensrhythmen, verteilt auf acht Gebetszeiten:

Matutin – gegen zwei Uhr nachts
Laudes – vor Sonnenaufgang
Prime – bei Sonnenaufgang, gegen sechs Uhr
Terz – drei Stunden später, gegen neun Uhr
Sext – sechs Stunden später, gegen zwölf Uhr
None – neun Stunden später, gegen drei Uhr nachmittags
Vesper – bei Sonnenuntergang (vor dem Abendessen)
Komplet – nach Eintritt der Dunkelheit (vor dem Schlafen)

Zwischen den Gebetszeiten wurde gearbeitet, in der Küche, im Speisesaal, in der Kleiderkammer, in der Bibliothek, in den Räumen und Gärten des Klosters. Dabei waren die Rhythmen nicht vollkommen starr. So war zum Beispiel die Anzahl der Stunden im Mittelalter variabel. Der Tag begann bei Sonnenaufgang, im Sommer waren die Tage also länger als im Winter, man lebte im Wechsel zwischen Sommer- und Winterzeit.

Nicht nur der Tag war dynamisch rhythmisiert, sondern auch das Jahr. Der Sommer dauerte von Ostern bis Allerheiligen. Wenn man bedenkt, dass Ostern ein mobiler Feiertag ist, dann konnte ein Sommer acht Monate dauern, von März bis einschließlich Oktober. Das Arbeitsjahr hingegen war dreigeteilt (in Trimester) von Ostern bis zum 1. Oktober, von da bis zum Beginn der Fastenzeit und dann wieder bis Ostern. Die Fastenzeiten, insbesondere die vierzig Tage vor Ostern, waren besonders wertgeschätzte Zeiten, in denen die Handarbeit zugunsten der Lektüre zurücktrat. Und auch die Ernährung variierte im Rhythmus von Fest- und Fastenzeiten.

Der französische Philosoph und Sprachtheoretiker Roland Barthes setzte sich kritisch mit den Vor- und Nachteilen dieser kollektiven, von Menschen gemachten Rhythmen auseinander. In seinen Vorlesungen zum Thema «Wie zusammen leben?» stellt er die «Hetero-Rhythmie», die kollektiven Rhythmen zum Beispiel im Kloster, den individuellen Eigenrhythmen, der «Ideo-Rhythmie», gegenüber. Kollektive Rhythmen sind für Barthes ein rotes Tuch. Von außen aufgezwungen, verhindern sie die freie Entfaltung des Individuums. Und doch sieht er in ihnen den Versuch, Gemeinschaft zu organisieren. Im Phantasma der Gleichförmigkeit sollen die Bedürfnisse nach Allein-sein-Wollen und Zusammenleben-Wollen synthetisiert werden. Den Widerspruch zwischen beidem hält Barthes für unauflöslich – und zugleich erklärt er ihn zum Ursprung der Kultur. Die einzigen Momente, in denen sich diese Frage nicht stellt, sind solche mit der Aura des Ausnahmezustands: Zeiten im Hospiz, wenn die Nähe des Todes eigene Regeln des Zusammenlebens hervorbringt, oder in der Liebesgrotte, wenn Raum und Zeit verschmelzen und aufgehoben werden. Acedia ist für Barthes die große Unbekannte, die es im Widerstreit zwischen Hetero-Rhythmie und Ideo-Rhythmie in Schach zu halten gilt.[20]

Der Rhythmus der Körper: Tanz

Frankreich im späten 12. und 13. Jahrhundert. Die Zeit der Gotik bricht an, und überall werden Kathedralen gebaut. Mit Spitzbogen, Kreuzrippengewölben, Strebewerk und Rosettenfenstern. Dass sich in vielen dieser Kirchen neuen Stils auch Labyrinthe fanden, eingelassen in den Fußbodenplatten des Kirchenschiffes etwa in Sens, Auxerre, Amiens, Reims, Arras, wissen nur wenige.

Nach der griechischen Sage hatte Dädalus dereinst das Labyrinth gebaut, als Gefängnis für den Minotaurus, jenen Stiermenschen, den Zeus als Strafe dem König Minos schickte. Je ein

Dutzend junger Männer und Frauen aus Athen forderte das Ungeheuer jährlich zum Fraß, bis schließlich der Königssohn Theseus dem Albtraum ein Ende bereitete. Er wagte sich in das Labyrinth hinein und tötete den Minotaurus. Mithilfe eines Wollknäuels, das ihm die Königstochter Ariadne zugesteckt hatte, fand er wieder heraus. Doch das Labyrinth war nicht nur Gefängnis für den Minotaurus, sondern auch Tanzfläche für dessen Halbschwester Ariadne. Wie in Homers «Ilias» beschrieben, lehrte Ariadne hier Theseus den Tanz des Lebens und des Todes. Das Labyrinth wurde später auf dem Schild des Achilles abgebildet, und Homer schildert, wie sich eine Kette junger Männer und Frauen tanzend hinein- und dann wieder herausbewegt, angeführt von Theseus, dem Bezwinger des Bösen.

Aber warum ein Labyrinth in einer christlichen Kirche? Die Antwort besteht in der Gegenfrage: Warum nicht? Tanz ist in allen alten Kulturen des Westens und des Ostens ein zentraler Bestandteil der Riten. Das gilt für die hebräischen Traditionen in gleicher Weise wie für die hinduistischen, für die griechischen ebenso wie für die christlichen. König David tanzt vor König Saul, die Gottheit Shiva tanzt in einem feurigen Kreis. Der Tanz hat seinen Ursprung in heiligen Zeremonien. Er entsteht und entwickelt sich im Ritus, heiligt den Raum und steigert das außeralltägliche, religiöse Erleben. Erst die Moderne und auch nur einige wenige westliche Religionen verbannten den Tanz zunehmend aus ihren heiligen Räumen.[21] In der Spätantike wurden diese Tänze im Labyrinth des Lebens in die Riten der jungen christlichen Gemeinschaften aufgenommen. Christus war ein neuer Theseus, der die Seinen errettet. Und diese Geschichte wurde in den Kirchen getanzt.[22]

Eine detaillierte Beschreibung solcher Tänze stammt aus dem spätmittelalterlichen Auxerre. Es tanzten die Kleriker am Ostertag, eine Mischung aus Tanz und Ballspiel. Im Rhythmus des Ostergesangs bewegten sich alle tanzend auf dem Labyrinth. Dabei wurde der Ball zwischen den Tänzern hin- und hergeworfen, und die Herausforderung bestand darin, tanzend den Ball weiterzuspielen, vermutlich mit Füßen, Kopf oder Händen. Die Orgel gab Rhythmus und Tempo vor, und es ging dabei sehr sportlich zu, Verletzungen waren keine Seltenheit. Nach dem Tanz folgte ein üppiges Mahl für alle Mitglieder des Kathedralkapitels. Der jüngste Kleriker musste nicht nur den Ball für das Spiel besorgen, sondern auch das Essen für alle. Wir kennen einige Details dieses Tanzes deshalb, weil manche Kleriker sich wehrten und keine Lust hatten, so viel Geld für das Tanzspiel und das anschließende Festgelage auszugeben.[23]

Die meisten Labyrinthe wurden während der Französischen Revolution oder im Zuge von Renovierungen im 18. und 19. Jahrhundert entfernt. Sie passten nicht in das Bild von der Erhabenheit gotischer Architektur, das sich in der Moderne allmählich durchsetzte. Auch passten sie nicht in deren Vorstellung davon, wie Religion und Kirche funktionierten. Die Spuren von Tanz und Spiel, ähnlich wie die bunte Bemalung mittelalterlicher Skulpturen, wurden einfach getilgt. Die zahlreich überlieferten Verbote, Vorschriften und Ermahnungen zum Thema Tanz hingegen entwickelten ein Eigenleben und festigten das Bild der tanz- und lustfeindlichen vormodernen Religiosität.

Erst die neuere Forschung hat den Blick wieder auf die vielschichtigen Funktionen religiöser Räume und Riten gelenkt. So fungierten Altäre als Mittelpunkt von Tänzen, mit denen die Mönche und Chorherren der Osterfreude, dem später sogenannten Osterlachen, Ausdruck verliehen. Prozessionen waren alles andere als erstarrte Tradition. Es gibt Hinweise darauf, dass auch zur Liturgie an großen Festtagen wie Fronleichnam oder den Marienfesten Tänze gehörten. Die Londoner Historikerin Miri Rubin vermutet, dass die Echternacher Springprozession, bei der die Gläubigen noch heute tanzend zum Grab des heiligen Willibrord pilgern, Spuren solcher Prozessionstänze bewahrt. Die meisten christlichen Prozessionen des Mittelalters umkreisten ein bestimmtes Gebiet und endeten dort, wo sie begannen. Sie wurden als symbolische Rekonstruktionen der gottgegebenen Ordnung verstanden, die durch Gebet, Gesang und Tanz im Hier und Jetzt aktualisiert wurde.[24]

Auch als Heilmittel wird Tanzen in ärztlichen Ratgebern des Mittelalters verschrieben. Ein Handbuch mit Gesundheitsregeln aus der Mitte des 15. Jahrhunderts, in zahlreichen Prachthandschriften überliefert, enthält ein Kapitel mit der Überschrift «Sonare et ballare», also Musik spielen und tanzen. Der Kommentar unterscheidet verschiedene Formen des Tanzes, je nach Beinbewegung und Art der Musik. Erfolg versprechend sei die Therapie dann, wenn es gelinge, sich in den Ton und den Gesang zu vertiefen, sich darin fallen zu lassen. Dazu kommt noch, dass man sich an der Harmonie erfreuen kann. Das einzige Problem mit dem Tanz sei, dass man sich ärgere, wenn die Musik aufhört. Doch genau damit setze auch der Gesundungseffekt (remedium) ein.[25]

Abschließend ein paar Worte zum kosmischen Charakter des Tanzes, als Versuch der Herstellung von Resonanz im Rhythmus von Zeit und Raum.[26] Das «Stundenbuch» des Charles d'Angoulême liegt heute in der Bibliothèque nationale de France in Paris. Ein privates Andachtsbuch, wie sie seit dem 14. Jahrhundert zunehmend populär wurden. Es besteht aus einem Kalender- und einem Textteil mit Gebeten, die zu bestimmten Stunden – daher der Name «Stundenbuch» – gesprochen wurden. Neben der weiten Verbreitung erstaunt die große Zahl an Prachthandschriften von herausragenden Künstlerinnen und Künstlern. Eine davon befand sich im Besitz von Charles de Valois, Herzog von Angoulême. Er hatte einen Namen als Förderer der Künste und gab bei Robinet Testard, einem der produktivsten und originellsten Künstler seiner Zeit, eine Prachthandschrift in Auftrag. Testards Bilder, gearbeitet aus Vorlagen des deutschen Kollegen Israhel van Meckenem, bestechen durch außergewöhnliche Naturnähe, durch den Wechsel zwischen verspielten Ornamenten, dramatischer Lebendigkeit und Szenen des Alltagslebens, darunter ein wunderschöner «Weihnachtstanz» zur Verkündigung der Geburt Jesu durch den Engel, der des Nachts den Hirten auf dem Feld erscheint.

Ein Weihnachtsbild. Der französische Historiker Jean-Claude Schmitt beschreibt die Darstellung als eindrückliches Sinnbild von Rhythmus und Kosmos. Der Himmel, mit Wölkchen, der Verkündigungsengel, ein Hirtenpaar, rechts oben im Bild, und im Zentrum eine Tanzgruppe. Rechts sitzt ein Hirte und spielt die Musik. Sechs Paare verschiedenen Alters, angeführt von einem jungen Paar auf der rechten Seite des Baumes, um den die Gruppe tanzt. Der Mann, mit geschwellter Brust, reicht die rechte Hand der Partnerin. Die berührt den Baum in der Mitte, so wie das auch der Mann des zweiten Paares tut. In der Mitte des Bildes, genau über der Hand der jungen Tänzerin, steht ein Lamm. Dadurch entsteht eine Art Kreuz. Die weißen Tiere rechts und links – ein Lamm und ein Widder – betonen den Dreischritt des Tanzes.

Robinet Testard fasst hier die ganze gelehrte Wissenstradition der abendländischen Kultur zusammen. Das Kreuz und das Lamm stehen für die Erlösungshoffnung, die Tänzerinnen und Tänzer zeigen die drei Lebensalter des Menschen. Der Tanz verknüpft die Musik des Himmels, hier vertreten durch den Engel, mit der Musik der Menschen. Das Bild zeigt, so Jean-Claude Schmitt, gemalte Rhythmen: einen ternären Rhythmus, auf Triolen aufgebaut, in den drei Tanzenden auf der rechten Seite des Baumes, in den drei Ästen, die vom Stamm abgehen, in den drei weißen Schafen; und einen quaternären Rhythmus in den vier Personen auf der linken Seite des Bildes. Ein Kunstwerk, das die verschiedenen Rhythmen der Natur und der Menschen gleich-

Der Weihnachtstanz aus dem «Stundenbuch» des Charles d'Angoulême.

sam synchronisiert, in den drei mal vier Blattkronen des Baumes, im Rhythmus der Körper, menschlicher Körper und Himmelskörper. Im Rhythmus des Tanzes entsteht jene kosmische Einheit, jene Bewegung, in der die Seele Ruhe findet, in der sich die Erstarrung der Acedia löst.[27]

Die größte Gefahr: toxische Gelassenheit angesichts offensichtlicher Krisen

In den ältesten griechischen Texten bedeutet der Begriff *a-kêdeia*, wie eingangs erwähnt, Mangel an Sorge, fehlende Achtsamkeit, fehlende Wertschätzung. Eine Form der Gelassenheit, die man fahrlässig nennen könnte, der verantwortungslose Umgang mit dem, was wichtig und kostbar ist. In genau dieser Bedeutung warf Empedokles im 5. Jahrhundert v. Chr. seinen Zeitgenossen *a-kêdeia* im Umgang mit ihren Brüdern und Schwestern vor. Was überraschen mag: Er meinte damit Tiere. Genauer noch jene Opfertiere, die an den Altären abgeschlachtet wurden. Hört endlich auf mit dem verhassten Morden, hört auf, Tiere zu essen, rief er den Menschen zu, merkt ihr nicht, wie ihr eure eigenen Lebensgrundlagen zerstört?[28]

Im letzten Teil dieses Kapitels geht es um die Gefahren der Acedia im Sinne des Empedokles: die mangelnde Achtsamkeit und Sorge für das große Ganze. Acedia ist im Zeitalter der Multikrisen aktueller denn je, sie besteht vor allem im ängstlichen Rückzug in die eigene Komfortzone. Sich nicht kümmern wollen oder können; im immer heißer werdenden Wohnzimmer ausharren, den Feueralarm ignorieren, auch dann, wenn das Haus bereits in Flammen steht. Ein Paradebeispiel für die lebensbedrohlichen Folgen der Acedia bietet die Geschichte der osmanischen Eroberung Konstantinopels im Jahr 1453.

«Kurz und vergänglich sind die Augenblicke der Vernunft und der Versöhnung in der Geschichte»

(Stefan Zweig)[29]

Am frühen Morgen des 29. Mai 1453 – es ist noch finstere Nacht – erfolgt der Befehl zum Angriff. Mit Leitern, Seilen und Haken versuchen die Angreifer, die dicken Mauern der Stadt zu erstürmen. Unter unablässigem Getöse von Trommeln, Fanfaren, Pauken und Kanonendonner. Die leichten Fußtruppen des Feindes klettern die Zinnen empor, werden hinuntergeworfen, stürmen wieder hinan, immer wieder, denn es gibt keinen Weg zurück. Hinter ihnen stehen schon die Kerntruppen. Zunächst behalten die Verteidiger in der Stadt die Oberhand, ihren Maschenpanzern können die zahllosen Pfeile und Steine nichts anhaben. Doch irgendwann stellt sich Ermüdung ein. Man kann nicht ewig in schweren Rüstungen gegen die immer wieder vorpreschenden Leichttruppen ankämpfen. Es dämmert bereits, als ausgeruhte Sturmtruppen angreifen, gefolgt von den Janitscharen, der Elitegarde des osmanischen Heeres. Mit einem einzigen Schrei werfen sie sich auf die erschöpften Gegner. Im Inneren der Mauern beginnt man die Glocken zu läuten, um die letzten halbwegs Kampffähigen an die Wälle zu rufen. Der Kaiser von Konstantinopel selbst tritt auf den Plan, um den drohenden Einbruch zu verhindern. Noch einmal gelingt es, die Sturmleitern hinabzustoßen: Für einen Atemzug noch scheint Byzanz gerettet, die größte Not hat über den wildesten Angriff gesiegt.

Da entscheidet ein tragischer Zwischenfall mit einem Schlag das Schicksal von Byzanz. Etwas völlig Unerwartetes geschieht. Durch eine Bresche in der Außenmauer können einige Kämpfer bis zur inneren Stadtmauer vordringen, wo sie ein winziges Tor entdecken, die sogenannte Kerkaporta. Durch ein bis heute ungeklärtes Versehen war diese offen geblieben. Das Törchen war in Friedenszeiten für die Fußgänger bestimmt, damit diese, wenn die großen Tore der Stadt noch geschlossen waren, trotzdem in die Stadt gelangen konnten. Durch dieses Törchen gelangt nun ein ganzer Trupp völlig widerstandslos in die Innenstadt. Von dort fallen die Eindringlinge den ahnungslosen Verteidigern der äußeren Stadtmauer in den Rücken.

Völlig überrascht vom plötzlichen Auftauchen der Feinde hinter den eigenen Reihen ertönt jener verhängnisvolle Ruf, der in jeder Schlacht mörderischer ist als alle Kanonen: Die Stadt ist genommen! Das Signal bricht allen Widerstand. Vergeblich wirft sich Konstantin mit einigen Getreuen den Eindringlingen entgegen. Der Kaiser fällt im Getümmel, und erst am nächsten Tag findet man ihn in einem Leichenhaufen, zu erkennen nur an den purpurnen Schuhen mit dem goldenen Adler. Der letzte Kaiser Ostroms hat sein Leben und zugleich sein Reich verloren.

Was Stefan Zweig in seinen «Sternstunden der Menschheit» so eindrücklich erzählt, ging als Urkatastrophe in die frühneuzeitliche Geschichte Europas ein. Das Ende des Oströmischen Reiches mit der Eroberung Konstantinopels durch den jungen osmanischen Herrscher Mehmet II. am 29. Mai 1453 schien das größte Unheil aller Zeiten, schlimmer noch als die Zerstörung Trojas – nichts weniger als den Untergang des Abendlandes beweinten die Zeitgenossen.[30] Als dann zwei Generationen später, im Jahr 1526, ein osmanisches Heer vor den Toren der Stadt Wien auftauchte, machten sich Enkel und Urenkel Gedanken darüber, was ihre Vorfahren sich wohl dabei gedacht hatten, als sie tatenlos dem Untergang Konstantinopels zusahen.

Dabei ging es nicht um irgendeine Stadt. Konstantinopel war seit 324 – dem Jahr, in dem Konstantin der Große über Licinius gesiegt hatte – Hauptstadt des Oströmischen Reichs. Die griechische Stadt Byzantion, vermutlich schon damals über zweitausend Jahre alt, wurde in Konstantinopel umbenannt. Während das weströmische Reich im Jahr 476 mit dem Tod des Romulus Augustulus untergegangen war, lebte das Byzantinische Reich ein weiteres Jahrtausend fort. Es umfasste Mitte des 6. Jahrhunderts unter Kaiser Justinian weite Teile Italiens, des Balkans, Nordafrikas und die arabische Halbinsel. Mit der arabischen Expansion im 7. Jahrhundert verkleinerte sich das Gebiet auf Teile der heutigen Türkei und Syriens sowie auf zahlreiche Satrapenstaaten entlang der nördlichen Mittelmeerküste. Im 14. Jahrhundert mehrten sich die Konflikte mit dem aufstrebenden Nachbarn in Bithynien: den Osmanen.

Doch schien die Stadt noch immer unbezwingbar. Das lag zum einen an der jahrtausendealten Tradition, zum anderen an ihrer gewaltigen Festungsanlage, der sogenannten Theodosianischen Mauer aus der Zeit des Kaisers Theodosius im 5. Jahrhundert n. Chr. Das Mauersystem war zwanzig Kilometer lang und umgab die ganze Stadt: 5,5 Kilometer Landmauern, sieben Kilometer Mauern entlang des Goldenen Horns und 7,5 Kilometer entlang des Marmarameeres, ergänzt durch ein dreistufiges Landmauersystem, bestehend aus dem sieben Meter tiefen Wassergraben, der acht Meter hohen äußeren Mauer und schließlich der bis zu zwölf Meter hohen inneren Mauer, beschirmt von 82 Türmen.[31]

Chronik einer angekündigten Katastrophe

Jeder sah sie kommen, die Krise. Man wusste Bescheid. Das wissen wir aus den Aufzeichnungen zahlreicher Historiker der Zeit, darunter Sphrantzes (1401 bis 1477/1478), Laonikos Chalkokondyles (ca. 1423/1430 bis ca. 1490), Dukas (ca. 1400 bis 1462) und Kritobulos von Imbros (ca. 1400/1410 bis nach 1468).[32] Sphrantzes war zunächst Page und dann Kammerherr am Hof des Kaisers gewesen, dann stieg er zum Gesandten auf und schließlich zum Minister unter Kaiser Konstantin XI. Er erlebte die Jahre vor der Eroberung der Stadt aus nächster Nähe mit. Bei der Einnahme wurde er gefangen genommen, er konnte sich jedoch freikaufen und lebte fortan als Mönch auf der Insel Korfu. Dort verfasste er seine «Große Chronik» (Chronicon maius), gestützt auf sein persönliches Tagebuch, Nachrichten aus erster Hand sowie Aufzeichnungen des Hofes und seiner Familie.[33]

Georgios Sphrantzes dokumentiert die beschämende Untätigkeit der Zeitgenossen. Unzählige Hilfsgesuche erreichten die europäischen Herrscher, diplomatische Gesandtschaften stauten sich an den Fürstenhöfen. Und das nicht erst kurz vor der Katastrophe. Bereits im Jahr 1438/39 unternahm Kaiser Johannes VIII. von Konstantinopel eine ausgedehnte diplomatische Auslandsreise, auf der er alle seine europäischen Kollegen in England, Frankreich und dem Reich besuchte, um schließlich mit dem Papst über Lösungen zu verhandeln. Eugen IV. signalisierte ihm, er würde ja gerne helfen, aber zuerst sollte die griechisch-orthodoxe Kirche des Ostens mit der römisch-katholischen Kirche des Westens vereint werden. Im Klartext hieß das, erst sollte der griechische Patriarch die oberste Autorität des Papstes anerkennen. Auf dem Konzil von Ferrara-Florenz näherte man sich einer Lösung und verabschiedete gar eine «Unionsbulle». Der Kaiser von Konstantinopel und der eigens angereiste Patriarch von Konstantinopel erkannten die Oberhoheit des Papstes an – im Gegenzug für militärische Unterstützung gegen die Osmanen. Doch diese blieb aus. Entsprechend verweigerte sich ein Großteil der orthodoxen Kirche weiterhin einer Union.

In den europäischen Großstädten kamen täglich immer mehr Flüchtlinge aus dem Osten an. Sie berichteten davon, wie bedrohlich die Situation war, erbaten Audienzen bei den Herrschern und mahnten, doch endlich etwas zu unternehmen. Der Wortführer der Flüchtlinge in Rom war ein gewisser Filelfo da Tolentino.

Er bekam Briefe von seiner Schwiegermutter in Konstantinopel, wusste also Bescheid und informierte regelmäßig den Papst. Dieser aber – Nikolaus V., seit 1447 Nachfolger von Eugen IV. – war eher ein Gelehrter als ein Kriegsführer. Sein Herz schlug für die Wissenschaft, er war der Gründer der Vatikanischen Bibliothek, ein Mann des Friedens. Außerdem lag ihm nicht viel daran, einer Stadt zu helfen, die sich nach wie vor weigerte, die Kirchenunion zu vollziehen.

Einzig ein Bündnis zwischen Ungarn, Polen, Serbien, Albanien und dem Emirat Karaman in Anatolien ergriff aktiv Maßnahmen zur Unterstützung Konstantinopels. Zum entscheidenden politischen Aktivisten wurde hier Johann Hunyadi, ein ungarischer Regent und Heerführer, dem mehrere militärische Erfolge gegen die Osmanen gelangen. Auch er versuchte immer wieder, die Westeuropäer zu mobilisieren, stieß jedoch aller Orten auf taube Ohren. Schließlich zerschlugen sich die Hoffnungen auf einen Sieg durch die Niederlagen gegen die Osmanen in der Schlacht bei Varna (1444) und auf dem Amselfeld (1448). Die andere Ausnahme war Alfons V. von Aragon. Er hatte 1443 den Thron von Neapel übernommen und war bereit, einen Kriegszug zu führen, weil er selbst gerne Kaiser von Konstantinopel geworden wäre.

Als im Jahr 1451 Sultan Murat verstarb und sein Sohn Mehmet die Nachfolge antrat, der keinen Hehl aus seiner Absicht machte, die Stadt zu erobern, intensivierte der Kaiser von Konstantinopel – jetzt Konstantin XI. – seine kaiserlichen Hilfsgesuche an die europäischen Kollegen.[34] Nach wie vor waren diese jedoch zu sehr anderweitig beschäftigt, um sich der Sache anzunehmen. Karl VII., König von Frankreich, antwortete gar nicht auf die Bitte, ein Heer zur Unterstützung aufzustellen. Er kämpfte mit den Folgen des Hundertjährigen Krieges und noch dazu mit seinem mächtigsten Vasallen Philipp dem Guten von Burgund, dessen Besitzungen wesentlich größer waren als seine eigenen. Der deutsche König

Friedrich III. war leider verhindert, weil er seine für März 1452 geplante Kaiserkrönung in Rom vorbereiten musste. Zudem wollte er auch König von Ungarn und Böhmen werden, weshalb er kein Interesse daran hatte, mit dem ungarischen Regenten Hunyadi zusammenzuarbeiten. Die mächtige Seerepublik Venedig steckte in einer Zwickmühle. Man hatte über Jahrhunderte ein ganzes Stadtviertel in Konstantinopel als lukrative Handelsniederlassung aufgebaut, und Kaiser Konstantin hatte die venezianischen Handelsprivilegien 1450 bestätigt. Allerdings betrieb Venedig auch sehr einträgliche Handelsgeschäfte in den osmanischen Häfen, und es gab Venezianer in Konstantinopel, die der Meinung waren, dass die Eroberung der Stadt durch den Sultan der Region mehr Stabilität und Wohlstand bringen würde. Vielleicht war es das Beste, Konstantinopel einfach seinem Schicksal zu überlassen? Nur zaghaft wurden Schiffe und Soldaten geschickt, mit dem unspezifischen Auftrag, die Christen in der Stadt zu schützen. Genua war in einer ähnlichen Zwickmühle. Hier zog man sich elegant aus der Affäre, indem man die Entscheidung auf die Einzelnen abwälzte: Großzügig gestattete der Stadtrat jedem Staatsbürger der Republik Genua in Sachen Handel oder Unterstützung für Konstantinopel zu tun, was ihm beliebte.

Noch im Januar 1453 – also vier Monate vor der Eroberung – schrieb Papst Nikolaus V. aus Rom einen Brief an Kaiser Konstantin XI. in Konstantinopel. Er beteuert, wie gern er helfen würde, dass dies jedoch leider unmöglich sei, solange die Ostkirche die Anerkennung des Papstes in Rom verweigere.[35] Die Situation war beschämend. Rom zögerte und stellte Bedingungen. Venedig verhielt sich abwartend, wollte Genua austricksen, Genua seinerseits wollte Venedig ruhigstellen. Frankreich, Deutschland, England ... Alle waren vollauf daheim beschäftigt. Niemand wollte etwas tun. Es nützt eh nichts – das war die Lehre aus den Niederlagen von Varna und auf dem Amselfeld. Es war viel angenehmer zu glauben, dass es keinen Handlungsbedarf gebe. Alle Beteiligten betrieben Kirchturmpolitik, wo äußerste Weitsicht gefragt gewesen wäre.[36]

«Gehässigkeit macht blind, selbst für den eigenen Vorteil»

(Georgios Sphrantzes)

Man könnte einwenden, dass es für die Zeitgenossen schwieriger war, den Ernst der Lage zu erfassen, als für uns heute, die wir ja den Ausgang der Geschichte kennen. Dem widersprechen allerdings die Berichte der Zeitgenossen. Georgios Sphrantzes, langjähriger Beamter im Dienst des Kaisers von Konstantinopel und noch dazu Augenzeuge der Eroberung, beschrieb die Situation als unmittelbar Beteiligter folgendermaßen: «Wenn einer fragen sollte: Was hat denn der Kaiser in der Zeit der Belagerung gemacht, während der Sultan sich zum Feldzug rüstete, und was haben die christlichen Fürsten der auswärtigen Länder getan, um uns zu helfen, so muss ich sagen: nichts, wie man gesehen hat [...].»[37]

Woran das lag? Einer der wichtigsten Gründe, das wird in der Darstellung von Sphrantzes fast auf jeder Seite deutlich, war das Verharren in der Komfortzone. Statt sich zusammenzutun und gemeinsam eine Strategie zu entwickeln, kämpfte jeder für die Durchsetzung der eigenen Interessen. «In Venedig saß man darüber zu Rate, ob man Hilfe leisten solle; da erhob sich Francesco Foscari, der damals Doge war, und sprach dagegen. Nicht aus mangelnder Einsicht in die Lage – denn es war das allgemeine Urteil der Leute, dass man einen klügeren Mann in ganz Italien nicht finden könne –, sondern aus Hass und Missgunst. Gehässigkeit aber macht blind, selbst für den eigenen Vorteil.»[38] Vielfach waren es gänzlich lapidare persönliche Feindschaften, die die Kooperation verhinderten. Im Falle Venedigs verhielt es sich laut Sphrantzes folgendermaßen: Der Doge war sauer, weil man in Konstantinopel die geplante Verheiratung seiner Tochter hatte platzen lassen. Als der spätere Kaiser noch ein kleiner Herrscher in Griechenland war, hatte man eine Ehevereinbarung getroffen. Doch als Konstantin dann Kaiser wurde, verheiratete man die Tochter des Dogen kurzfristig mit einem unbedeutenden byzantinischen Adeligen. Sie wurde nicht Kaiserin. Diese Kränkung hatte der Doge nicht verkraftet, und so war es für ihn leider unmöglich, den Nachbarn zu Hilfe zu kommen.

Immer wieder hebt Sphrantzes hervor, welche verhängnisvolle Rolle «Zwietracht, Feigheit und Habgier» spielten. Ganz Europa verharrte in einer kollektiven Lähmung, unfähig, gemeinsam zu agieren. Selbst wenn die Einsicht gegeben war, wie bei den Venezianern, unternahm man nichts, einfach aus Missgunst. Stattdessen stellte jeder Forderungen und Bedingungen. In Konstantinopel selbst war die Situation nicht anders. Auch dort wurde man sich nicht einig und verlor sich in internen Grabenkämpfen.

Wer in der Krise nicht investiert, den bestraft das Leben

Ein tragisches Beispiel dafür, wie teuer verzögerte Investitionen zur Verhinderung einer Katastrophe denjenigen zu stehen kommen, der es eigentlich besser wissen müsste, liefert die Geschichte des Lukas Notaras. Er war der ranghöchste Adelige in Konstantinopel, der oberste Minister des Kaisers. Doch anscheinend setzte er in der Zeit der Krise auf eine Politik der Schuldenbremse, um Mehmet II. dann ein schuldenfreies Reich übergeben zu können. Sein Vorhaben ging nicht gut aus:

Der Großadmiral, Herr Lukas Notaras, erschien vor dem Sultan [Mehmet II.], warf sich vor ihm nieder und übergab ihm einen überreichen Schatz, den er angespart hatte: Edelsteine, Perlen und andere Kostbarkeiten. Allesamt eines Kaisers würdig. Als das der Sultan sah und seine Begleiter mit ihm, da staunten sie. Notaras aber sprach zum Sultan: «Das alles habe ich aufbewahrt für Deine Majestät, und jetzt schenke ich es Dir. Ich bitte Dich, nimm die Bitten und Wünsche Deines Dieners gnädig entgegen.» Er hoffte, dadurch für sich und seine Familie die Freiheit zu erkaufen. Der Sultan aber antwortete ihm: «Du Hund und nicht Mensch, Du Ränkeschmied und Erzschelm! Solche Schätze besaßest Du und hast nicht dem Kaiser, Deinem Herrn, Deiner Stadt und Deinem Vaterland damit ausgeholfen? Und nach so viel Betrug und Arglist, die Du seit Deiner Jugend zu üben wusstest, willst Du nun auch mich betrügerisch verblenden und dem Schicksal entfliehen, was Dir gebührt?» [...] Und er befahl den Trabanten, ihn ins Gefängnis zu werfen und scharf zu bewachen. Am nächsten Tag ließ er ihn sich wieder vorführen und sprach zu ihm: «Wenn Du schon Deinem Kaiser und Deinem Land mit dem Schatz, den Du hattest, nicht zu helfen bereit warst, warum hast Du nicht wenigstens dem Kaiser geraten, auf meinen Vorschlag einzugehen, als ich ihm anbot, er solle in Frieden und Freundschaft mir die Stadt übergeben und ich würde ihm dafür einen anderen Ort anweisen, damit zwischen uns nicht ein solches Blutvergießen entstehe?» Er aber erwiderte: «In dieser Sache bin ich unschuldig. Es waren die Venezianer und die Leute in Galata, die haben dem Kaiser versprochen, dass sie ihm eine Flotte und ein Heer zu Hilfe schicken würden.» Der Sultan sprach: «Du weißt viel Lügen auszusinnen. Jetzt ist aber nicht die Zeit, wo Dir das Lügen helfen kann.» Und er befahl, dass am nächsten Morgen auf dem Kahlen Hügel zuerst vor seinen Augen seine beiden Söhne hingerichtet werden sollten, von denen er für den einen vom Kaiser den Titel des Connétable, für den anderen den Titel des Großlogotheten erbeten hatte, und dann solle er selbst hingerichtet werden; und so geschah es auch. Das war das Ende des Lukas Notaras.[39]

«Wir glauben, wir können eine Entwicklung bremsen, indem wir uns weigern, sie zur Kenntnis zu nehmen»

(Wallander)[40]

Bereits aus Sicht der Zeitgenossen war es eine komplexe Gemengelage, die für die Untätigkeit und Handlungsunfähigkeit des Westens verantwortlich war – das ist die Einsicht, die sich aus Sphrantzes' Überlieferung gewinnen lässt. Zusammenfassend konstatiert der Historiker: «[Die lateinischen Mächte] sind voll Misstrauen im Umgang miteinander. Sie beraten, überlegen und reden viel, aber tun wenig, und was sie am Abend vorher beschlossen haben, wird am Morgen wieder umgestoßen. Und selbst wenn es dabei bleibt, sind sie säumig in der Durchführung, weil ein jeder die gelegene Zeit für seine besonderen Pläne und Absichten abwartet. Und [...] dann bringen sie [ihr Werk] nicht zu Ende, weil sie sich inzwischen veruneinigen.»[41]

Nachdem Konstantinopel durch die Truppen Mehmets II. eingenommen worden war, jammerte ganz Europa. Man beweinte den «Untergang des Abendlands» und verbrachte die nächsten dreihundert Jahre damit, in Schmähschriften, Predigten und politischer Propaganda die sogenannte «Türkengefahr» zu beschwören. Polemik gegen Muslime und Angst vor den Osmanen bestimmten das politische Klima der Frühen Neuzeit.[42]

Dabei war die lateinische Christenheit sehenden Auges in die Katastrophe hineingelaufen. Und die kam ja nicht über Nacht, sondern mit Ansage. Aber offensichtlich glaubten auch im 15. Jahrhundert Teile der politischen und wirtschaftlichen Eliten, bedrohliche Entwicklungen aufhalten zu können, indem man sie ignoriert.

Um Missverständnissen vorzubeugen: Natürlich hinkt der Vergleich zwischen den Krisen des 21. Jahrhunderts und der Eroberung Konstantinopels rund sechshundert Jahre früher. Damals ging es nicht um die Zukunft der Menschheit, sondern um den Widerstand gegen eine junge, schlagkräftige, aufstrebende Macht, die im Westen systematisch unterschätzt wurde. Erst als es zu spät war, erkannte man die herausragende organisatorische und kulturelle Stärke der vermeintlich gottlosen Feinde – übrigens in völliger Unkenntnis ihrer monotheistischen und überaus gottesfürchtigen Schwesterreligion. 1453 drehte sich das Rad der Geschichte weiter. Der Westen hatte ganz entscheidende Entwicklungen im Osten einfach verschlafen.

Es gibt einen weiteren entscheidenden Unterschied zwischen den Krisen des 15. und denen des 21. Jahrhunderts. Für das Osmanische Reich war die Eroberung Konstantinopels der Ausgangspunkt für ein halbes Jahrtausend Weltgeschichte. Erst im frühen 20. Jahrhundert ging das Reich unter, und Atatürk suchte bewusst einen Neuanfang, als er 1923 die Hauptstadt seines modernen, säkularen türkischen Staates nach Ankara verlegte. Die Katastrophen, vor denen wir im 21. Jahrhundert stehen, kennen dagegen keine Gewinner: Wenn wir nichts tun, wird es nur Verlierer geben.

V. INVIDIA – KONKURRENZ

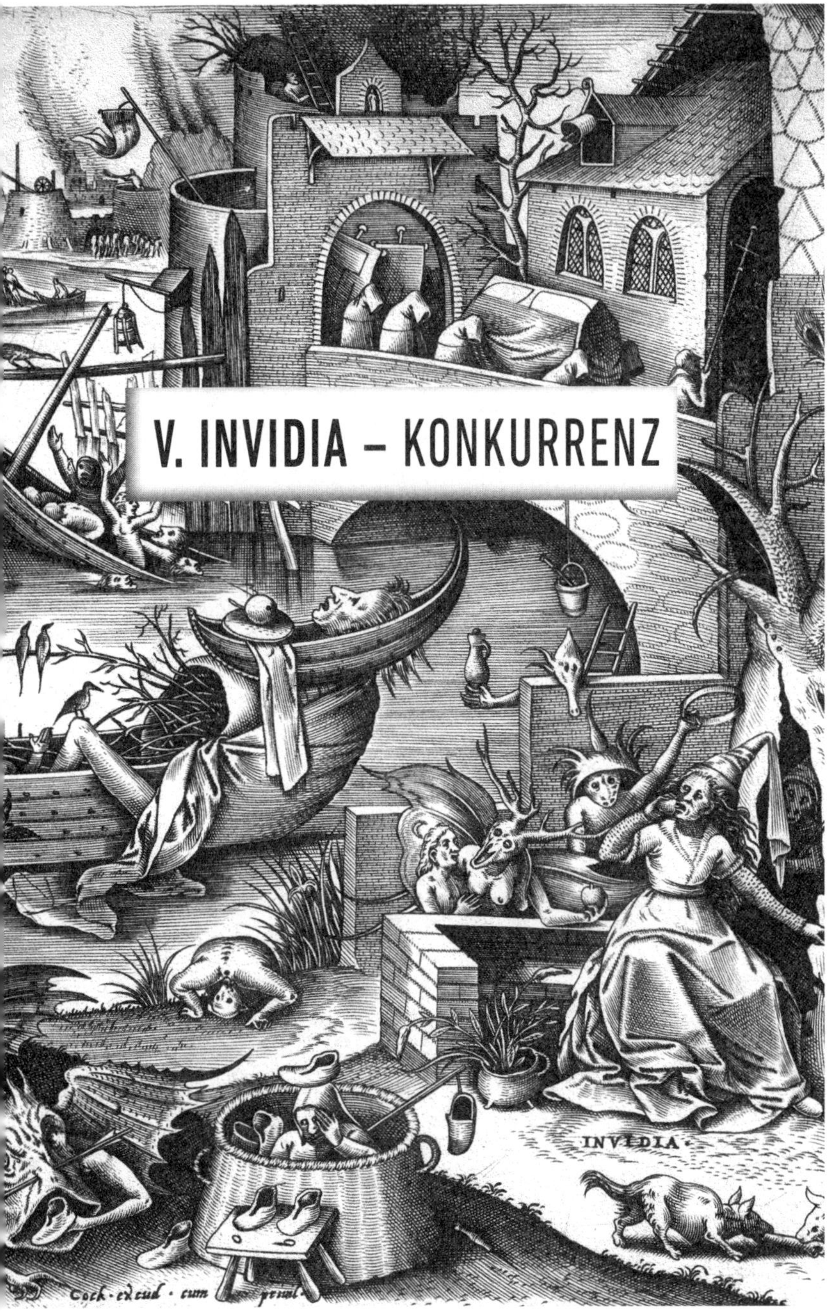

Immer der Beste zu sein und ausgezeichnet vor andern! Das war der Rat, mit dem Peleus seinen Sohn Achill verabschiedete. Odysseus hatte ihn für das Heer der Griechen im Kampf gegen Troja rekrutiert, was keine einfache Sache war. Die Eltern wollten nicht, dass der begabte Knabe in den Krieg zog, also hatten sie ihn, verkleidet als Mädchen, am Hof des Königs Lykomedes auf der griechischen Insel Skyros versteckt. Er fiel gar nicht auf unter den vielen Töchtern des Königs. Doch Odysseus wandte eine List an. Er brachte Geschenke mit für die Prinzessinnen: schöne Kleider, Schmuck, Geschmeide und Waffen. Die Königstöchter kamen, staunten und freuten sich. Odysseus beobachtete die Mädchen und erkannte in kürzester Zeit Achill: Er war diejenige unter den Königstöchtern, die sich für die Waffen interessierte.

So zumindest erzählte man sich die Geschichte Jahrhunderte später, um Odysseus' Klugheit anschaulich zu machen. Ihre älteste Fassung, die des Homer, der im 8. Jahrhundert den Krieg der Griechen gegen Troja in der «Ilias» besang, wusste nichts von diesem Gender-Bias. Hier gibt Peleus seinem Sohn, als dieser von den Gesandten des griechischen Königs Agamemnon eingezogen wurde, einfach nur den Rat, immer besser zu sein als die anderen. Und Achill beherzigte den Ratschlag. Er war besser als alle, kämpfte wie ein Löwe, besiegte jeden Gegner. Mit ihm gewann das griechische Heer jede Schlacht gegen die Trojaner.[1]

«Agon» ist das griechische Wort für diesen ausgeprägten Wettkampfgeist. Er war nicht nur für Achill Programm. Vom «agonalen Geist» sprach Jacob Burckhardt, der wohl einflussreichste Kulturhistoriker des späten 19. Jahrhunderts, in seinen

Vorlesungen zur «Griechischen Culturgeschichte» an der Universität Basel (1858 bis 1886). Er identifizierte den Wetteifer, den unbedingten Willen, in der Rangordnung aufzusteigen, als Alleinstellungsmerkmal und Erfolgsgeheimnis der antiken Griechen.[2] Eingeübt wurde dieser «agonale Geist» insbesondere bei sportlichen Wettkämpfen, allen voran den Olympischen Spielen, die um 700 v. Chr. überregionale Bedeutung gewannen. Gemeinsam mit den Pythischen, Isthmischen und Nemeischen Spielen bildeten sie den «Grand Slam» der antiken Sportwettkämpfe. Auch die griechische Dicht- und Redekunst, das Theater, Gesang, Tanz, ja selbst Medizin und Philosophie wurden im Wettbewerb betrieben. Dabei gab es nicht einmal besonders viel zu gewinnen: einen Siegeskranz aus Lorbeerzweigen, zuweilen Sachpreise wie Dreifüße, Bronzegefäße oder besonders schön geschmückte, mit Öl gefüllte Amphoren. Für die Besten der Besten wurden Siegerstatuen errichtet. Eine der bekanntesten ist der delphische Wagenlenker, heute im Archäologischen Museum von Delphi. Als Sieger geehrt wird hier freilich der Besitzer des Gespanns, nicht der Sportler.[3]

Auch in anderen Kulturen spielen Wettkämpfe eine wichtige Rolle. Viele ägyptische Pharaonen rühmten sich ihrer Meisterschaft im Bogenschießen oder im Ringkampf. Allerdings gab es einen entscheidenden Unterschied zum Agon der Griechen: Kein Pharao wäre je auf die Idee gekommen, sich einem Wettkampf zu stellen, den er tatsächlich hätte verlieren können. Bei den Griechen wiederum ging es nicht um Höchstleistung an sich, sonst hätte man, wie im heutigen Sport üblich, die Steigerung von Bestzeiten oder neue Rekorde aufgezeichnet. Was zählte, war einzig, besser zu sein als die anderen. Das Motto «Dabei sein ist alles» wäre damals undenkbar gewesen. Der griechische Athlet ging nicht in den Wettkampf, um zu spielen, sondern um zu siegen. Zu verlieren bedeutete Ehrverlust. So beschreibt etwa der griechische Dichter Pindar, der sein Geld mit Preisgesängen (Epinikien) für die Sieger verdiente, in einer Lobeshymne auf den siegreichen Ringer Aristomenes ausgiebig das elende Schicksal der Verlierer: wie sie heimlich durch die Gassen schleichen, sich nicht mehr nach Hause trauen und wie sie, vom Unglück zerrissen, das entehrende Gerede der Leute ertragen müssen. Ihre Schmach, die öffentliche Häme über ihre Niederlage, erhöht die Ehre des Siegers.[4]

Neid ist der Sammelbegriff für die dunklen Seiten des Wettbewerbs beziehungsweise der menschlichen Fähigkeit, sich mit anderen zu vergleichen. Im Grunde genommen setzt diese Todsünde genau dort an, wo auch die entscheidende Stärke des Homo sapiens liegt, nämlich an seiner überragenden Lernfähigkeit. Diese verdankt die Spezies ihrer verglichen mit dem Tierreich außergewöhnlich langen Kindheits- und Jugendphase, in der spielerisch durch Nachahmung und Wettstreit ununterbrochen gelernt wird. Menschenjunge haben unglaublich viel Zeit, sich auszuprobieren. Die Lust daran, die anderen zu übertrumpfen, schneller zu rennen, höher zu klettern, mehr Beute zu erlegen, ist der Motor dieser Lernprozesse. Folglich könnte man Wettbewerb und Konkurrenzdenken als Schlüssel zum Erfolg, ja als entscheidende Triebfeder menschlicher Entwicklung bezeichnen.

Doch bringt dieser geniale Trick der Evolution auch massive Probleme mit sich. Dazu noch einmal zurück zu Achill. Zwar war er stets der Beste und nahm jede Härte auf sich, doch gab es etwas, das er nicht ertrug: den Sieg eines anderen. Als Agamemnon, der Anführer seines Heeres, die schöne Briseis als Kriegsbeute für sich begehrte, rastete Achill aus. Er wurde so wütend, dass er sich in seinem Zelt verschanzte und den Kampf verweigerte. Damit nicht genug, er erflehte göttlichen Beistand: Zeus solle den Trojanern zum Sieg zu verhelfen und den eigenen Leuten eine Niederlage bereiten. Der Göttervater erhörte die Bitte und schickte eine Seuche ins griechische Lager, an der viele Krieger starben. So mussten alle leiden unter den Neidspielchen ihrer Besten. Die Sache ging nicht gut aus, für niemanden. Am Ende lagen die größten Helden beider Heere tot auf dem Schlachtfeld. Auch Achill.

Homer, der Dichter, gibt einen entscheidenden Hinweis auf den Kern des Problems. Nachdem Peleus seinem Sohn den Rat gegeben hat, immer der Beste zu sein, meldet sich der Vater von Achills Freund Patroklos zu Wort. Beide seien sie noch jung. Achill sei der Höhere im Rang und auch der körperlich Stärkere, Patroklos der Ältere. Die Aufgabe des eigenen Sohnes sei es daher, gut zu beraten: «Sei Lenker dem Freund, er folgt dir gerne zum Guten.» Mit anderen Worten: Der Beste der Besten muss zum Guten gelenkt werden, sonst wird er zur Gefahr für sich selbst und für die Allgemeinheit.

Goldmund erklärt den Neid zur Todsünde, die am wenigsten Spaß macht

Was machten die Christen aus dem traditionellen Wissen der Antike über die dunklen Seiten des Wettbewerbs? In der Spätantike setzte eine regelrechte Entzauberung ein. Der Held der Christen passte nicht ins Schema. Er war ein gescheiterter Held, ließ sich kampflos zum Tode verurteilen und predigte nicht etwa, stets besser zu sein als alle anderen, sondern den Nächsten zu lieben wie sich selbst.

Ein gewisser Johannes Chrysostomus, bedeutender Kirchenmann in Konstantinopel, schrieb im 4. Jahrhundert n. Chr. ausführlich über die hellen und dunklen Seiten des Neids. Weil er so ein brillanter Redner war, nannte man ihn später Goldmund – er ist jener Goldmund, dem Hermann Hesse im Roman «Narziß und Goldmund» zu neuer Berühmtheit verhalf. Dabei arbeitete Johannes Chrysostomus ganz selbstverständlich mit den Texten der antiken Philosophie. Zur Veranschaulichung griff er auf Figuren des griechischen Götterhimmels zurück. So hatte der Göttervater Zeus eine Art Leibgarde, bestehend aus vier Personen, nämlich Bia (Gewalt), Nike (Sieg), Kratos (Macht) und Zelos (eifriges Streben). Gemeinsam sorgten die vier dafür, dass die göttlichen Pläne umgesetzt wurden.

Zelos war die treibende Kraft in diesem Sonderkommando. Der Antrieb, der Wille, die Lust, etwas zustande zu bringen. Heute würde man ihn vermutlich als Motivationscoach bezeichnen. Ohne ihn ist selbst der mächtigste aller Götter hilflos. Doch hatte Zelos eine dunkle Seite namens Phthonos.[5] Phthonos ist der griechische Gott des Neids, jener Eigenschaft, die im Lateinischen mit «invidia» übersetzt wurde. Ein sehr übler Geselle, der Zelos immer wieder sabotiert, indem er ihn darauf aufmerksam macht, was andere tun und haben. Phthonos ist der, der den Spaß am Erreichten verdirbt, weil er nach jedem Erfolg sofort den Wunsch nach etwas Neuem aufkeimen lässt. Ein Teufelskreis, der erklärt, warum Menschen, die alles haben, dennoch nie zufrieden sind.

Johannes Chrysostomus erstellt folgendes Psychogramm des Neids:

1. Das Glück der anderen erträgt er nicht.
2. Das Wohlergehen seiner Freunde hält er für sein eigenes Unglück.
3. Er grämt sich wegen der Güter seiner Freunde und Kollegen.
4. Das Unglück der anderen erlebt er als Wohltat, freut sich, wenn die anderen leiden.
5. Fremdes Unglück ist ihm ein Trost.

6. Im Grunde bekämpft er sein eigenes Glück und würde lieber selbst leiden, als den anderen im Wohlergehen zu sehen, selbst wenn er an diesem teilhätte.[6]

Grundsätzlich ist jeder Mensch fähig, Neid zu empfinden. Sogar, nein, insbesondere unter Geschwistern ist das Problem virulent. Dazu führt Johannes Chrysostomus zahllose Beispiele aus dem Alten Testament an, angefangen bei Kain, dem Sohn von Adam und Eva, der seinen Bruder Abel erschlägt, weil dessen Brandopfer den Göttern besser gefällt als das seine. Die Geschichte von Josef ist ein weiteres Beispiel. Zwölf Brüder, alle gut situiert, Söhne des reichen erfolgreichen Patriarchen Jakob. Dieser hat eine besondere Schwäche für seinen zweitjüngsten Sohn Josef, verwöhnt ihn, schenkt ihm ein ausgefallenes, buntes Gewand. Damit erregt er den Neid seiner anderen Söhne. Noch dazu hat der Knabe Josef die Gabe der Traumdeutung. Eines Morgens erzählt er freudestrahlend seinen Brüdern, er habe nachts im Traum gesehen, wie er vom ganzen Weltall verehrt worden sei, Sonne, Mond und elf Sterne hätten sich vor ihm verneigt. Die Brüder hatten irgendwann die Nase voll und fassten den Plan, den überheblichen kleinen Bruder loszuwerden. Sie warfen ihn in einen Brunnen, doch dann kam zufällig eine Händlerkarawane vorbei, und sie kamen auf die Idee, mit dem Bruder noch ein bisschen Geld zu verdienen. Sie verkauften ihn als Sklaven. Und so geschah es, dass Josef nach Ägypten gelangte, wo er im Dienst des Pharaos Karriere machte. Es war Phthonos, der die Brüder erregte und zu ihrer Untat verleitete.

Johannes Chrysostomus weckt in seiner Schrift regelrecht Mitleid mit dem Neider, befindet sich dieser doch in einem äußerst bedauernswerten Zustand und gleicht in seiner äußerlichen Erscheinung einem, der im Sterben liegt. Wie eine verzehrende Krankheit wütet der Neid in Seele und Körper, macht hohläugig und blass. Es sei, so Chrysostomus, besser, einen Wurm in den Eingeweiden zu haben als den Neid im Herzen. Denn den Wurm kann man durch Medikamente wieder loswerden, dafür sorgen, dass er durch Erbrechen den Körper verlässt. Oder man kann ihn durch Nahrung zumindest zur Ruhe bringen. Neid dagegen lässt sich nicht so einfach auskotzen, weil er nicht in den Eingeweiden, sondern in der Seele wohnt. Er nagt unermüdlich an ihr und frisst sie schließlich auf.[7]

Vom lustlosen Elend des Neids

Im 14. Jahrhundert notierte Richard Selke im «Fasciculus Morum» folgende Definition: Neid ist die Traurigkeit über das Glück der anderen und die Freude über deren Ruin und Elend. Eine teuflische Gefühlsregung, zumal Paulus im Brief an die Römer ausdrücklich schreibt, dass wir mit den Feiernden feiern und mit den Weinenden weinen sollen. Stattdessen macht ein elender Neider das Glück des anderen zum eigenen Unglück. Daher, so der Prediger weiter, kann man ihn am besten mit dem Ätna vergleichen, der bei jedem Ausbruch sich selbst den größten Schaden zufügt. Wie der Vulkan sich selbst verzehrt, so vergeht der Invidus im Feuer des eigenen Neids.[8] Wie üblich wird Selke auch hier sehr anschaulich: Neid ist wie ein Baum, dessen Wurzel ist der Stolz, der Stamm Böswilligkeit, die Zweige bestehen aus Groll und Hass, die Blätter aus Schmeichelei, Verleumdung und Lügen. Die Blüten schließlich sind Blässe und Auszehrung, und die Früchte, die dieser Baum trägt, sind Traurigkeit und Freude. Traurig wird der Neider angesichts des Glücks seiner Nachbarn, Freude verspürt er über deren Unglück. Den Schmeichler vergleicht Selke mit dem Chamäleon, das je nach Umgebung unvermittelt die Farbe wechselt. Ähnlich schädlich und ein Kind des Neides sind die Verleumdung und die Schwatzhaftigkeit (murmur et detractio). Der Verleumder verkleinert das Gute, bläht das Böse auf und verwandelt eine neutrale Nachricht in eine schlechte. Er solle sich ein Vorbild an den Ameisen nehmen, so der Prediger, und von ihrer Weisheit lernen, denn wenn die Ameise etwa ein totes Tier finde, dann wende sie sich instinktiv dem erhaltenen Teil der Beute zu. «Wir sollten das Gleiche tun: Wenn wir sehen, dass unser Nachbar teils gut und teils schlecht ist, das heißt wenn er teils ein schlechtes und teils ein gutes Leben lebt, so sollten wir unsere Aufmerksamkeit auf seine guten Anlagen wenden, und nicht auf seine Fehler und Schwächen.»[9]

Die Freudlosigkeit steht den Figuren des Hieronymus Bosch in der berühmten Darstellung der sieben Todsünden auf der Madrider Tafel (um 1500) ins Gesicht geschrieben. Im Zentrum

Hieronymus Bosch, Invidia.

guckt ein gut gekleidetes, offenbar wohlhabendes Ehepaar aus dem Fenster. Der Mann hager und ausgezehrt, mit etwas vorstehenden Zähnen, die Frau griesgrämig daneben. Missgünstig sehen beide zu einem Jüngling, in sorgsam gefaltetem Rock, mit dicker Geldbörse am Gürtel, extravaganten Sandalen und einer modischen Kopfbekleidung. Auf seiner Hand ein Falke, Symbol für Wohlstand und Ansehen, denn die Falkenjagd war ein Privileg der Elite. Der Falke trägt eine schwarze Falkenhaube, eine Methode, um junge Falken zur Ruhe zu bringen und sie an die Menschen zu gewöhnen. Doch auch der junge Mann wirkt unglücklich. Schaut seltsam leer, man weiß nicht genau, wohin. Jedenfalls scheint ihn sein Falke nicht zu erfreuen. Blickt er zur jungen Frau, die sich im Fenster links im Bild mit einem anderen Mann unterhält? Unter den beiden Fenstern zwei Hunde, von denen einer, ebenfalls grau, sehnsüchtig nach dem langen dürren Knochen in der linken Hand des Ehemanns stiert – und das, obwohl direkt vor ihm zwei wesentlich dickere Knochen auf dem Boden liegen. Der zweite Hund traut sich nicht zuzuschnappen, fixiert fast ängstlich den etwas größeren grauen Kollegen. Eigentlich haben beide, was sie wollen, die Knochen liegen vor ihnen. Und doch können sie die nicht genießen, weil sie nach dem gieren, was sie nicht haben. Das Wichtigste im Bild aber sind die Blicke: keine Augen, die sich suchen, nur misstrauisches, gieriges Starren – auf das, was der andere hat oder ist.[10]

Auch in der eintönigen Farbgebung hebt sich die Szene von den anderen auf der Madrider Tafel ab. Bosch zeigt hier in tristem Sandgrau das Elend des neidischen Blicks: Freudlosigkeit, Leere und Stillstand. Neid lässt sich nicht genießen. Von Lebensfreude fehlt jede Spur. Das Schielen nach dem Glück der anderen macht unglücklich. Der Lastenträger rechts im Bild verkörpert diesen Zustand. Zwar trägt er als Einziger bunte Kleidung, doch krümmt sich sein Rücken unter der Last seines Besitzes. Er scheint auf der

Stelle zu gehen. Auf der Flucht vor der Missgunst der anderen und doch gefangen in der Logik der «Neidgemeinschaft».

Neid im Zeitalter des Hexenwahns

Die Oxforder Historikerin Lyndal Roper hat sich eingehend mit der Frage beschäftigt, welche Rolle Neid bei den Hexenverfolgungen spielte, die im späten 16. und frühen 17. Jahrhundert in vielen Teilen Europas zum allgemeinen Trend wurden. Der Höhepunkt des Hexenwahns lag zwischen 1550 und 1650, doch blieb der Vorwurf der Hexerei bis ins frühe 18. Jahrhundert ein Straftatbestand, der vor Gericht verfolgt wurde.[11] Und all das in einer Zeit, die das angeblich so finstere Mittelalter überwunden zu haben glaubte. Kolumbus hatte zwei Generationen zuvor die Neue Welt entdeckt. Ganz Europa brach auf in die neuen Kolonien. Mit der Reformation war die Macht der katholischen Kirche gebrochen, Luther predigte die Eigenverantwortlichkeit eines jeden Christenmenschen. Welchen Platz haben Hexenverfolgungen in dieser Geschichte des Aufbruchs?

Als Erklärung werden in aller Regel zunehmende soziale und wirtschaftliche Verwerfungen genannt, die mit dem gesellschaftlichen Wandel einhergingen. Die sogenannte Kleine Eiszeit, in der die durchschnittliche Jahrestemperatur um bis zu ein Grad sank, führte ab dem späten 16. Jahrhundert zu Ernteausfällen, Seuchen, Inflation und allgemeiner Ressourcenknappheit. Hinzu kamen die Konfessionskriege, insbesondere der Dreißigjährige Krieg, und der Aufstieg lokaler Eliten, der die Kluft zwischen Arm und Reich immer weiter auseinanderklaffen ließ. Eine Zeit der Multikrisen, den Menschen ging es schlecht. Unter alldem litten die sozialen Beziehungen, insbesondere dort, wo Menschen eng zusammenlebten. Missgunst breitete sich aus, Neid machte aus kleinen Unstimmigkeiten langwierige Nachbarschaftskonflikte – die mit dem Hexereivorwurf gelöst werden konnten.

So jedenfalls die Logik, der die Anklagen in den massenhaft überlieferten Prozessakten folgten. Ein Weinberg war verdorrt, ein Kind verstorben oder die Milch der Kuh versiegt, schwere Schicksalsschläge in einer Zeit chronischer Ressourcenknappheit. Wenn man dann noch zusehen muss, wie die Bäckerei der Nachbarin floriert, wie ihre Kinder wachsen und gedeihen, verstärkt der Anblick ihres Glücks den eigenen Schmerz. Was liegt da näher, als für ihr Unglück zu sorgen, sie verantwortlich zu machen für das Leid und die Schmerzen, die einem das Leben zugefügt hat? Sie war es also, die das eigene Kind mit einem Fluch belegt und so dafür gesorgt hat, dass es stirbt. Sie war es, die die Kuh verhext und im Weinberg ein magisches Zeichen verbuddelt hat. Dieses Muster zieht sich durch die Anklageschriften wie ein roter Faden.

Ganz besonders perfide daran war die Übertragung des eigenen Neids auf die Angeklagten. Hexen, Männer wie Frauen, galten als diejenigen, die durch ihren erbitterten Neid Erfolg und Fruchtbarkeit vernichteten. Und so wandelten sich die antiken und mittelalterlichen Warnungen vor der Hässlichkeit des Neids zu den klassischen Merkmalen der Hexe. Lyndal Roper zeigt verstörende Bilder der Zeit, von hageren, hässlichen Frauen mit einer Schlange im Herzen – jenes Motiv, das seit der Antike die selbstzerstörerischen Kräfte des Neids versinnbildlicht. Oft wird die Hexe in Gestalt einer alten Frau mit hängenden, giftgefüllten Brüsten gezeigt, aus deren Mund sich die Schlange reckt, um ihre Augen zu fressen. Mit der Psychologin Melanie Klein, die eine Generation nach Sigmund Freud den Blick der Psychoanalyse auf Kinder richtete, stellt Roper die Frage, ob sich in solchen Bildern ein tiefenpsychologischer Urneid auf die mütterliche Brust äußert. Ein Gegenentwurf zu Freuds frauenfeindlichem Penisneid, beide Theorien gleichermaßen umstritten und doch bedenkenswert angesichts der eklatanten Misogynie der Zeit.[12]

Von tiefenpsychologischen Motiven abgesehen, bietet der Hexereivorwurf pragmatische Aussicht auf Entlastung. Schicksalsschläge, Krisen, das eigene Unglück, all das ist leichter zu ertragen, wenn ein anderer dafür verantwortlich gemacht werden kann. Besonders dann, wenn die gesellschaftlichen Normen und Rechtsvorstellungen diese Lösung freizügig anbieten. Dieser Mechanismus ist so alt wie die Menschheit und in allen Kulturen, nicht nur in Europa, verbreitet. Schon im mesopotamischen Codex Hammurabi aus dem 2. Jahrtausend v. Chr. finden sich Bestimmungen zur Hexerei. Hier geht es interessanterweise nicht um die Bestrafung des Hexers oder der Hexe, sondern um den Versuch, den Vorwurf der Hexerei zu unterbinden, indem festgeschrieben wird, dass ein Ankläger die für den Angeklagten vorgesehene Strafe auf sich nehmen muss, wenn der Vorwurf der Hexerei nicht bewiesen werden kann. Im alten Rom waren Hexereivorwürfe ein gängiges, auch politisches Mittel, um Feinde unschädlich zu machen. Immer wieder gab es Hexenjagden, zuletzt unter Kaiser Valens im 4. Jahrhundert n. Chr. Dabei kam es zu Massenverfolgungen, die nach Einschätzung des Hexenforschers Wolfgang Behringer alles in den Schatten stellten, was die Frühe Neuzeit hervorbrachte.[13] Im Mittelalter blieben Hexenverfolgungen die Ausnahme, wenngleich Hexerei als Straftatbestand vor Gericht zugelassen war.

Es ist der kollektive Neid der Massen, der sich im Hexereivorwurf Bahn bricht. Das zeigt der Fall einer Hexenverbrennung im Jahr 1751, einer der letzten im Reich. Angeklagt war Anna Trutt, im badischen Endingen am Kaiserstuhl. Am 7. März 1751 hatte im Ort Wyhl ein verheerendes Feuer gewütet. Die Menschen waren entsetzt und hilflos, ihre Existenzen zerstört. Statt nach gemeinsamen Lösungen für den Umgang mit der Katastrophe suchte man nach einer Schuldigen. Und man fand sie in der Bäuerin Anna Trutt. Die Frau war dreiundsechzig Jahre alt, wohlhabend, angesehen, Mutter von sechs Kindern, kundig im Umgang mit Menschen und Kräutern. Eine Heilerin, die Mensch und Vieh zu helfen wusste. Eine, die von allen geachtet, aber auch beneidet wurde. In ihrer Verzweiflung nach dem Brand suchten die Dorfbewohner nach Gründen, nach jemandem, dem man die Schuld geben konnte. Hier war die erfolgreiche, heilkundige, alleinstehende ältere Frau das perfekte Opfer. Es entstand das Gerücht, sie habe den Brand ausgelöst, als sie – wie das Hexen so zu tun pflegen – den Stall ausräucherte, eine Art Heilzauber für Mensch und Vieh. Obwohl dies nicht bewiesen werden konnte und obwohl der Brand ihr Haus und ihren Stall genau wie die aller anderen Dorfbewohner zerstörte, klagte man sie der Hexerei an. Nur anderthalb Monate nach dem Brand wurde sie zum Tod auf dem Scheiterhaufen verurteilt und öffentlich als Hexe verbrannt.[14]

Zum Schluss dieses besonders düsteren Kapitels in der ohnehin so dunklen Geschichte des Neids sei noch eine Warnung ausgesprochen. Wir wissen deshalb so viel über die Hexenprozesse, weil alles sorgfältig vor Gericht dokumentiert wurde, zum Zwecke der Wahrheitsfindung. Dagegen blieben all die positiven Verhältnisse und Beziehungen, gute Nachbarschaft, gegenseitige Hilfe, Solidarität, undokumentiert. Sie alle blieben stumm. Ein tragisches Momentum der Geschichte. Die Stimmen von Missgunst und Neid sind so viel lauter als die Stimmen von Kooperation und Versöhnung.

Wie lassen sich Neid und Wettbewerb sozialverträglich einfangen? Gilden, Universitäten, Eidgenossenschaften, Orden, Hansen, Zünfte

Was haben Gesellschaften der Vormoderne gegen die dunklen Seiten des Wettbewerbs unternommen?

Nicht alle waren so rabiat wie Dante. Der Dichter ersann in seinem Purgatorium ein besonders grausames Heilmittel gegen den Neid.[15] Grau in Grau, Schulter an Schulter, lehnen die Neider an einer Felswand. Alle gleich angezogen, in billigen Mänteln, selbst von der Farbe des Felsens heben sie sich nicht ab. Ein schmerzlicher Zustand der Ununterscheidbarkeit, den sie zu ertragen haben. Doch schlimmer noch, ihre Augenlider sind mit feinem Draht zusammengenäht. Eine Methode, die man auch bei jungen Falken anwendete, bevor im 13. Jahrhundert die Falkenhaube – wie sie im Bild von Hieronymus Bosch zu sehen ist – eingeführt wurde. Die Neider sind also blind. Der Blick auf die anderen wird ihnen verwehrt, damit auch sie – wie der junge Falke – innerlich zur Ruhe kommen können. Diese Maßnahme zur Läuterung ist selbst für Dante ungewöhnlich hart. Vielleicht ging er mit den Neidern deshalb so hart ins Gericht, weil er, der Dichterfürst, der Beste der Besten, im Jahr 1302 aus Florenz vertrieben worden war. Hatte er sich diese Strafe für seine Neider in Florenz ausgedacht? War das seine Form der Rache?

Im 21. Jahrhundert sollte es uns nicht um Rache gehen. Was wir brauchen, sind Best-Practice-Beispiele, wie sich Wettbewerb in sozialverträglichen Schranken halten lässt. Immer der Beste sein zu müssen, ist nicht nur anstrengend, sondern oft auch gefährlich und dumm. Viel klüger ist es, sich zusammenzutun. Aktuelle Bewegungen und Trends wie Nachbarschaftshäuser, Food-Hubs, Energiegenossenschaften und Solidarische Landwirtschaft machen es vor. Im Mittelalter sprach man von Gilden.

Ein Begriff, den die historische Forschung als Bezeichnung für ganz verschiedene Formen der Vergemeinschaftung verwendet, die nicht durch Zwang oder Anordnung entstanden sind, sondern auf dem freien Willen ihrer Mitglieder beruhen.[16] Sie gründen auf dem Prinzip der rechtlichen Gleichheit aller Mitglieder, die sich zu wechselseitigem Schutz und zu Hilfe verpflichten. Hier dominierte der Wille zur Kooperation, nicht die Konkurrenz.

Ab dem 12. Jahrhundert entstanden vermehrt Zusammenschlüsse dieser Art. So erkämpften sich etwa die Bürger Mailands und anderer oberitalienischer Städte mehr Unabhängigkeit vom Kaiser und vom Bischof als Stadtherrn. Es gelang ihnen, einen eigenen Stadtrat einzusetzen, einen Bürgermeister zu wählen und so die Geschicke ihrer Stadtkommune selbst in die Hand zu nehmen. Zur gleichen Zeit entstanden religiöse Gemeinschaften, die sich zu überregionalen Netzwerken in Ordensgemeinschaften zusammenschlossen, etwa die Zisterzienser, von denen hier schon die Rede war, oder die Bettelorden (Franziskaner, Dominikaner, Karmeliter). Ebenfalls im späten 12. Jahrhundert formierten sich in verschiedenen Städten Europas wissenschaftliche Communitys, Menschen, die «aus Liebe zur Wissenschaft Armut und ein Leben in der Fremde auf sich nahmen». So formuliert das Kaiser Friedrich Barbarossa in einer Urkunde. Ihm waren diese neuen Gemeinschaften so wichtig, dass er Studenten, die über die Alpen nach Bologna reisten, um dort Jura zu studieren, unter seinen besonderen Schutz nahm. Auch in Paris, Oxford und Cambridge, später in Northampton, Erfurt, Neapel oder Montpellier taten sich Menschen zu Gemeinschaften der Lehrenden und Studierenden zusammen, und aus diesen *universitates magistrorum et scholarium* gingen die ältesten Universitäten hervor.

All diesen Bewegungen ist gemein, dass sie sich selbst organisierten, das Recht auf Zugehörigkeit definierten, gemeinsame Regeln und insbesondere Verfahrenswege für die Entscheidungsfindung entwarfen. Früher oder später fixierten sie all diese Bestimmungen schriftlich und bemühten sich um Anerkennung durch eine übergeordnete Autorität, etwa den König, Stadtrat oder Landesherrn. Im Falle der Universität in Paris schickte man den Entwurf der Statuten an den Papst in Rom mit der Bitte um Bestätigung. Der päpstliche Gesandte, der den positiven Bescheid nach Paris brachte, hieß Robert de Sorbon. Er wurde selbst als Kanzler der Universität Mitglied der Gemeinschaft und zugleich Namensgeber der bis heute nach ihm benannten «Sorbonne». Auch religiöse Gemeinschaften baten um die Anerkennung durch die Kurie. So wissen wir, dass Franz von Assisi mit neun Gefährten vor dem Schlafzimmer von Papst Innozenz III. übernachtete, um am frühen Morgen persönlich die Zustimmung des Papstes für seine Ordensregel zu erhalten.

Die Liste von Beispielen ließe sich unendlich verlängern: der Zusammenschluss der Schweizer Kantone zur Eidgenossenschaft; die niederländischen Wasser-Räte (waterschap), regionale Kooperationen, zuständig für den Bau und das Management von Deichen; die englischen Commons, in denen sich Bauern zu Nutzungsgemeinschaften für Wälder, Weiden und Gewässer zusammentaten; die flandrischen Beginenhöfe, Gemeinschaften von Frauen, die ein aktives Berufsleben mit Spiritualität verbanden.

Wie sehr diese Zusammenschlüsse zum einen auf der Verfolgung gemeinsamer Vorteile, zum anderen auf dem Prinzip der wechselseitigen Fürsorge beruhten, hat der Oxforder Historiker Gervase Rosser in einer Studie über mehr als 30 000 Gilden und Bruderschaften allein in England in den Jahren 1350 bis 1550 gezeigt.[17] Insbesondere in den wachsenden Städten mit vielen jungen Wander- und Gastarbeitern kam Zusammenschlüssen von Menschen gleicher Berufsgruppen oder Nachbarschaften eine hohe Bedeutung zu. Rosser spricht von einer «relationalen Ethik» der Gilden. Der liberale Individualismus des 20. Jahrhunderts war den Menschen im Mittelalter fremd. Die Mitgliedschaft in einer Gilde war wichtig für die berufliche Karriere, aber ebenso wichtig war die wechselseitige Fürsorge, das Hineinwachsen in ein wechselseitiges Beziehungssystem, das über die Jahre hinweg gepflegt und unterhalten wurde und wo – so seltsam es klingen mag – das Zurückstecken eigener Interessen trainiert wurde. Eine Bruderschaft in Lincoln, 1354 gegründet, sah in ihren Statuten vor, dass ein krankes oder arbeitsunfähiges Mitglied von den Schwestern und Brüdern täglich mit einem Essen versorgt werden musste. Einerseits bot die Gilde auf diese Weise materielle Unterstützung für bedürftige Mitglieder. Andererseits, und das ist von noch größerer Bedeutung, förderte sie Freundschaft und aktive Nächstenliebe.

Neid wurde hier durch Gutes tun bekämpft. Ein Gegenentwurf zum agonalen Prinzip. Rosser formuliert die provokante These, dass diese auf Beziehungen fokussierte Ethik der Gilden die neue Ethik der Fürsorge (Ethics of care) vorwegnimmt, die als eigenständiger Zweig der Moralphilosophie an der Wende vom 20. zum 21. Jahrhundert entstanden ist. Und auch die niederländische Historikerin Tine De Moor, Professorin an der Rotterdam School of Management, betont die Aktualität der Gildenethik.[18] Ihre Forschungen zu Institutionen kooperativen, kollektiven Handelns (Institutions of Cooperative Action, ICA) haben gezeigt, dass all diese seit dem 12. Jahrhundert vermehrt entstandenen Bottom-up-Bewegungen – von Weidegenossenschaften und Gilden bis zu Universitäten – in einer Art «stillen Revolution» jene institutionelle Infrastruktur für sozialen und politischen Wandel hervorbrachten, der für die außergewöhnliche wirtschaftliche Entwicklung Europas in der Moderne entscheidend werden sollte.[19]

Von der Kaufmannsgilde zur Hanse

Das Beispiel der Hanse, der wohl erfolgreichsten und langlebigsten Kaufmannsgilde, zeigt sehr gut, wie eine solche Kooperative funktionierte.[20]

Die Anfänge liegen im Dunkeln. Es gibt kein Gründungsdokument, keine königlichen Beschlüsse, keine Dienstanweisung oder Gründungsväter. Lediglich Anzeichen dafür, dass sich seit dem 11. Jahrhundert von Nordeuropa bis in den südlichen Mittelmeerraum im Maghreb immer mehr Kaufleute zu Fahrtgenossenschaften, auch Gilden oder Hansen genannt, zusammentaten. In den Statuten von St. Omer – die älteste heute erhaltene Ordnung aus der Zeit um 1100 – wird als Grund für den Zusammenschluss genannt, dass die Gefahr für Leib, Leben und Gut abgewendet werden solle und jeder Einzelne angewiesen sei auf die Unterstützung einer Gemeinschaft. In Köln taten sich die Dänemarkfahrer (1246) zusammen, in Soest die Schleswigfahrer (1291). Lübecker und Hamburger Fernhändler in London wurden im Jahr 1266/67 vom englischen König mit bestimmten Rechten ausgestattet. So konnte man sich wechselseitig unterstützen, gemeinsam gegenüber Seeleuten auftreten, deren Schiffe man mietete, oder im Ausland gegenüber den dortigen Behörden. Überdies organisierten sich die Fernhändlergruppen intern. Sie setzten alles daran, Konflikte untereinander zu lösen. Für den langfristigen Erfolg war neben der internen Selbstorganisation auch die Anerkennung durch und die gute Verbindung zu externen Schutzmächten, insbesondere zu den lokalen Herrschern, Stadträten und Zünften, entscheidend.

Diese Zusammenschlüsse wurden immer professioneller.[21]

Stadträte machten die Förderung internationaler Wirtschaftsbeziehungen zur eigenen Sache, statt sie den Stadtherren zu überlassen.

Und ab der zweiten Hälfte des 13. Jahrhunderts nahm der Rat der Stadt Lübeck zunehmend für sich in Anspruch, den Kreis der «Kaufleute des Römischen Reiches» zu vertreten.

Doch das eigentliche Epochenjahr der Hanse war 1358. Im Lübecker Rathaus traten Abgesandte der Hansen verschiedener Städte zusammen. Aus Hamburg, Rostock, Stralsund, Wismar, Braunschweig, alles «koplude des Romeschen rikes von Alemannien van der Dudeschen Hense, de to Brugge to Vlanderen pleghen to wesende» (Kaufleute des Deutschen Römischen Reiches, von der Deutschen Hanse, die einst in Brügge in Flandern waren).[22] Weil hier zum ersten Mal von der «Dudeschen Hense», von der Deutschen Hanse, in einem Schriftstück die Rede ist, werten manche Historiker dieses Treffen als das entscheidende Ereignis, wenn es um die Gründung der Hanse geht. Früher nannte man die Zusammenkunft in Lübeck den ersten Hansetag. Heute ist die Forschung zurückhaltender, denn das Selbstverständnis, das hier zutage tritt, hat eine lange Vorgeschichte und wird in vielen früheren Zusammentreffen der Kaufleute bereits sichtbar.

«Wedderlegginghe» statt Agon, Netzwerke statt Neidgemeinschaften

Einblicke in die kooperativen Geschäftsmodelle der Hanse bietet das Lübecker Niederstadtbuch, ein Schuldbuch, geführt vom jeweiligen Stadtschreiber über ein halbes Jahrhundert, von 1311 bis 1361. Hier wurden die Geschäfte von mehr als 400 Lübecker Kaufleuten und 249 Handelsgesellschaften in Form von Quittungen, Schuldanerkenntnissen und Verträgen dokumentiert. Der Begriff für eine gemeinsame Unternehmung war *selschop, kumpaney* oder *wedderlegginghe* (Wiederlegung). Das niederdeutsche

Wort trifft genau das Prinzip: Einer setzt einen gewissen Betrag ein, und ein anderer legt etwas dazu (wedder-leggen).

Es gab also ein konkretes Projekt, in das zwei Gesellschafter investierten. Die Summen waren in der Regel vergleichsweise gering, die Kooperation war formal praktisch hierarchielos und meist kurzfristig angelegt.[23] Machte man Verlust, wurde dieser nach der Höhe der Einzahlung geteilt; bei Gewinnen dagegen teilte man zu gleichen Teilen. Das zählt zu den ältesten Prinzipien der Hanse und war besonders geeignet, jungen Menschen, die über wenig Kapital verfügten, den Aufstieg zu erleichtern. Manchmal erhielt der jüngere Gesellschafter sogar mehr vom Gewinn, eine hansespezifische Art der Nachwuchsförderung. So vermachte ein Kaufmann aus Reval namens Heiße Patiner im Jahr 1536 Teile seiner Handelsgesellschaft mit der Begründung «up dat se mogen mannes werden» (auf dass sie zu Männern werden mögen) seinen Lehrlingen. Aber auch in anderen Zusammenhängen wird deutlich: Das Geld kam überwiegend von den wohlhabenden Alten, in Lübeck vor allem von den etablierten Ratsherren, die die Unternehmungen jüngerer Kaufleute mit ihrem Kapital unterstützten.

Solche Gesellschaften kamen in aller Regel ohne formellen Vertragsabschluss zustande. Grundlage war beiderseitiges Vertrauen. Meist wurden Gewinne unmittelbar neu investiert und frei werdendes Kapital erneut in eine *societas* eingebracht. Auch die Spezialisierung auf bestimmte Routen oder Handelsgüter bewährte sich. Wichtig war der enge Austausch unter den Geschäftspartnern, die sich in reichlich überlieferten Briefen nicht nur gegenseitig auf dem Laufenden hielten, sondern nicht müde wurden, sich ihrer Freundschaft (fruntscap, mascop) zu versichern. Nicht selten sprachen sie sich gegenseitig als (Mit-)Brüder an (medebroder). Briefeschreiben war von zentraler Bedeutung, sowohl für die professionellen Netzwerke als auch für den

Kontakt zur Familie. Ja, der Brief wurde geradezu zur Insigne des Hansekaufmanns, so, wie es der Zirkel für die Architekten war oder der Goldpokal für die Goldschmiede.

Die engen Netzwerke verschafften den Hansekaufleuten einen Zugewinn, den man heute als «multilateralen Reputationsmechanismus» bezeichnet. Dieser Mechanismus sorgte dafür, dass nicht kooperatives Verhalten oder Betrug eines Einzelnen sofort mit Ansehensverlust und damit auch mit Geschäftsverlust einherging. Der Wirtschaftshistoriker Avner Greif prägte den Begriff der «community responsibility systems» (gemeinschaftliche Verantwortungssysteme), in deren Rahmen man sich freiwillig verbindliche Verpflichtungen zu wechselseitiger Unterstützung auferlegte.[24] Seine Hamburger Kollegin Ulla Kypta betont, dass es nicht die Angst vor Strafen war, auf der die Einhaltung der Regeln beruhte, sondern ein genuines Eigeninteresse an langfristigen Kooperationen. Die Kaufleute «agierten weder als Kollektivisten noch als Egoisten, sondern als kooperative Individualisten: Sie hielten sich an Regeln, weil ihr Handel darauf angewiesen war, dass es solche Regeln gab. Kooperation spielte so eine fundamentale Rolle dafür, dass der Handel und damit die Geschäfte jedes Kaufmanns aufrechterhalten wurden, dass sie geradezu für selbstverständlich gehalten wurde. Kooperation erscheint als soziale Notwendigkeit.»[25]

Wenn sich das Funktionsprinzip der Hanse als Gegenmodell zum agonalen Prinzip der Griechen begreifen lässt, bedeutet dies keineswegs, dass Konkurrenz oder Neid hier keine Rolle spielten. Hansekaufleute waren weder bessere noch schlechtere Menschen als jene im griechischen Heer vor Troja oder an der Börse in London. Der wesentliche Unterschied bestand im «Framing», in den allgemeingültig und als Norm akzeptierten Übereinkünften. Und dazu zählte ganz grundlegend das Bekenntnis zum kooperativen Prinzip, das dem Einzelnen in der Gemeinschaft größere Handlungsspielräume und Gewinne ermöglichte, ihm aber auch klare Begrenzungen und Spielregeln vorgab.

Solche Regeln fasste der Ökonom und Wirtschaftshistoriker Douglass North als eigentlich marktfremde und daher von der klassischen Ökonomie vernachlässigte Faktoren unter dem Begriff «informelle Institutionen» zusammen. Im Gegensatz zu formalen Institutionen, wie etwa Eigentumsrecht oder Patentrecht, lassen sich informelle Institutionen nicht einfach politisch beschließen und dann umsetzen. Prinzipien wie Kooperation, Fairness, aber auch negative Werte wie Rücksichtslosigkeit oder Maßlosigkeit sind streng genommen keine ökonomische Größe, weshalb sie in den Modellen nicht vorkommen, doch sie tragen maßgeblich zur Entwicklung von Gesellschaften und deren Wirtschaft bei. Immer mehr Forschungsergebnisse deuten darauf hin, dass die Spielregeln, die sich eine Gesellschaft gibt, wesentlich wirkmächtiger sind als bisher angenommen.[26] Für seine Erkenntnisse erhielt Douglass North im Jahr 1993 den Wirtschaftsnobelpreis.

Als im 18. Jahrhundert die Spielregeln geändert wurden, brach für Kooperationen ein dunkles Zeitalter an.[27] Die neu entstehenden Nationalstaaten hatten ein Problem mit lokalen gemeinschaftlich organisierten Wirtschaftsformen, vor allem deshalb, weil sie die Durchsetzung zentraler staatlicher Vorgaben erschwerten. Außerdem galten sie als ineffizient und fortschrittsfeindlich. Privatbesitz wurde zur unabdingbaren Voraussetzung für wirtschaftliches Wachstum erklärt, mit der Begründung, die gemeinschaftliche Bewirtschaftung kollektiver Ressourcen fördere nur den Schlendrian. So wurden ab dem späten 18. Jahrhundert nach und nach in ganz Europa Gilden abgeschafft, Commons privatisiert, Genossenschaften und Zünfte aufgelöst. Damit waren wichtige Hindernisse auf dem Weg zur modernen bürgerlichen Gesellschaft beseitigt, und der Weg war geebnet für die Entfaltung des freien Marktes im Namen des Fortschritts. Amen.

Mit dem Prinzip, «immer der Beste zu sein, und ausgezeichnet vor andern», wäre ein Hansekaufmann nicht weit gekommen. Und es ist durch und durch menschlich zu kooperieren. Ja, mehr noch, aus Sicht der Evolutionsbiologie war Homo sapiens nur in der Gemeinschaft überlebensfähig. Als Einzelner hatte auch der Beste keine Chance im Kampf mit einem Braunbären. Nur gemeinsam konnte man ein Mammut erlegen. Eigentlich erstaunlich, dass dennoch bis heute die neblige Vorstellung vom Primat der Konkurrenz – vom Kampf aller gegen alle als natürlichem Urzustand – in unseren Köpfen herumgeistert.

Woher kommt diese Idee? Sie stammt aus der Zeit der Frühaufklärung und fand in Thomas Hobbes ihren wirkmächtigsten Prediger. Mit seinem Werk «Leviathan oder Stoff, Form und Gewalt eines kirchlichen und staatlichen Gemeinwesens» aus dem Jahr 1651 erhob er die Idee vom Kampf aller gegen alle zu einem Grundprinzip moderner Staatsphilosophie. Der Mensch, sich selbst und seinen natürlichen Veranlagungen überlassen, sei, so Hobbes' These, dem Menschen ein Wolf: *homo homini lupus est*. Will heißen, Menschen seien von Natur aus neidische, aggressive und missgünstige Tiere; wenn man sie nur ließe, würden sie sich unkontrolliert und ohne Not die Köpfe einschlagen. Nur die Autorität eines starken Staates könne ein einigermaßen friedliches und zivilisiertes Zusammenleben sichern.

Hobbes schrieb den «Leviathan» unter dem Eindruck des überaus blutigen Englischen Bürgerkriegs (1642 bis 1649), der mit dem gnadenlosen Regime Oliver Cromwells und der Enthauptung König Karls I. endete. Dunkle Zeiten also, die es nahelegen, Hobbes' Theorie vom Staatsvertrag als frommen Wunsch eines verunsicherten Engländers zu erklären. Sein «homo homini lupus» stammt aus einer Komödie des römischen Dichters

Plautus im 3. Jahrhundert v. Chr. Mit diesem antiken Witz fand Hobbes zwar eine griffige Formulierung für seine Auffassung vom Menschen, doch ruinierte er damit den Ruf der Wölfe. Im Wolfsrudel geht es – solange die Tiere nicht in Gefangenschaft gehalten werden – überaus friedlich zu. Keiner hat je von einem Wolf gehört, der von anderen Wölfen geköpft wurde.

Es ist höchste Zeit, dass wir das Narrativ vom angeblich naturgegebenen Kampf aller gegen alle dorthin verbannen, wo es hingehört: ins Reich der modernen Mythen. Homo sapiens hat in den letzten 300 000 Jahren überall dort überlebt, wo er Kooperation über Wettbewerb stellte. Dort, wo es gelang, die kollektiven Spielregeln – die «informal institutions» im Sinne von Douglass North – so zu gestalten, dass die Schattenseiten des Wettbewerbs möglichst gering gehalten wurden. Die Mittel dazu, das zeigt das Beispiel der Hanse, waren vielfältig: darunter Sanktionen gegen destruktive Konkurrenz, Anreize zur Kooperation und vor allem die Förderung von Kulturen wechselseitiger Fürsorge.

VI. IRA – GEWALT

Canterbury, Dienstag, den 29. Dezember 1170, gegen vier Uhr nachmittags, kurz vor Anbruch der Dunkelheit. Vier junge Adelige eilen blutverschmiert aus der Kathedrale. Aller vier in Kampfrüstung mit Helm und Kettenhemd, drei mit Schwert, einer mit Doppelaxt. Sie überqueren den Vorplatz, dringen in den Bischofspalast ein und plündern ihn. Mit den erbeuteten Dokumenten und Wertsachen verschwinden sie in der Dunkelheit. Ungeheuerliches ist geschehen. Vor dem Altar der Kathedrale liegt der Erzbischof von Canterbury. Tot. Der zweiundfünfzigjährige Thomas Becket wurde in aller Öffentlichkeit auf brutale Weise ermordet.

Der Fall wurde damals minutiös aufgearbeitet. Die Täter waren namentlich bekannt: Reginald Fitz Urse, William de Tracy, Hugh de Morville und Richard Brito. Der Erzbischof war auf dem Weg vom Palast zur Messe gewesen, die vier waren ihm gefolgt. Im nordwestlichen Querhaus der Kathedrale trieben sie ihn in die Enge, direkt vor dem Altar des heiligen Benedikt. Erst versuchten sie erfolglos, den Erzbischof aus der Kirche zu zerren, dann schlugen sie zu. Fitz Urse machte den Anfang und traf die Schulter. Dann kam de Tracy. Edward Grim, einer der Begleiter des Erzbischofs, versuchte, sich schützend vor das Opfer zu werfen, und wurde am Arm verletzt. Mit einem weiteren Schlag zertrümmerte Brito die Schädeldecke, der vierte Schlag traf den zu Boden sinkenden Erzbischof mit voller Wucht, teilte den Schädel, sodass Blut und Hirnmasse nach allen Seiten spritzten. Britos Schwert ging dabei zu Bruch. Es wird weiter berichtet, wie Hugh Mauclerc, einer der Dienstmannen der vier, in die blutige Gehirnmasse trat und sie mit dem Fuß auf den Bodenplatten vor dem

Altar verteilte. Morville hielt derweil das anwesende Kirchenvolk auf Distanz.

Anschließend verließen die Täter ungehindert den Tatort. Ja, sie kehrten sogar am nächsten Morgen noch einmal zurück und drohten den Dienstleuten des Erzbischofs, dessen Leichnam den

Vier Adelige in voller Rüstung bedrohen den unbewaffneten Thomas Becket. Dieser wird einmal stehend mit Bischofsstab hinter dem Altar dargestellt, einmal kniend vor dem Altar – zu sehen ist, wie ihn der Schwerthieb Britos auf den Kopf trifft.[1]

Hunden vorzuwerfen, wenn dieser nicht unverzüglich und ohne Aufsehen bestattet würde.[2]

Hier waren Wutadelige am Werk. Die Vorgeschichte ist kompliziert, doch so viel steht fest: Auslöser – nicht Ursache – der brutalen Gewalttat war ein königlicher Wutausbruch.

Heinrich II. Plantagenet, der König von England, war außer sich. Mitten hinein in die Weihnachtsfeierlichkeiten mit der Familie und Adeligen am Hof in Rouen platzten Boten mit der Nachricht, dass der Erzbischof von Canterbury – das Oberhaupt der englischen Kirche – eine Gruppe königstreuer Bischöfe exkommuniziert hatte. Schon wieder Becket, ausgerechnet er. Dabei hatte alles so gut angefangen, damals vor fünfzehn Jahren, als Heinrich die Macht in England übernommen und den erfahrenen Becket – der als Sohn eines Kaufmanns aus der Normandie zu großem Ansehen als Diplomat und Consultant gelangt war – zu seinem Kanzler gemacht hatte. Kein Blatt passte zwischen die beiden, sie ritten gemeinsam aus, gingen auf Falkenjagd, gaben gemeinsame Feste, und Becket war maßgeblich beteiligt am Erfolg des jungen Heinrich, der als Sohn eines Herzogs der Normandie nach den Wirren eines Bürgerkriegs unerwartet auf den englischen Thron gelangt war.

Im Jahr 1161 wurde der Bischofsstuhl in Canterbury frei, und der König hatte den genialen Einfall, seinen Kanzler zum Oberhaupt der englischen Kirche zu machen, um diese so unter die eigene Kontrolle zu bringen. Doch diese Erwartung erfüllte sich nicht. Sein Ex-Kanzler und einstiger Verbündeter wandelte sich im Amt des Erzbischofs in kürzester Zeit zu einem erbitterten Widersacher. Becket wurde vom weltmännischen Kanzler zum asketischen Einzelgänger. Ein Mann der einsamen Entscheidungen, machthungrig, getrieben von einer fast krankhaften Neigung, sich stets und überall zum Opfer zu stilisieren.

Im Jahr 1164 legte Heinrich in den sogenannten Konstitutionen von Clarendon einen Gesetzesentwurf vor, der die Rechte der Kirche massiv begrenzen sollte. Unter anderem wurde den englischen Klerikern verboten, ohne königliche Erlaubnis das Land zu verlassen. Damit wollte Heinrich verhindern, dass sich seine Bischöfe in Rom die Unterstützung des Papstes holten. Natürlich konnte Becket als Oberhaupt der englischen Kirche da nicht zustimmen. Er musste auf Unabhängigkeit pochen. Doch er verhielt sich strategisch denkbar unklug, war unberechenbar, sodass selbst seine Bischöfe zuweilen den Kopf schüttelten. Schließlich flüchtete er sich ins französische Exil.

Sechs Jahre später, im Sommer 1170, kam es nach mühseligen Friedensverhandlungen endlich zur Versöhnung. Der Erzbischof kehrte nach England zurück. Und jetzt die Katastrophe: Becket suchte erneut Streit, provozierte schon wieder, indem er eine Gruppe königstreuer Bischöfe exkommunizierte, weil diese ohne ihn, den Erzbischof von Canterbury, dem das Recht der Königskrönung vorbehalten war, während seiner Zeit im Exil einen Sohn Heinrichs zum Mitkönig gekrönt hatten. Der Konflikt mit dem halsstarrigen Erzbischof, so schien es, ging wieder von vorne los.

Kein Wunder also, dass der König die Fasson verlor, als man ihn, noch dazu an Weihnachten, darüber informierte. Doch war Heinrichs Zorn ebenso schnell wieder verflogen, wie er gekommen war. Er war für solche Anfälle geradezu berühmt. Das Problem waren die unbeabsichtigten Nebenfolgen. Denn in seiner Wut soll er seinen ganzen Hofstaat als Memmen beschimpft haben, weil sie es zuließen, dass man ihm so mitspielte. Der königliche Wutausbruch war gewaltig. Ein Mordauftrag war es nicht.[3]

Doch nahmen ihn die vier jungen Adeligen beim Wort. Niemand bemerkte, wie sie den Hof verließen, um sich auf den Weg nach England zu machen. Sie übernahmen die Rolle selbst ernannter Vollstrecker, hatten eine Schwurgemeinschaft gegründet mit dem Ziel, die Ehre ihres Königs zu retten. Dabei war ihnen jedes Mittel recht. Ob die vier mit dem festen Vorsatz loszogen, den Erzbischof zu ermorden, ist schwer zu beurteilen. Dafür spricht, dass sie die Tat wie eine öffentliche Hinrichtung, ja fast wie einen Ritualmord inszenierten. Dagegen spricht, was bei der Ankunft in Canterbury passierte – dazu später mehr.

Bischöfe lebten im Mittelalter gefährlich. Thomas Beckets Ermordung war grausam und unerhört, weil sie in aller Öffentlichkeit geschah, doch war der Erzbischof von Canterbury weder der erste noch der einzige, der ein blutiges Ende fand.[4] Einzigartig war jedoch, was nach der Tat geschah: ein geradezu schulbuchhaftes Lehrstück über die destruktiven Folgen des Zorns.

Der Stoiker Seneca verglich den Zorn mit einem «zusammenbrechenden Gebäude, das über den darunter Begrabenen in Trümmer geht».[5] Zorn ist selbstzerstörerisch. Daran festzuhalten, so ein buddhistisches Sprichwort, ist wie Gift trinken und hoffen, dass der andere davon stirbt. Und so war es auch hier, der Zorn des Königs wendete sich gegen ihn selbst. Am Ende war es Becket, der siegreich aus dem Konflikt hervorging – wenn auch erst post mortem. Binnen kürzester Zeit entstand im Volk eine fast unheimliche Verehrung für den toten Erzbischof. Die vier hatten ihn zum Märtyrer gemacht. Noch am Abend des Mordes sollen Menschen aus Canterbury in die Kirche geeilt sein, um Reste des Bluts von den Bodenplatten zu kratzen. Keine Woche später wurde von ersten Wundern berichtet: Eine blinde Frau namens Britheva wurde geheilt, und ein stummer Kleriker konnte wieder sprechen, nachdem er eine Nacht am Grab des Erzbischofs verbracht hatte. Mit Märtyrerblut getränkte Stoffe wurden schon bald wie Reliquien gehandelt, und immer mehr Menschen pilgerten zum Grab in Canterbury, sodass die Kirche schließlich gar keine andere Wahl hatte, als Becket heiligzusprechen. Der Erzbischof hatte es geschafft. Keiner zweifelte mehr an der Vormachtstellung Canterburys als wichtigstes Erzbistum der englischen Kirche.

Vom König wissen wir, dass er entsetzt war, als ihn die Nachricht von der Bluttat erreichte. Er zerriss sein Gewand und weinte bitterlich über den Verlust. Später, vom Papst zur Rechenschaft gezogen, versicherte er unter heiligen Eiden, er habe niemals einen Mordauftrag erteilt und von den Mordplänen der Adeligen nichts gewusst. Der Papst glaubte ihm, legte ihm aber dennoch eine Buße auf, und zwar deshalb, weil er mit seinem Wutausbruch, wenn auch unbeabsichtigt, Anlass zu einem Verbrechen gegeben hatte. Im Juli 1174 pilgerte der König persönlich ans Grab von Thomas Becket und leistete öffentlich Buße. Die Mörder kamen glimpflich davon, sie wurden nicht vor Gericht gestellt, als Bußleistung wurde ihnen ein Kreuzzug ins Heilige Land auferlegt. Keiner der vier kam zurück.

Zorn hat seinen Ursprung im Schmerz der Kränkung

(Aristoteles)

Wer sich nicht ernst genommen fühlt, wer Missachtung und Geringschätzung erfährt, wird irgendwann zornig, setzt sich zur Wehr, will das erlittene Unrecht rächen. So gesehen hat der Zorn seinen Ursprung im Schmerz. Im Schmerz der Kränkung. Und dieser Schmerz gebiert die Lust auf Rache.

Diese Analyse stammt einmal mehr von Aristoteles.[6] Es geht dabei um Geringschätzung, die als sozial unverdient empfunden wird. Zornig wird man vor allem deshalb, weil man sich selbst als überlegen betrachtet. Es geht um Ehre und Kränkung, nicht, wie man das heute sieht, um Frustration, um Ärger über etwas, das misslingt, oder um stressbedingte Aggression. In logischer Konsequenz ist Zorn bei Aristoteles ein Privileg der Herrschenden. Ein Sklave kann demnach nicht zornig werden, ihm kann keine Geringschätzung zuteilwerden, da er ja per Definition einen rechtlosen Status hat.[7]

Aristoteles veranschaulichte seine Theorie am Beispiel des Achill. Der fühlte sich als bester aller Krieger von Agamemnon, dem König und Heerführer der Griechen, gering geschätzt, als dieser ihm seine Kriegsbeute streitig machen wollte. Wir kennen die Geschichte aus dem Kapitel über Neid. Unter Achills heroischem Zorn litten dann nicht die feindlichen Trojaner, sondern vor allem die eigenen Leute. Doch Aristoteles hätte seine Theorie genauso gut am Fall Becket entwickeln können. Eine ganze Serie wechselseitiger Kränkungen war der Bluttat vorausgegangen. Der König fühlte sich vom Verrat seines ehemaligen Kanzlers und väterlichen Freundes gekränkt. Umgekehrt fühlte sich Thomas Becket als Erzbischof von seinem einstigen Zögling und Herrn missachtet. Jetzt, wo beide – aus Beckets Sicht – auf gleicher Stufe standen, er an der Spitze der englischen Kirche, Heinrich an der Spitze des Staats, ließ es der König am nötigen Respekt fehlen; ihm, dem Älteren gegenüber. Überdies missachtete der König die Rechte der Kirche und stellte althergebrachte Privilegien infrage. Auf beiden Seiten also das Gefühl mangelnder Wertschätzung und Enttäuschung.

Nun hatte ein König im Mittelalter durchaus das Recht, zornig zu sein. «Ira regis» steht für die gerechte Empörung über unhaltbare Zustände, ein Zorn, der dem König zustand und der gezielt als ein Instrument politischer Kommunikation eingesetzt wurde.[8] Doch lief in diesem Fall ganz offensichtlich in der Kommunikation etwas schief. Eigentlich war ja der Erzbischof der Adressat der Botschaft, was die vier Adeligen offenbar missverstanden hatten. Es wird allerdings spekuliert, dass die Bluttat erst durch das Verhalten des Erzbischofs provoziert wurde. Denn die vier suchten nach ihrer Ankunft in Canterbury zunächst das Gespräch. Sie wurden nicht vorgelassen, stattdessen ließ man sie warten – das Personal musste erst das Mittagsmahl beenden. Als man sie endlich einließ, hielt es der Erzbischof nicht für nötig, die vier namentlich zu begrüßen, und das, obwohl er sie gut kannte. Als er schließlich geruhte, ihrem Anliegen Gehör zu schenken – sie baten ihn, die Exkommunikation der königstreuen Bischöfe zurückzunehmen –, zog er ihre Argumente ins Lächerliche und bestritt, dass es hier ein Problem gab.

Missachtung, das Vergessen des Namens, Ironie, all dies waren typische Zeichen der Geringschätzung, wie sie auch Aristoteles spezifiziert.[9] Er zählt den Zorn zu den menschlichen Leidenschaften (pathé). Wie alle Leidenschaften ist er an sich nicht schlecht, problematisch wird erst das Zuviel oder Zuwenig. Zu viel Zorn führt zu Jähzorn, zu wenig Zorn führt zum Phlegma. Letzteres, die Zornlosigkeit, ist ein Defizit an Erregbarkeit. Wer darunter leidet, gilt als Tropf. Wer sich nicht zu wehren weiß und erlittenes Unrecht einfach hinnimmt, verrät Sklavenmentalität. Der Überschuss an Wut dagegen, Wutausbrüche wegen Nichtigkeiten, überzogene Reaktionen auf unbedeutende Verletzungen, führt zu schweren Verwerfungen. Entscheidend ist das richtige Maß. Der angemessene Zorn, der sich in der Mitte der Extreme befindet. Und dieser ist nicht nur gut, sondern sogar notwendig, als Waffe des Tüchtigen, als Ansporn zu Tatkraft und großen Leistungen.

Die Vorstellung des Zorns als zentrale Triebkraft von Entwicklung und Veränderung, die Peter Sloterdijk von Homer über Thomas von Aquin bis zu Kant herausgearbeitet hat, soll im Folgenden näher in den Blick genommen werden. Nicht jedoch, bevor der bekannteste Zornexperte der Antike, nämlich Seneca, zu Wort gekommen ist.[10]

Seneca: Die stoische Verachtung des Zorns

Geboren als mittlerer von drei Brüdern in Corduba, in der römischen Provinz Baetica in Südspanien, vermutlich im selben Jahr wie Jesus, wuchs Seneca in Rom bei einer Tante auf. Seit seiner Kindheit war er kränklich. Seiner Selbstbeschreibung als erwachsener Mann nach war er kleinwüchsig, mager, glatzköpfig und kurzsichtig; überdies litt er sein Leben lang unter Asthma und Bronchitis. In einem seiner späten Briefe an den Freund und Kollegen Lucilius beschreibt er, wie er sich therapierte: Er ließ sich in einem Sessel an der Küste des Meeres entlangtragen. Durch die Erschütterungen beim Getragenwerden löse sich der Schleim, und die schwere Luft in seiner Lunge verdünne sich.[11] Er ertrug das alles mit Gleichmut. Eine innere Einstellung, die sehr gut zur philosophischen Schule der Stoa passte, zu deren bedeutendsten Lehrern er später zählen sollte.

Kernstück der stoischen Philosophie war die Ethik. Glück, so die These, hängt nicht von äußeren Gütern wie Reichtum, Macht, Gesundheit oder Erfolg ab, sondern einzig von der Tugend, das heißt den Maximen des sittlichen Handelns. Wer diesen aus eigenem Entschluss folgt, wird völlig autark. Keiner kann dem Stoiker das Glück nehmen, ganz egal, was ihm widerfährt. Innere Haltung und sittliches Bewusstsein entscheiden über Glück oder Unglück. «Der Weise lacht auf der Folter»: Solchen Sätzen kann man nur schwer folgen, und doch war es genau dieser Glaube an die Tugend als einzige Quelle des Glücks, dieser sittliche Rigorismus, der den langfristigen Einfluss der Stoa sicherte und ihre Lehren bis heute attraktiv macht. Der Stoiker macht sich unangreifbar. Wer zu allem Distanz hält, ist gegen alle Wechselfälle des Lebens gefeit. Schicksalsschläge, Misserfolge, Kränkungen werden nicht als Scheitern erlebt, sondern mit Gleichmut hingenommen.

Zorn passt nicht in dieses Konzept. In seiner Schrift «De ira» beschreibt Seneca ihn als die widerwärtigste aller Leidenschaften. Zorn ist für ihn die menschliche Gier nach Waffen, Blut, Hinrichtungen, das Verlangen, dem anderen zu schaden, Rache an ihm zu nehmen, wohl wissend, dass sie den Rächer mit in den Abgrund reißen wird. Von zeitweiligem Wahnsinn (furor brevis) spricht er, von blinder Wut, die jeden Anstand vergessen lässt und die Vernunft ausschaltet. Mit dem Blick des geschulten Beobachters beschreibt er die körperlichen Symptome des Zorns auf eindrückliche Weise: Die Augen des Zornigen «flammen und blitzen, sein Gesicht ist rot angelaufen, dass das Blut aus dem Herzen emporwallt, die Lippen bewegen sich zitternd, die Zähne knirschen, die Haare richten sich auf. Er schnauft schwer, ja beklommen klingt sein Atem, du hörst, wie seine Gelenke knacken, seine Sprache gleicht einem Brüllen, Wortfetzen und einzelne Töne sind zu vernehmen, er schlägt die Hände ständig zusammen, stampft auf den Boden, der ganze Körper bebt vor Erregung, ein Bild wüster Drohung, übel anzusehen ist es, wenn sich ein Mensch so gehen lässt. Die übrigen Leidenschaften kann man verstecken und im Verborgenen nähren, Zorn hingegen bringt sich selbst ans Licht und zeichnet sich im Gesicht ab.»[12] In der medizinischen Sprache der Gegenwart lassen sich die Folgen der Ausschüttung der Stresshormone Adrenalin und Noradrenalin nicht besser beschreiben. Sie lösen einen Zustand der Erregung aus, Blutdruck und Puls steigen, über die Amygdala wird der Hypothalamus aktiviert, der Atmung, Kreislauf und Temperatur ankurbelt und den ganzen Körper in Alarmbereitschaft versetzt. Die Haare stellen sich auf, Zähneknirschen, Drohgebärden, der Kopf läuft rot an etc.

Die Stoiker erweiterten Aristoteles' Zorntheorie. Zum einen demokratisiert Seneca den Zorn, indem er ihn vom sozialen Status abkoppelt. Hier gibt es nun auch die Möglichkeit, dass sich der Zorn von unten nach oben richtet. Seneca lässt den Zorn des Ohnmächtigen gegen den Mächtigen, des Niedriggestellten gegen den Höhergestellten zu.[13] Zum anderen bietet die Stoa ein wirksames Gegenmittel an: die Verachtung. Wenn Zorn eine Reaktion auf erlittene Geringschätzung ist, dann lohnt es sich vielleicht, den Spieß einmal umzudrehen. Ein jeder steht niedriger als der, von dem er sich verachtet glaubt, sagt Seneca. Will heißen, Kränkung ist ein Problem des Gekränkten. Lass Kränkungen einfach an dir abperlen, dann hast du auch keinen Grund dazu, zornig zu werden.

Zwar stimmt Seneca in der Ausgangsdefinition der Ira als menschliche Leidenschaft (pathé), ein Wollen, eine Begierde (cupiditas), mit Aristoteles überein, doch bestreitet er entschieden, dass Zorn etwas Natürliches und unter bestimmten Bedingungen gar von Nutzen sein könnte. Den Lehren der Stoa zufolge ist Zorn mit der Menschennatur nicht vereinbar und in jeder Form schädlich. Ein Zorn, der Maß hält und auf die Vernunft hört, ist kein Zorn. Der Altphilologe Manfred Fuhrmann weist darauf hin, dass Senecas Schrift «De ira» in der Zeit nach der Ermordung Caligulas entstand – jenes Kaisers, der nach Belieben Senatoren hinrichten ließ und dafür auch mal das eigene Pferd zum Konsul und somit zum Mitglied des Senats ernannte. Caligulas Schreckensherrschaft bot reichlich Anschauungsmaterial für das Zorneswüten der Mächtigen.

Wie die Geringschätzung am Stoiker, so perlten tragischerweise die Lehren der Stoa an Senecas berühmtestem Schüler ab. Nero schaffte es dank unermüdlicher Intrigen seiner Mutter Agrippina – die zuvor ihren Gatten Kaiser Claudius vergiftet hatte – als Nachfolger von Caligula auf den Kaiserthron. Nach fünf guten Regierungsjahren, die auf den Einfluss Senecas und des Prätorianerpräfekten Burrus zurückgeführt werden, wurde er zunehmend resistent gegen die Empfehlungen seiner Ratgeber. Stattdessen begann ein munteres Morden, erst traf es Neros Stiefbruder Britannicus, dann seine Mutter Agrippina, dann seine schwangere Gattin Poppaea. Schließlich witterte Nero überall Verschwörungen. Seneca, der über die Jahre beträchtlichen Reichtum angehäuft hatte und nun die eigene Haut und die seiner Familie retten wollte, bat um Entlassung. Doch Nero war dagegen. Lieber beschuldigte er seinen alten Lehrer bei nächster Gelegenheit der Teilnahme an einer Verschwörung und verurteilte ihn zum politischen Freitod.

Statt zornig zu werden, starb Seneca immerhin als wahrer Stoiker. Der römische Historiker Tacitus beschreibt sein Ende im Jahr 65 n. Chr. auf einem seiner Landsitze nahe Rom. Ob all die Details stimmen, können wir nicht wissen, wir wissen nur, dass Tacitus Seneca als großen Philosophen verehrte, und so ließ er ihn – wie Sokrates – angemessen sterben. Zunächst habe er sich die Pulsadern geöffnet, doch floss das Blut zu langsam. Daraufhin habe er nach dem Schierlingsbecher verlangt, und als der auch nicht richtig wirkte, ließ er sich ins Dampfbad bringen, wo der asthmakranke Greis schließlich erstickte.[14]

Vom Schmerz der Kränkung zur Triebkraft der Geschichte

Thomas von Aquin, Mitte des 13. Jahrhunderts an der Universität Paris, wunderte sich über die generelle Ablehnung des Zorns bei den Stoikern. Ist es erlaubt, zornig zu werden? So fragte der große Gelehrte im ersten Artikel der 158. Frage seiner «Summa theologica». Wir haben schon gesehen, dass in der Scholastik wissenschaftliche Diskussionen stets in Form einer ausgiebigen Erörterung von Thesen und Gegenthesen geführt wurden. Hier wird die Frage zunächst verneint: Zorn hört nicht auf die Vernunft, was nicht gut ist; Zorn strebt nach Vergeltung, was nicht gut ist; Zorn macht das Auge des Herzens blind, was nicht gut ist. Also ist Zorn immer etwas Schlechtes. Dann aber folgt das große «Sed contra»! «Andererseits sagt Chrysostomus: ‹Wer ohne Grund zornig wird, lädt Schuld auf sich, wer jedoch einen Grund hat, ist ohne Schuld. Denn ohne Zorneseifer gibt es keinen Fortschritt in der Wissenschaft, Rechtsprechung kommt nicht zustande, Verbrechen werden nicht verfolgt.› Also ist Zornigwerden nicht immer vom Bösen.»[15]

Thomas von Aquin zitiert hier den Kirchenvater Chrysostomus alias Goldmund, doch er hätte sich auch direkt auf Aristoteles berufen können. Auch dieser vertrat die Meinung, dass Zorn durchaus gut sein könne, dann nämlich, wenn er der rechten Vernunft entspringt. Als positive Energie kann er sogar notwendig sein. Insbesondere dem Herrscher wurde das Recht auf einen solchen Zorn zugestanden, ja er wurde sogar als Voraussetzung einer guten Herrschaft betrachtet.[16] Erst mit dem Zorn kommt die Kraft, etwas zu verändern, oder in der Sprache des Thomas von Aquin: ein zukünftiges Gut erreichen oder ein befürchtetes Übel abwenden zu können.

Diese Positionen aus Antike und Mittelalter entsprechen dem, was heute in der Psychotherapie als Standard gilt. Wut ist erst mal gut. Zorn spornt an, sich zur Wehr und durchzusetzen. Anders als etwa Habgier, Trägheit oder Verschwendung ist Ira ganz klar als Emotion zu fassen, als ein Gefühlszustand, dessen neuronale Grundlagen mittlerweile gut erforscht und in verschiedenen Gehirnregionen lokalisierbar sind. Der evolutionäre Nutzen dieser Emotion liegt vor allem in der Abwehr von Bedrohungen.[17] Es geht um eine Form der Aggression im Sinne einer psychischen, triebhaften Antriebsenergie, die in bestimmten Situationen überlebenswichtig ist.

In unserer Alltagssprache sprechen wir eher von Wut als von Zorn. Allenfalls in der Theologie diskutiert man noch über den

Zorn Gottes, und auch in der Rechtsprechung wird der Ausdruck verwendet: Nach § 213 Strafgesetzbuch kann Zorn bei Totschlag als Schuldmilderungsgrund gelten. Eine begrifflich feine Unterscheidung zwischen Wut und Zorn ist mühsam. Bei Seneca war Wut ein Sonderfall des Zorns (furor brevis), jener blinde Zustand, der jeden Anstand vergessen lässt und die Vernunft ausschaltet. Überdies kam das deutsche Wort «Wut» erst im 17. Jahrhundert in Gebrauch, als Übersetzung für den lateinischen Begriff «furor», um zunächst vor allem die negative, krankhafte Kehrseite des Zorns zu bezeichnen.

Im Zeitalter der Aufklärung wandelte sich die Bedeutung von Zorn und Wut. Zorn wurde – das hat der Kulturwissenschaftler Johannes Lehmann herausgearbeitet – zur Hindernisüberwindungsenergie.[18] Immanuel Kant spricht nicht mehr von Beleidigung und Rache im Sinne von Aristoteles, sondern von Übeln, Kräften und Widerständen, die sich dem eigenen Wollen entgegenstellen und die es zu überwinden gilt. Der Zorn, so heißt es in seiner «Anthropologie in pragmatischer Hinsicht» (1796/97) «ist ein Schreck, der zugleich die Kräfte zum Widerstand gegen das Übel schnell rege macht». Schon in der Definition von Johann Heinrich Zedlers «Großem Universallexicon aller Wissenschaften und Künste» (1731 bis 1754) wurde Zorn als Affekt beschrieben, der dazu antreibt, eine erlittene Beleidigung und das daraus entstandene Übel auszugleichen.[19] Auch hier ist vom aristotelischen Schmerz oder von Vergeltung keine Rede mehr.

Der moderne Zorn hat das Stigma der Kränkung abgelegt. Er wird als Affekt in einem Gefühlsfeld verortet, das energetischen Regeln folgt, mit Begriffen wie Tätigkeit, Energie, Kraft auf der einen und Hemmnis, Hindernis, Widerstand auf der anderen Seite. Dabei gilt das Prinzip von Aktion und Reaktion. Die Kraft des Zorns wächst mit dem Widerstand, der sich ihr entgegensetzt. Zorn wird aufgewertet und zugleich demokratisiert, als zentrale Triebkraft für Veränderung, als jene Energie, die es braucht, um pragmatisch und zweckrational die selbst gesetzten Ziele zu erreichen.

Im 19. und 20. Jahrhundert war das übergeordnete Ziel der Fortschritt. Hindernisse waren dazu da, aus dem Weg geräumt zu werden. So gesehen waren die Segnungen der Moderne, von der Dampfmaschine über die Französische Revolution bis hin zur Luftfahrt, dieser Hindernisüberwindungsenergie zu verdanken. Wenngleich auch damals – und das dürfen wir nicht vergessen – die Stimmen der Kritik und des Unbehagens an diesen vermeintlichen Segnungen des Fortschritts sehr laut waren. Vielleicht müsste man noch präziser von einer Hindernistransformationsenergie reden. Oder, aus einem anderen Blickwinkel, mit Peter Sloterdijk von der zunehmenden Ökonomisierung des Zorns, die ihren Höhepunkt in den Totalitarismen des 20. und 21. Jahrhunderts findet, jenen großen Ideologien, die den Zorn sammeln und organisieren. Der indische Denker Pankaj Mishra erklärte die gegenwärtige Epoche zum «Zeitalter des Zorns», bestimmt von Wutbürgern, Shitstorms und einer von sozialen Medien angefeuerten kollektiven Wut auf alles.[20]

Seit jeher, vermutlich schon lange vor der Zeit, aus der die ältesten schriftlichen Zeugnisse stammen, haben Menschen versucht, den negativen Seiten des Zorns entgegenzuwirken. Im Folgenden einige Beispiele.

Heißer Sommer in Oberitalien, 1233: Friedenssehnsucht und das große Halleluja

«Es war die Zeit des großen Hallelujas, wie es später genannt wurde. Eine Zeit der Fröhlichkeit, des Glücks und der Freude, eine große Ruhe, ein großer Friede. Alle legten ihre Waffen beiseite, die Menschen der Stadt, die jungen und die alten, die Ritter und die Soldaten, sie sangen alle mit, fröhliche Lieder und heilige Hymnen. Ich war dabei und sah es mit eigenen Augen, in meiner Heimatstadt Parma.»[21]

Das berichtet Salimbene de Adam, einer der fleißigsten Tagebuchschreiber des 13. Jahrhunderts. Er reiste damals durch ganz Europa und schrieb alles, was er erlebte, für seine Nichte auf. Stets subjektiv, voll radikaler Kritik und vernichtender Urteile, ist sein Werk höchst unterhaltsam zu lesen. Wenngleich nur ein Bruchteil seiner Aufzeichnungen erhalten blieb, liefert Salimbene wie kein anderer Einblicke in die alltägliche Lebenswelt der Menschen.

Der obige Bericht über singende Ritter und Soldaten fällt in eine Zeit des Umbruchs. In vielen oberitalienischen Städten herrschten bürgerkriegsartige Zustände, angeheizt durch wirtschaftliche und soziale Umwälzungen, die zu fortwährenden politischen Konflikten führten. Die Menschen suchten Hoffnung und Aussicht auf ein Ende der Krise. In dieser Situation traten unvermittelt in vielen Städten sogenannte Friedensprediger auf den Plan. So auch in Parma, wo ein gewisser Fra Cornetto predigte, den Salimbene folgendermaßen beschreibt: Er war ein einfacher, nicht besonders gebildeter Mann aus dem Spoletotal. Ein langer, schwarzer Bart fiel über Kinn und Brust herab, auf seinem Kopf trug er ein kleines Mützchen. Den Körper umhüllte ein langes, faltiges schwarzes Gewand mit einem aufgenähten übergroßen roten Kreuz, das vom Hals bis zu den Füßen reichte. Das Merkwürdigste war aber ein kleines Horn aus Blech. Das hatte er stets bei sich und entlockte ihm bald furchtbare, bald liebliche Töne. In diesem Aufzug durchzog er die Städte, predigte mal in der Kirche, mal auf dem Marktplatz, gefolgt von einer großen Schar von Kindern, die Kerzen trugen und Zweige in ihren Händen hielten. Salimbene erzählt, dass er ihn oft sah, wie er an der Mauer des

Bischofspalastes in Parma stand, damals eine riesige Baustelle. Und er begann seine Rede mit einem langen Lobpreis, meist in italienischer Sprache: Lobt den Herrn, preiset seinen Namen, gelobt sei Gott. Die Kinder wiederholten seine Worte im Chor. Dann wiederholte er seine Worte und ergänzte: Gelobt sei Christus. Und die Kinder wiederholten und erwiderten seine Worte im Chor. Bei der dritten Wiederholung ergänzte er ein Benediktus und ein dreifaches Halleluja, Halleluja, Halleluja. Dann nahm er sein kleines Horn und blies hinein, bevor er zu seiner Predigt ansetzte.[22]

Ähnliches wie in Parma trug sich auch in Bologna zu, wo Naturkatastrophen die Krisen noch verschärften. Noch immer saß der Schock des Hochwassers tief: Im Jahr 1230 war der Pegelstand der Flüsse Reno und Savena so hoch gewesen, dass die Menschen in den Bäumen Zuflucht suchen mussten. Zwei Jahre zuvor hatte eine Heuschreckenplage die Ernte vernichtet, und was übrig geblieben war, wurde durch einen Hagelsturm zerstört. In der Folge stiegen die Preise für Nahrungsmittel, Wein wurde so teuer, dass man selbst bei Hochzeiten nur noch Wasser ausschenkte. Es kam regelmäßig zu Aufständen. Die Menschen wurden immer wütender, gingen auf die Barrikaden, zündeten Mühlen an, weil sie den Müllern unterstellten, Getreide zu horten. Dass sie so die wenigen übrig gebliebenen Vorräte vernichteten und damit ihre eigene Lebensgrundlage, war ihnen offenbar egal. Wut setzt rationale Kosten- und Nutzenabwägungen außer Kraft.

Angesichts dieser Misere beschlossen Bischof und Stadtrat von Bologna im April des Jahres 1233, den Dominikanerprediger Johannes von Vicenza um Hilfe zu bitten. Johannes nahm die Einladung an, predigte Frieden und Buße und verurteilte den Wucher der Bologneser Geschäftswelt ebenso wie die Protestaktionen der Wutbürger. Seine Ansprache hatte Erfolg, auf beiden

Seiten. Männer und Frauen, die wegen hoher Verschuldung im Gefängnis saßen, wurden freigelassen. Anderen, die ins Exil gegangen waren, garantierte Johannes freies Geleit für ihre Rückkehr. Wer bewaffnet durch die Stadt lief, musste eine Geldstrafe bezahlen. In seinen Predigten geißelte Johannes maßlosen Konsum, Friedensbrecher verbannte er als Häretiker aus der Stadt. In kürzester Zeit wurde er zum Hoffnungsträger, zu einer Art Heilsfigur.

Der Stadtrat übertrug Johannes ein ganzes Bündel an Aufgaben. Er sollte die Statuten der Stadt überarbeiten, in einem Streitfall zwischen Stadtrat und Bischof entscheiden und den Frieden in der Stadt dauerhaft wiederherstellen. Johannes nahm die Herausforderung an und initiierte eine Reihe von Friedensprogrammen und Gemeinschaftsaktionen. Für den 14. Mai 1233 setzte er eine große Friedensdemo an, in Form einer großen Prozession durch die Stadt, am 23. Mai fand die feierliche Translatio statt, die Umbettung des heiligen Dominikus, und am 30. Mai verkündete Johannes seine Entscheidung im Konflikt zwischen Bischof und Stadtrat. Er machte Nägel mit Köpfen, beschäftigte die Leute und gab ihnen Hoffnung.

Salimbene de Adam berichtet, wie sich die Friedensbewegung in ganz Oberitalien ausbreitete. Menschen aus allen Schichten versammelten sich zu Prozessionen, barfuß, mit Kerzen und Zweigen. Wenn sie vor Kirchen und auf Plätzen haltmachten, erhoben sie gemeinsam die Hände zu Gott. Salimbene beschreibt das alles als eine Art kollektiven Rausch: Trunken von göttlicher Liebe (inebriati amore divino), konnten die Menschen gar nicht mehr aufhören mit ihren Liedern und Gebeten. Wie in Bologna übertrug man an vielen anderen Orten Friedenspredigern die Rolle des Streitschlichters und stattete sie mit Vollmachten aus, die sonst nur dem podestà, dem Bürgermeister, zukamen. Gemeinsames Ziel war stets, die ursprüngliche Bestimmung einer

Stadt wiederherzustellen: als Gemeinschaft zur Wahrung des Rechts und zur Sicherung des Friedens.[23]

Schon damals schieden sich die Geister an den charismatischen Persönlichkeiten, die diese Friedensbewegung in Gang setzten. Salimbene beschrieb Johannes von Vicenza als einen schrägen Vogel, einen durchtriebenen Scharlatan, der es verstand, die Massen in Begeisterung zu versetzen, ohne jedoch dauerhaft etwas zu verändern. Und er sollte recht behalten. Schon bald brachen die alten Gräben wieder auf, setzte die Spirale von Wut und Gewalt erneut ein, waren die Friedensversprechen in Vergessenheit geraten. Und dennoch bleibt dieser Sommer 1233 ein historischer Moment, in dem sich die kollektive Sehnsucht nach Frieden lautstark Gehör verschaffen konnte.

Dass diese Friedenssehnsucht auch langfristige Folgen zeitigte, sieht man in Parma. Dort hatte der als Friedensstifter eingesetzte Gerard da Modena die Deckengemälde im Baptisterium in Auftrag gegeben. In der Kuppel des achteckigen Baus erstrahlt in bunten Farben ein Lobpreis des Friedens: Neben biblischen Friedensträgern wie Abraham, Maria oder Johannes dem Täufer sind die vier Elemente, die vier Jahreszeiten, die Pflanzen- und Tierwelt, der Kosmos und die himmlischen Sphären zu sehen. Ein Bild der Harmonie, das die christliche Friedensbotschaft einbettet in die viel größere Erzählung der Natur, die Geschichte von Himmel und Erde, Saat und Ernte, Winter und Sommer, Tag und Nacht. Die Menschen sind Teil der Schöpfung, sie gehören zu einem größeren Ganzen. Daran erinnert das Gemälde im Baptisterium von Parma bis heute.[24]

Das Augsburger Friedensfest

Die Geschichtsbücher präsentieren uns körbeweise Früchte des Zorns. Eroberungen, Schlachten, hart errungene Siege. Gelungene Friedensschlüsse werden dagegen nur selten erinnert.[25] Eine Ausnahme findet man in Augsburg. Seit dem Jahr 1650 wird dort ein Friedensfest gefeiert, das im Jahr 1950 qua Beschluss des bayrischen Landtags als staatlicher Feiertag innerhalb der Stadtgrenzen anerkannt und 2018 zum immateriellen UNESCO-Weltkulturerbe erklärt wurde.[26]

Gefeiert wird hier das Ende des Dreißigjährigen Krieges im Oktober 1648, der Westfälische Frieden, der mit der Unterzeichnung von Friedensverträgen in Osnabrück und in Münster besiegelt wurde. Das Ergebnis eines über fünf Jahre sich hinziehenden Friedensprozesses zwischen den Kriegsparteien. Endlich! Europa atmete auf. Die Niederlande wurden fast vollständig unabhängig von den spanischen Habsburgern, die schwedischen Truppen konnten zurück nach Hause, und die schwedische Königin Christine ließ um Weihnachten 1649 in Stockholm eine große Hoffeier abhalten. In mehr als 160 Städten des Reichs, insbesondere in Süddeutschland, wurden in den darauffolgenden Monaten und Jahren Feste ausgerichtet, um den Westfälischen Frieden zu feiern.[27]

Am 8. August 1650, einem Montag, fand erstmals auch ein solches Friedensfest in Augsburg statt. In den sechs lutherischen Kirchen wurden Dankespredigten gehalten, die Wände waren reich mit Wandteppichen verziert, der Boden mit Sand bestreut, die Kirche St. Anna mit Blumen, vergoldeten Kränzen und Zweigen geschmückt. Schon frühmorgens, noch vor fünf Uhr, drängten die Menschenmassen in die Kirchen, um Orgel, Trompete, Horn und die ersten Choräle mitzuerleben. Vor den Kirchen feuerten Soldaten Salven ab.

Zwei Tage später wurde ein Kinderfriedensfest veranstaltet. Dazu kamen am frühen Nachmittag die Jüngsten in die Kirche. Die Jungen trugen weiße Hemden über ihren Kleidern, hatten Kränze und Zweige auf dem Kopf, trugen kleine Bücher in den Händen. Die Mädchen hatten weiße Schürzen um, silberne Perlen im Haar und Kronen aus Laub auf dem Kopf. Sie lauschten der Predigt und sagten Dankesverse auf. Das Ganze dauerte mehr als anderthalb Stunden, und das Publikum war begeistert. Das Gleiche wurde eine Woche später wiederholt, diesmal musste der Pfarrer das Aufsagen der Sprüche verkürzen, was jene Eltern betrübte, die ihre Kinder gerne sprechen hörten. Und am 16. August war noch einmal Feiertag.

Auch in anderen Städten feierte man auf diese Weise den Frieden, doch Augsburg war ein Sonderfall. Dort war vor fast hundert Jahren der sogenannte Augsburger Religionsfrieden geschlossen worden, in dem die Parität, also die Gleichstellung der Anhänger der neuen Lehre Luthers mit denen der römisch-katholischen Kirche, festgelegt wurde. Ein Friedensschluss, der den Städten des Reichs mehr als sechzig Jahre Frieden bescherte, bis dann 1618 der Dreißigjährige Krieg begann. Erneut brachen die konfessionellen Streitigkeiten auf, was in Augsburg am 8. August 1629 zur Aufhebung der Parität führte. Sämtliche evangelische Kirchen wurden geschlossen, die Pfarrer entlassen, die Gebäude teils abgerissen. Gemeinden mussten ihre Treffen und Gottesdienste unter freiem Himmel, bei Regen, Frost und Schnee, abhalten. Diese Verhältnisse wurden wiederum durch den Westfälischen Frieden beendet. Die evangelischen Glaubensgemeinschaften erhielten ihre Kirchen zurück. Die Parität, auch in allen öffentlichen Ämtern, wurde in der Stadtverfassung schriftlich besiegelt. Gesicherte Rechtsverhältnisse waren wiederhergestellt. Darauf gründet die herausragende Bedeutung des Friedensfestes, vor allem für die evangelischen Augsburger.

Frieden ist eine Errungenschaft, nicht der Normalzustand. Daran sollte nun alljährlich erinnert werden.

Wie erinnert man an gelungene Versöhnung? In Augsburg wurde eine besondere Tradition gestiftet. Jedes Jahr gab man ein Friedensgemälde in Auftrag, eine Darstellung besonderer Aspekte des Friedens.[28] Im Jahr 1651 waren das zum Beispiel zwei Figuren, Allegorien von Frieden und Gerechtigkeit, die sich küssten. Im zweiten Jahr waren es zwei Kaiser als Friedensfreunde. Dann die Gaben des Friedens, der Baum des Friedens, das Friedensschiff oder – im Jahr 1663 – gar eine «Friedensapotheke». Später dominierten Darstellungen von Szenen aus dem Alten oder Neuen Testament. Und stets gab es dazu Texte, meist Gebete. Diese Friedensgemälde wurden als kleinformatige Kupferstiche vervielfältigt. 138 solcher Kupferstiche sind heute im Grafischen Kabinett in Augsburg erhalten.

Der Kupferstich «Die Friedensapotheke» zeigt einen Tisch und dahinter Regale mit Friedensarzneien wie zum Beispiel Schutz, Sicherheit, Einigkeit, Reichtum. Auf den geöffneten Ladentüren der Apotheke sind zwei Frauen zu sehen, links Friede, rechts Gerechtigkeit. Davor sitzt links erhöht Christus und segnet die Frau zu seinen Füßen mit den Worten «Friede sei mit dir». Rechts im Bild weichen die Feinde des Friedens, muskulöse Männerkörper – namentlich Neid, Krieg und Ungerechtigkeit –, vor Christus zurück. Ein Merkvers erläutert den Kindern die Bedeutung: Christus ist der Arzt für das kranke seufzende Deutschland (die Frau zu seinen Füßen). Er ist Stifter des Friedens, einer Arznei, die kein Herrscher, weder Kurfürst noch Kaiser, herzustellen vermag. Der konkrete Anlass für dieses Friedensgemälde war der große Türkenangriff unter Großwesir Mohammed Köprülü auf Mitteleuropa.[29]

Viel wurde zu diesen Friedensbildern geforscht. Der Augsburger Politikwissenschaftler Hans-Otto Mühleisen analysierte sie

Die Friedensapotheke, Kupferstich von 1663.

als politische Lehrstücke. Lehrstücke allerdings einer bestimmten Gruppe der Stadt, nämlich der evangelischen Gemeinden, die die Friedensgemälde in Auftrag gaben und in ihren Kirchen beim Friedensfest verteilten, um an die wiedererlangte Parität nach dem Ende des Dreißigjährigen Krieges zu erinnern. Daher sind diese Friedensgemälde zugleich Siegesbilder. Sie sollen daran erinnern, wie viel die Voreltern für diesen Frieden gekämpft haben und was sie erdulden mussten. Eine Mahnung an den Einsatz, der für diesen Frieden erbracht wurde, aber auch an das Leid, das der eigenen Partei zugefügt worden war, an Vertreibung, Unterdrückung und die Zerstörung der Kirchen. Es ist kein absichtsloses Erinnern. Vielmehr soll es dazu motivieren, in der Gegenwart alles zu tun, um ein solches Unheil ein zweites Mal zu vermeiden.

Die Adressaten waren zunächst Kinder. Doch muss man bedenken, dass solche Bilder in einer im Vergleich zu heute sehr bildarmen Welt etwas Besonderes waren. Sie wurden in den Familien gesammelt, betrachtet und in Ehren gehalten. So waren die eigentlichen Rezipienten vermutlich doch die Erwachsenen, die die dekorativen Stücke als Propagandaschriften in den fortwährenden Konflikten mit der katholischen Minderheit der Stadt nutzten. Die katholischen Gemeinden produzierten ihrerseits Gegenschriften. Auf beiden Seiten formulierte man Aufforderungen zum Handeln, politische Programme, in einer Art und Weise unter das Volk gebracht, die wir heute populistisch nennen würden. Es braucht nicht weniger, sondern besseren Populismus, hat der Geschwister-Scholl-Preisträger David Van Reybrouck einmal gesagt. Vielleicht ließen sich die Augsburger Friedensgemälde als besserer Populismus im Reybrouck'schen Sinne verstehen. Sie dienten als Grundlage für Belehrungen, Gespräche und Diskussionen, waren eingebettet in ein jährlich wiederkehrendes Festritual, von dem der Impuls für eine ganzjährige «Werbung für den Frieden» ausging.

Wie immer in der Geschichte gibt es auch bei den Augsburger Friedensgemälden eine dunkle Seite. Ihre Zeit war irgendwann abgelaufen, doch keiner hat's gemerkt, oder sagen wir besser: Man wollte es nicht wahrhaben. Im Zuge der Aufklärung kamen im 18. Jahrhundert neue Ideen zur Überwindung konfessionell bedingter gesellschaftlicher Spannungen auf. Die jährlich in Augsburg fabrizierten Friedensgemälde jedoch verfestigten das Denken in konfessionellen Gegensätzen. Das Festhalten an der Parität, der im Jahr 1648 erreichten Gleichstellung, wurde dysfunktional. Man war so fixiert auf die Einhaltung des Proporzes zwischen den Konfessionen, dass man sich eine ganz andere Zukunft, etwa mit einem übergeordneten gemischten Gremium, gar nicht mehr vorstellen konnte. Und so gelang es der Stadt nicht, mit dem Wandel der Verhältnisse Schritt zu halten. So genial die Idee der Friedensgemälde am Ende des Dreißigjährigen Krieges war, so stabilisierten sie hundert Jahre später doch unzeitgemäße Fronten und behinderten die dringend notwendigen Schritte auf dem Weg in die Zukunft.

Friedensfeste und überhaupt Rituale und Traditionen sind gut gegen Wut und Zorn. Doch muss das Gebäude geschichtlicher Erinnerung immer wieder umgebaut und neu eingerichtet werden. Die Zeiten ändern sich. Entsprechend müssen Rituale, auch die des Friedens, immer wieder angepasst werden. Andernfalls besteht die Gefahr, dass sie veraltete gesellschaftliche Differenzen künstlich am Leben erhalten. Nur ein Friedensfest, das sich wandelt, kann auf Dauer ein Friedensfest sein. Augsburg macht es vor: Dort feiert man im 21. Jahrhundert das Hohe Friedensfest als ein Bekenntnis zu friedvoller Konfliktbewältigung, zu Diversität, Pluralität und Toleranz.[30]

Rituale der Versöhnung. Zum Beispiel Küssen

«Grüßet einander in heiligem Kuss», forderte der Diakon die Gemeinde nach dem großen Fürbittengebet auf. Küssen für den Frieden steht im Zentrum der christlichen Messe, nach alter apostolischer Tradition.[31] Der Kuss, so erklärt Bernhard von Clairvaux im 12. Jahrhundert, ist ein wechselseitiger Akt, bei dem beide aktiv sind, der, der küsst, und der, der geküsst wird. Gemeinsam stellen sie im Akt des Küssens die Gegenwart eines Dritten her, die des Vermittlers und Versöhners, Jesus Christus.

Über Jahrhunderte hat man sich in der christlichen Messe geküsst – auf den Mund! Bis es im 14. Jahrhundert zu einer bemerkenswerten Innovation kam: zu sogenannten Kusstafeln, eigens zum Zweck des Küssens in den Kirchen aufgestellte liturgische Geräte. Der älteste Beleg stammt aus dem englischen York. Der dortige Erzbischof Walter de Gray erließ im Jahr 1250 Statuten zur Mindestausstattung der Kirchen. Neben Weihrauchfässern, Osterleuchtern und vielem mehr wird darin ein Osculatorium erwähnt, auch *tabula pacis* oder *instrumentum pacis* genannt, wörtlich Tafel oder Werkzeug des Friedens. Dabei handelt es sich um Kunstwerke, Schnitzereien, Gemälde oder Skulpturen; dargestellt werden Szenen, die Gefühle der Zuwendung evozieren, etwa der leidende Christus oder Maria mit Kind. Die meisten dieser Kusstafeln sind hinten oder an der Seite mit Griffen versehen und zeigen deutliche Gebrauchsspuren. Im Kuss, in der Berührung mit den Lippen, wurde die Versöhnung durch den Körper aufgenommen und verinnerlicht.

Auch im Rechtswesen des Mittelalters spielt dieser Zusammenhang eine wichtige Rolle. Seit dem 11. Jahrhundert ist der Kuss als Bestandteil der Lehensgeste überliefert. Der Lehensmann verspricht Treue, der Lehensherr Schutz. Eine der ältesten Beschreibungen eines solchen Lehensaktes wurde im 11. Jahrhundert von Dudo von Saint-Quentin verfasst. Dabei ging es um den Friedensvertrag zwischen dem westfränkischen König Karl III. und dem Normannenführer Rollo. Karl III. war es – trotz seines Spitznamens, der Einfältige – gelungen, die regelmäßig in Frankreich zu Beutezügen einfallenden Wikinger zu Verhandlungen zu bewegen. Dabei machten beide Seiten enorme Kompromisse. Karl bot den Wikingern Land in Nordfrankreich als Lehen an – die künftige Normandie. Die Wikinger verzichteten im Gegenzug auf die jährlichen Beutezüge. Als der Vertrag in Saint-Clair-sur-Epte besiegelt werden sollte, weigerte sich der Normannenführer Rollo jedoch, als Zeichen seiner Unterwerfung den geforderten Kuss zu leisten. Kein Wunder, denn in diesem Fall bestand der König auf einen Fußkuss, um die Machtverhältnisse für alle Anwesenden möglichst anschaulich zu demonstrieren. Die Bischöfe versuchten, Rollo zu überreden:

> «Wer eine derartige Gabe empfangen hat, muss sich auch durch seinen Kuss dem Fuß des Königs nahen.» Rollo antwortete: «Niemals habe ich je mein Knie vor irgend jemandes Füßen gebeugt und werde auch niemandes Fuß je küssen!» Gedrängt durch die Bitten der Franken, befahl er schließlich einem seiner Krieger, dass der den Fuß des Königs küssen solle. Sofort riss dieser den Fuß des Königs in die Höhe, führte ihn an seinen Mund und vollzog aufrecht stehend den Kuss, wobei der König rücklings stürzte. [...] Darüber entstand großes Gelächter und große Aufregung im Volk. Schließlich schworen König Karl, Herzog Robert, die Grafen und Edlen, Bischöfe und Äbte dem Statthalter Rollo bei ihrem Glauben und unter Einsatz von Leib, Leben sowie der Ehre des ganzen Königreiches einen Eid. Sie gelobten ihm, dass er das bewusste Land haben und halten solle. Er und alle seine Nachkommen sollten es für alle Zeit von Geschlecht zu Geschlecht besitzen und nutzen. Danach kehrte König Karl wieder heim, während Robert und Franco bei Rollo blieben.[32]

Wir wissen nicht, ob das, was Dudo hier berichtet, sich tatsächlich so zugetragen hat, denn er schrieb ein ganzes Jahrhundert später. Warum er das Komische der Situation hervorhebt, ist schwer zu sagen. Vielleicht steckt darin die Mahnung, dass sich die Vertragspartner eines Lehensvertrags auf Augenhöhe begegnen. Der Fußkuss muss für den Lehensmann eine Zumutung sein. Ein Lehensherr, der auf diese Weise Unterwerfung fordert, riskiert, selbst lächerlich gemacht zu werden. Der Fußkuss war und blieb als Lehensgeste die absolute Ausnahme.

Der Kuss an sich hatte jedoch eine rechtswirksame Bedeutung. Ein «ungekusst Lehen» galt als noch nicht vollständig übertragenes Lehen. Auch wenn der Lehenskuss als Rechtsakt kein optimales Beispiel für Küssen sein mag, so war er doch als abstrahierte Geste der Versöhnung, als Zeichen beendeter Feindschaft und des wechselseitigen Respekts fester Bestandteil des mittelalterlichen Rechtswesens. In der Frühen Neuzeit verblasst diese rituelle und feierliche Komponente. Der Kuss verliert seine offizielle und heilige Funktion, wandelt sich zu einer Geste der Zärtlichkeit, die berührt, aber nicht mehr verpflichtet.[33]

Das Zeitalter des Zorns und die verschleierten Kosten des Fortschritts

Zurück zum Sturm auf die Kathedrale von Canterbury im Jahr 1170. Wenngleich die vier selbst ernannten Vollstrecker des königlichen Willens auf eigene Faust gehandelt hatten, übernahm König Heinrich II. die Verantwortung. Er wurde von Papst Alexander III. zu einem Bußgang ans Grab des ermordeten Erzbischofs verdonnert und leistete dort Abbitte. Ja, er erhob den Märtyrer sogar zum persönlichen Schutzheiligen seiner Dynastie.

Was aber tun gegen den Zorn eines US-amerikanischen Wahlverlierers, der – unter Inkaufnahme von Toten – seine Anhänger zum Sturm auf das Weiße Haus anfeuert? Der sich dafür bis heute feiern lässt und nicht die geringste Spur von Reue zeigt? Wer könnte ihn zur Buße bewegen? Wer könnte ihn von der Notwendigkeit der Versöhnung überzeugen? Oder umgekehrt gefragt: Warum stürmen zornige Bürger im frühen 21. Jahrhundert den Regierungssitz eines demokratisch gewählten Präsidenten? Warum finden die gewaltverherrlichenden Heilsbotschaften autoritärer Führer weltweit so viel Zustimmung?

In seinem Buch «Das Zeitalter des Zorns» gibt Pankaj Mishra eine interessante Antwort. Er nimmt sich vor, die «gespaltene Welt» in den Blick zu nehmen, «diesmal aus der Sicht derer, die erst spät in diese Welt eintraten und – wie so viele heute – das Gefühl hatten, zurückgelassen und zurückgestoßen zu werden».[34] Im Jahr 2014, als er mit der Arbeit an dem Buch begann, kam in Indien Narendra Modi an die Macht, ein Verfechter der angeblichen Überlegenheit der Hindus; als Mishra 2016 das Buch beendete, entschieden sich die Briten, die EU zu verlassen; als es in Druck ging, wurde Donald Trump zum Präsidenten der Vereinigten Staaten gewählt. Mishra wertet all diese Entwicklungen als Symptome einer militanten Abkehr von einer Zivilisation, die auf allmählichen Fortschritt unter liberal-demokratischer Führung baut, jedoch von vielen zunehmend als empörend falsch und schwächlich abgelehnt wird. Diese Abkehr zeigt sich in einem breiten Verlangen danach, alles Bestehende zu zerschlagen. Dem drohen auch zahlreiche Errungenschaften des demokratischen Fortschritts – von der Pressefreiheit über Frauenrechte bis hin zu religiöser Toleranz – zum Opfer zu fallen.[35]

Mishra spricht vom Zeitalter spiritueller Erregung. Und er führt diesen Prozess seinerseits auf die großen Errungenschaften der europäischen Aufklärung zurück. Was meint er damit? All diese Errungenschaften hatten ihren Preis. Insbesondere die Emanzipation des menschlichen Willens ging und geht mit großen Herausforderungen und Gefahren einher: Gefahren der Überforderung (Nicht alles, was ich will, ist auch gut für mich!); Gefahren der Entfremdung in einer zwar immer individualistischeren, aber zugleich immer kälter werdenden Gesellschaft; Gefahren einer angestauten Wut und Aggression aufseiten der Ausgeschlossenen. Wütend und aggressiv sind all diejenigen, die keinen Zugang zu den Errungenschaften der Aufklärung hatten und, noch schlimmer, auf deren Kosten diese Errungenschaften erreicht wurden. Konkret äußern sich die Stimmen der Zornigen in der Sehnsucht nach einer erneuten Verzauberung, in irrwitzigem utopischem Denken, in Politiken der direkten Aktion, im zunehmenden Verlangen nach Selbsthingabe an Bewegungen mit strengen Regeln und charismatischen Führern oder im Kult erlösender Gewalt. Mit Walter Benjamin spricht Mishra von der «Selbstentfremdung der Menschheit», die so weit reicht, dass die eigene Vernichtung als ästhetischer Genuss ersten Ranges verherrlicht wird. Er warnt davor, dass die weltweite Ausbreitung der individualistischen Kultur der Konkurrenz und Nachahmung einen «Lavastrom primitiver Blindheit und Gewalt» auslösen könnte.[36] Die Kosten des Fortschritts wurden verschleiert. Nun fordern die zornigen Wutbewegungen weltweit, dass die Rechnungen beglichen werden.[37]

Lange schon wurde auf die verschleierten Kosten des Fortschritts hingewiesen. Karl Polanyi warnte in «The Great Transformation» aus dem Jahr 1944 vor sozialen Verwerfungen und unzähligen namenlosen Opfern, die das aus seiner Sicht utopische Experiment der Einführung einer sich selbst regulierenden Marktgesellschaft fordern werde. Nur zwei Jahre zuvor hatte der österreichische Ökonom Joseph Alois Schumpeter sein Hauptwerk «Kapitalismus, Sozialismus und Demokratie» veröffentlicht. Schumpeter war ein Wunderkind, gilt als Begründer eines modernen, evolutionären Verständnisses von Wirtschaft. Der Ausgangspunkt: Die kapitalistische Maschine braucht, um in Bewegung zu bleiben, stetige Innovationen und stetig neue Märkte. Beides, Innovationen und neue Märkte, können nur dort entstehen, wo alte Strukturen zerstört und neue hervorgebracht werden. Schumpeter spricht von «industriellen Mutationen», die einen kontinuierlichen Prozess der kreativen Zerstörung vorantreiben.[38] Fortdauernde Zerstörung aber, so kreativ und schöpferisch sie auch sein mag, erschöpft langfristig jedes System. Über kurz oder lang, so Schumpeter, grabe sich der Kapitalismus sein eigenes Grab.

Schumpeters Theorien blieben in den Wirtschaftswissenschaften umstritten, sein Denken entfaltete sich im Erfahrungshorizont zweier Weltkriege. Die Prognose vom Untergang des Kapitalismus trat im 20. Jahrhundert nicht ein. Seine Theorie von der «kreativen Zerstörung» hingegen machte eine gänzlich unerwartete Karriere: In den Achtzigerjahren des 20. Jahrhunderts wurde sie von der neoliberalen Schule zum Dogma erhoben und feierte als Erfolgsfaktor in den Lehrbüchern der Wirtschaftswissenschaften fröhliche Urstände.[39]

Doch genau hier, im Mythos der kreativen Zerstörung, verbergen sich die verschleierten Kosten des Fortschritts. Denn zerstört werden ja nicht nur bestehende Märkte, etablierte Produktionsmethoden und bewährte Produkte, sondern auch Existenzen: Menschen aus Fleisch und Blut, ihre Bräuche und Lebensweisen, gewachsene Strukturen und traditionelle Systeme. Der Schmerz der Kränkung – um mit Aristoteles zu enden – sitzt tief. Das Gefühl der Missachtung und Geringschätzung tut weh. Erzeugt Lust auf Rache. Eine Lust, die die Ohren taub macht für die Stimme der Vernunft, die Augen blind für die Gefahr der Selbstzerstörung. Die die Seele anfällig macht für die Heilsversprechen autoritärer Führer. Wenn selbst ein Held wie Achill gegen die Gefahren des Zorns nicht gefeit war – wer sollte hier standhalten?

VII. SUPERBIA – MACHT

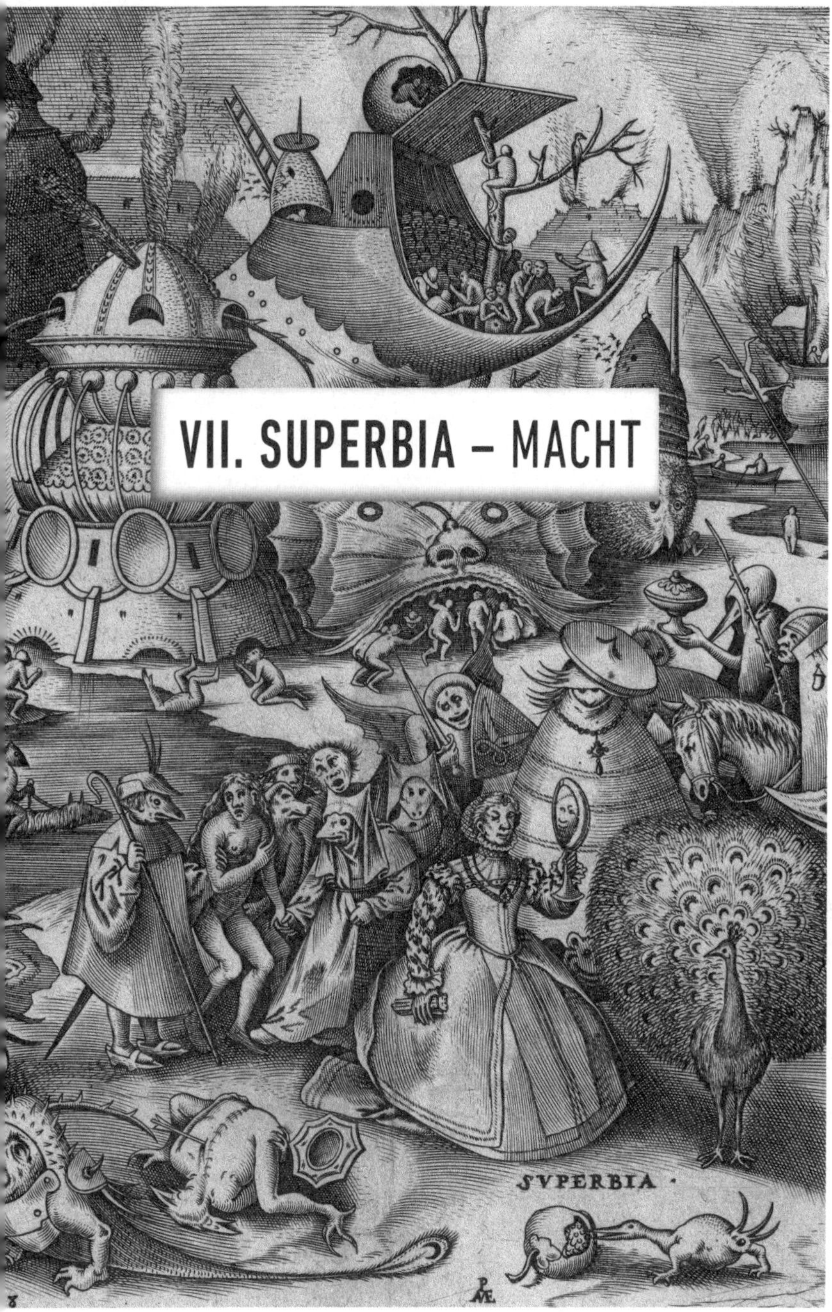

Die Götter haben ein Problem mit Hochmut. Mit jenen, die sich zu viel herausnehmen.

Prometheus, ein Titan, Kind des Uranos und der Gaia, stahl heimlich das Feuer vom Olymp und brachte es zu den Menschen. Sie begannen zu kochen. Wunderbar. Dann schmiedeten sie Werkzeuge. Auch gut. Und dann Schwerter und andere Waffen. Gar nicht gut! Fand Zeus und verurteilte Prometheus zu einer grausamen Strafe: An einen Felsen im Kaukasus gefesselt, riss ihm ein Adler jeden Tag die Leber – den Sitz der Gefühle – aus dem Leib, und Nacht für Nacht wuchs sie nach. Keine Aussicht auf Erlösung. Ewige Qual.

Doch damit nicht genug. Göttervater Zeus wollte auch die Menschen bestrafen. Da bot sich Epimetheus an, der etwas trottelige Bruder des Prometheus. Trotz Warnungen nahm er ein Geschenk von Zeus an: die schöne Pandora. Eine wunderbar geformte Frauenfigur, geschmiedet von Hephaistos, mit Liebreiz ausgestattet von Aphrodite, mit Sprache versehen von Hermes, dem Götterboten – ein Avatar. Pandora sollte ihrerseits ein Geschenk der Götter überbringen, verpackt in eine Kiste, die unter keinen Umständen geöffnet werden durfte. Epimetheus verliebte sich in Pandora, heiratete sie, und – wie sollte es anders sein – die Menschen öffneten die Büchse der Pandora. Heraus kamen Plagen, Kriege, Seuchen, Unwetter, Tod und alle anderen Übel des menschlichen Daseins. So endete Prometheus' Versuch, den Menschen das Leben durch das Feuer etwas angenehmer zu machen, in einem Debakel.

Ein anderes Beispiel ist Ikarus, Sohn des genialen Erfinders Dädalus, der mit seinem Vater aus dem Gefängnis auf Kreta floh. Dädalus hatte aus Vogelfedern und Wachs Flügel gebaut. Alles lief nach Plan, die Flucht gelang, bis Ikarus übermütig wurde, zu hoch flog und der Sonne zu nahe kam. Das Wachs schmolz. Ikarus stürzte in den Tod. Eine göttliche Strafe war in diesem Fall überflüssig.

Oder Sisyphos, zunächst ein kluger Herrscher in Korinth, der mit zunehmendem Alter zu einem selbstverliebten Tyrannen wurde. Wenn ihm danach zumute war, ließ er sogar Gäste umbringen, nur um seine Macht zu demonstrieren. Sisyphos wollte sein wie ein Gott, unsterblich. Und er schien kurz davor, dieses Ziel zu erreichen. Zweimal kam Thanatos vorbei, der Tod, um ihn zu holen. Zweimal überlistete ihn Sisyphos, machte ihn betrunken und sperrte ihn in ein Verlies. Dann wurde es den Göttern zu bunt. Sie verdammten Sisyphos zu ewiger Mühsal und Qual. Jeden Tag musste er einen schweren Felsbrocken den Berg hinaufrollen, nur um ihn, kurz vor dem Gipfel, wieder hinunterrollen zu sehen. Und das bis in alle Ewigkeit. Wenn Albert Camus im 20. Jahrhundert Sisyphos zu einem glücklichen Menschen erklärte, weil, so Camus, Mühe und Kampf genug seien, um das Herz eines Menschen zu erfüllen, so weiß man nicht, was Sisyphos von dieser Interpretation gehalten hätte.

Wir sind es gewohnt, Geschichten über strafende Gottheiten als Propaganda zu lesen: ein Mittel, um die Macht von Eliten, von Priestern, Kirchen, Herrschern zu stabilisieren, ein Instrument, um die Menschen kleinzuhalten. Sie daran zu hindern, sich selbst zu verwirklichen. Möglicherweise steckt dahinter aber noch etwas anderes. Der Zorn der strafenden Götter ist einfacher zu ertragen als das Scheitern der eigenen ach so gut gemeinten Ziele. Sie alle wollten die Welt doch nur schöner und besser machen: Prometheus meinte es doch nur gut, als er den Menschen das Feuer brachte. Ikarus wollte doch nur testen, wie hoch ihn die Flügel trugen. Und Sisyphos hätte halt gern noch weitergelebt. Nach den Sternen zu greifen hat Risiken und Nebenwirkungen, und es ist entlastend, den Göttern als Spielverderber die Schuld in die Schuhe zu schieben. Der britische Philosoph Karl Popper – ernüchtert nach dem Grauen des Ersten Weltkriegs – entlastete die Götter: «Die Hybris, die uns versuchen lässt, das Himmelreich auf Erden zu verwirklichen, verführt uns dazu, unsere gute Erde in eine Hölle zu verwandeln. Eine Hölle, wie sie nur Menschen für ihre Mitmenschen verwirklichen können.»[1]

Nabuccos Größenwahn

«Non son più re, son dio!» Ich bin nicht mehr König, ich bin Gott! Kaum hat Nabucco, der Titelheld der gleichnamigen Oper von Giuseppe Verdi, diese Arie beendet, verfällt er dem Wahnsinn. Er ist König von Babylon. Maßlose Selbstüberschätzung macht ihn blind für die Realität – das Kernproblem der Superbia. So bemerkt Nabucco nicht, dass seine Tochter Abigail einen Umsturz plant. Sie überlistet ihn, erobert die Krone für sich, wirft den König in den Kerker und will ihre Schwester Fenena, die gute Tochter, töten lassen. Zudem unterschreibt Nabucco in seinem Wahn das Todesurteil für die im Reich gefangenen Hebräer, die am Ende des dritten Akts am Ufer des Euphrat den berühmten Gefangenenchor anstimmen: «Va, pensiero, sull'ali dorate» – flieg, Gedanke, auf goldenen Schwingen. Erst die väterliche Angst um seine Tochter Fenena erweckt Nabucco aus seinem Wahnsinn. In letzter Minute verhindert er ihre Hinrichtung und die der Hebräer in den Hängenden Gärten von Babylon. Er stürzt das Götzenbild Baals, bekehrt sich zum Gott der Juden und feiert mit dem Volk die Freiheit.

Verdis Oper, uraufgeführt an der Mailänder Scala am 9. März 1842, wurde ein großer Erfolg. Bis zur Sommerpause desselben Jahres wurde sie siebenundfünfzigmal wiederholt. Das Thema der Sehnsucht nach Freiheit vom Joch tyrannischer Herrschaft traf einen Nerv in jener Zeit des beginnenden Risorgimento, des Strebens nach nationaler Unabhängigkeit – in diesem Falle der Freiheit der Lombardei von der Herrschaft der Habsburger –, das 1861 zur Einigung Italiens durch Giuseppe Garibaldi führte. Verdi hatte das Komponieren eigentlich aufgegeben, nachdem seine komische Oper «Un giorno di regno» 1840 in Mailand durchgefallen war. Im selben Jahr war seine Frau an einer Hirnhautentzündung gestorben, zuvor hatte das Paar drei Kinder im Kleinkindalter verloren. Doch mit Nabucco kam der Durchbruch, der Beginn einer langen, arbeitsreichen Schaffensphase. Während sich Verdi in dieser Phase selbst als Galeerensträfling bezeichnete, verdanken wir ihr Opern wie «Rigoletto», «La Traviata», «Don Carlos» und andere.

Vorbild für Verdis Nabucco ist der Herrscher Nebukadnezar II., dessen lange Regierungszeit von 605 bis 562 v. Chr. als Blütezeit Babylons gilt. Nebukadnezar baute die babylonische Herrschaft im Vorderen Orient aus, unterwarf verschiedene Kleinstaaten, belagerte Tyrus und schlug Aufstände im tributpflichtigen Königreich Judäa nieder, was mit der Zerstörung des Tempels in Jerusalem 587/6 v. Chr. und der Deportation der Bevölkerung nach Babylon endete. Überraschenderweise lassen die frühen Quellen, auch die jüdischen, den babylonischen Herrscher in gutem Licht erscheinen. Die biblischen Propheten – damals das öffentliche Gewissen der Gesellschaft – gehen erstaunlich milde mit Nebukadnezar II. um. Sie werfen vielmehr der eigenen politischen Elite Versagen vor: Weil ihr die Armen vernachlässigt, weil ihr die Gerechtigkeit mit Füßen tretet, weil ihr Raub und Elend zulasst in Judäa, nutzt Gott Nebukadnezar als Werkzeug und führt euch in die babylonische Gefangenschaft.[2]

Der römisch-jüdische Historiker Flavius Josephus, der Ende des 1. Jahrhunderts n. Chr. die Geschichte des jüdischen Volkes aus alten jüdischen, babylonischen und sogar indischen Quellen zusammenstellte, nannte Nebukadnezar einen tatkräftigen König, der seine Vorgänger an Glück übertraf. Dagegen lässt Josephus kein gutes Haar an der politischen Elite seines eigenen Volkes. So erzählt er zum Beispiel, wie Nebukadnezar nach der ersten Unterwerfung Jerusalems einen gewissen Zedekia als tributpflichtigen König von Judäa einsetzte. Dieser verkannte den Ernst der Lage, wähnte sich in Sicherheit, weil ihm ein Wahrsager prophezeit hatte, dass er Babylon nie sehen werde, und trieb ein doppeltes Spiel, indem er heimlich mit Ägypten – dem Feind Babylons – kooperierte. Das war Anlass für die zweite Eroberung Jerusalems, diesmal mit der geballten Wut der Zerstörung. Der Tempel wurde eingeäschert, Priester und Eliten wurden enthauptet. Mit dem Verräter ging Nebukadnezar nicht zimperlich um. «Dein Gott hat dich in meine Hand gegeben», soll er zu Zedekia gesagt haben. Und er verurteilte ihn zu einer grausamen Strafe: Der abgesetzte König musste zusehen, wie seine Söhne und engsten Diener öffentlich hingerichtet wurden, danach wurde er geblendet und in Ketten nach Babylon geführt. Damit hatte sich die Prophezeiung erfüllt: Zedekia sah Babylon nie! Josephus schließt nüchtern mit der Bemerkung: «So erfüllten sich die Weissagungen. Wir erkennen daraus die Unwissenheit und Leichtgläubigkeit der Menschen, mit der sie sich blindlings in ihr Verderben stürzen.»[3]

Erst in späteren Quellen wurde Nebukadnezar zum Inbegriff herrscherlicher Hybris. Das apokalyptische Buch Daniel, vermutlich dreihundert Jahre nach seiner Zeit verfasst, erzählt von der gefährlichen Grenze zwischen Allmachtsfantasien und Wahnsinn. Nebukadnezar, heißt es dort, erging sich in seinem Palast und blickte stolz auf seine Stadt: «Ist das nicht das große Babel, das ich mir zur königlichen Residenz ausgebaut habe, mit meiner gewaltigen Macht und zu Ehren meiner Majestät?»[4] Und kurz darauf überkommt ihn der Wahnsinn, über Nacht verliert Nebukadnezar seinen Verstand. Er verlässt den Palast, verhält sich wie ein Tier, frisst Gras wie ein Ochse, schläft im Freien, verliert seine Sprache. Seine Haare wachsen ihm zu einer Mähne, seine Zehen- und Fingernägel werden lang wie die Krallen eines Raubvogels.

Die Darstellung von William Blake aus dem frühen 18. Jahrhundert fasst den Wahnsinn des Königs im Bild: Alles Menschliche ist von ihm abgefallen. Mürrisch misstrauische und irgendwie auch ängstliche Augen blicken den Betrachter an, reptilienhaft, die Haut wie ein Panzer, mit unnatürlichen Schattierungen von Grün, Blau und Rotbraun. Superbia, so die Botschaft, raubt dem Menschen den Verstand, macht blind, entmenschlicht.

Als Nebukadnezar nach langen Jahren geistiger Umnachtung wieder zu sich kommt, erkennt er seine Verblendung. Mit dem

William Blake, Nebuchadnezzar, 1795.

Verstand kehrt auch seine Ehre zurück, er wird wieder als König eingesetzt und erhält noch größere Macht als zuvor. Mit dem wichtigen Unterschied, dass er fortan «den König des Himmels» anerkennt, also einen, der größer und mächtiger ist als er selbst. Und die Erzählung endet mit der Mahnung: «Wer aber hochmütig wandelt, der wird gedemütigt.»[5]

Der Turmbau zu Babel. Hybris produziert Chaos

Den größten Ruhm für die Nachwelt erlangten die babylonischen Herrscher zweifellos als Bauherren. Nebukadnezar erneuerte und erweiterte die Hauptstadt seines Reichs, ließ eine Prachtstraße bauen, die am spektakulären Ischtar-Tor endete (heute im Pergamonmuseum in Berlin), dazu zahlreiche Tempel und Paläste und schließlich – für seine Frau, die aus Medien im Zagrosgebirge (heute Iran) stammte und sich nach den Bergen und Wäldern ihrer Heimat sehnte – die Hängenden Gärten der Semiramis, eines der sieben Weltwunder der Antike.

Und dann ist da noch der berühmte Turmbau zu Babel. Vorbild dafür könnte die Zikkurat Etemenanki gewesen sein, eine dem Gott Marduk geweihte Tempelanlage, die unter Nebukadnezar restauriert und vergrößert wurde. Solche Bauten bildeten den Mittelpunkt des kulturellen und wirtschaftlichen Lebens der babylonischen und assyrischen Städte. Mit guten Gründen, so der Alttestamentler Jan Christian Gertz, lässt sich vermuten, dass die Erzählung vom Turmbau zu Babel auf ein Spottgedicht der im Exil lebenden Juden gegen Babylon und seinen Tempelturm zurückgeht.[6] Im Buch Genesis lautet sie folgendermaßen:

> Einst hatte die ganze Menschheit eine Sprache und einerlei Worte. Und es geschah, als sie nach Osten aufbrachen, da

> fanden sie eine Ebene im Land Schinar und ließen sich dort nieder. Und sie sprachen einer zu seinem Nächsten: Wohlan, streichen wir Ziegel und brennen wir zu Brand! Und der Ziegel diente ihnen als Stein und das Erdpech diente ihnen als Mörtel. Da sprachen sie: Wohlan, bauen wir uns eine Stadt und einen Turm, dessen Spitze soll im Himmel sein, und machen wir uns einen Namen, damit wir uns nicht zerstreuen über die ganze Erde. Da stieg Jahweh herab, um die Stadt und den Turm zu sehen, welche die Menschensöhne bauten. Da sprach Jahweh: Sieh! Ein Volk und eine Sprache für sie alle, und dies ist [erst] ihr Anfang zu handeln. Jetzt aber wird ihnen nichts unmöglich sein von dem, was immer sie sich zu machen vornehmen. Wohlan, steigen wir hinab und verwirren wir dort ihre Sprache, dass nicht einer die Sprache seines Nächsten versteht! Da zerstreute Jahweh sie von dort über die ganze Erde, weshalb sie aufhörten, die Stadt zu bauen. Darum nennt man ihren Namen Babel, denn dort vermengte Jahweh die Sprache der ganzen Menschheit. Und von dort hat Jahweh sie über die ganze Erde zerstreut.[7]

Die Logik dieser Geschichte erschließt sich nicht sofort. Was sollte ein Gott dagegen haben, dass die Menschen etwas gegen die Zerstreuung und für ihren Zusammenhalt tun? Das Bauvorhaben beginnt in guter Absicht. Müssen die Götter wirklich Angst haben vor der drohenden Allmacht der Menschen? Oder ist es umgekehrt, haben die Menschen Angst? Aber wovor? Warum wollen sie sich einen Namen machen?

Um ihre Zerstreuung zu verhindern. Angst ist die Triebfeder der Geltungssucht. Und hier liegt das Problem. Gott befürchtet, dass mit dem Erfolg des Unternehmens dem planenden und schaffenden Menschen keine Grenzen mehr gesetzt sind. Daher beschließt er, die schöpferischen Möglichkeiten der Menschen zu beschränken, indem er ihre Sprache verwirrt. Man spricht in diesem Zusammenhang von Titanismus, dem menschlichen Wetteifern mit übergeordneten Mächten. Wie Prometheus überschreiten die Menschen hier eine Grenze. Tun etwas, was ihnen zwar möglich ist, aber nicht zusteht. Sie haben die Absicht, ihre Situation zu verbessern, richten damit aber unbeabsichtigten – und unabsehbaren – Schaden an.

Ein Unbehagen bleibt. War die göttliche Strafe wirklich gerecht? Trotzdem, oder vielleicht gerade deshalb, wurde die Geschichte von Ursprung und Vielfalt der Sprachen und Völker über zwei Jahrtausende in unendlichen Variationen erzählt.[8] Warum sie ausgerechnet im 16. Jahrhundert in den wirtschaftlich aufstrebenden Städten der Niederlande zum beliebtesten Motiv der Kunst wurde, ist Gegenstand des nächsten Kapitels.

Bruegels Babel

Antwerpen, 21. Februar 1566. Der erfolgreiche Kaufmann Nicolaes Jonghelinck stellte eine Bürgschaft für seinen Freund und Geschäftspartner Daniel de Bruyne in Höhe von 16 000 Gulden aus. Zur Absicherung diente seine Kunstsammlung, bestehend aus Werken von Albrecht Dürer, Frans Floris und Pieter Bruegel, die allesamt in der Vorstadtvilla der Familie Jonghelinck hingen. Eines der sechzehn Bilder von Bruegel zeigte den Turmbau zu Babel.

Eine gigantische Baustelle beherrscht den Großteil der Bildfläche.[9] Das vielstöckige Bauwerk reicht bis in die Wolken, doch keines der Stockwerke ist fertiggestellt. Der Bau überschattet die schöne, miniaturhaft kleine Hafenstadt am rechten Bildrand. Auch die restliche Umgebung ist verschwindend klein und scheint vor allem als Kontrast zur ungeheuren Größe des Turms

Pieter Bruegel der Ältere, Turmbau zu Babel. Gemalt im Jahr 1563 vermutlich im Auftrag Nicolaes Jonghelincks, 1604 unter Rudolf II. in den Besitz der Habsburger gelangt, heute im Kunsthistorischen Museum Wien.

zu dienen. Die Spitze ist dem Kolosseum in Rom nachempfunden. Im offenen Mittelteil, gebaut mit roten Ziegelsteinen, kann man die verschiedenen Bauabschnitte nachverfolgen. Im Vordergrund sind Steinmetze zu sehen, die das Material für die Außenmauern bearbeiten. Im Hafen am rechten vorderen Bildrand werden die Baumaterialien gelagert. Überall wird Technik eingesetzt: Tret- und Schwerlastkräne, Hebe- und Zugmaschinen zum Transport von Kalksäcken, Holzbalken, Ziegelsteinen. Hausdächlein, offenbar bewohnte Gebäude auf den verschiedenen Ebenen, deuten darauf hin, dass hier Bauarbeiter direkt auf der Baustelle leben, womit angedeutet ist, wie lang sich das Bauprojekt hinzieht. Allerdings malt Bruegel, bei aller Liebe zum Detail, keine realistische Großbaustelle. Was fehlt, ist die Betriebsamkeit. Wir sehen vor allem Technik und nur ganz wenige Menschen, die von der Monumentalität des Bauwerks fast verschluckt werden.

Und dann ist da noch der Felsen, mittig im Bild, der in den Turm hinein- und weiter oben wieder aus ihm herauszuwachsen scheint. Er trennt die linke, intakte Turmhälfte von der rechten, eher desolaten. Möglicherweise diente die Felsformation als Ausgangspunkt für den Bau. Doch irritiert das unmittelbare Nebeneinander der fortgeschrittenen Bauphase auf der linken Seite und des unbehauenen Felses in der Mitte. Der steht zudem im krassen Widerspruch zu dem beinahe fertiggestellten oberen Teil des Turms. Die Kunsthistorikerin Ulrike Wegener erkennt hier einen gewollten Bruch zwischen Schöpfung und Menschenwerk, zwischen Naturgewalt und Technik.

Der Fels wirkt störrisch, unbeherrschbar, scheint die Aussicht auf Vollendung des Bauwerks zu vereiteln. Damit stellt er auch die Macht des Bauherrn infrage, der links im Vordergrund zu sehen ist: König Nimrod mit seinem Gefolge. In der biblischen Version der Geschichte kommt er nicht vor. Erst Josephus, der jüdische Geschichtsschreiber des 1. Jahrhunderts n. Chr., macht ihn zum Urheber des gotteslästerlichen Vorhabens. Ein Urenkel Noahs sei er gewesen, ein kühner und tüchtiger Mann. Nach und nach aber verwandelte sich seine Herrschaft in Tyrannei, er wollte die Menschen von der Gottesfurcht abbringen, sodass sie nur ihm allein unterworfen waren.[10] Bruegel lässt Nimrod selbstbewusst auftreten, inmitten von Steinplatten, Steinmetzen und Arbeitern, die sich zum Teil vor ihm niederwerfen. Ein König, der Gehorsam von seinen Leuten einfordern kann, sie aber auch dazu anspornt, Großes zu wollen. Wenn Bruegel hier bauherrlichen Größenwahn porträtiert, dann tut er das mit einer gewissen Sympathie. Die Renaissance wagte viele Mammutprojekte, man denke nur an

St. Peter in Rom. Großes zu wollen, war eine Tugend, kein Tadel. Und doch lässt Bruegel nicht den geringsten Zweifel daran, dass das Vorhaben scheitern wird.

Eine regelrechte Babel-Mania brach aus in der zweiten Hälfte des 16. Jahrhunderts. Mehr als zweihundert Turmbaugemälde sind heute erhalten, die meisten davon in Antwerpen gefertigt. Wie erklärt sich dieser Boom? Lange verwies man auf die politischen Verhältnisse der Zeit. Nimrod, der Tyrann, verkörperte in dieser Deutung die verhassten spanischen Habsburger, die in den Niederlanden herrschten. Daher wollte man im Bild auch den Zorn und die Auflehnung gegen die unerwünschte Willkürherrschaft erkennen.

Eine andere Erklärung bietet die soziale und wirtschaftliche Situation Antwerpens.[11] Die Stadt war in kürzester Zeit zu einem der wichtigsten Handelszentren Nordwesteuropas aufgestiegen, der internationale Handel blühte. Bruegel war seinerseits einer der gefragtesten Künstler seiner Zeit, und eine seiner Werkstätten befand sich in Antwerpen. Als er 1563 den Turmbau zu Babel malte, war die Stadt eine einzige Baustelle. Ein Jahr zuvor war das Hessenhuis fertiggestellt worden, wo die Kaufleute aus Mitteldeutschland ihren Sitz hatten, wiederum zwei Jahre früher das Groot Oostershuis, der Sitz der Hansekaufleute in Antwerpen. Auch ein neues Rathaus leistete sich die Stadt. In nur vier Jahren, zwischen 1561 und 1565, wurde am zentralen Grote Markt ein majestätischer Renaissancepalast errichtet, der die den Marktplatz umgebenden Zunfthäuser im wahrsten Sinne des Wortes in den Schatten stellte. Die Stadt war reich. Reich an Unternehmertum: Mehr als 160 000 Bürgerinnen und Bürger waren in Gilden organisiert (viermal so viele wie in Brügge und Brüssel). Reich an Handelsgütern: Drei Viertel der niederländischen Handelszölle wurden in Antwerpen erhoben. Reich an Menschen: Der Aufschwung lockte mehr als 2000 Einwanderer pro Jahr in die Stadt, und Mitte des 16. Jahrhunderts war die Einwohnerzahl von Antwerpen auf 100 000 gestiegen. Nur London war bevölkerungsreicher.

Doch hatte dieser wirtschaftliche und demografische Aufschwung auch seine Kehrseiten. Traditionelle Bindungen wurden schwächer, der Zusammenhalt in den Stadtvierteln und Nachbarschaften löste sich auf. Das städtische Leben wurde immer schneller, unruhiger und anstrengender. Die große Masse litt unter hoher Arbeitsbelastung und steigenden Miet- und Lebensmittelpreisen. Die Aussicht auf schnelle Profite machte viele rücksichtslos und egoistisch.

Zurück zu Nicolaes Jonghelinck, der das Bild 1563 bei Bruegel in Auftrag gegeben hatte. Er brauchte Kunst für seine neue Stadtvilla, Speisesäle und Prachtzimmer sollten geschmückt werden. Nicolaes hatte Anteil am Aufschwung der Stadt, als erfolgreicher Geschäftsmann, Kunstmäzen und Bauherr. Für die Antwerpener Wirtschaftselite spielten Geselligkeit und gemeinsame Gelage eine zentrale Rolle. Und wenn Jonghelinck in seine Stadtvilla einlud, dann wurde sicher nicht nur gegessen und getrunken, sondern auch über Bilder gesprochen. Bruegels Turmbau zu Babel war die gemalte Antwort auf den sagenhaften Aufschwung seiner Stadt. Und auf dessen unbeabsichtigte Nebenfolgen. Das Gemälde machte die Bereicherung der einen und die Verarmung der anderen sichtbar, zeigte die Schattenseiten des neu entstehenden Stadtbilds. Würde die Antwerpener Bürgerschaft, wie die Erbauer des Turms zu Babel, für ihren Größenwahn bestraft werden? Vielleicht, so vermutet die US-amerikanische Kunsthistorikerin Barbara Kaminska, diskutierte man an den vornehmen Tafeln in der Villa nicht nur über das Geschäft, sondern auch über solche Fragen. Die Botschaft des Gemäldes: Der Hochmut des Erfolgs darf uns nicht übermütig machen. Die Gemeinschaft kann nur florieren, wenn das große Ganze nicht aus dem Blick gerät.[12]

All diese Beispiele warnen vor den Gefahren des Hochmuts. Aber was genau ist damit eigentlich gemeint? Hochmut kommt vor dem Fall. Selbstverliebtheit macht lächerlich. Jede Sprache kennt wunderbare Metaphern für den Hochmut. In der Pfalz spricht man vom «hochmidichen Kichebensel», und dieser hat wahlweise einen «Fimmel», «Gaukel», «Krattl», «Staches» oder «a hochmut wie e Krott uf'm Blättche». Doch gibt es auch hier zwei Seiten der Medaille. So steht das althochdeutsche Wort «hōhmuot» nicht nur für übersteigertes Selbstgefühl und Überheblichkeit, sondern auch für «hohe, edle Gesinnung, Hochstimmung und Freude».[13] Nur ein schmaler Grat ist es, der Hochmut und Selbstverliebtheit von «Hohem Mut» und Selbstliebe trennt. Schlägt man in «Meyers Konversations-Lexikon» nach, so führt ein Verweis direkt zu dem Eintrag «Achtung», wo es heißt: «Das Gefühl, das aus der Voraussetzung des persönlichen Wertes, sei es bei sich (Selbstachtung), sei es bei andern (Achtung andrer), entspringt. Gegenteil derselben ist die Verachtung, das Gefühl, das der Voraussetzung persönlichen Unwertes bei sich selbst (Selbstverachtung) oder bei andern (Verachtung andrer) entstammt.»[14] Auch das christliche Gebot «Liebe deinen Nächsten wie dich selbst» macht Selbstliebe zur Voraussetzung wahrer Nächstenliebe. Dieser Gedanke lässt sich bis zu Aristoteles zurückverfolgen. In der Diskussion über die Natur des Menschen nennt Aristoteles «Hochgesinntheit» (Megalopsychia) die Krone aller Tugenden. Hochgesinnt ist für ihn, wer sich großer Dinge für würdig hält und ihrer auch würdig ist. Wer sich großer Dinge für würdig hält, ohne es zu sein, ist aufgeblasen; wer sich für weniger wert hält, als er ist, ist kleinmütig. Dabei kommt es auch hier, wie immer bei Aristoteles, auf das richtige Maß an.[15] Das Problem sind die «Aufgeblasenen». Sie richten den größten Schaden an, insbesondere dann, wenn sie in der Position sind, Macht über andere auszuüben.

Die krankhaft übersteigerte Wahrnehmung der eigenen Bedeutsamkeit, kombiniert mit Eitelkeit, Machtstreben, der Gier nach Status und Aufmerksamkeit nennt man landläufig Narzissmus. Gemeinsam mit Machiavellismus und Psychopathie gehört er zur sogenannten «Dunklen Triade». Machiavellismus ist die Kurzform für extrem berechnende und einzig auf den eigenen Nutzen fokussierte Machtmenschen. Psychopathen verbergen hinter einer charismatischen Fassade skrupellosen Egozentrismus, Kaltherzigkeit und Impulsivität. Sie neigen zur Externalisierung von Schuld, sind sehr risikoaffin und stressresistent.

Das alles klingt krank und ist es auch. Das Problem besteht darin, dass bestimmte psychopathische Profile dem Erfolg in manchen Berufsfeldern durchaus zuträglich sein können.[16] Der Wirtschaftspsychologe Kai Externbrink führt Richard Fuld, den ehemaligen CEO von Lehman Brothers, als Paradebeispiel an. Fuld hat den Zusammenbruch der Investmentbank im Jahr 2008 und damit den größten Bankrott der Geschichte zu verantworten. Berüchtigt für seine Wutausbrüche, hatte Fuld unter dem Spitznamen «Gorilla» bei Lehman Brothers Karriere gemacht und der Bank zu enormen Gewinnsteigerungen verholfen. Von den 48 Millionen, die das Unternehmen 1997 erzielte, schüttete er 46 Millionen an das obere Management aus, der Rest ging an die unteren Etagen. Seine Erfolge als Manager waren zwangsläufig mit unkalkulierbaren Risiken verbunden. Ein internes Firmenvideo aus dem Jahr 2007 zeigt den CEO, wie er mit folgender Rede vor seine Führungskräfte tritt: «If we get this right today, I hope we'll squeeze some of those shorts, and squeeze 'em hard. Not that I wanna hurt 'em, don't get that please, cause that's just not who I am. I am soft, I am loveable. But what I really wanna do, is, I wanna reach in, rip out their heart and eat it, before they die.» Tosender Applaus. Nach dem Zusammenbruch der Bank gab Fuld in einem Interview treuherzig zu Protokoll, dass er gar nicht wisse, wie es überhaupt so weit kommen konnte, und dass ihn keinerlei Schuld treffe.[17]

Im Mittelalter gab es noch keine Topmanager wie Fuld, aber das Phänomen war bekannt. Gregor der Große definierte Superbia als die Liebe zur eigenen Überlegenheit, *amor proprie excellencie*. Sie galt als Gefahr, weil sie die Augen der Seele wie Rauch verdunkle und die Wohnstätte der Seele (habitaculum anime) niederreiße.[18] Überdies lief der Superbus stets Gefahr, zum Feind des Gemeinwohls zu werden. Ganz besonders anfällig waren auch damals Menschen in Machtpositionen: Kaiser, Könige, Päpste, Bischöfe, Fürsten – fast ausnahmslos Männer. Allerdings, so scheint es, verlor man viel schneller die Geduld mit Psychopathen an der Macht, sowohl in der Bevölkerung als auch innerhalb der Elite. Der römische Kaiser Caligula wurde im Jahr 41. n. Chr. nach vier Jahren Gewaltherrschaft von der Prätorianergarde ermordet; Kaiser Nero überlebte den Ausbruch seines Größenwahns nach dem Brand von Rom im Jahr 64 n. Chr. nur um vier Jahre.

Im Mittelalter wurde heftig über diese Beispiele diskutiert und über das Pro und Kontra des Tyrannenmordes gestritten. Johannes von Salisbury, Sekretär des Erzbischofs von Canterbury, sprach sich dafür aus. Seine Argumente formulierte er klipp und klar: Ein Herrscher wird dann zum Tyrannen, wenn er seine Überlegenheit nutzt, um gegen das Gesetz zu handeln, und sich Machtbefugnisse, Vorrechte oder Besitztümer aneignet, die ihm nicht zustehen. Damit fordere er gewissermaßen Gott selbst zum Kampf heraus und werde zum Feind des Staates. Johannes kannte hier kein Denkverbot. Die Frage war für ihn nicht, was tun – nein, er pochte auf die Pflicht zu handeln. Der Tyrannenmord sei sowohl nach göttlichem als auch nach menschlichem Recht zulässig, und mehr noch: «Wer gegen einen Tyrannen nicht vorgeht, sündigt gegen sich selbst und gegen den gesamten Körper des weltlichen Gemeinwesens.»[19] Freilich rückte Johannes seine Position etwas zurecht, indem er dem Herrscher die Chance zugestand, sich zum Guten zu wandeln.

In der Praxis blieb Tyrannenmord im Mittelalter die Ausnahme. Was möglicherweise daran liegt, dass damals die Machtbefugnisse vergleichsweise eingeschränkt waren. Ein Herrscher war stets abhängig von seinen Peers, angewiesen auf die Zustimmung der Fürsten. Seine Hauptaufgabe bestand darin, das Mächtegleichgewicht im Reich auszubalancieren. Der Heidelberger Historiker Bernd Schneidmüller prägte dafür den Begriff der «konsensualen Herrschaft».

Entsprechend zählte die Ermahnung zur Demut zum Standardrepertoire mittelalterlicher Fürstenspiegel. Humilitas war die einzige Lösung. Und das nicht allein im christlichen Mittelalter. Die Zürcher Historikerin Silvia Negri erforscht das Phänomen Demut kulturübergreifend, mit Blick auf das überlieferte Wissen lateinischer und arabischer Kulturen. Überall gilt die freiwillige Unterwerfung des Geistes und die Geringschätzung der eigenen Exzellenz als Grundtugend des guten Herrschers (voluntaria mentis inclinacio et proprie excellencie contemptus).[20] Daran mussten Herrscher regelmäßig erinnert werden.

Erinnerung an die Sterblichkeit: Der Triumphator und der Sklave

Rom, 28. September im Jahr 61. v. Chr. Die ganze Stadt befand sich im Ausnahmezustand. Pompeius, auch Pompeius Magnus genannt, war zurückgekehrt. Großes stand bevor. Der römische Senat hatte dem siegreichen Feldherrn einen Triumphzug gewährt, schon den dritten: 79. v. Chr. war Pompeius siegreich aus

Afrika zurückgekommen, vor zehn Jahren wurde er für seine Siege in Spanien gefeiert und diesmal für seine Siege in Asien. Pompeius Magnus hatte überall triumphiert, in Pontus, Armenien, Paphlagonien, Kappadokien, Kilikien, Syrien und über die Skythen, Juden, Albaner und Piraten. Rom hatte alle drei Erdteile besiegt! Kein Wunder also, dass gleich zwei Tage angesetzt wurden, um dieses Ereignis gebührend zu feiern.[21]

Eine lange Prozession zog vom Marsfeld durch die Porta Triumphalis um die ganze Stadt herum bis zum Tempel des Jupiter auf dem Capitol. Auf Steintafeln wurden die Verdienste des Feldherrn gewürdigt: Über zwölf Millionen Menschen habe Pompeius in die Flucht geschlagen, getötet oder zur Unterwerfung gezwungen, beinahe 850 Schiffe versenkt oder erbeutet, mehr als 1500 Städte und Festungen erobert. Die Länder vom Asowschen Meer im Norden bis zum Roten Meer im Süden waren nun Teil des Römischen Reichs. Auf unzähligen Wagen zogen all diese Triumphe am staunenden Volk vorbei. Die Kriegsbeute: glänzende Waffen, goldene Gespanne, Thron, Zepter und eine goldene Statue des besiegten Mithridates, König von Pontos, wertvolle Edelsteine und Gemälde, auf denen die Niederlage des Feindes anschaulich festgehalten war. Dahinter folgte die Parade der Gefangenen und Geiseln, mehr als dreihundert vornehme Vertreter der unterworfenen Völker, in ihrer nationalen Tracht, alle ohne Fesseln, was die Macht des Pompeius noch steigerte. Als Zeichen herrscherlicher Gnade und Allmacht waren sie nicht hingerichtet worden, später würde man sie sogar nach Hause schicken – noch dazu auf Kosten der Republik. Auf einem der prächtigsten Wagen prangte ein Globus mit der Aufschrift «Über die ganze Welt», dahinter schließlich folgte der wichtigste Wagen von allen: der des Triumphators höchstselbst, gezogen von vier Schimmeln.

Bei Pompeius' erstem Triumphzug hatte es einen Zwischenfall gegeben. Damals hatte er vier afrikanische Elefanten vor seinen Wagen spannen lassen, um seine Bedeutung ausreichend deutlich zu machen. Rein logistisch war das schon ein riskantes Unterfangen, doch dann kam hinzu, dass die Elefanten zu dick waren und im Tordurchgang stecken blieben. Peinlich! Vielleicht war es aber auch Absicht: Die Porta Triumphalis war zu klein für den großen Feldherrn.[22] Wie dem auch sei, die Elefanten mussten damals durch Pferde ersetzt werden. Diesmal hatte man daher gleich die Schimmel vorgespannt.

Aber auf ein anderes Detail legte Pompeius großen Wert. Statt der dem Triumphator vorbehaltenen ehrenvollen *toga purpurea*, eines prächtigen roten Gewands, trug er einen Mantel, der einst Alexander dem Großen gehört haben sollte. Auf dem Kopf den Lorbeerkranz, in der Rechten einen Lorbeerzweig, in der Linken ein Zepter aus Elfenbein. Das Gesicht rot geschminkt, ein eiserner Ring am Finger, ein goldenes Amulett um den Hals und hinter ihm ein schwitzender Sklave, der einen schweren Kranz aus goldenen Eichenblättern und Edelsteinen, die etruskische Krone, über seinen Kopf hielt und ihm immer wieder ins Ohr flüsterte: *Respice post te! Hominem te memento!* (Schau hinter dich! Erinnere dich, dass du ein Mensch bist!)

Auf dem Höhepunkt der Macht erinnern Sklaven an die Vergänglichkeit. Bleib auf dem Boden, du bist nicht unsterblich, vergiss das nicht! Ein schönes Bild. Eine Botschaft aus der Vergangenheit, eine heilsame Ermahnung, die auch heute manchem größenwahnsinnigen Autokraten oder Investmentbanker guttäte.

Eine einfache Rezeptur gegen Superbia liefert uns diese Geschichte jedoch nicht. Schon die historische Überlieferung ist schwierig. Es gibt immerhin zehn antike Textstellen, die die Szene mit dem Sklaven belegen, aber vermutlich waren die wenigsten ihrer Autoren je bei einem Triumphzug dabei.[23] Die früheste Quelle stammt von Plinius dem Älteren, jenem Gelehrten, der beim Ausbruch des Vesuvs ums Leben kam, also ein Jahrhundert nach Pompeius lebte. Er erwähnt zwar nicht den genauen Wortlaut, jedoch den Sklaven, den eisernen Ring und die etruskische Krone. Und er berichtet von einem *fascinus*, einem magischen Phallussymbol, das als *medicus invidiae* (Heiler der Missgunst) unter den Wagen der Triumphatoren gehangen haben soll. Alles in allem sieht Plinius überall Hinweise auf archaische Traditionen, die zurückreichen in eine Zeit, als die Römer ihre Helden noch als Götter verehrten. Es geht um die Besänftigung böser Mächte, um die Abwehr von Unheil, das gerade im Moment des Triumphes droht. Die Ermahnung des Sklaven interpretiert Plinius als Versuch, Fortuna, die Göttin des Glücks, günstig zu stimmen. Er nennt sie *gloriae carnifex* (Henkerin des Ruhms), denn bekanntlich hält die Gunst dieser launischen Gottheit nie lange an.

Isidor von Sevilla übersetzte im 6. Jahrhundert die Stelle etwas schludrig, machte aus dem Sklaven einen Henker (carnifex) und erzielte damit eine dramatische Steigerung: Mit dem Henker im Nacken wird es ungemütlich für den Triumphator. Juvenal, der im 2. Jahrhundert n. Chr. schrieb, betonte die unmittelbare körperliche Nähe des schwitzenden Sklaven und interpretierte die Szene als Warnung gegen aristokratischen Hochmut. Nur Tertullian, ein christlicher Autor, der im späten 2. Jahrhundert eine Verteidigung des Christentums verfasste, notierte explizit die heute geläufigen Worte des Sklaven: «Schau hinter dich! Erinnere dich, dass du ein Mensch bist!» Er verstand die Mahnung als eine weitere Erhöhung für den Triumphator, denn «größer ist, wer gewarnt werden muss, sich nicht für einen Gott zu halten».[24]

Doch wie ist die Szene historisch zu interpretieren? Wird hier einer auf dem Höhepunkt der Macht an seine Grenzen erinnert? Oder ist, wie Tertullian behauptet, das Gegenteil der Fall? Oder wird im Triumphzug nicht der Feldherr, sondern die Inkar-

Relief vom Grabmal des Quintus Fabius Postuminus, Praeneste. Eine Szene aus einem Triumphzug. Zu erkennen ist der Sklave, der die etruskische Krone über den Kopf des Triumphators hält.

nation einer Gottheit verehrt? Dann fragt man sich, warum ein Gott an seine Sterblichkeit erinnert werden sollte. Der Wiener Althistoriker Bernhard Woytek deutet die Szene eher nüchtern: Er sieht die faktische Aufgabe des auf dem Wagen mitfahrenden Sklaven darin, die große und schwere etruskische Krone, die *co-*

rona triumphalis, über das Haupt seines Vordermannes zu halten. Der Sklave schwitzt, weil die Krone schwer ist, und er nutzt die Nähe zum Triumphator, ihm ein *memento mori* ins Ohr zu flüstern. Damit wird die unerhörte, wenn auch nur vorübergehende Erhöhung des Triumphierenden relativiert – zu dessen eigenem Schutz. Es geht um Schutz vor Unheil, wie Plinius ganz treffend sagt. In diesem Sinne handelt es sich eher um eine magische Handlung, nicht um eine moralisierende Ermahnung. Eine Art Abwehrzauber gegen Mächte, die sich der Verfügungsgewalt der Menschen entziehen. Man könnte auch sagen, der Sklave verkörpert das tradierte Wissen um jenes Unheil, das mit zu viel Macht einhergeht.

Kaiser Caligulas Caesarenwahn: ein Thema für den Friedensnobelpreis

Verrücktheit, Prunksucht, Grausamkeit, Theatralität, Missachtung aller gesetzlichen Schranken, Selbstüberhebung bis hin zur Selbstvergöttlichung, das sind die klassischen Symptome des Caesarenwahns. Ein pathologischer Befund, der vor allem bei Machthabern auftrat, die durch keinerlei Kontrollinstanzen gebändigt in eine autokratische Position gelangt waren.[25] So wurde dieses Unheil im späten 19. Jahrhundert medizinisch erklärt.

Römische Kaiser des 1. Jahrhunderts n. Chr. schienen besonders anfällig. Ein prominentes Beispiel ist Caligula, wörtlich das «Stiefelchen», der dafür bekannt war, dass er sämtliche Gegner mundtot machte, ins Gefängnis werfen oder vergiften ließ. In Ungnade gefallene Senatoren wurden unter dem Vorwand einer Verschwörung auf grausamste Weise ermordet, fachkundige Staatsmänner entlassen und durch unfähige, aber devote Höflinge ersetzt. Den Gipfel erreichte diese Günstlingspolitik, als Caligula, wie oben schon erwähnt, sein Lieblingspferd zum Konsul ernannte. Das jedenfalls erzählte man sich über ihn.

Der Historiker Ludwig Quidde widmete diesem Kaiser ein kurzes biografisches Porträt mit dem Titel «Caligula. Eine Studie über römischen Caesarenwahnsinn», das 1894 veröffentlicht wurde. Die Studie beginnt ganz harmlos mit der Schilderung der Umstände von Caligulas Machtantritt. Nach dem frühen Tod des so beliebten Vaters, der eine große Familie um sich geschart hatte und mit seiner einfachen volksnahen Art, stets freundlich und zu Späßen aufgelegt, mit seinen Soldaten und Bürgern verbunden gewesen war, hatte es Caligula zunächst nicht einfach:

> Zur Regierung gelangt, war der junge Kaiser für alle zunächst eine unbekannte, noch rätselhafte Erscheinung. Wohl hatte man in den letzten Jahren allerhand Mutmaßungen über ihn verbreitet, Günstiges und Ungünstiges; man rühmte, so dürfen wir annehmen, aus wie hartem Holze dieser Jüngling geschnitzt sein müsse, der sich unter so schwierigen Verhältnissen zu behaupten gewusst hatte, man fürchtete vielleicht seinen Eigenwillen, die Neigung zum Missbrauch einer so großen Gewalt, die Einwirkung unreifer persönlicher Ideen, man wusste auch allerhand von einer früh hervorgetretenen Brutalität zu erzählen; vor allem aber überwog gewiss die Auffassung, dass seine jungen Jahre fremden Einflüssen leicht zugänglich sein würden; man durfte darauf rechnen, dass zunächst die Regierungsgewalt des allmächtigen Ministers noch gesteigert werden würde, war doch der junge Kaiser, wie alle Welt behauptete, diesem ganz besonders verpflichtet! Von vielen dieser Dinge, die man erwarten und fürchten musste, geschah nun so ziemlich das Gegenteil: Der leitende Staatsmann scheint sehr bald in Ungnade gefallen zu sein, sein Einfluss trat ganz

> zurück, der Kaiser nahm selbst die Zügel seiner Regierung in die Hand und begann sogleich sein eigenstes Regiment. Das Volk jubelte ihm zu; denn wie eine Erlösung ging es bei dem Regierungswechsel durch alle Kreise, eine Ära der Reformen schien zu beginnen und für liberale Gedanken eine freie Bahn sich zu öffnen. So vielversprechend waren die Anfänge des Caligula.[26]

Jedermann und jede Frau in Deutschland, der oder die im Jahre 1894 diese Zeilen las, wusste sofort, wer hier *auch* gemeint war: der Hohenzollern-Kaiser Wilhelm II., der vor sechs Jahren an die Macht gekommen war, nach der kurzen, nur 99 Tage dauernden Herrschaft seines Vaters Friedrich III. Auch der war bürgernah und allseits beliebt gewesen, verheiratet mit der englischen Prinzessin Victoria, Vater von acht Kindern. Der älteste Sohn Wilhelm hatte sich unter schwierigen Bedingungen behaupten müssen. Er war seit seiner Geburt behindert, der linke Arm war gelähmt. Als Kind musste er sich drakonischen Heilversuchen unterziehen: So packte man das Kinderärmchen regelmäßig in die Haut eines frisch geschlachteten Kaninchens in der Hoffnung, so die Nerven zu reaktivieren. Der Junge tat sich schwer in der Schule, litt unter seinem strengen Lehrer und hatte ein schwieriges Verhältnis zu seinen Eltern.

Bei seinem Machtantritt gab es einen allmächtigen Minister, nämlich Bismarck. Ihm wollte sich Wilhelm II. nicht beugen. Der leitende Staatsmann fiel bald in Ungnade und wurde entlassen, der junge Kaiser nahm selbst die Zügel in die Hand. Wie Wilhelms Regiment dann aussah, schildert Quidde im Gewand seines Caligula-Porträts in gänzlich unschuldiger historischer Kleinstarbeit – stets mit Quellenbelegen aus den Schriften der römischen Autoren Tacitus, Sueton, Cassius Dio, Flavius Josephus und Seneca. Die Symptome des Caesarenwahns – Verrücktheit,

Prunksucht, Grausamkeit etc. – beschreibt Quidde an Beispielen, die Parallelen zum Regierungsstil Wilhelms II. unübersehbar machten, ohne dass die dahinterstehende Absicht nachzuweisen war.

So war ein Merkmal Caligulas die fantastische Vorstellung, die Weltmeere zu bezwingen. Der junge Kaiser scheint eine an sich sympathische, nur auch wieder ins Krankhafte übersteigerte Vorliebe für die See gehabt zu haben. Die besonders luxuriöse Ausstattung seiner Yachten wird erwähnt, aber ebenso sein Heißhunger auf militärische Triumphe, seine Prunk- und Verschwendungssucht, nicht nur bei Festen, sondern auch beim Bau von Palästen, Villen, Kanälen und anderen Projekten. Wer das las, dachte unwillkürlich an den exzessiven wilhelminischen Baustil, an die vielen Großbaustellen, das Berliner Schloss, den Reichstag und natürlich an den gigantischen, 98 Kilometer langen Kaiser-Wilhelm-Kanal, der Nord- und Ostsee miteinander verband.[27]

Dieses Caligula-Porträt war reine Satire. Eine Form der Herrscherkritik, die an Majestätsbeleidigung grenzte und im Kaiserreich absolut unüblich war. Zumal unter Historikern. Quidde hatte den Text zunächst der «Frankfurter Zeitung» angeboten – damals war es durchaus noch üblich, historische Arbeiten in Zeitungen zu veröffentlichen. Man lehnte jedoch ab mit der Begründung, die Arbeit könnte strafrechtliche Konsequenzen haben. Im März 1894 erschien der Text in der Zeitschrift «Die Gesellschaft». Zwei Monate später, im Mai 1894, entflammte eine heiße Diskussion in den öffentlichen Medien, ausgelöst durch eine Kritik in der konservativen «Kreuzzeitung». Darin wurde Quiddes Schrift zwar als «elendes Machwerk» verunglimpft, doch schien es, als ob insbesondere die konkreten Beispiele der Sticheleien gegen den Kaiser absichtlich herausgestellt wurden. Das war die beste Werbung für Quiddes Kaiserkritik. Jedenfalls nahm die Nachfrage rasant zu. Im Juni waren bereits 150 000 Exemplare des «Caligula» verkauft, drei Druckereien mussten gleichzeitig drucken, um den Bedarf zu decken. Mit einem Schlag war Quidde berühmt – ein Historiker, der den Kaiser kritisierte, ihn öffentlich mit dem wahnsinnigen Caligula verglich.

Quidde kam zunächst damit durch, verteidigte sich, stand zu seiner antimonarchischen Gesinnung mit dem Hinweis darauf, dass dies ja kein Straftatbestand sei. Doch musste er teuer bezahlen. Die Fachkollegen distanzierten sich ausnahmslos. Keiner wollte mehr mit ihm zu tun haben, niemand mehr in der von ihm gegründeten wissenschaftlichen Zeitschrift «Deutsche Zeitschrift für Geschichtswissenschaft» veröffentlichen. Auf dem Frankfurter Historikertag 1895 wurde er geschnitten, obwohl er erst zwei Jahre zuvor dieses Konferenzformat in München mitbegründet hatte. Die Historische Klasse der Bayrischen Akademie der Wissenschaften, deren Mitglied Quidde seit 1892 war, kritisierte ihn öffentlich für «Missbrauch der Wissenschaft». Die Aussicht, je eine Professur zu erhalten, war dahin und damit die Zukunft seiner bürgerlichen Existenz.

Gemeinsam mit seiner Frau, der Musikerin und Schriftstellerin Margarethe Jacobson, gründete er den «Münchener Verein gegen Vivisektion und sonstige Tierquälerei» und trat dem «Bund für radikale Ethik» bei. Die beiden widmeten ihr Leben konsequent der politischen Arbeit. Quidde engagierte sich in der liberalen Deutschen Volkspartei und wurde zum prominentesten Gesicht der «Deutschen Friedensgesellschaft». Im Jahr 1901 übernahm er deren Vertretung im «Internationalen Friedensbüro» in Bern. 1907 veranstaltete er den ersten pazifistischen Weltkongress in Deutschland, von 1914 bis 1929 war er Vorsitzender der Deutschen Friedensgesellschaft. Im Jahr 1927 wurde Quidde mit dem Friedensnobelpreis geehrt.

Demut hilft gegen Größenwahn. Königskrönung in Frankreich um 1250

In Reims wurden über Jahrhunderte Könige gemacht, seit der Merowinger Chlodwig sich im Jahr 500 dort hatte taufen lassen. Wie durch ein Wunder war damals ein kleines Fläschchen vom Himmel gefallen. Remigius, der zuständige Bischof, erkannte sofort das heilige Öl für den künftigen König und salbte den Täufling kurzerhand. So will es die Legende, und deshalb gilt die Kathedrale von Reims als die Wiege der französischen Monarchie.

Doch anders, als man denken möchte, war so ein Herrschaftsantritt recht beschwerlich für den Thronanwärter. Zwar wurde er am Ende zum König erhoben, zuvor aber durchlief er eine Serie von rituellen Handlungen, die ihn eher als Trottel dastehen ließen. Mithilfe einer Prachthandschrift aus der Mitte des 13. Jahrhunderts kann man sich den Verlauf der Krönungszeremonie gut vor Augen führen.[28]

Die Zeremonie beginnt damit, dass der künftige König abgeholt wird, und zwar in seinem Schlafzimmer (exeunte rege de thalamo). Zwei Bischöfe wecken ihn, holen ihn aus dem Bett, stützen ihn von beiden Seiten wie einen Kranken und führen ihn so zur Kathedrale. An der Schwelle der Kirche muss er zunächst warten. Erst nachdem einer der Bischöfe das Gebet gesprochen hat, beginnt der feierliche Einzug in die Kirche. Dabei steht nicht etwa der künftige König im Mittelpunkt. Nein, unter dem Baldachin im Zentrum der Prozession wird die «Sainte Ampoule», das vom Himmel gefallene Fläschchen mit dem heiligen Öl, getragen. Der König dagegen folgt in angemessenem Abstand hinter dem Baldachin.

Erst wenn der Erzbischof mit dem Öl den Altar erreicht hat, wird der König angesprochen, und zwar in einem Gebet, sodann mit der Bitte an das Volk um Zustimmung zur Machterhebung.

Einzug in die Kirche: Nicht der König, sondern die «Sainte Ampoule» mit dem heiligen Öl steht im Mittelpunkt.

Dazu muss sich der künftige König erst mal auf den Boden knien (prostratio), um dann von zwei Bischöfen aufgehoben zu werden. Er gelobt, den Frieden zu wahren, das Unrecht zu bekämpfen sowie Gerechtigkeit und Barmherzigkeit walten zu lassen.

Dann folgt die zweite Prostration, diesmal muss sich der künftige König der Länge nach auf den kalten Steinboden legen, die Arme seitlich ausgestreckt, sodass der Körper die Form eines Kreuzes nachbildet. In dieser Stellung verharrt der König während der gesamten Litanei. Und es kommt noch schlimmer. Denn wenn er wieder aufstehen darf, folgt gemäß der Liturgie die sogenannte Interrogatio, das Verhör durch den Erzbischof. Ausführlich wird der Thronanwärter nach seinen Absichten befragt: Willst du den Glauben bewahren, die Kirche verteidigen, Gerechtigkeit walten lassen, die Armen beschützen? Nachdem der König die Fragen bejaht hat, werden Volk und Klerus gefragt, ob sie sich diesem Herrscher unterordnen wollen, was diese mit dem Ruf «Fiat, fiat. Amen» bestätigen. Danach muss der König wiederum niederknien, während die königlichen Insignien und Gewänder auf den Altar gelegt werden. Der König wird bis auf sein seidenes Hemd, das vorne und hinten weit ausgeschnitten ist, vor den Augen aller ausgezogen.

Jetzt folgt die Salbung, der zentrale Akt der Königserhebung. Gesalbt wird der französische König 1. an der Stirn, 2. auf der Brust, 3. zwischen den Schultern, 4. an den Schultern, 5. an den Handgelenken, begleitet von den Worten «Ungo te in regem» (Ich salbe dich zum König). Die abgebildete Darstellung zeigt

Salbung: Betont wird hier die durch und durch menschliche Natur des Königs.

Ankleiden und Krönung: Der König wirkt regelrecht gebrechlich und wird immer ein bisschen kleiner dargestellt als die anderen Figuren im Bild.

den Moment der rituellen Entblößung des Körpers: Der Kandidat kniet mit nackten Schultern vor dem Erzbischof, die Ärmel des Gewands hängen lose herab, er ist ungekrönt und blickt zum Erzbischof empor.

Schließlich werden dem künftigen König die Kleider wieder angezogen. Er sieht gebrechlich aus in diesem Moment der Ankleidung. Wird hier die Fähigkeit zur Unterordnung des künftigen Herrschers sichtbar? Er muss Demut zeigen, bevor das blaue Seidenhemd, das zum Zweck der Salbung weit geöffnet wurde, wieder geschlossen und ihm dann der blaue Krönungsmantel umgelegt wird. Erst danach überreicht man ihm die Zeichen der Macht, die königlichen Insignien Zepter und Stab.

Schließlich kommt es zur Krönung. Der Erzbischof nimmt die Krone vom Altar und platziert sie auf dem Kopf des Königs. Sodann sind die umstehenden Kleriker und Laien aufgerufen, die Krone von allen Seiten zu stützen – die Macht ist zu schwer für einen allein! In dieser Formation wird der König dann zum Thron geleitet, wo für alle sichtbar der Akt der Thronsetzung folgt.

Der König weint! Demutsrituale von Irland bis Babylon

Bleib auf dem Boden! Schutzmaßnahmen gegen potenzielle Autokraten finden sich allerorten in vormodernen Ritualen der Macht. Dem Herzog von Kärnten wurde bei seinem Amtsantritt die Mahnung zur Demut buchstäblich hinter die Ohren geschrieben. Er musste sich, ärmlich gekleidet, am sogenannten Fürstenstein einem Herzogbauern vorführen lassen, der den künftigen Herrscher einem rituellen Verhör unterzog, mit ihm einen Vertrag zur Übergabe des Amtes schloss und ihn zu guter Letzt ohrfeigte – mit der Ermahnung, stets ein gerechter Herrscher zu sein.

Die altirischen Könige von Tara mussten sich ihre Macht erkämpfen. Laut einem etwas rätselhaften Bericht stand der Inaugurator (Königsmacher) mit einer Peitsche in der Hand auf einem «Inaugurationsstein». Unter ihm stand der künftige König, bewaffnet mit einem Speer. Die beiden scheinen sich eine Art Zweikampf geliefert zu haben, bei dem der künftige König zwar kämpfen musste, seinen Gegner aber weder verletzen noch besiegen durfte. Tod und Untergang des Reiches – so die Prophezeiung – würden folgen, wenn er sein Ziel treffe. Auch hier muss der Kandidat erst nachgeben, auf den Sieg verzichten, bevor ihm der Platz auf dem Herrscherstein freigegeben wird.[29]

Geht man noch weiter zurück, stößt man auf uralte Traditionen wie das Akitu, ein Neujahrsfest, das jedes Jahr in Babylon gefeiert wurde – also auch zu Zeiten König Nebukadnezars II. Der Gott Marduk (oder Bel), Stadtgott von Babylon, entschied dabei über das Schicksal des Landes. Zwölf Tage lang zogen sich die Feierlichkeiten hin. Am fünften Tag wurde der König in den Tempel des Marduk zitiert. Ein Priester nahm ihm am Eingang Zepter, Ring und Keule ab, ebenso die Krone. Die Herrschaftsinsignien wurden auf ein Podest vor dem Altar des Gottes gelegt. Dann schlug der Priester dem König auf die Wange, und dieser musste vor einer Statue Marduks niederknien und eine Art negatives Sündenbekenntnis ablegen: Ich war nicht nachlässig, ich habe Babylon nicht zugrunde gerichtet, ich habe dem Volk Babylons nicht geschadet usw. Wenn diese Beichte beendet war, stand der König auf, erhielt vom Priester die Zeichen seiner Herrschaft zurück – und zugleich einen zweiten kräftigen Schlag auf die Wange. Und jetzt kommt der entscheidende Moment: Der König muss weinen, es müssen Tränen fließen! Denn nur der weinende König kann Marduk günstig stimmen und so die Geschicke Babylons positiv beeinflussen.[30]

Es scheint so etwas wie ein kultur- und epochenübergreifendes Wissen um die Notwendigkeit der Begrenzung von Macht zu geben. Superbia, die Todsünde machtbesoffener Autokraten, birgt dramatische Gefahren für die Gemeinschaft. Rituale sind gleichsam die Container, in denen dieses kollektive Wissen über Jahrhunderte hinweg von einer Generation zur nächsten weitergegeben wurde. Verschiedene Kulturen bedienten sich verschiedener Sprachen. Das Wissen der alten europäischen Kulturen wurde in der Sprache der christlichen Kulte bewahrt und weiterentwickelt. Der Historiker Bernd Schneidmüller prägte den Begriff einer Zähmung der Macht, einerseits durch Selbstzähmung der Mächtigen, andererseits durch Bindung, womit Einhegung gemeint ist. Erst im Zeitalter der absolutistischen Monarchien ab dem 17. Jahrhundert löste sich der Zusammenhang von «Glanz und Bindung» auf.[31]

Abschließend ein kurzer Einblick in eine andere Kultur, eine andere rituelle Sprache. Hier wird eine Lösung des Problems vorgeschlagen, die sich am besten als eine Form der paradoxen Intervention beschreiben lässt: die Vergöttlichung des größenwahnsinnigen Herrschers. Die Handlung lässt sich auf folgende Formel bringen: Wenn einer sich so wichtig nimmt, wenn sein Hochmut nicht mehr zu zügeln ist und für die Gemeinschaft allzu gefährlich zu werden droht, wenn einer sich aufführt wie ein Gott, dann nehmen wir ihn beim Wort: Machen wir ihn zu dem, was er sein will, machen wir ihn zu einem Gott. Dazu braucht es nicht viel. Wir müssen ihn nur von dieser lästigen menschlichen Fessel namens Körper befreien.

Tod des Kapitäns Cook. Wer Gott sein will, muss sterben können

Eigentlich hätte Heinrich Zimmermann sein Schiffstagebuch abgeben müssen, als die «Discovery» am 4. Oktober 1780 auf der Themse im Hafen von London ankam. Mehr als vier Jahre war er unterwegs gewesen, als Matrose auf der dritten und letzten Entdeckungsfahrt des Kapitäns James Cook.

Im Sommer 1776, am 12. Juli – acht Tage nach der Proklamation der amerikanischen Unabhängigkeitserklärung –, war die Expedition mit zwei Schiffen, der «Discovery» und der «Resolution», samt 134 Mann Besatzung Richtung Kapstadt in See gestochen. An Bord waren neben Fässern mit Sauerkraut gegen Skorbut auch erfahrene Haudegen der britischen Marine wie George Vancouver, der später die Pazifikküste Nordamerikas erforschte, William Bligh, der 1786 als Kapitän der «Bounty» berühmt wurde, der Maler John Webber, der die Entdeckungen und Forschungsergebnisse dokumentieren sollte, und der Schiffsarzt David Samwell, der ebenfalls ausführlich Tagebuch führte. Und dann war da noch Omai, den Cook auf seiner zweiten Reise von der Insel Huahine, nordwestlich von Tahiti, mit nach England gebracht hatte. Er wurde im September 1776 in seine Heimat zurückgebracht.

Zu den bedeutenden Entdeckungen dieser Expedition gehören Kiritimati im Zentralpazifik, an Weihnachten 1777, und Hawaii, im Januar 1178. Von dort ging es weiter nach Kalifornien und entlang der Westküste Nordamerikas Richtung Beringmeer. Dabei ging es darum zu erkunden, wie man vom Pazifik aus um Nordamerika herum in den Atlantik gelangen konnte. Im Spätherbst, als das Packeis den Weg zu versperren drohte, nahm Cook jedoch wieder Kurs Richtung Süden, um in wärmeren Gefilden zu überwintern. Hawaii schien ideal.

Im November kamen die Schiffe dort an. Man blieb jedoch zunächst auf See, tauschte mit den Bewohnern Lebensmittel gegen Geschenke. Am 17. Januar 1779 ließ Cook vor Kauai, der nördlichsten der Hawaii-Inseln, den Anker werfen. Hier erwartete die Mannschaft ein prachtvoller Empfang. Cook selbst staunte, noch nie habe er eine solche Anzahl von Menschen an einem Ort versammelt gesehen, die ganze Bucht sei voll gewesen, auch am Ufer wimmelte es, und Hunderte schwammen um sie herum.[32] Es folgten gute Tage, man trieb Handel mit den Menschen der Insel, es gab Essen, Trinken, Frauen an Bord, Entspannung für die Mannschaft. Cook wusste sich sehr gut mit den Einheimischen zu verständigen. Man feierte ihm zu Ehren Feste, er wurde prachtvoll eingekleidet und gemeinsam mit seinen Offizieren in feierlicher Prozession zu verschiedenen Heiligtümern geleitet. Natürlich kam es auch zu Spannungen, Missverständnissen und Handgemengen zwischen Matrosen und Einheimischen. Doch als die Mannschaft nach zweieinhalb Wochen, am 4. Februar, wieder Segel Richtung Norden setzte, war die Stimmung einvernehmlich.

Unglücklicherweise geriet die Expedition in ein schweres Unwetter, bei dem der Mast der «Resolution» brach. Cook beschloss, noch einmal zurückzukehren, und warf am 11. Februar erneut Anker vor Kauai. Diesmal war der Empfang verhalten, ja fast feindselig. An den darauffolgenden Tagen gab es immer wieder Streit. Am 14. Februar 1779 wurde Cook zusammen mit vier seiner Leute in einem Handgemenge getötet.

Was war passiert? Was war schiefgelaufen? Warum musste der eben noch hoch angesehene und von allen verehrte Kapitän Cook sterben? Der Fall war spektakulär – und sollte nach der Rückkehr der Expedition nach London im Oktober 1780 in aller Ruhe aufgeklärt werden.

Dazu musste man alle privaten Aufzeichnungen, Schiffstagebücher und Logbücher auswerten. Und vor allem sollte nichts

Ungutes über James Cook, den Helden der britischen Navy, verbreitet werden. Deshalb mussten alle Schiffsleute, auch der einfachste Matrose, wie Heinrich Zimmermann einer war, ihre Aufzeichnungen bei der Ankunft in London abgeben. Zimmermann gelang es jedoch, sein Schiffstagebuch an der britischen Admiralität vorbei zurück in seine Pfälzer Heimat zu schmuggeln und vom kurfürstlichen Hofbuchhändler in Mannheim drucken zu lassen. So erschien «Heinrich Zimmermanns von Wissloch in der Pfalz, Reise um die Welt, mit Capitain Cook» im Jahr 1781, drei Jahre früher als die offizielle Londoner Ausgabe des Berichts über die Entdeckungsreisen von James Cook.[33]

Der Wert der Aufzeichnungen besteht in den ungefilterten subjektiven Eindrücken eines Augenzeugen. Zimmermann berichtet in einem fast naiven Ton: «Herrn Cook machten jene auf der Insel O-waihi auch zu einem Gott, und richten ihm zu Ehren ein Götzenbild auf. Sie nannten es nach dessen Namen O-runa no te tuti. Oruna hieß Gott und tuti Cook.»[34] Auch andere bestätigten Zimmermanns Beobachtung. Doch was war hier Mythos und was Wirklichkeit? Hielten die Einheimischen die Europäer wirklich für Götter? Oder verdanken wir solche Behauptungen der Fantasie kolonial gesinnter Europäer, die sich in der Rolle der Götter gefielen? Letztlich lässt sich die Frage nicht mehr klären. Wir wissen lediglich, dass der Kapitän mit großen Ehren geradezu überhäuft wurde.

Was jedoch weder Cook noch seine Mannschaft wissen konnten: Sie hatten Hawaii just zum Fest Makahiki erreicht. Eigentlich kein Fest in unserem Sinne, sondern eine ganze Festtagssaison. Das Jahr auf Hawaii war zweigeteilt, ein sehr sympathischer Jahresrhythmus: Von ungefähr März bis November war die reguläre Zeit des Arbeitens. Im November begann mit dem Erscheinen des Sternzeichens der Plejaden dann eine dreimonatige Festsaison. In dieser Zeit galten andere Regeln. Es wurde nur das

Nötigste gearbeitet, keine Kriege geführt. Stattdessen war es eine Zeit der Regeneration, die Tage und Nächte waren Spielen und Wettkämpfen vorbehalten. Es fanden Prozessionen und Riten statt, verbunden mit ausgelassenen Fruchtbarkeitsfesten zu Ehren des Gottes Lono. Seine jährliche Wiederkehr wurde in dieser Zeit rituell inszeniert, um den ewigen Kreislauf von Werden und Vergehen der Natur in der richtigen Ordnung zu halten.

In diesem Festkreislauf spielte die Ankunft der Fremden eine ganz entscheidende Rolle. Der US-amerikanische Anthropologe Marshall Sahlins rekonstruierte in minutiöser Kleinarbeit den Ablauf. In der Logik des Festkalenders konnten Cook und seine Begleiter als Inkarnation des Gottes Lono gelten.[35] Genau das könnte der Grund dafür gewesen sein, dass man Cook hohe Ehren zuteilwerden ließ und ihm mehrfach die Teilnahme an heiligen Zeremonien gewährte. Auch der Schiffsarzt David Samwell betont in seinem Tagebuch, dass die Inselbewohner Kapitän Cook mit der größten Achtung und Ehrerbietung begegneten, während er zu allen freundlich war und sich ihren Regeln unterwarf. «Heute haben ihm die Priester den Titel Lono verliehen, eine Art Gottheit. Alles geschah unter Kokospalmen, an einer heiligen Stätte, die sie Tempel des Lono nennen.»[36]

Heinrich Zimmermann war ganz begeistert von den tollen Mänteln, in die man die Würdenträger und den Gott Lono bei diesem Anlass kleidete. Sie waren «sehr künstlich gearbeitet, das Innere besteht aus einer von Gras geflochtenen Matte, und außenher sind kleine rote Vogelfedern dicht aufgesetzt, diese sind mit schwarzen, gelben und weißen Federn zu schönen Mustern angeordnet. Es ist die schönste und künstlichste Seltenheit, die je unter allen Wilden gefunden, auch von allen dafür erkannt worden.»[37] Er beschreibt weiter, wie Cook in feierlicher Prozession abgeholt und eingekleidet wurde und wie sich die gemeinen Inselbewohner, als die Götter an ihnen vorbeigetragen wurden, ehrfürchtig auf den Boden warfen. Niemand durfte dem Zug folgen.

Wie die Zeremonien abliefen, darüber kann der Pfälzer keine Auskunft geben, weil er nicht dabei war, sondern auf dem Schiff seiner Arbeit nachgehen musste. Stattdessen beschreibt Zimmermann eine der heiligen Stätten der Insel, die Morai, ein weitläufiges viereckiges Gelände mit lockerem Baumbestand, umgeben von einer Mauer mit einzelnen pyramidenartigen Steintürmen. Darunter, so Zimmermann, wurden die Toten begraben. «Auf diesen Plätzen selbst, nahmen wir eine große Anzahl hochaufgerichteter Stangen wahr. An einigen hingen noch abgedörrte Früchte; und so viel wir abnehmen konnten, so richtet jede Familie den ihrigen zu Ehren dergleichen Stangen auf.»[38]

Hier fanden auch manche der feierlichen Zeremonien statt. Eine davon gipfelte in einer Art ritueller Speisung des Lono durch den König. Dabei wurde Cook alias Lono vorübergehend durch einen Stellvertreter gewissermaßen verdoppelt. Er selbst musste, von beiden Seiten gestützt, mit ausgebreiteten Armen verharren, während ein Mann, der eine Statue des Gottes Lono trug, mit köstlichen Speisen gefüttert wurde. Gesänge und Huldigungen begleiteten diese Zeremonien, die sich in den folgenden Tagen noch mehrmals wiederholten. Teil der Feierlichkeiten waren auch inszenierte Kämpfe, bei denen Lono alias Cook von den Männern des Königs angegriffen wurde und um jeden Preis vermeiden musste, seine Gegner zu verletzen. Das Schauspiel endete in Szenen, die als rituelle Tötung interpretiert werden können, unmittelbar gefolgt von ausgelassenen Tänzen und Feierlichkeiten.

Als die Gottheit samt Gefolge am 4. Februar wieder abreiste, war es höchste Zeit. Auf Dauer aßen die Fremden einfach zu viel, sie hatten Unmengen an Gemüse und Schweinen verzehrt. Außerdem neigte sich die Festsaison dem Ende zu. Die Zeit Lonos war abgelaufen. Umso größer die Irritation, als dieser mit seinem hungrigen Gefolge schon am 11. Februar erneut in der Bucht auftauchte. Das wollte so gar nicht mehr in den Festzyklus passen. Heinrich Zimmermann schreibt: «Wir fanden das Volk bei dieser unserer Zurückkunft viel geändert gegen vorhin; und überhaupt vermerkten wir an selbigem schon vor unserer Abreise einige Unzufriedenheit, auch nicht mehr so viel Ehrfurcht gegen uns, wie zuvor. An beidem mag allerdings die Schuld gewesen seyn, weil Herr Cook von dem Begräbnisplatze alle von ihnen aufgerichtete Stangen, jedoch mit Erlaubnis ihres Oberhaupts, dem 6 Beile zum Geschenke dafür gereicht worden, um deswillen zu Feuerholz kleinmachen ließ, weil dieses Holz bequemer als jenes auf den hohen Gebürgen zu bekommen war.»[39]

Auch andere, zum Beispiel Ledyard, Offizier der Marine und ebenfalls Tagebuchschreiber, berichteten von diesem Vorfall. Laut Ledyard hatte man lediglich zwei Beile angeboten, und die Gegenseite war entsetzt gewesen über das lächerliche Angebot. So verhielt sich kein Gott! Hinzu kam der Streit um ein gestohlenes Beiboot und ein beschlagnahmtes Kanu, die man wechselseitig nicht mehr herausgeben wollte. Auch hier verhielten sich die Fremden überaus irritierend. Nach drei Tagen ging Cook die Geduld aus, er beschloss durchzugreifen, suchte in Begleitung seiner Männer den König auf, um ihn bis zur Klärung des Diebstahls kurzerhand als Geisel zu nehmen. Der König folgte freiwillig. Seine Frau versuchte ihn davon abzuhalten, vielleicht weil sie besser als Cook verstand, was der nächste Schritt sein würde im Umgang mit Göttern, die verrückt geworden sind.

Je näher die Gruppe dem Strand kam, desto feindseliger wurde die Stimmung. Die Rollen von Geiselnehmern und Geisel verkehrten sich unmerklich, als der König und seine Begleiter langsam die Oberhand gewannen. Plötzlich wurde die zuvor im Ritual durchgespielte Kampfsituation Wirklichkeit. Es fielen

Schüsse, ein Einheimischer wurde getroffen. Auch Cook feuerte zwei Warnschüsse ab, und seine Männer zogen ebenfalls die Waffen. Es entstand ein Tumult, in dem unvermittelt und für alle gänzlich überraschend einer der Krieger des Königs seinen Dolch zog und Lono tötete – diesmal war es kein inszeniertes Opfer, sondern ein realer Stich durch die Schulter ins Herz. Auch vier von Cooks Männern und ebenso viele Einheimische kamen ums Leben.

Die Leiche Cooks wurde zerstückelt und unter den Leuten des Königs verteilt. Jetzt war er nicht mehr Cook, jetzt war er wieder Gott, hatte seine Bestimmung erreicht. «Wir sahen schon vorher, dass die Eingebohrnen den Körper des Cooks auf den Berg hinausschleppten. Die ganze Nacht brannten auf dem nemlichen Berge mehrere große Feuer und unter dem Volke war ein beständiges allgemeines Jubelgeschrei.»[40] Der Versuch, den Leichnam an Bord zu holen, scheiterte. Man erklärte den Matrosen, die dazu losgeschickt worden waren, dass der Gott Cook nicht tot sei, sondern im Wald schlafe und wieder zurückkehre.

Wie diese Ereignisse zu bewerten sind, ist bis heute umstritten. War es ein rituelles Opfer? Oder einfach ein Verteidigungsangriff der Einheimischen? Dass die Tötung keine Kampfansage war, sieht man unter anderem daran, dass auch nach Cooks Tod weiter Beziehungen zur Mannschaft unterhalten wurden. Die musste bleiben, bis der gebrochene Schiffsmast repariert war. Es kamen weiterhin Frauen an Bord des Schiffes, wenn auch weniger als zuvor. Die Priester versorgten die Schiffe weiter mit Nahrung. Auf Bitten des zweiten Kapitäns wurden die Überreste des Leichnams schließlich doch der Mannschaft zur feierlichen Bestattung übergeben. Heinrich Zimmermann schließt seinen Bericht mit einem Lob Kapitän Cooks: «Alles auf den Schiffen war verstummt, niedergeschlagen, empfand seinen Vater verloren zu haben; und man siehet dieser Reisebeschreibung selbst an, dass nach seinem Tode der Erforschungsgeist, die Entschlossenheit, der feste Mut verloren gewesen.»[41]

Die Tragik der Geschichte liegt darin, dass Cook weit davon entfernt war, ein machtbesessener Tyrann zu sein. Er persönlich litt nicht an Superbia. Ganz im Gegenteil. Er hatte offenbar die Gabe, sich auf fremde Traditionen einzulassen, hielt sich in gewissem Sinne an die fremden Regeln, obwohl er sie nicht kannte. Und natürlich war das höchst angenehm, solange ihm die Rolle der verehrten Gottheit zufiel. Doch hatte er unterschätzt, dass auch Götter sich an Regeln halten müssen. Sein Verschwinden beziehungsweise das der Gottheit Lono hatte mit der Abfahrt der Schiffe am 4. Februar den Festkreis geschlossen. Dass ein gebrochener Schiffsmast die Rückkehr erzwingen würde, war nicht vorherzusehen. Und dass sich die Inkarnation der Gottheit nicht mehr an die Regeln hielt, die heilige Stätte entweihte, den König als Geisel nahm, das war – bei aller Verehrung für die Götter – zu viel des Guten.

Hier schlug einer über die Stränge, verhielt sich wie eine Gottheit, verstieß jedoch gegen die eigenen Regeln. Also griff man zu jener Lösung, die die Tradition für solche Fälle bereithielt. Unter den vielen Maßnahmen gegen die Gefahren des Hochmuts der Mächtigen scheint dies die konsequenteste. Statt den machttrunkenen Herrscher an seine Sterblichkeit zu erinnern oder ihn durch Demutsrituale und Bußübungen auf den Boden der Tatsachen zurückzuholen, nahm man ihn einfach ernst. Und zwar in letzter Konsequenz: Der übergeschnappte Herrscher wurde zu dem gemacht, was er vermeintlich sein wollte: ein Gott. Und damit unschädlich.

Ein tragisches Missverständnis, einerseits. Zugleich eine logische Fortführung der Vergöttlichung. «Non son più re, son dio!» Ich bin nicht mehr König, ich bin Gott! Der Brite James Cook war nicht vorgesehen in der Welt der Hawaiianer. Ein Gott Lono schon. Und als dieser über die Stränge schlug, sich zu viel Macht anmaßte, die Regeln der Gemeinschaft mit Füßen trat, sich über die eigenen Gesetze hinwegsetzte, fand die Verehrung ihren logischen Höhepunkt im rituellen Opfer.

MENSCHHEITSWISSEN FÜR DAS ZEITALTER DER KRISE

Und was bedeutet das jetzt alles für uns heute? Müssen wir in Sack und Asche gehen? Luxus, Neid, Hochmut und die anderen Todsünden zu Straftatbeständen erklären? Wer Menschheitswissen für das Zeitalter der Krise in Aussicht stellt, muss mit der Erwartung rechnen, dass es klare Lektionen aus der Vergangenheit gibt, dass Wege gewiesen werden, zurück in eine Zeit, in der die Welt (vermeintlich) noch in Ordnung war.

Diese Erwartung muss ich enttäuschen. Denn dass früher alles besser war, denken wir erst, wenn es vorbei ist. Der Traum von der Wiederkehr der Vergangenheit wird bei Lichte besehen fast immer zum Albtraum, und die Suche nach dem verlorenen Paradies endet in der Regel tragisch. Das hat schon Orpheus erleben müssen. Sein Versuch, Eurydike aus dem Reich der Toten zurückzuholen, scheiterte kläglich. Und am Ende wurde alles schlimmer als zuvor, denn fortan lastete auf ihm nicht allein die Trauer um die verstorbene Geliebte, sondern – noch viel schwerer – die Schuld des Versagens.

Es gibt kein Zurück. Das Rad der Geschichte lässt sich nicht anhalten. Und so war auch die Frage nach den Wissenstraditionen des Westens – die Ausgangsfrage dieses Buches – nicht inspiriert von der Hoffnung auf Rückkehr. Trau keinem, der vergangene Größe predigt! Vielmehr dient der Blick in die Geschichte dazu, die Gegenwart besser einordnen zu können. Geschichte macht demütig angesichts der Herausforderungen, die Menschen vergangener Generationen bewältigt haben. Und sie kann Orientierung in Gegenwart und Zukunft bieten – all denen, die sich ehrlich der Vergangenheit stellen.

Im Grunde ist Geschichte vergleichbar mit der Reise zum See der Erinnerung, wie die Orphiker sie sich vorstellten. Die Seele wandert – so ihre Lehre –, weil sie weiß, dass irgendwo irgendetwas falsch gelaufen ist. Ihre Hauptaufgabe ist es, sich zu erinnern. Erinnerung kann wehtun, insbesondere die Erinnerung an Verlust und Versagen. Keiner weiß das besser als Orpheus. Aber sie bringt langfristig die Chance zur Heilung. Zu wissen, wo man falsch abgebogen ist, verschafft Weitsicht und ermöglicht Veränderung.

Wie lässt sich das traditionelle Wissen des Westens in die heutige Zeit übersetzen? Welche Todsünde ist die folgenschwerste? Diese Frage wurde über die Jahrhunderte immer wieder anders beantwortet und nie eindeutig entschieden. Zu Zeiten der kommerziellen Revolution des Spätmittelalters lag die Habgier vorn, in Kriegszeiten wurde der Zorn hoch gehandelt, für die Calvinisten galt Verschwendungssucht als das Hauptproblem, während für die meisten – und am konstantesten durch alle Epochen – der Hochmut, die Überheblichkeit des Menschen, die Ursache allen Übels war. Wie sieht es im 21. Jahrhundert aus, im Zeitalter der Polykrisen? Die Rangliste der Todsünden – wer führt sie an?

Die Rangliste der Todsünden im 21. Jahrhundert: Wer führt sie an?

Spontan fällt den meisten vermutlich die Gier ein. Gula, Avaritia, Luxuria, Invidia, Superbia sind allesamt motiviert durch das «Immer-mehr-haben-Wollen»: mehr Besitz, mehr Konsum, mehr Anerkennung, mehr Macht, mehr Sex – und auf jeden Fall «mehr als die anderen». Die alten Griechen sprachen von Pleonexie und erkannten darin jene Eigenschaft, die die Naturgewalt Mensch so gefährlich macht – und das Leben so schwer. Denn alles könnte so schön sein, würden die Menschen sich nicht selbst unglücklich machen, weil sie nach Dingen streben, die sie gar nicht brauchen. Und wenn sie sie haben, wird alles nur noch schlimmer. Pleonexie galt als Feindin des Glücks. Die griechische Philosophie strebte nach dem gelingenden Leben, nach «Eudaimonia». Jeder Mensch ist dazu in der Lage, sagt Aristoteles, vorausgesetzt, er denkt und handelt mit Besonnenheit, Großzügigkeit, Selbstkontrolle und Genügsamkeit. Dabei wurde Glück nicht als Zustand definiert, sondern als tägliches Training in diesen Tugenden. Die alten Griechen nannten das Askese. Selbst die Epikureer, die Hedonisten unter den griechischen Philosophen, waren der Überzeugung, dass Liebe, Freundschaft und Lebensfreude nur dort gedeihen können, wo die Pleonexie besiegt wird. Und der Stoiker Seneca verpackte das Geheimnis des gelingenden Lebens für seinen Freund Lucilius in folgenden Merkspruch: «Nicht wer wenig hat, sondern wer mehr haben will, ist arm».[1]

Natürlich standen die griechischen Philosophen mit dieser Erkenntnis nicht allein. Weder sie noch ihre christlichen Nachfolger haben die Askese erfunden. Vielmehr galt die Kunst des einfachen Lebens kulturübergreifend als Königsweg. Buddha nannte den «unstillbaren Durst» eine Fessel der Menschen und sah darin den Hauptgrund für ihr Leiden und das größte Hindernis auf dem Weg zur Erkenntnis. Er mahnte zur Einsicht und empfahl regelmäßige Übung in besonnener Rede, besonnenem Handeln und besonnenem Wandeln. Die Kulturgeschichte der Askese wird gerade neu geschrieben, und erst allmählich entdecken wir die vielfach verschollenen Praktiken als Formen der Selbstfürsorge und Achtsamkeit wieder.[2]

Und doch wurde im Kapitalismus die Verfolgung individueller Interessen, das Streben nach Profit zum Leitparadigma erhoben.[3] Wir leben in einer Gesellschaft, die immer mehr will – mehr Urlaub, mehr PS, mehr Spaß und so weiter –, und bitte alles so billig wie möglich. Zugleich ist da ein großes Unbehagen an der

Überflussgesellschaft. Wir fühlen uns wahlweise überfordert, hilflos oder abgeschreckt. Und stecken in einer Zwickmühle: Wir müssen ja konsumieren. Wir sind es, die einen fatalen Fußabdruck hinterlassen. Wir sind es, die kaufen bis zum Umfallen und unsere Haushalte so vollstopfen, dass wir Expertinnen wie Marie Kondo dafür bezahlen, uns dann beim Entrümpeln zu helfen.

Auf diese Weise wird das Problem des Überkonsums gewissermaßen privatisiert nach dem Motto: «Die Nachfrage bestimmt das Angebot.» Und wenn die Menschen T-Shirts für zwei Euro wollen, dann muss die halt irgendjemand produzieren und liefern! Doch hier ist Vorsicht geboten. Wir riskieren hier einen klassischen logischen Fehlschluss, denn das, was erklärt werden soll, wird mit der Erklärung verwechselt. Maßlosigkeit darauf zurückzuführen, dass Menschen immer mehr wollen, ist bestenfalls ein Befund, streng genommen eine Tautologie – ein «weißer Schimmel» –, aber keine Erklärung. Denn eine Erklärung beschreibt nicht, sie liefert Gründe.

Eine ökonomische Erklärung für den stetig wachsenden Konsum könnte folgendermaßen lauten: In einem Wirtschaftssystem, das auf stetigem Wachstum beruht und zusammenzubrechen droht, sobald das Bruttoinlandsprodukt stagniert oder gar sinkt, ist die Steigerung des Konsums ein gesellschaftlich notwendiges, ja systemrelevantes Verhalten. Der Staat braucht Wachstum. Die Wirtschaft braucht Wachstum. Jedes Unternehmen braucht Wachstum. Wer in einer auf Wachstum fixierten Wirtschaftswelt nicht mehr haben will, wer sich mit gleichbleibenden oder gar sinkenden Quartalszahlen zufriedengibt, begeht wirtschaftlichen Selbstmord. Und da die wichtigsten Treiber von Wirtschaftswachstum Innovation und die Erschließung neuer Märkte sind, müssen ständig neue Bedürfnisse geweckt werden.

Nehmen wir zum Beispiel Kaffee. Manche erinnern sich noch an Zeiten, in denen dieses schwarze Heißgetränk einmal die Woche am Sonntagnachmittag auf Häkeldeckchen im Wohnzimmer serviert wurde, wenn Tante Inge und Onkel Helmut zu Besuch kamen. Man fragt sich, wie die Menschen damals den Rest der Woche überlebten, ohne Coffee to go an jeder Ecke. Dank einer unscheinbaren Innovation namens Pappbecher ist es in den Achtzigerjahren gelungen, einen riesigen neuen Markt zu erschließen: Menschen, die unterwegs sind – ins Büro, zum Zug, beim Bummeln oder auf der Autobahn. Obgleich niemand das Bedürfnis hatte, mit einem heißen Pappbecher in der Hand zur Arbeit zu rennen, hat sich diese Neuerung im Zeitalter der Beschleunigung sämtlicher Lebensbereiche durchgesetzt und den rasenden Stillstand weiter angetrieben.

Maßloser Konsum ist nicht das Ergebnis individueller Gier. Und er entspringt schon gar nicht der angeblich so maßlosen Natur des Menschen. Kein Mensch kommt mit dem Bedürfnis nach Coffee to go zur Welt. Dasselbe gilt für das Bedürfnis nach SUVs, Kreuzfahrten oder Couchgarnituren. Individuelle Bedürfnisse und Präferenzen ebenso wie gesellschaftliche Praktiken verändern sich – stetig. Aber bestimmt tatsächlich die Nachfrage das Angebot? Oder ist es umgekehrt: Das Angebot bestimmt die Nachfrage? Darüber lässt sich trefflich streiten. Einig sind sich alle, dass es Vorgaben braucht, um Konsummuster zu ändern. Die Stadt Tübingen hat vor wenigen Jahren angefangen, eine Steuer auf Einwegverpackungen zu erheben. Wer fünfzig Cent für den Pappbecher hinlegen muss, verzichtet vielleicht öfter mal auf den schnellen Kaffee zwischendurch und senkt nebenbei sein Infarktrisiko. Als im Jahr 2004 in Irland als erstem EU-Land das Rauchverbot in öffentlichen Gebäuden erlassen wurde, sagten viele den Untergang der Pub-Kultur voraus. Heute sind die meisten Menschen froh, auch in der Kneipe keinen Zigarettenqualm einatmen zu müssen. Winzige Veränderungen an den äußeren Rahmenbedingungen, in diesem Fall an gesetzlichen Vorgaben, können Konsummuster quasi von einem Tag auf den anderen verändern.

Schluss also mit dem Konsumenten-Bashing. Wir müssen konsumieren, um das Wirtschaftswachstum aufrechtzuerhalten. Und Schluss mit dem Unternehmer-Bashing. Die tun nur, was ihre Aufgabe ist im Kapitalismus: Gewinne erzielen und Kapitalrenditen steigern, um Value für ihre Shareholder und Wachstum für Betrieb und Wirtschaft zu erzeugen. So jedenfalls sehen das die ökonomischen Modelle seit dem späten 19. Jahrhundert. Nach diesen haben wir unsere Welt gebaut, Gesetze gemacht, Anreize geschaffen, Unternehmen strukturiert. Dass unsere Marktwirtschaft eine abgefederte, eine soziale Marktwirtschaft ist, steht außer Zweifel. Unternehmen tragen nicht nur ökonomische, sondern auch soziale und ökologische Verantwortung und nehmen diese auch wahr. Doch ist und bleibt Konsum der Treiber. Und da der Wachstumsdruck sich mit der Globalisierung der Märkte und der Öffnung der Finanzmärkte seit dem neoliberalen Schub der späten Achtzigerjahre enorm erhöht hat, steigt auch der Konsumdruck. Maßhalten ist kontraproduktiv in einem System, das auf permanente Steigerung angelegt ist – Seneca hätte verständnislos den Kopf geschüttelt.

Wann wurde Gier zur Tugend?

Doch seit wann ist das so? Wann wurde das Mehr-haben-Wollen zur Bürgerpflicht? Wann wurde Gier zur Tugend?

Eine der interessantesten Antworten stammt von dem Wirtschaftswissenschaftler und Soziologen Albert O. Hirschman. «Wie konnte es geschehen, dass Handel, Bankwesen und ähnliche, dem Gelderwerb dienende Tätigkeiten an einem gewissen Punkt der Moderne ehrbar wurden, nachdem sie jahrhundertelang als Geiz, Gewinnsucht und Habgier verurteilt oder verachtet worden waren?»[4] Mit dieser Frage beginnt Hirschman seine Studie zur politischen Begründung des Kapitalismus vor dessen Durchsetzung. Zwar waren auch im Mittelalter Formen des Gelderwerbs und der Finanzgeschäfte durchaus angesehen, doch stand das Streben nach Geld und Reichtum weit hinter anderen Tätigkeiten, insbesondere weit hinter dem Streben nach Ehre. Am Anfang von Hirschmans Studie steht das Staunen, das Staunen darüber, wie der «Geist des Kapitalismus» entstehen konnte.

Hirschman geht zurück ins 17. Jahrhundert, zu den Staatstheoretikern und Vordenkern der Moderne. Eine kalte und dunkle Zeit: Das Klima spielte verrückt, die kleine Eiszeit erreichte ihren Höhepunkt. Ernteausfälle, viel Regen und wenig Sonne machten den Menschen das Leben schwer. Und überall Kriege: Im deutsch-römischen Reich wütete der Dreißigjährige Krieg; die Engländer köpften ihren König, gaben dem Puritaner Cromwell die Macht und kamen vom Regen in die Traufe; die Franzosen machten es umgekehrt, gestatteten dem König eine nie da gewesene Machtfülle und erfanden so den Absolutismus, während sie die Toleranzedikte für die Hugenotten abschafften; nur in den Niederlanden herrschte ein sogenanntes Goldenes Zeitalter, gebaut mit dem neuen Reichtum der niederländischen Ost- und Westindienkompanien, die ihre Gewinne in den Kolonien erzielten. Auf der niederländischen Insel Curaçao im Karibischen Meer vor Venezuela entstand in dieser Zeit der größte Sklavenmarkt der Zeit.

Kein Wunder also, dass die Schriften der Philosophen und Ökonomen dieser Epoche geprägt waren von tiefem Misstrauen gegenüber den überkommenen Lehren von Moral und Religion, und stärker noch von einem Misstrauen gegenüber der menschlichen Natur. Das Menschenbild war durch und durch pessimistisch. Man wollte Abschied nehmen von den utopischen Denkern der Vergangenheit, die seit den Zeiten Platons stets von einem idealisierten Menschenbild ausgegangen seien. Stattdessen sollte nun endlich der «Mensch, wie er wirklich ist» untersucht werden. Und der war, darüber war man sich im 17. Jahrhundert einig, beherrscht von «destruktiven Leidenschaften». Diese Leidenschaften mussten gezähmt werden. Man war sich auch einig darin, dass die Kirche versagt hatte mit ihren moralisierenden Ermahnungen und der notorischen Androhung ewiger Verdammnis.[5]

Drei Lösungsvorschläge zur Bändigung der destruktiven Leidenschaften wurden diskutiert. Erstens *Repression*, wie sie unter anderem Thomas Hobbes in seinem «Leviathan» einfordert (siehe das Kapitel über Zorn). Tief überzeugt von der Unbezähmbarkeit der menschlichen Natur, schienen ihm Zwang und Unterdrückung durch einen starken Staat die einzige Lösung zu sein. Was aber passiert, wenn der Herrscher selbst Schwäche zeigt, etwa übermäßig grausam ist oder auch übertrieben milde? Hier versagt Repression. Hirschman interpretiert diesen Vorschlag als Ausdruck der Sehnsucht nach einer Autorität «ex Machina», die das durch menschliche Leidenschaften verursachte Unheil irgendwie verhindert beziehungsweise beseitigt.

Vielversprechender klingt der Vorschlag einer *Instrumentalisierung*. Statt die Leidenschaften zu unterdrücken, so die Vorstellung, sollte man sie besser auf irgendeine Weise für andere Zwecke einspannen und für das Gemeinwohl nutzbar machen. Die zerstörerischen Leidenschaften werden dabei transformiert. Auch hier wird vom Staat oder von der Gesellschaft erwartet, dass sie diese Aufgabe übernehmen. Es waren Gelehrte wie Blaise Pascal oder Giambattista Vico, die diese Hoffnung prägten. Aus Grausamkeit, Habsucht und Ehrgeiz, den drei Lastern, die alle Menschheit in die Irre führen, sollte die Gesellschaft nationale Verteidigung, Handel und Politik machen und so zu Wohlstand und Weisheit kommen.[6]

Wie genau sich diese wunderbare Metamorphose der Leidenschaften in Tugenden vollziehen sollte, darüber bleiben wir im Ungewissen. Anfang des 18. Jahrhunderts führte Bernard Mandeville in seiner «Bienenfabel» vor Augen, wie das Laster der Luxuria, also die menschliche Leidenschaft für Konsum und materielle Güter, im Sinne des Gemeinwohls transformiert werden könnte. Und Ende des 18. Jahrhunderts war es dann Adam Smith, der in seinem Werk «Der Wohlstand der Nationen» die Transformation der Habsucht zum Nutzen der Allgemeinheit in Aussicht stellte. Allerdings wählte er dafür andere Begriffe, denn im Laufe des 18. Jahrhunderts fand eine entscheidende sprachliche Entwicklung statt: Man sprach nicht mehr von menschlichen Leidenschaften und schon gar nicht mehr von Lastern, sondern neutral von «Nutzen» oder «Interesse». In dieser gewissermaßen domestizierten Form konnte der «Eigennutz» zu einem Zentralbegriff der neu entstehenden ökonomischen Theorie werden.

Eigennutz zähmt Laster (so die Idee)

Doch bevor es so weit war, brauchte es noch eine weitere theoretische Wendung. Die dritte, eleganteste Lösung zur Zähmung der Leidenschaften war die *Neutralisierung*. Gelehrte wie Francis Bacon, Wegbereiter des Empirismus im frühen 17. Jahrhundert, und später Spinoza oder David Hume schlugen vor, Leidenschaften so zu lenken und einzusetzen, dass sie sich wechselseitig zähmen. Ein Laster könne nur durch ein anderes bezwungen werden, Genusssucht etwa durch den Erwerbstrieb. Die Rolle der Steuerungsinstanz wurde der Vernunft übertragen. In ihr sah man «nichts anderes als die Entscheidung für diejenigen Leidenschaften, denen wir um unseres Glückes willen gehorchen sollten».[7]

Nachdem die Strategie, Leidenschaften gegeneinander ins

Feld zu führen, einmal ersonnen war und als akzeptabel galt, ja sogar als Erfolg versprechend, musste man klären, welchen Leidenschaften typischerweise die Rolle des Bezähmers zukam und welche hingegen die wirklich wilden Leidenschaften waren, die der Zähmung bedurften. Dabei setzte sich die Auffassung durch, «dass eine Gruppe von Leidenschaften, die bislang verschiedentlich als Gier, Habsucht oder Gewinnsucht bekannt waren, nutzbringend eingesetzt werden könnte, um andere, wie Ehrgeiz, Machtgier oder sexuelle Begierde, zu bekämpfen oder zu zügeln».[8] Hirschman spricht vom Aufstieg der Habgier zu einer privilegierten Leidenschaft – der die Aufgabe zufiel, die anderen, «wilderen» Triebe zu zähmen und auf diese Weise einen entscheidenden Beitrag zur Staatskunst zu leisten. Zwar wird die Habgier in den meisten politischen Schriften des 17. Jahrhunderts weiterhin als die «schlimmste aller Leidenschaften» beurteilt, sobald sie jedoch mit dem Etikett des Eigeninteresses versehen wurde und auf das Erwerbsleben zielte, wurde sie anerkannt und als wichtig erachtet.[9]

Der neue Begriff «Interesse», kaum aufgetaucht, entwickelte sich zum Paradigma des 17. Jahrhunderts. Hirschman spricht von einer regelrechten Marotte. Seit Platon galten Leidenschaften (Laster) und Vernunft als die wichtigsten Treiber menschlicher Handlungen – jetzt kam das Eigeninteresse hinzu. Und plötzlich wurden so gut wie alle menschlichen Handlungen damit erklärt. Vernunft allein reichte zur Beherrschung der Leidenschaften nicht aus, und das Konzept des Interesses schien eine Lösung zu sein. Denn die Leidenschaften – so die Annahme – erhielten unter der Regie des Eigeninteresses eine Richtung, würden so eingehegt. Endlich, so schien es, war eine realistische Basis für eine lebensfähige Gesellschaftsordnung gefunden. Ein Mensch, der sein Interesse verfolgt, wird für sich selbst das Beste erreichen, denn sein Interesse wird ihn nicht belügen oder täuschen. Zudem bringt das auch für die anderen Vorteile, denn seine Handlungen werden transparent und voraussagbar, fast so, als wäre er ein völlig tugendhafter Mensch. Die dahinterstehende Vorstellung ist die einer «Mechanik der Interessenverfolgung», aus der ein allseitiger Vorteil entstehe.[10]

Eine privilegierte Rolle kam der vom Eigeninteresse gezähmten Habgier zu. Als Besonderheit dieser Leidenschaft, die sie von allen anderen unterschied, galt ihre Beständigkeit, ihre Beharrlichkeit. David Hume spricht von der Habgier als einer «hartnäckigen Leidenschaft», bezeichnet die Gewinnsucht als «ewig» und «universell».[11] Die Sucht nach Geld bildet eine Ausnahme von der Regel, die in der modernen Ökonomie als das Gesetz vom abnehmenden Grenznutzen bekannt ist. König Midas hatte ein ganzes Reich aus Gold, der tatsächliche Nutzen aus dem Besitz eines weiteren Goldkelchs ist null, trotzdem will er ihn haben. Anders als der Gier nach Kuchen oder Sex sind der Gier nach Besitz keine physischen Grenzen gesetzt.[12] Diese Beständigkeit gereichte der Habgier – so seltsam es klingen mag – nun plötzlich zum Vorteil, weil man hoffte, sie könne die Unbeständigkeit der menschlichen Natur ausgleichen.

Damit diese radikal neue Auffassung der Habgier sich durchsetzen konnte gegen die tief verwurzelten älteren Denkmuster und Weisheiten, musste das hartnäckige Verlangen nach Gewinn mit einer zusätzlichen Qualität ausgestattet werden: mit Harmlosigkeit, mit Unschuld. «Es gibt für einen Mann wenig Möglichkeiten, sich unschuldiger zu betätigen als beim Geldverdienen», notierte der englische Gelehrte Samuel Johnson in seinem Tagebuch.[13] Im 18. Jahrhundert machte der Begriff des «doux commerce» Karriere, also die Vorstellung – unter anderem von Montesquieu geprägt –, dass Handel nicht nur ein süßes und weiches Geschäft sei, sondern überdies dazu in der Lage, die Menschen zu zivilisieren und zu verfeinern. Insbesondere ihre Überlegenheit über die Luxuria hat man gefeiert. Im Jahr 1752 formulierte David Hume begeistert: «Es ist eine unvermeidliche Folge aller gewerblichen Tätigkeiten [...], dass sie den Erwerbstrieb über die Genusssucht siegen lassen.»[14] Aus Habgier wurde Interesse, aus Interesse Eigennutz, und dieser wurde zur Tugend erklärt, weil man ihm zutraute, «gewisse gutartige menschliche Neigungen zuungunsten anderer, bösartiger» zu aktivieren.[15] In die Realität des Wirtschaftslebens übersetzt lautet diese These: Der Wirt hört auf zu trinken, weil er merkt, dass er nüchtern mehr Geld verdienen kann. Eigentlich eine geniale Idee.

«Die ich rief, die Geister, werd ich nun nicht los!»

Dieses Experiment ist nun an die dreihundert Jahre gelaufen. Zeit für eine Zwischenbilanz. Hat die Habgier all die anderen Tugenden gezähmt? Hat sich das Mehr-haben-Wollen als gesellschaftlich und wirtschaftlich nützliche Maxime erwiesen? Fest steht, wir haben von allem mehr bekommen: mehr Freiheit, mehr Fortschritt, mehr Demokratie, mehr Rechte, mehr Komfort, mehr Technik, mehr Gesundheit, mehr Bildung, mehr Wohlstand und so weiter. Das hat funktioniert. Daran lassen selbst die härtesten KritikerInnen des Kapitalismus keinen Zweifel.[16] Doch wie sieht es mit der zähmenden Wirkung der Habgier aus? Hat der Erwerbstrieb die anderen Triebe und Süchte besiegt?

Hier sieht die Bilanz weniger rosig aus. Das «unschuldige Geschäft» des Geldverdienens hat die ihm zugedachte Aufgabe nicht erfüllt. Hat die anderen Leidenschaften nicht besiegt, sie stattdessen in einer historisch einmaligen Art und Weise befeuert. Es zeigte sich schnell, wie lukrativ die Geschäfte mit den menschlichen Leidenschaften sind. Wie viel sich am Hunger auf mehr verdienen lässt, egal ob mit Fashion, Beauty, Fast Food oder Kapitalrenditen. Ganz gleich, ob mit der Lust am Risiko oder mit dem Bedürfnis nach Sicherheit. Auch die Hoffnung auf unvermeidliche zivilisatorische Effekte des Handels hat sich zerschlagen. Denn mit Krieg lässt sich, zumindest für Einzelne, am Ende doch mehr Geld verdienen als mit Frieden.

Die Entdeckung des Interesses alias Eigennutz als Mittel zum Zweck der «vernünftigen» Einhegung der Leidenschaften markiert den Übergang von der alteuropäischen zur modernen Wirtschaft, so der Frankfurter Wirtschaftshistoriker Werner Plumpe. Allerdings lief die Sache irgendwann aus dem Ruder. Manche sagen, das passierte erst nach dem Zweiten Weltkrieg, mit dem Wirtschaftswunder, als die globalen Märkte mit billigem Öl geflutet wurden, was den Aufstieg von Plastik und damit die Explosion des Massenkonsums ermöglichte. Andere argumentieren, die hemmungslose Entfesselung von Produktion und Konsum sei sogar noch jünger und habe erst in den Achtzigerjahren so richtig Fahrt aufgenommen, mit dem Aufstieg deregulierter globaler Märkte auf Kosten nationalstaatlicher Handlungsspielräume.

Jetzt stehen wir hier, grad wie Goethes Zauberlehrling, und rufen verzweifelt nach einem Deus ex Machina: «Herr, die Not ist groß, die ich rief, die Geister, werd ich nun nicht los!» Interesse und Eigennutz haben über die vergangenen Jahrhunderte neben Wohlstand und Fortschritt auch große Not gebracht. Große Not für viele. Die Not der Sklaverei auf den Plantagen, die Not der Kinder, Frauen und Männer in den Bergwerken und Fabrikhallen, die Not der Weltkriege, die Not des Globalen Südens und schließlich die großen Krisen des 21. Jahrhunderts: die Not des Planeten, vergiftet, ächzend unter den Müllbergen des Immermehr-haben-Müssens. Wie die Geister wieder loswerden? Wie die entfesselte Gier des Kapitalismus einhegen?

Lösungen sind in Sicht, wir wissen, was zu tun ist. Zum Beispiel Ernährungssysteme

Es braucht keinen Deus ex Machina zur Lösung der Probleme. Eigentlich wissen wir, was zu tun ist. Und die vielen Errungenschaften unserer Zeit sollten uns dabei helfen. Nur weil jetzt all die unbeabsichtigten Nebenfolgen der Gier voll zutage treten, dürfen wir die Gewinne der Moderne, den Zuwachs an Handlungsspielräumen, an Analyseinstrumenten, an Wissen und Technologie nicht kleinreden. Der Kapitalismus hat ja nicht nur Probleme verursacht, sondern auch unsere Möglichkeiten der Problemlösung um ein Vielfaches erweitert.

Am Beispiel der Gula, also an den unbeabsichtigten Nebenfolgen menschengemachter Ernährungssysteme, wird das deutlich. «Zum Fresser wird man nicht geboren, zum Fresser wird man gemacht», predigte Berthold von Regensburg im 13. Jahrhundert auf den Marktplätzen der Städte. Er geißelte Hunger und Armut als eine Folge der Unersättlichkeit der Reichen. Und so ist es noch heute: Es sind die Armen, die die Unersättlichkeit der Nahrungsmittelindustrie ausbaden müssen. Mittlerweile leiden weltweit mehr Menschen an Adipositas als an Unterernährung. Gleichzeitig stirbt noch immer alle dreizehn Sekunden ein Kind an Hunger. Ungesunde Ernährung stellt weltweit ein größeres Gesundheitsrisiko dar als ungeschützter Sex, Alkohol, Drogen und Tabak zusammengenommen – zu diesem Ergebnis kommt die internationale EAT-Lancet Commission on Food, Planet, Health.[17] Verursacht wird dieses Problem vor allem dadurch, dass unter den derzeitigen Bedingungen globaler Märkte das Geschäft mit Junkfood, zuckerhaltigen Getränken oder Billigfleisch gigantische Profite abwirft und entsprechend die Börsenkurse der Giganten quartalsweise zulegen. Von den negativen Folgen betroffen sind vor allem die ärmeren Bevölkerungsschichten, die keine Alternative haben, weil sie sich gesunde Ernährung schlicht nicht leisten können. Aber auch alle anderen sind betroffen, weil die Art und Weise, wie wir die Agrar- und Ernährungsindustrie organisiert haben, den Verlust biologischer Vielfalt, die Zerstörung der Umwelt und den Klimawandel vorantreibt.

Eine Bestandsaufnahme und Quantifizierung der Schäden hat die Food System Economics Commission vorgelegt. Im Rahmen eines kollaborativen Forschungsprojekts wurden die versteckten Kosten (the hidden costs of food) der globalen Nahrungsmittelindustrie berechnet. Sie belaufen sich, Stand 2024, auf weit über 10 Billionen US-Dollar pro Jahr. Das ist mehr, als die Industrie zum weltweiten Bruttoinlandsprodukt beiträgt. Anders gesagt: Unsere gegenwärtigen Nahrungssysteme zerstören mehr Werte, als sie schaffen.[18]

Nach einer solchen Bestandsaufnahme besteht der nächste Schritt darin, Gegenmaßnahmen zu erarbeiten. Auch diese Arbeit wurde bereits geleistet. Dabei wurden fünf Transformationsebenen identifiziert:

1. Transformation von Konsummustern durch Steuererhöhung für zuckerhaltige Getränke und ungesunde Nahrungsmittel.
2. Anreize für eine zukunftsfähige Landwirtschaft. Derzeit profitieren Großunternehmer und Agrarindustrielle von den staatlichen Unterstützungen und Subventionen in der Landwirtschaft. Stattdessen müssen kleine Betriebe und lokale Vertriebsstrukturen gefördert werden, um Preise für lokale gesunde Lebensmittel zu reduzieren.
3. Steuern auf CO_2 und Nitrate. Die daraus resultierenden Steuereinnahmen müssen in die Kaufkraft ärmerer Haushalte investiert werden, sodass diese Umgestaltung auch politisch bei den Ärmeren Unterstützung findet.

4. Innovationsimpulse für Pflanzenzucht, Biodiversität, Niedrig-Emission-Landwirtschaft, die ja vielerorts, insbesondere in Niedriglohnländern, noch existiert. Unterstützung durch AI und Digital Tools.
5. Skalierung von Sicherheitsnetzen, um Nahrungsmittel für die Ärmeren erschwinglich zu halten. Transfermodelle, insbesondere zur Unterstützung von Kindern.[19]

Auch die Kosten dieser Transformation der Ernährungssysteme auf nationaler wie lokaler Ebene wurden bereits berechnet. Die Kommission kalkuliert mit rund 500 Milliarden US-Dollar pro Jahr – also mit einem Bruchteil der derzeit jährlich verursachten Schäden in Höhe von 10 Billionen US-Dollar. In anderen Worten: Transformation ist wesentlich kostengünstiger als ein Weitermachen wie bisher.

Eines der Haupthindernisse für die Transformation besteht in der aktuellen Polarisierung der Nahrungsmittelmärkte. Es arbeiten derzeit geschätzt 3,8 Milliarden Menschen im Nahrungssektor – von der Chemieingenieurin im Düngemittelkonzern bis zum Verkäufer in der Fast-Food-Filiale. Doch ist dieser Sektor stark monopolisiert. Der agrochemische Markt – Kunstdünger, Pestizide, Saatgut –, der globale Getreidemarkt, die Lebensmittelveredelung, all dies liegt in den Händen weniger großer Akteure. Diese können Lobbyisten mobilisieren im Kampf gegen die Regulierung des Marktes, und sie können die Beziehung zwischen Käufer und Produzenten zum eigenen Vorteil gestalten. Zugleich liegt darin aber auch eine große Chance, denn das Verhalten großer Player kann den ganzen Sektor in kürzester Zeit verändern, sowohl die Produktion als auch die Märkte. Fest steht bei alldem: Die Probleme der Nahrungsmittelindustrie sind menschengemacht, das heißt, sie können auch von Menschen gelöst werden.

Was kann das Wissen der Alten zu dieser Transformation beisteuern? Es bietet Erfahrungen im Umgang mit Ernährungssystemen. Allem voran lautet die Botschaft der Vergangenheit, dass es gefährlich ist, Ernährungssysteme dem «unschuldigen Geschäft» des Geldverdienens, das heißt dem freien Markt zu überlassen. Zu wissen, dass Gesellschaften in früheren Jahrhunderten aktiv Maßnahmen gegen die Ungleichgewichte auf den Lebensmittelmärkten ergriffen, mag immerhin die Angst vor Überregulierung nehmen. Man muss ja den Getreidespekulanten nicht gleich mit Folter kommen, wenn sie Lebensmittelkrisen in Profite verwandeln – wie das die Florentiner im Jahr 1329 taten. Doch hilft es, ganz offensichtliche Fälle von Marktversagen zu benennen und den Mut zur Regulierung zu fassen. Dass Stadträte in europäischen Städten über Jahrhunderte Luxusordnungen erließen, eine Gesetzgebung, die Konsumniveaus begrenzte und definierte, was «genug» war, weist ebenfalls in diese Richtung.[20]

Und dann ist da das heiße Eisen der vegetarischen Ernährung. Für viele mag die Nachricht einigermaßen überraschend kommen, dass das christliche Abendland über Jahrhunderte planmäßig mindestens zwei Veggie-Tage pro Woche für alle vorsah. Dass regelmäßig über längere Phasen – vier Wochen in der Adventszeit, sechs Wochen vor Ostern, viermal im Jahr jeweils eine Woche zum Jahreszeitenwechsel – vegetarische, vielerorts sogar vegane Ernährung üblich war, geriet in Vergessenheit. Das Recht auf ein tägliches Schnitzel ist eine sehr junge – und ja, man kann es nicht anders sagen, eine überaus unchristliche – Erfindung der Fleischindustrie.

Alltagsrituale stiften Gemeinschaft. Festen Rhythmen von Verzicht und Genuss zu folgen, scheint irgendwie Spaß zu machen. Dafür spricht vieles, zum Beispiel die Wiederkehr von Trends und Bewegungen wie Slow Food, Intervallfasten oder Ramadan. Menschen haben ein Bedürfnis nach sinnstiftenden Regeln. Verantwortung zu übernehmen und Zugehörigkeit zu erleben scheint für viele wieder wichtiger zu werden als 24/7, Konsum rund um die Uhr. Keine Angst also vor Transformation. Mut zu Gesetzesänderungen wie Zuckersteuer, Ladenschlussgesetze oder Subventionierung nachhaltiger Landwirtschaft.

Individuelles Eigeninteresse als Triebfeder von Gesellschaft, Wirtschaft und Politik hatte drei Jahrhunderte, um sich zu bewähren. Nun ist die Zeit für Neues angebrochen. Menschen können mehr als nur Eigennutz! Homo sapiens ist ein Gemeinschaftstier (animal sociale / zoon politikon), gemeinsam können wir die Transformation voranbringen. In allen Branchen zeichnen sich richtungsweisende Veränderungen ab: Solidarische Landwirtschaft, Food-Hubs, kommunale Energiegenossenschaften, immer mehr Menschen setzen auf Mobilitätskonzepte statt auf ein eigenes Auto, lokale Märkte erleben eine Renaissance, weil sich hier Menschen treffen und nicht nur Angebot und Nachfrage, und selbst auf dem Immobilienmarkt machen Projekte Schule, die mehr bringen als nur Rendite.

Die Todsünde des 21. Jahrhunderts

Zurück zur Ausgangsfrage: Wer führt sie an, die Rangliste der Todsünden im 21. Jahrhundert?

Die Gier haben wir bereits diskutiert. Sie war die Todsünde des Westens in den vergangenen zwei Jahrhunderten. Ergänzen muss man wohl Superbia, den Glauben an die eigene Unverletzlichkeit, gepaart mit Allmachtsfantasien, dem unbedingten Vertrauen in Machbarkeit und Effizienz. Dies waren die Triebfedern für die Unterwerfung der Natur und der fremden Kontinente durch die westlichen Industrienationen. Gedeihen konnte dieser Glaube im Dunst des anthropozentrischen Weltbilds, das Homo sapiens – genauer gesagt: den weißen Europäer im Sinne des

19. Jahrhunderts, den die missverstandene Evolutionstheorie an die Spitze des Stammbaums der Natur gesetzt hat – zur fittesten Spezies im Kampf ums Dasein erklärte.

All diese Glaubenssätze unserer modernen Vergangenheit entlarvten sich in der Langfristperspektive als *Wishful Thinking*. Die Probleme, die vor allem die westlichen Gesellschaften sich selbst, dem Globalen Süden und dem ganzen Planeten eingebrockt haben, sind uns im 21. Jahrhundert auf die Füße gefallen und kosten jährlich Milliarden. Wir wissen, was auf uns zukommt, wenn der Meeresspiegel weiter steigt, die Permafrostböden der Tundra auftauen, wenn trinkbares Grundwasser noch knapper wird, wenn die Wüsten sich weiter ausbreiten, die Migrationsströme weiter zunehmen, weil immer mehr Menschen ihre Heimat an den Klimawandel verlieren. Und wir sehen, wie die Demokratien bröckeln, wie die Überforderungen und Zumutungen der Gegenwart die Menschen krank machen. Die Herausforderungen des 21. Jahrhunderts bestehen darin, die unbeabsichtigten Nebenfolgen des «Eigeninteresses» in den Griff zu bekommen. Und wie am Beispiel der Gula gezeigt, wissen wir, was zu tun ist.

Nun zählt es allerdings zu den verstörenden Befunden der Zukunftsforschung, dass viele gute Ansätze zur Transformation ignoriert, als unrealistisch abgetan oder gar bekämpft werden. Ein beherztes «Weiter so» ist die gängige Parole. Offensichtlich ist es viel schwieriger als gedacht, selbst für jene Gesellschaften, die sich für die fortschrittlichsten dieses Erdballs halten, eingespielte Muster und Glaubenssätze hinter sich zu lassen. Und so predigen wir zwar Transformation, servieren jedoch Stillstand. Sind misstrauisch, wenn Regierungen oder führende Unternehmen neue Wege einschlagen. Haben Angst vor dem E-Auto, weil es uns angeblich abhängig macht von ausländischem Atomstrom, subventionieren weiterhin Braunkohleabbau, verwechseln das sicherlich notwendige und ehrenwerte Geschäft der Datenerhebung mit Problemlösung und reagieren verbittert, wenn die junge Kollegin uns vorrechnet, dass das so nicht mehr funktioniert. Immer langsam mit den jungen Pferden!

Doch warum so ängstlich? Warum so wenig Lust auf Aufbruch? Warum so viel Frust und Wut? Worin gründet die zunehmende Aggression gegen politische Parteien, die neue Wege vorschlagen? Und der Erfolg derer, die die Rückkehr in die Welt von gestern versprechen?

Die Erklärung liegt in der Todsünde Acedia. Sie, die Trägheit, steht heute auf Platz eins der Rangliste, als die Todsünde, die unsere Zeit wie keine andere kennzeichnet und prägt.

Das mag erst einmal überraschend klingen. Ist nicht Rastlosigkeit unser Hauptproblem? Es scheint, als litte das 21. Jahrhundert an kollektiver Hyperaktivität. Alle hetzen von Projekt zu Projekt, von Krise zu Krise, von Burn-out zu Burn-out. Warum können wir nicht endlich zur Ruhe kommen? Mal an einem Ort verweilen, statt ständig durch die Weltgeschichte zu rasen? Das wäre immerhin ein Anfang. In Europa machen Luft-, Schiff- und Straßenverkehr derzeit etwa 30 Prozent der Treibhausgasemissionen aus. Die könnten wir einsparen, einfach dadurch, dass wir dem Newton'schen Gesetz der Trägheit folgen.

Doch es geht bei Acedia nicht um Hektik und Unrast. Ganz im Gegenteil. Acedia ist die Unfähigkeit, aus dem Hamsterrad auszusteigen. Da stimmt die mittelalterliche Todsündenlehre mit den Gesetzen der Physik überein, denn auch das Newton'sche Gesetz der Trägheit handelt nicht von Faulheit. Es besagt vielmehr, dass physikalische Körper das Bestreben haben, in ihrem jeweiligen Bewegungszustand zu verharren, solange keine äußeren Kräfte auf sie einwirken. Im übertragenen Sinn heißt das, wenn ich mit zweihundert Kilometer pro Stunde über die Autobahn brause, dann habe ich das Bestreben, in diesem Zustand zu verharren. Wenn eine Bank schnelles Geld mit Cum-ex-Geschäften verdient, dann hat sie das Bestreben, in diesem Zustand zu verharren. Man muss Energie aufwenden und es braucht Gegenkräfte, wenn es zu einer Veränderung kommen soll.

Beharrungskräfte – genau darum geht es bei der Todsünde Acedia. Die Verhaltenspsychologie spricht von Status-quo-Bias, eine Kombination aus Verlustangst und Besitzstandswahrung. Wenn ich viel investiert habe in einen Zustand, dann möchte ich diesen erhalten – aus nachvollziehbaren Gründen. Doch entsteht ein massives Problem, wenn mir der Zustand nicht mehr guttut, wenn es gefährlich wird. Warum wollen Menschen ihr Haus nicht verlassen, obwohl das Hochwasser schon in der Küche steht? Warum verharren wir in Beziehungen, die uns krank machen? Warum halten wir fest an maroden Geschäftsmodellen, investieren weiter in suspekte Spekulationsgeschäfte? Warum setzen wir nach wie vor auf das Mehr-haben-Wollen, obwohl wir doch längst wissen, dass die Grenzen des Wachstums erreicht sind? Warum das trotzige Beharren auf fossilen Brennstoffen, obwohl die Geschäftspraktiken der «Männer, die die Welt verbrennen» bekannt sind?[21]

Wir wissen, was zu tun ist, tun es aber nicht. Wir haben kein Erkenntnisproblem. Wir haben ein Umsetzungsproblem. Daraus entsteht eine innere Spannung, die die Psychologie als kognitive Dissonanz bezeichnet. Natürlich ist uns die Zukunft wichtig, der Erhalt unseres einzigartigen Planeten, die Sorge für die nachfolgenden Generationen. Also müssen wir etwas ändern, unsere zerstörerische Lebensweise aufgeben, unseren übergroßen ökologischen Fußabdruck minimieren. Doch je mehr wir darüber nachdenken, desto schwerer wird uns ums Herz, desto erdrückender die Last der Verantwortung, desto größer die Ohnmacht, insbesondere bei jenen, die Verantwortung kennen und ernst nehmen. Was können wir denn tun? Den Job hinschmeißen? Kein Auto mehr fahren? Den Kapitalismus abschaffen und die

Weltrevolution ausrufen? Was soll das alles? Ein Einzelner kann doch ohnehin nichts ausrichten. Die Welt lässt sich nicht mit veganen Schnitzeln und Bambuszahnbürsten retten. Angesichts der Überfülle an Problemen vergeht uns jede Lust am Tun. Und dann mischt sich das Gefühl der Überforderung mit Resignation. Rückzug scheint der einzige Ausweg. Thomas von Aquin kannte diesen Zustand, wie wir gesehen haben, sprach er von *torpor mentis*, wörtlich «Erstarrung des Geistes», eine bedrohliche Negativität, die in Ohnmachtsgefühle und innere Aggression treibt. Eine Mischung aus Winterschlaf und Schockstarre. Im Englischen spricht man von «defensive immobility», eigentlich ein Schutzmechanismus, der allerdings tödliche Folgen haben kann.

Ein Beispiel dafür ist Lots Frau. Ihre Geschichte ist im Judentum, Christentum und Islam überliefert. Lot war der Neffe Abrahams, lebte mit seiner Familie in Sodom. Durch zwei Boten Gottes wurde er mehrfach vor der bevorstehenden Zerstörung seiner Heimatstadt gewarnt. Dennoch sah die Familie keinen Grund zur Eile, war zunächst zögerlich und unentschlossen, man wollte doch nicht einfach Haus und Hof und Freunde und Nachbarn hinter sich lassen. Bis schließlich die Boten rabiat wurden, die Familie zwangen, die Stadt zu verlassen, mit der klaren Anweisung, hinauf in die Berge zu fliehen. Sie sollten nicht stehen bleiben und auf keinen Fall zurückblicken. Rettet euer Leben! Dreht euch nicht um, seht nicht zurück! Die Flucht gelang. Hinter ihnen Lärm und Rauch der Zerstörung, vor ihnen die Zukunft. Und dann passierte das Unglück: «Lots Frau sah hinter sich und ward zur Salzsäule.»[22]

Der Blick zurück versteinert. Lots Frau scheiterte an der Angst, ähnlich wie Orpheus bei seinem Aufstieg aus der Unterwelt. Auch er drehte sich um, als er die Schritte seiner Geliebten nicht mehr hörte, und zerstörte so die gemeinsame Zukunft. Beide, Lots Frau wie Orpheus, kannten die Lösung und wussten genau, was zu tun ist. Dennoch blickten sie zurück, wider besseres Wissen. Die Angst vor dem Verlust des Vertrauten war mächtiger als die Aussicht auf den so notwendigen Neuanfang.

Heute ist vielfach von fossiler Mentalität die Rede, von versteinerten Systemen, die den Ausstieg aus dem Hamsterrad und Veränderung in Richtung Zukunft so schwer machen. Das sehnsüchtige Festhalten an Erfolgsrezepten der Vergangenheit verhindert die nächsten Schritte. Was wir brauchen, ist zukunftsgerichtete Erinnerung.

Erinnerung daran, dass das, was ist, auch ganz anders sein kann. Erinnerung daran, wie frühere Gesellschaften mit den Herausforderungen ihrer Zeit umgingen. Auch sie wussten, dass es gefährlich ist, Leben und Umwelt den Imperativen des Neids (invidia) und der Habgier (avaritia) zu überlassen. Profit und Eigeninteresse kennen keine Schutzklauseln für jahrtausendealte Regenwälder, für sauberes Grundwasser oder eine menschenfreundliche Atmosphäre. Frühere Gesellschaften wussten, dass Überkonsum (luxuria, gula) Mensch und Natur kaputt und krank macht, dass die menschliche Befähigung zu Gewalt (ira) Homo sapiens gefährlicher macht als jedes Tier, und sie rangen mit den Gefahren der Selbstüberschätzung (superbia), suchten die Probleme in Schach zu halten, die mit Überlegenheits- und Unterwerfungsfantasien einhergehen. Auch sie kämpften. Auch sie scheiterten. Aber immerhin gelang es ihnen, den Planeten Erde, das bisher einzige Habitat des Homo sapiens, einigermaßen unversehrt an die jeweils nächste Generation weiterzugeben.

Acedia ist die Todsünde der Beharrungskräfte, die Todsünde der Ablenkungsmanöver. Warum überlassen wir Kriegstreibern das Feld, statt zusammenzuhalten? Warum werden Lösungsvorschläge schlechtgeredet, statt gemeinsam die Herausforderungen anzugehen? Wo doch das Gebot der Stunde klarer nicht sein könnte: Ausstieg aus den fossilen Ressourcen, Reduktion der CO_2-Emissionen, Abschied vom Plastikzeitalter, Reparatur der Ökosysteme, Investitionen in lokale und globale Resilienzsysteme. Noch sind wir nicht versteinert. Noch haben wir eine Chance und können handeln, das Richtige tun, das Falsche lassen!

Das traditionelle Wissen des Westens spricht von Kairos, von der günstigen Gelegenheit. Wohl dem, der sie nicht verstreichen lässt, denn Kairos ist ein flüchtiges Wesen mit sonderbarem Aussehen: an der Stirn üppige Haarpracht, am Hinterkopf eine Glatze. *Fronte capillata, post est occasio calva.* Man muss die Gelegenheit von vorne am Schopfe packen. Warum zögern wir?

EPILOG:

ERINNERT EUCH! DIE WEISHEIT DER KOGI

Das Buch begann mit Lotte und unserer Reise zu den First Nations an der Pazifikküste Kanadas. Es endet mit einem Osterbesuch in Krailling bei Dani und Peter. Die zwei sind das, was man alte Freunde nennt, also Menschen, bei denen man nach zehn Jahren unangemeldet vorbeikommt, sich aufs Sofa setzt und gleich das Gefühl hat, zu Hause zu sein. Die ganze Familie war da. Wir aßen, tranken, freuten uns über die Kinder, staunten über die Enkel, erinnerten uns gemeinsam und erzählten.

Irgendwann kam das Gespräch auf mein Buchprojekt und auf die Frage, was denn der Kern des «traditionellen Wissens» des Westens sein könnte. Und Peter, ein begnadeter Geschichtenerzähler, kam in Fahrt. Er erzählte von einer Begegnung mit den Kogi im Norden Kolumbiens, an den Nordhängen der Sierra Nevada de Santa Marta, auf einer Delegationsreise mit Juan Mayr Maldonado, dem damaligen kolumbianischen Botschafter in Deutschland. Juan hatte als junger Mann mehrere Jahre mit den Kogi gelebt, war Aktivist, dann Umweltminister Kolumbiens geworden. Nun bemühte er sich in Deutschland intensiv um die Rückgabe ritueller Totenmasken der Kogi, die Anfang des 20. Jahrhunderts von dem Völkerkundler Konrad Theodor Preuss ins Ethnologische Museum Berlin gebracht wurden.[1] Die Möglichkeit, mit den Kogi zu sprechen, versetzte Peter in Aufregung. Hier traditionelle Kultur, dort der neugierige Europäer, männlicher Vertreter der Eroberungskulturen des Westens: Wie konnte da ein Austausch gelingen?

Die Kogi gehören zu den ältesten heute bekannten indigenen Kulturen Lateinamerikas. Sie zogen sich im 16. Jahrhundert, nach der Ankunft der europäischen Eroberer, in die Täler und auf die Hochplateaus der bis zu fünftausend Meter hohen Berge der Sierra Nevada de Santa Marta zurück, wodurch es ihnen gelang, kulturelle Praktiken und traditionelles Wissen beizubehalten, das vermutlich mehr als viertausend Jahre zurückreicht. Die Kogi sehen sich selbst als Hüter der Erde, ihre Aufgabe ist die Bewahrung. Die Urkraft, die sie verehren, ist Aluna – vielleicht das, was die Christen Heiliger Geist nennen und die westliche Wissenschaft als «Urformel» kennt, das Geheimnis des Lebens, das Wissen um dessen Wert.

Die BewahrerInnen dieses Wissens heißen bei den Kogi Mamos, Männer und Frauen, die schon als Kleinkinder ausgewählt und dann zu Weisen, hochsensiblen Schamanen, ausgebildet werden. Dazu unterrichtet man sie von Kindheit an in der Weisheit der Alten, lehrt sie die jahrhundertealten Traditionen, bringt ihnen bei, was wir im Westen vermutlich Achtsamkeit nennen würden: wach sein, auf die Natur hören, nicht werten, sondern spüren. Und das in einer ganz und gar reizfreien Umgebung. Denn – und das klingt schockierend für die aufgeklärten EuropäerInnen – diese Ausbildung findet in Höhlen statt. Im Dunkeln. Wenn diese Mamos, am Ende ihrer Ausbildung, nach einer Kindheit in Dunkelheit, schließlich ans Licht gelangen, dann sehen sie die Welt aus einer gänzlich anderen Perspektive als alle anderen.

Sie werden anerkannt, ihre Worte werden befolgt. Und das nicht, weil sie das Paradies versprechen, Hoffnung auf eine bessere Welt predigen, Profite oder sonstige Gewinne in Aussicht stellen, sondern weil sie aus dem Inneren der Erde kommen. Ihre Botschaft ist ernst. Sie wissen, dass die Erde leidet, dass ihre Kräfte schwinden. Und wenn das Herz schwach wird, dann stirbt der ganze Körper. Wir Menschen sind Teil dieses Körpers. Teil der Erde. Wer sie ausbeutet, beutet sich selbst aus.

Die Kogi kennen, so sagen manche, noch die ursprüngliche Bedienungsanleitung, wissen, wie man im Gleichklang lebt. Orientieren sich an der Intelligenz der Natur, streben nach Gleichgewicht statt nach Höchstleistungen und Kapitalrenditen. Erst seit wenigen Jahrzehnten suchen sie Kontakt zur Außenwelt, und zwar deshalb, weil sie sich Sorgen machen. Um ihre *hermanos menores*, um ihre jüngeren Brüder, wie sie die Europäer und all die Kulturen der modernen Welt nennen. Sie hatten vier Jahrhunderte Zeit, diese jüngeren Brüder zu beobachten, und haben gesehen, wie diese zunehmend den Kontakt zur Erde verloren.[2]

Der walisische Filmemacher und Anthropologe Alan Ereira hat versucht, ihre Botschaft in Filme und Bücher zu fassen. Es ist die Botschaft der älteren Brüder an die jüngeren, die «Botschaft der Hüter des Lebens»: Wir haben euch über die Jahrhunderte zugesehen, seid vorsichtig, hört auf, Mutter Erde und euch selbst zu quälen. Hört auf mit der Selbstzerstörung. Ihr wisst so viel. Wendet dieses Wissen endlich an.[3]

Und damit zurück zu Peter und seiner Begegnung mit den Kogi. Jaba Tañiwashkaka ist ein Stück Land am Ufer des Karibischen Meeres, auf halber Strecke zwischen Santa Marta und Riohacha. Ein heiliger Ort, die Verbindung zum Meer, wichtiger Teil der Mutter Erde für das Bergvolk der Kogi, Zentrum ihrer kultischen Traditionen, lange Zeit entfremdet und erst 2013 mit Unterstützung des Amazon Conservation Teams und der kolumbianischen Regierung an die Kogi zurückgegeben.[4] Seitdem haben sie aufgeräumt, negative Energie neutralisiert, Müll gesammelt, das Land renaturiert und bebaut. An diesem Ort also begegneten sich Peter und zwei weise Menschen der Kogi. Der kolumbianische Botschafter hatte ihn vorbereitet: Sie werden Fragen haben, aber sie werden auch deine Fragen erwarten. Peter besann sich auf den Grundbestand westlicher Weisheit seit Aristoteles und stellte die drei großen Fragen der Menschheit: Wer sind wir? Woher kommen wir? Wohin gehen wir?

Die Antwort der Kogi war einsilbig: Natur! Wer ihr seid? Natur, was sonst? Woher ihr kommt? Die Natur ist es, der ihr euer Dasein verdankt. Wohin ihr geht? Die Natur wird euch willkommen heißen, wenn ihr geht. Habt ihr das vergessen? Erinnert euch!

ANMERKUNGEN

Prolog: Erfahrungswissen kann Leben retten

1 Vgl. Knowledge of Natural World Saved Primitive Tribes of Andaman and Nicobar Islands from Tsunami, in: The Hindu (New Delhi), 5. Januar 2005; Stone Age Cultures Survive Tsunami Waves, NBC News, 4. Januar 2005, https://www.nbcnews.com/id/wbna6786476.

2 Vgl. The White House Indigenous Knowledge Guidance, 1. Dezember 2022, https://www.whitehouse.gov/ostp/news-updates/2022/06/27/readout-ostp-and-ceq-initial-engagement-on-white-house-indigenous-knowledge-effort/. Ein Beleg ist auch der Erfolg von Büchern wie Robin Wall Kimmerer, Braiding Sweetgrass. Indigenous Wisdom, Scientific Knowledge and the Teachings of Plants, London 2020 (dt. Geflochtenes Süßgras. Die Weisheit der Pflanzen, Berlin 2021), über die Wissenstraditionen der Potawatomi-Indianer im Gebiet des Lake Michigan oder Tyson Yunkaporta, Sand Talk. How Indigenous Thinking Can Save the World, New York 2020.

3 Vgl. Michael F. Brown, Who Owns Native Culture?, Cambridge, MA 2003, S. 205–208. Zur gewaltsamen Aneignung von indigenem Wissen siehe Roy Ellen, Peter Parkes, Alan Bicker (Hg.), Indigenous Environmental Knowledge and Its Transformations. Critical Anthropological Perspectives, London 2000.

Eine kurze Geschichte der Todsünden

1 Nikolaus von Kues, Sermo 24,16, in: ders., Opera omnia, Bd. 16, Fasc. 4, hg. von Rudolf Haubst und Martin Bodewig, Hamburg 1984, S. 400.

2 Morton W. Bloomfield, The Seven Deadly Sins. An Introduction to the History of a Religious Concept, with Special Reference to Medieval English Literature, Michigan 1967, S. 8.

3 Siehe dazu und zum Folgenden Jean-Michel Roessli, Orpheus. Orphismus und Orphiker, in: Michael Erler, Andreas Graeser (Hg.), Philosophen des Altertums, Darmstadt 2000, S. 10–35. Roessli verweist auf die umfassendste Sammlung der Zeugnisse über Orpheus und der ihm zugeschriebenen Fragmente: Otto Kern, Orphicorum fragmenta, Berlin

1922. Siehe außerdem Alberto Bernabé, Instructions for the Netherworld. The Orphic Gold Tablets, Boston 2008; Mirjam E. Kotwick, Richard Janko (Hg.), Der Papyrus von Derveni, Berlin/Boston 2017; Alberto Bernabé, Orphische Schriften, in: Christoph Riedweg (Hg.), Philosophie der Kaiserzeit und der Spätantike, Basel 2018, S. 1176–1201.

4 H. D. Betz, «Der Erde Kind bin ich und des gestirnten Himmels». Zur Lehre vom Menschen in den orphischen Goldplättchen, in: F. Graf (Hg.), Ansichten griechischer Rituale. Geburtstagssymposium für Walter Burkert, Stuttgart/Leipzig 1998, S. 399–419, hier S. 400.

5 Zit. nach Roessli, Orpheus, S. 31, mit Verweis auf Christoph Riedweg, Initiation – Tod – Unterwelt. Beobachtungen zur Kommunikationssituation und narrativen Technik der orphisch-baktischen Goldblättchen, in: Graf (Hg.), Ansichten griechischer Rituale, S. 359–398.

6 Vgl. Albert Henrichs, Dionysos Dismembered and Restored to Life. The Earliest Evidence (OF 59 I–II), in: Miguel Herrero de Jáuregui u. a. (Hg.), Tracing Orpheus. Studies of Orphic Fragments. In Honor of Alberto Bernabé, Berlin/Boston 2011, S. 61–68.

7 Eine Vorstellung, die die meisten Religionen teilen. Vgl. U. Bianchi, Péché originel et péché «antécédent», in: Revue de l'histoire des religions 170 (1966), S. 117–126, hier S. 119; außerdem Marjorie Hewitt Suchocki, The Fall to Violence. Original Sin in Relational Theology, New York 1995; Julia Enxing, Schuld und Sünde (in) der Kirche. Eine systematisch-theologische Untersuchung, Ostfildern 2018.

8 Paulina Lewicka, On Hellenistic Medicine, Christian Fasting and Nomadic Diet. Why the Medieval Cairenes Did Not Turn Vegetarian, in: Urbain Vermeulen (Hg.), Egypt and Syria in the Fatimid, Ayyubid and Mamluk Eras VII, Leuven 2013, S. 495–505, S. 501, Anm. 23, mit Verweis auf Felix Klein-Franke (Hg.), Da'wat al-Atibba'. The Physicians' Dinner Party, Wiesbaden 1985, S. 19.

9 Maria Laura Gemelli Marciano (Hg.), Die Vorsokratiker 2: Parmenides, Zenon, Empedokles, Düsseldorf 2009, S. 138–438, hier Fragment 175, S. 309–311; vgl. Ugo Bianchi, Péché originel et péché «antécédent», in: Revue de l'histoire des religions 170 (1966), S. 117–126.

10 Aus der großen Fülle der Forschung zur Orpheusverehrung im Christentum hier exemplarisch Jaś Elsner, Double Identity. Orpheus as David, Orpheus as Christ?, in: Biblical Archaeology Review 35,2 (2009), S. 34–45. Eine interessante Neuinterpretation zum Brudermord als Ursünde bietet

Klaas Huizing, Schluss mit Sünde! Warum wir eine neue Reformation brauchen, Hamburg 2017, S. 78 f.

11 Vgl. Ursula Wolf, Aristoteles' «Nikomachische Ethik», Darmstadt 2002, S. 111–250.

12 Vgl. hierzu und zum Folgenden Jehl, Die Geschichte des Lasterschemas, S. 267–74, hier S. 269. Vgl. auch Morton W. Bloomfield, The Seven Deadly Sins. An Introduction to the History of a Religious Concept, with Special Reference to Medieval English Literature, East Lansing, MI 1967, S. 37 f.

13 Vgl. Suchocki, The Fall to Violence, S. 16; außerdem Enxing, Schuld und Sünde (in) der Kirche, S. 76–95.

14 Heinrich Fichtenau, Askese und Laster in der Anschauung des Mittelalters, Wien 1948; vgl. auch Christina Lutter, Emotionale Repertoires in religiösen Gemeinschaften des 13. Jahrhunderts, in: Andreas Schwarcz, Katharina Kaska (Hg.), Urkunden – Schriften – Lebensordnungen. Neue Beiträge zur Mediävistik, Wien 2015, S. 91–111, hier S. 92 f.

15 Eine Einführung zu Leben und Werk des Evagrius bietet Christoph Joest, Evagrius Ponticus, Ad monachos, Ad virginem, Institutio ad monachos. Der Mönchsspiegel, Der Nonnenspiegel, Ermahnung an Mönche, Freiburg 2012, S. 9–125. Eine umfassende Zusammenstellung zu Editionen und Übersetzungen der Werke bietet Joest im Literaturverzeichnis, S. 273–278.

16 Vgl. Robert E. Sincewicz, Evagrius of Pontus. The Greek Ascetic Corpus, Oxford 2006.

17 Christoph Flüeler, Einleitung, in: Christoph Flüeler, Martin Rohde (Hg.), Laster im Mittelalter, Berlin/New York 2009, S. 7–10, hier S. 8.

18 Evagrios Pontikos, Über die acht Gedanken, eingeleitet und übersetzt von Gabriel Bunge (Weisungen der Väter 3), Beuron 2016, S. 12.

19 Johannes Cassian, Die Heilmittel der acht Hauptlaster. De octo principalium vitiorum remediis, übers. und erläutert von Gabriele Ziegler, Münsterschwarzach 2019 (Buch V-XII der «Instituta»). Vgl. Siegfried Wenzel, The Seven Deadly Sins. Some Problems of Research, Saeculum 43.1 (1968), S. 1–22.

20 Vgl. Richard Newhauser, The treatise on vices and virtues in Latin and the vernacular, Turnhout 1993, S. 110–113.

21 Magnus Frisch, Prudentius, «Psychomachia». Einleitung, Text, Übersetzung und Kommentar. Berlin/Boston 2020. Die Schilderung folgt dem Kommentar auf S. 279. Zur Biografie Prudentius' siehe S. 11–15.

22 Gregor der Große, Moralia in Iob, 3 Bde., hg. von Marcus Adriaen, Turn-

hout 1985, Buch 31, 43–45, S. 1608–1613; zugänglicher in der englischen Übersetzung von Henry Parker, J. Rivington, Morals on the Book of Job, by St. Gregory the Great, London 1844. Vgl. Katharina Greschat, Die *Moralia in Job* Gregors des Großen. Ein christologisch-ekklesiologischer Kommentar, Tübingen 2005.

23 Vgl. FAMA am Institut de recherche et d'histoire des textes, Notice de Moralia in Job, Gregorius I, http://fama.irht.cnrs.fr/en/oeuvre/254332.

24 Vgl. Bloomfield, Seven Deadly Sins; Siegfried Wenzel, Petrarch's *Accidia*, in: Studies in the Renaissance, Bd. 8 (1961), S. 36–48, hier S. 42.

25 Christian Moevs, Triform love: the seven deadly sins and the structure of the *Commedia*, in: John C. Barnes, Daragh O'Connell (Hg.), Dante and the Seven Deadly Sins, Dublin 2017, S. 11–46, hier S. 13.

26 Newhauser, Treatise on vices; Julia Burkhardt, Isabel Kimpel, Tugend, Laster, Strafe. Die «Wunderbücher» des Caesarius von Heisterbach als anwendungsorientierte Theologie, in: Analecta Cisterciensia 71 (2021), S. 83–118, hier S. 101–112.

27 Vergleiche zum Folgenden Christian Schäfer, Die Hauptlasterlehre des Thomas von Aquin als philosophische Anthropologie: Das Beispiel des Zinsnahmeverbots, in: Flüeler/Rohde, Laster im Mittelalter, S. 139–166. Thomas von Aquin, Vom Übel. De malo, übers. von Christian Schäfer, in: Rolf Schönberger (Hg.), Thomas von Aquin, Quaestiones disputatae. Vollständige Ausgabe der Quaestionen in deutscher Übersetzung, 12 Bde., hier Bd. 11/2, S. 3–214.

28 Aquin, Vom Übel, Nachwort von Schäfer, S. 377–379.

29 Aquin, Vom Übel, S. 75. Thomas beruft sich auf Augustinus, dessen Sündenlehre hier nur in der spätmittelalterlichen Rezeption angesprochen werden kann. Vgl. dazu Kurt Flasch, Logik des Schreckens. Augustinus von Hippo, De diversis quaestionibus ad Simplicianum I,2, Mainz 1995.

30 Schäfer, Hauptlasterlehre, S. 145.

31 Barnes/O'Connell, Dante and the Seven Deadly Sins.

32 Dante Alighieri, Die göttliche Komödie, übers. von Ida und Walther von Wartburg und komm. von Walther von Wartburg, Zürich 2004. Vgl. Jehl, Die Geschichte des Lasterschemas, S. 264, Anm. 19; Siegfried Wenzel, Dante's Rationale for the Seven Deadly Sins (Purgatorio XVII), in: Modern Language Review 60 (165), S. 529–533.

33 Dante, Purgatorio X, 115–129.

34 Zum Folgenden siehe Eva Johach, «Private Vices, Publick Benefits». Subjekt und Gesellschaft in Mandevilles *Bienenfabel* (1705–1728), in: Mi-

chael Hohlstein, Rudolf Schlögl, Isabelle Schürch (Hg.), Der Mensch in Gesellschaft. Zur Vorgeschichte des modernen Subjekts in der Frühen Neuzeit, Paderborn 2019, S. 49–69.

35 Julia Burkhardt, Von Bienen lernen. Das *Bonum universale de apibus* des Thomas von Cantimpré als Gemeinschaftsentwurf, 2 Bde., Regensburg 2020.

36 Friedrich August von Hayek, Dr. Bernard Mandeville. Lecture on a Master Mind, in: Proceedings of the British Academy 52 (1966), S. 125–141, hier S. 129: «His main contention became simply that in the complex order of society the results of men's actions were very different from what they had intended, and that the individuals, in pursuing their own ends, whether selfish or altruistic, produced useful results for others which they did not anticipate or perhaps even know; and, finally, that the whole order of society, and even all that we call culture, was the result of individual strivings which had no such end in view, but which were channelled to serve such ends by institutions, practices, and rules which also had never been deliberately invented but had grown up by the survival of what proved successful. It was in the elaboration of this wider thesis that Mandeville for the first time developed all the classical paradigmata of the spontaneous growth of orderly social structures: of law and morals, of language, the market, and of money, and also of the growth of technological knowledge. To understand the significance of this it is necessary to be aware of the conceptual scheme into which these phenomena had somewhat uneasily been fitted during the preceding 2000 years.» Vgl. Johach, Private Vices, S. 50.

37 C. N. Johnson, Determinants of Loss of Mammal Species During the Late Quaternary «Megafauna» Extinctions: Life History and Ecology, but not Body Size, in: Proceedings of the Royal Society of London. Series B: Biological Sciences, Band 269, Nr. 1506, 2002, S. 2221–2227. Zu Australien siehe Richard G. Roberts u. a.: New Ages for the Last Australian Megafauna. Continent-Wide Extinction About 46,000 Years Ago, in: Science, Band 292, Nr. 5523, 2001, S. 1888–1892; C. Sandom u. a., Global Late Quaternary Megafauna Extinctions Linked to Humans, not Climate Change, in: Proceedings of the Royal Society B: Biological Sciences 281, 2014. Vgl. Alan Weisman, Die Welt ohne uns. Reise über eine unbevölkerte Erde, München/Zürich 2007, S. 73–91. Vgl. auch Yuval Noah Harari, Eine kurze Geschichte der Menschheit, München 2017.

38 Siehe den Nachruf auf Crutzen von Christian Schwägerl, Anthropozän.

Paul Crutzens epochales Vermächtnis, in: RiffReporter, 29. Januar 2021, https://www.riffreporter.de/de/umwelt/paul-crutzen-ozonloch-nachruf.

39 Donella Meadows, Dennis Meadows (Hg.), Die Grenzen des Wachstums, Stuttgart 1972, S. 164: «Ausgehend von unserem gegenwärtigen Wissen über die physischen Lasten auf unserem Erdball, ist stark zu vermuten, dass die Wachstumsphase kein weiteres Jahrhundert mehr anhalten kann. Jeder Tag weiterbestehenden exponentiellen Wachstums treibt das Weltsystem näher an die Grenzen.»

40 Dipesh Chakrabarty, Das Klima der Geschichte im planetarischen Zeitalter, Berlin 2022, S. 6.

41 Katherine Richardson, Will Steffen, Wolfgang Lucht, Johan Rockström u. a., Earth beyond six of nine planetary boundaries, in: Science Advances 9, 37 (2023). Vgl. Johan Rockström u. a., Planetary Boundaries. Exploring the Safe Operating Space for Humanity, in: Ecology and Society. Band 14, Nr. 2, 2009; Kate Raworth, Die Donut-Ökonomie. Endlich ein Wirtschaftsmodell, das den Planeten nicht zerstört, München 2018.

I. Gula – Ernährung

1 Werner Röcke (Hg.), Berthold von Regensburg. Vier Predigten, Stuttgart 1983, S. 235–264.

2 Berthold von Regensburg, Predigt 27: «Von fünf schedlîchen Sünden», in: ders., Vollständige Ausgabe seiner Predigten. Erster Band, Anmerkungen und Wörterbuch v. Franz Pfeiffer, Wien 1862, S. 424–441, hier S. 434: «Unde dar nach sage mir, wem ez gliche stinke. Stinket ez als ein fûlez âs? Nein ez. Stinket ez als ein fûl ei? Nein ez. Stinket ez als ein fûler mist? Nein ez. Sê, herre, wem stinket ez danne glîch? Ez toetelt: rehte in alrihtes sô toetelst dû»; siehe auch die Einleitung, S. III–XXXII, mit Hintergrundinfo zum Autor und zur Überlieferung der Predigten. Die Predigten sind in mittelhochdeutscher Sprache überliefert und werden hier und im Folgenden sinngemäß in modernes Deutsch übertragen.

3 Berthold von Regensburg, Predigt 38: «Wie man vasten sol». In: ders., Vollständige Ausgabe seiner Predigten. Zweiter Band, Einleitungen und Anmerkungen v. Franz Pfeiffer/Joseph Strobl, Wien 1880, S. 14–23, hier S. 16: «Sô tuot sie dem menschen zwên der groesten schaden, die iendert gesîn mügen daz ist an gesuntheit und lancleben.»

4 Berthold von Regensburg, Predigt 27: «Von fünf schedlîchen Sünden», S. 430–443, hier S. 430: «Unmâze des mundes an ezzen und an trinken daz heizet frâzheit [...]. Ir armen liute, ir habet mit der sinde niht ze schaffen, wan ir habet selten die nôtdurft; wan daz ir ze rehter nôt haben soltet, daz bringent dise fraze für mit übermâze.»

5 Vgl. dazu Christoph Cormeau, Essen und Trinken in den deutschen Predigten Bertholds von Regensburg, in: Irmgard Bitsch u. a. (Hg.), Essen und Trinken in Mittelalter und Neuzeit, Sigmaringen 1987, S. 77–83.

6 Berthold von Regensburg, Predigt 49: «Von dem fride», in: Vollständige Ausgabe, Zweiter Bd., S. 124–136, hier S. 127: «Der erste fride under den drin valschen friden daz ist ungeordent fride mit dem fleische, daz ander ungeordent fride mit den menschen, daz dritte ist fride mit dem tiuvel. Die ersten, die ungeordenten fride mit dem fleische hänt, daz sint alle die dem fleische nach volgent sines willen mit überezzen und mit übertrinken und mit andern boesen gelüsten, so länt sie diu ougen fliegen hin und her.» Vgl. dazu Ernst Schubert, Essen und Trinken im Mittelalter, Darmstadt 2006, S. 247–249.

7 Berthold von Regensburg, Predigt 27: «Von fünf schedlîchen Sünden», S. 432: «‹Wie, bruoder Berhtolt! nû wolte ich waenen, sô man ie baz gaeze unde getrünke, sô man ie sterker unde gesuender waere an dem lîbe und daz man ie lenger lebte?› Des ist niht! Und sage iu, wâ von. [...] Der mage ist rehte geschaffen als ein haven bî dem fiure, dâ man daz ezzen inne siudet. Sô seht ir daz wol, swenne man den haven bî dem fiure ze vaste gefullet, sô man die spîse drinne sieden sol, sô mac man daz niemer behüeten, ez müeze entweder der haven übergên unde diu spîse blîbet ungesoten, oder diu spîse muoz in dem haven anbrinnen unde blîbet aber ungesoten. Der aber den haven ze rehter mâze füllet, sô mac diu spîse wol gesieden in dem haven unde mac wol durchwallen sô ez sînen rûm hât, unde wirt diu spîse rein unde guot unde gesmac unde wirt gesunt unde zimlic.»

8 Ebd., S. 433: «Unde merket mir einz! Daz der rîchen liute kinde vil minre wirt ze alten liuten unde ze gewahsenen liuten danne der armen liute kint, daz ist von der überfülle, daz man der rîchen liute kint tuet mit fülle: wan den kan man niemer sô vîl în gefüllen, daz man dannoch trûwe daz ez genuoc habe.»

9 Hugo von Trimberg, Der Renner, hg. von Gustav Ehrismann, 4 Bde., 1908–1911, ND 1970, hier Bd. 2, Seite 9, zit. nach Schubert, Essen und Trinken, S. 248.

10 Evagrios, Über die acht Gedanken, S. 29–36.
11 Zit. nach Schubert, Essen und Trinken, S. 248.
12 Siegfried Wenzel (Hg.), Fasciculus Morum. A Fourteenth-Century Preacher's Handbook, Pennsylvania University Park/London 1989, S. 632 f.
13 Thomas von Aquin, Vom Übel, S. 179: «Aristoteles sagt ja nicht, dass Unbeherrschtheit schlechthin den Menschen tierhaft werden lässt, sondern dass die Freude an solchen Vergnügungen und sie über alles zu lieben, tierhaft ist.»
14 Cassian, Die Heilmittel, Buch 5,26, S. 135.
15 Ebd., Buch 5,5, S. 117 f.; Buch 5,9, S. 120.
16 Christoph Antweiler, Was ist den Menschen gemeinsam? Über Kultur und Kulturen, 2. Aufl., Darmstadt 2009; ders., Our Common Denominator. Human Universals Revisited, New York/Oxford 2016; Harriet Whitehead, Food Rules. Hunting, Sharing, and Tabooing Game in Papua New Guinea, Ann Arbor 2000.
17 Marvin Harris, Wohlgeschmack und Widerwillen. Die Rätsel der Nahrungstabus, München 1995; siehe etwa S. 76 zur Abneigung gegen Schweine im Nahen Osten.
18 Dorothea Weltecke, Essen und Fasten in interreligiöser Abgrenzung, Konkurrenz und Austausch – einleitende Bemerkungen, in: dies. (Hg.), Essen und Fasten. Interreligiöse Abgrenzung, Konkurrenz und Austauschprozesse, Köln/Weimar/Wien 2017, S. 7–22. Vgl. auch Werner Röcke, Julia Weitbrecht (Hg.), Askese und Identität in Spätantike, Mittelalter und Früher Neuzeit (Transformationen der Antike 14), Berlin 2010.
19 Mary Douglas, Purity and Danger. An Analysis of Concepts of Pollution and Taboo, 1966, S. 1.
20 Jennifer Isaacs, Bush Food. Nahrung und Pflanzenmedizin der Aborigines, Köln 2000; Gerhard Leitner, Die Aborigines Australiens, München 2006.
21 Johannes Haußleiter, Der Vegetarismus in der Antike, Berlin 1935, S. 1; Daniel A. Dombrowski, The Philosophy of Vegetarianism, Amherst 1984; Kerry S. Walters, Lisa Portmess (Hg.), Ethical Vegetarianism. From Pythagoras to Peter Singer, New York 1999; dies. (Hg.), Religious Vegetarianism. From Hesiod to the Dalai Lama, New York 2001.
22 Ovid, Metamorphosen, Lateinisch/Deutsch, hg. von Michael von Albrecht, Ditzingen 1994, Buch I, 89–112.
23 Hesiod, Werke und Tage. Griechisch/Deutsch, übers. und herausg. von

Otto Schönberger, Stuttgart 1996, Gen 2, 4–25; vgl. Haußleiter, Vegetarismus, S. 54 f.

24 Ken Parry, Bread from Heaven. Vegetarianism in Byzantium, in: W. Mayer, S. Trzcionka (Hg.), Feast, Fast or Famine. Food and Drink in Byzantium, Brisbane 2005, S. 178–184.

25 Mikael Haxby, The Gladiator Graveyard of Ephesus as Evidence for the Study of Martyrdom, in: James R. Harrison, L. L.Welborn, The First Urban Churches 3, Ephesus, Atlanta 2018, S. 171–191, hier S. 175, Anm. 8. Zu Frauen als Gladiatorinnen siehe Kathleen Coleman, Missio at Halicarnassus, in: Harvard Studies in Classical Philology 100 (2000), S. 487–500. Vgl. auch Christian Mann, Die Gladiatoren, München 2013.

26 Sandra Lösch u. a., Stable Isotope and Trace Element Studies on Gladiators and Contemporary Romans from Ephesus (Turkey, 2nd and 3rd Ct. AD). Implications for Differences in Diet, in: PLoS ONE, 15. Oktober 2014.

27 Siehe dazu die demnächst erscheinende Studie von Christian Mann, Sport in der Antike.

28 Albert Henrichs, The Cologne Mani Codex Reconsidered, in: Harvey Yunis (Hg.), Greek Myth and Religion, Berlin/Boston 2019, S. 529–558, hier S. 532 f.; einen aktuellen Überblick zum Stand der Mani-Forschung bietet Johannes van Oort (Hg.), Manichaeism and Early Christianity, Leiden 2020.

29 Albert Henrichs, «Thou shalt not kill a tree». Greek, Manichaean, and Indian Tales, in: ders., H. Yunis (Hg.), Collected Papers II. Greek Myth and Religion, Berlin/Boston 2019, S. 503–527, hier S. 510.

30 Augustinus, Confessiones, übers. von Otto F. Lachmann, Buch 3.10.

31 Rudolph Arbesmann, Das Fasten bei den Griechen und Römern, Gießen 1929. Vgl. auch Johannes Schümmer, Die altchristliche Fastenpraxis mit besonderer Berücksichtigung der Schriften Tertullians, Münster 1933; Klaus Unterburger, Die religiösen Ursprünge des Fastens, in: Artur Dirmeier (Hg.), Essen und Trinken im Spital. Ernährungskultur zwischen Festtag und Fasttag, Regensburg 2018, S. 55–65; K. C. Schüppel, Fasten, Lehren, Heilen. Die Indienreise des Apostels Thomas in mittelalterlichen Manuskripten und Karten, Berlin 2021.

32 Vgl. Stuart Hall, Joseph Crehan, Fasten/Fasttage, in: Theologische Realenzyklopädie 11, hg. von Gerhard Krause und Gerhard Müller, Berlin 1983, S. 41–59; Eike Faber, Timo Klär, Zwischen Hunger und Überfluss. Antike Diskurse über die Ernährung, Stuttgart 2020.

33 Arbesmann, Das Fasten bei den Griechen, S. 90; vgl. auch Wilhelm Vollmer, Wörterbuch der Mythologie, Stuttgart 1874, S. 266.

34 Zu den Funktionen des Fastens siehe Arbesmann, Fasten bei den Griechen, S. 21–97; Arbesmann, Fasten/Fastenspeisen/Fasttage, Sp. 451–459; Arnold Angenendt, Geschichte der Religiosität im Mittelalter, Darmstadt 1997, S. 572 f.

35 Stuart G. Hall, Joseph H. Crehan, Fasten/Fasttage III. Biblisch und kirchenhistorisch, in: Theologische Realenzyklopädie, Teil 11 (1983), S. 41–59, hier S. 54.

36 Rudolph Arbesmann, Fasten/Fastenspeisen/Fasttage, in: Reallexikon für Antike und Christentum, Bd. 7, hg. von Theodor Klauser, Stuttgart 1969, Sp. 447–493, hier Sp. 459 f.; Hall/Crehan, Fasten/Fasttage, S. 41–59.

37 Hall/Crehan, Fasten/Fasttage, S. 54.

38 Zum Folgenden siehe Angenendt, Geschichte der Religiosität, S. 572–575.

39 Berthold von Regensburg, Wie man vasten sol, S. 16. Zum Folgenden siehe Matthias Klipsch, Vom Fasten bei Wasser und Brot bis zum Fleisch- und Buttergenuss. Spätmittelalterliche Buß- und Fastenpraxis im Spiegel kurialer Registerüberlieferung, in: Michael Matheus (Hg.), Friedensnobelpreis und historische Grundlagenforschung. Ludwig Quidde und die Erschließung der kurialen Registerüberlieferung, Berlin 2012, S. 279–302; Joseph Pascher, Das liturgische Jahr, München 1963, S. 6–114; Darstellungen zu einzelnen Epochen: A. Linsenmayr, Entwicklung der kirchlichen Fastendisziplin bis zum Konzil von Nicäa, München 1877; J. Schümmer, Die altchristliche Fastenpraxis mit besonderer Berücksichtigung der Schriften Tertullians, Münster 1933; E. V. Grimm, From Feasting to Fasting. The Evolution of a Sin. Attitudes to Food in Late Antiquity, London 1996; Peter Bruns, «Ut apostolica institutio quadraginta dierum ieiuniis impleatur ...». Fasten und Fastengebote in der Alten Kirche und im frühen Mittelalter, in: Klaus van Eickels, Christine van Eickels (Hg.), Gebote – Verbote. Normen und ihr sozialer Sinn im Mittelalter, Bamberg 2022, S. 125–139.

40 Klipsch, Vom Fasten bei Wasser und Brot, S. 295 f.

41 Ebd., S. 296 f.

42 Martin Gusinde, P. M. Gusinde's vierte Reise zum Feuerlandstamm der Yagan, in: Anthropos 18/19 (1923/24), S. 966–977, hier S. 970.

43 Ebd., S. 973.

44 Vgl. Sidney W. Mintz, Die süße Macht. Kulturgeschichte des Zuckers, Frankfurt am Main 2007, S. 127–130.

45 Mintz, Die süße Macht, S. 161.

46 Zur Problematik des Begriffs «atlantischer Dreieckshandel» siehe Matthias Middell, Weltgeschichte erzählen. Das Beispiel der «Cambridge World History», in: Gabriele Lingelbach (Hg.), Narrative und Darstellungsweisen der Globalgeschichte, Berlin/Boston 2022, S. 101–128, hier S. 110; Roland Bernhard, Jutta Wimmler, «Dreieckshandel», Glasperlen und Gender. Mythische Narrative zum transatlantischen Sklavenhandel in aktuellen deutschen und österreichischen Schulbüchern, in: Geschichte in Wissenschaft und Unterricht 70, Heft 3/4 (2019), S. 149–164, hier S. 163.

47 Paul Hentzner, Robert Naunton, Travels in England during the Reign of Queen Elizabeth; with Fragmenta Regalia or, Observations on Queen Elizabeth's Times and Favourites, London 1892. Vgl. auch Mintz, Die süße Macht, S. 165.

48 Frederick Slare, A Vindication of Sugars Against the Charge of Dr. Willis, Other Physicians and Common Prejudices. Dedicated to the Ladies, London 1715; hier zit. nach Mintz, Die süße Macht, S. 136 f.

49 Ebd., S. 137.

50 Vgl. Heide Wunder, Frauenmilch – Muttermilch. Eine Geschichte aus dem 18. Jahrhundert, in: Barbara Duden (Hg.), Geschichte in Geschichten, Frankfurt am Main 2003, S. 295–305.

51 Zit. nach Mintz, Die süße Macht, S. 137.

52 Hierzu und zum Folgenden Adam Hochschild, Sprengt die Ketten. Der entscheidende Kampf um die Abschaffung der Sklaverei, Stuttgart 2007, S. 107 f.

53 The Complete Writings of William Fox, Abolitionist, Tory, and Friend to the French Revolution, hg. von John Barrell and Timothy Whelan, Nottingham 2011, S. XVI; Hochschild, Sprengt die Ketten, S. 234 f.; Charlotte Sussman, Women and the Politics of Sugar, 1792, in: Representations 48 (Herbst 1994), S. 48–69, hier S. 51.

54 Mary Wollstonecraft, A Vindication of the Rights of Woman (1792), London 1975, S. 257; zit. nach Sussman, Women, S. 60 f. Ähnlich auch Mary Birkett Card, vgl. Hochschild, Sprengt die Ketten, S. 236.

55 Hochschild, Sprengt die Ketten, S. 150–174.

56 B. W. Higman, The Sugar Revolution, in: The Economic History Review, New Series 53, Nr. 2 (2000), S. 213–236, hier 213 f.

57 Ebd., S. 226 f.

II. Avaritia – Besitz

1 Poggio Bracciolini, De avaritia (Dialogus contra avaritiam), hg. von Giuseppe Germano, Livorno 1994; englische Übersetzung: Poggio Bracciolini, On Avarice, hg. von Benjamin G. Kohl und Elizabeth B. Welles, in: Benjamin G. Kohl, Roland G. Witt (Hg.), Italian Humanists on Government, Manchester 1978, S. 241–289. Zur Biografie von Poggio siehe Stephen Greenblatt, Die Wende. Wie die Renaissance begann, München 2012; Jared Poley, The Devil's Riches. A Modern History of Greed, New York/Oxford 2016, S. 13–24; Ernst Walser, Poggius Florentinus. Leben und Werk, Leipzig/Berlin 1914, ND Hildesheim 1974. Im Folgenden wird der Dialog nach Walser paraphrasiert.

2 Bracciolini, On Avarice, S. 250–255.

3 Anna Schriefl, Platons Kritik an Geld und Reichtum, Berlin/Boston 2013, S. 142–148, 174–194, 266–271, hier bes. 147 f.

4 Ebd., S. 178 f.

5 Aristoteles, Nikomachische Ethik, übers. und hg. von Ursula Wolf, 7. Auflage, Hamburg 2018, IV, 3, S. 133–136.

6 Lothar von Segni (Papst Innozenz III.), Vom Elend des menschlichen Daseins, aus dem Lateinischen übers. von Carl-Friedrich Geyer (Philosophische Texte und Studien 24), Hildesheim u. a. 1990, II.8.

7 Iris Origo, Im Namen Gottes und des Geschäfts. Lebensbild eines toskanischen Kaufmanns, München 1985, besonders S. 183–200, 296–311.

8 Ebd., S. 29 f.

9 Ebd., S. 31 f.

10 Mazzei, Brief CCCXVI, zit. nach ebd., S. 34.

11 Ebd., S. 17.

12 Ebd.

13 Andrew Shryock, Daniel L. Smail, On Containers. A Forum. Introduction, in: History and Anthropology 29,1 (2018), S. 1–6.

14 Anneke Thiel, Midas. Mythos und Verwandlung, Heidelberg 2000, S. 66 f., 172 f., siehe hier auch besonders S. 169–188, Der Avarus und seine Gesellen in Mittelalter und früher Neuzeit; Jordan Bailey, Philip Joseph Trussell, Early Images of Scrooge and Marley. Closely Reading Some Illustrations of Charles Dickens's *A Christmas Carol*, in: Robert C. Evans (Hg.), Critical Insights. Greed, New York 2019, S. 127–151.

15 Ovid, Metamorphosen, hg. von Gerhard Fink, Düsseldorf 2007, XI, 127 f., S. 535–537.

16 Dante, Divina Commedia, Inferno VII, 22–30.

17 Homer, Odyssee 11, 582–592, übers. von Karl Ferdinand Lempp und hg. von Michael Schroeder, Berlin 2010, S. 205.

18 Lothar von Segni, Vom Elend des menschlichen Daseins, II, 14.1. und 16.1.

19 Wenzel (Hg.), Fasciculus Morum, S. 319.

20 Ebd., S. 323.

21 Domenico Lenzi the Grain Merchant, Mirror of Humanity, in: Vittore Branca (Hg.), Merchant Writers. Florentine Memoirs from the Middle Ages and Renaissance, übers. von Murtha Baca, Toronto/London 2015, S. 344–357; Paolo Nanni, Facing the Crisis in Medieval Florence. Climate Variability, Carestie, and Forms of Adaptation in the First Half of the Fourteenth Century, in: Martin Bauch/Gerrit Schenk (Hg.), The Crisis of the 14th Century. Teleconnections between Environmental and Societal Change?, Berlin/Boston 2019, S. 169–190.

22 Vgl. dazu Hubertus Halbfas, Die Bibel. Erschlossen und kommentiert, Düsseldorf 2001, S. 106–120, hier S. 115.

23 Vgl. Ex. 23,11–12; Rainer Kessler, Art. «Erlassjahr», in: Das Wissenschaftliche Bibellexikon im Internet (www.wibilex.de); Walter Groß, Die alttestamentlichen Gesetze zu Brache-, Sabbat-, Erlaß- und Jubeljahr und das Zinsverbot, in: Theologische Quartalsschrift 180 (2000), S. 1–15.

24 Flavius Josephus, Jüdische Altertümer, übers. von Heinrich Clementz, Wiesbaden 1998, Buch 14, 10, 5–6, S. 239–241; Piet van Boxel, «Und er ruhte am siebten Tag». Frühjüdische Überlieferungen zur Feier des Sabbats, Regensburg 1990; Erich Spier, Der Sabbat, Berlin 2005.

25 Peter Schuster, The Age of Debt? Private Schulden in der spätmittelalterlichen Gesellschaft, in: Gabriele Clemens (Hg.), Schuldenlast und Schuldenwert. Kreditnetzwerke in der europäischen Geschichte 1300–1900, Trier 2008, S. 37–52, hier S. 45.

26 David Graeber, Schulden. Die ersten 5000 Jahre, Stuttgart 2012.

27 Josine Blok, Julia Krul, Debt and Its Aftermath. The Near Eastern Background to Solon's *Seisachtheia*, in: Hesperia. The Journal of the American School of Classical Studies at Athens, 86, Nr. 4 (2017), S. 607–643.

28 Ebd., S. 625.

29 Zit. nach Johannes Zang, Das jüdische Schmitta-Jahr hat begonnen, in: Die Tagespost, 15. September 2021, https://www.die-tagespost.de/leben/schwieriger-verzicht-art-221234.

30 Chase Peterson-Withorn, Forbes' 37th Annual World's Billionaires List.

Facts And Figures 2023, https://www.forbes.com/real-time-billionaires/#2227a6f23d78.

31 Branko Milanović, Die ungleiche Welt. Migration, das Eine Prozent und die Zukunft der Mittelschicht, Berlin 2016; ders., Visions of Inequality. From the French Revolution to the End of the Cold War, Harvard 2023.

32 https://de.statista.com/statistik/daten/studie/384680/umfrage/verteilung-des-reichtums-auf-der-welt/. Vgl. James Bradford DeLong, Slouching Towards Utopia. An Economic History of the Twentieth Century, London 2022. Vgl. Joe Hasell u. a., Economic Inequality, in: OurWorldInData.org (2023), https://ourworldindata.org/economic-inequality.

33 Credit Suisse Global Wealth Report 2022, S. 5, https://www.ubs.com/global/de/media/display-page-ndp/de-20230815-global-wealth-report-2023.html.

34 Dave Zweifel, Plain Talk. There's class war, and rich are winning, in: The Cap Times, 6. Oktober 2010, https://captimes.com/news/opinion/column/dave_zweifel/plain-talk-there-s-class-war-and-rich-are-winning/article_fd539876-05c9-5cf6-8e68-0b1ec95b2f2e.html. Vgl. auch: So erklärt Warren Buffett seine niedrigen Steuern, Handelsblatt, 9. Juni 2021, https://www.handelszeitung.ch/geld/so-erklart-warren-buffett-seine-niedrigen-steuern; Buffetts Statement findet sicher hier: https://s3.documentcloud.org/documents/20798866/buffett-statement-june-2-2021.pdf.

35 Corine Pelluchon, Ethik der Wertschätzung. Tugenden für eine ungewisse Welt, Darmstadt 2019, S. 292.

III. Luxuria – Konsum

1 Valerius Maximus, Sammlung merkwürdiger Reden und Thaten, übers. von Dr. Friedrich Hoffmann, Stuttgart 1828, IX, 1, S. 548–557; eine moderne zweisprachige Übersetzung ins Englische bietet D. R. Shackleton Bailey (Hg.): Memorable Doings and Sayings, 2 Bde., Cambridge, MA 2000. Zu den Austern vgl. Annalisa Marzano, Harvesting the Sea. The Exploitation of Marine Resources in the Roman Mediterranean, Oxford 2013, Kap. 6, Oysters and Other Shell Fish, S. 173–197, mit dem Hinweis, dass Oratas Austernzucht im Lukriner See vermutlich auch ohne Hypokaustum funktionierte, da der See vergleichsweise warme Wassertemperaturen hatte (S. 184).

2 Valerius Maximus, Sammlung merkwürdiger Reden, S. 554 f.

3 Dazu und zum Folgenden Dorit Grugel-Pannier, Luxus. Eine begriffs- und ideengeschichtliche Untersuchung unter besonderer Berücksichtigung von Bernard Mandeville, Frankfurt am Main 1996, S. 17–38. Die griechische Sprache kennt kein direktes Äquivalent zu «luxuria». Der griechische Begriff «habrosynē» umschreibt am ehesten das Bedeutungsfeld, bezeichnet aber ursprünglich einen ganz spezifischen, extravaganten Lebensstil, der mit dem Osten und insbesondere den Lydern in Verbindung gebracht wurde. Zum Konzept von Luxus seit Platon siehe Christopher J. Berry, The Idea of Luxury. A Conceptual and Historical Investigation, Cambridge 1994, S. 45–100.

4 Des heiligen Kirchenvaters Aurelius Augustinus zweiundzwanzig Bücher über den Gottesstaat, übers. von Alfred Schröder, Kempten/München 1911–1916, Buch 14, Kap. 10, S. 766: «Waren wohl die ersten Menschen im Paradies, ehe sie sündigten, von Leidenschaften beunruhigt?» Vgl. Frank Trentmann, Empire of Things. How We Became a World of Consumers, from the Fifteenth Century to the Twenty-First, Penguin, New York 2016, S. 6 (dt. Herrschaft der Dinge. Die Geschichte des Konsums vom 15. Jahrhundert bis heute, München 2017); Giorgio Riello, Peter McNeil, Luxury. A Rich History, Cambridge 2016, S. 4 f. Riello betont, dass es beim Luxus stets um das Außergewöhnliche geht, um das, was über das Erschwingliche und das Alltägliche hinausgeht. Auf der einen Seite ist Luxus sowohl geistig als auch materiell erhebend, auf der anderen Seite wird er als «unproduktiv» und daher nutzlos angesehen. Luxus ist nicht der Grund, aber oft die Folge sozialer Ungerechtigkeiten.

5 Fasciculus Morum, S. 700 f.

6 Friedrich Kluge, Art. «Wollust», in: Kluge. Etymologisches Wörterbuch der deutschen Sprache, Berlin 2012.

7 Fasciculus Morum, S. 648 f.

8 Immanuel Kant, Kant's gesammelte Schriften, Bd. 27, Abteilung 4, 4. Band, 2. Hälfte, 1. Teil: Vorlesungen über Moralphilosophie, Berlin 1975, S. 384. Vgl. Pärttyli Rinne, Martin Brecher, Kant on Sex, Love, and Friendship, Berlin, Boston 2023.

9 Lukan, Der Bürgerkrieg / Lucanus, De bello civili, hg. und übers. von Wilhelm Ehlers, München 1973, S. 479–83, Buch 10, 110.

10 Vgl. Elke Hartmann, Ordnung in Unordnung. Kommunikation, Konsum und Konkurrenz in der stadtrömischen Gesellschaft der frühen Kaiserzeit, Stuttgart 2016, S. 146–183.

11 Grugel-Pannier, Luxus, S. 21, 28, 29; Q. Horatius Flaccus, Satiren. Sermones, lat.-dt., übers. von Gerd Herrmann, hg. von Gerhard Fink, Düsseldorf/Zürich 2000, 2. Buch, Kap. 3, S. 93; vgl. auch das wunderbar satirische Lob des einfachen Lebens im 2. Buch, Kap. 2, S. 81–87.

12 L. Annaeus Seneca, Ad Lucilium. Epistulae morales / Briefe über die Ethik, Philosophische Schriften, Bd. 4, hg. und übers. von Manfred Rosenbach, Darmstadt 1987, Brief 95, 42, S. 487 f. Zu Seneca später mehr.

13 Thorstein Veblen, Theorie der feinen Leute. Eine ökonomische Untersuchung der Institutionen, Frankfurt am Main 1997. Vgl. Riello/McNeil, Luxury, S. 5; Berry, The Idea of Luxury, S. 30 f.; Christian von Scheve, Hauptsache teuer! Thorstein Veblen: Der demonstrative Konsum, in: Sighard Neckel u. a. (Hg.), Sternstunden der Soziologie. Wegweisende Theoriemodelle des soziologischen Denkens, Frankfurt am Main 2010, S. 423–447, hier S. 444; siehe auch vor allem mit Blick auf die USA Elizabeth Currid-Halkett, Fair gehandelt? Wie unser Konsumverhalten die Gesellschaft spaltet, München 2021.

14 Grugel-Pannier, Luxus, S. 29; Caesar, Bellum Gallicum. Der Gallische Krieg, hg. und übers. von Otto Schönberger, Berlin 2013, Buch 2, 15,4, S. 93. Es geht um die Unterwerfung belgischer Stämme. Caesar erkundigt sich nach dem Stamm der unbeugsamen Nervier (am nördlichen Ufer der Sambre, mit der Hauptstadt Bavay) und erfährt Folgendes: «Kaufleute hätten bei ihnen keinen Zutritt; sie ließen auch weder Wein noch Luxuswaren einführen, weil sie meinten, dadurch würden sie schlaff und ihre Tapferkeit lasse nach; sie seien wilde Menschen von großem Mut [...].»

15 Vgl. Grugel-Pannier, Luxus, S. 19 f.

16 Ebd., S. 20.

17 Seneca, Epistulae morales, Brief 95, 19–25, S. 471, 475.

18 Ebd., S. 475.

19 Vgl. Frank Trentmann, Civilization and its Discontents. English Neo-Romanticism and the Transformation of Anti-Modernism in Twentieth-Century Western Culture, in: Journal of Contemporary History 29 (1994), S. 583–626.

20 Grugel-Pannier, Luxus, S. 31; Lucius Annaeus Seneca, Naturales quaestiones. Naturwissenschaftliche Untersuchungen in acht Büchern, eingeleitet, übersetzt und erläutert von Eva und Otto Schönberger, Stuttgart 1990, Buch 7, 31,1–3, S. 198: «Noch sind die Laster im Fortschreiten; die Verschwendung findet immer wieder Neues, wofür sie schwärmt, die

Schamlosigkeit erfindet eine neue Schmach für sich, und die zügellose Genusssucht entdeckt immer noch eine raffiniertere Art der Verweichlichung, um daran zugrunde zu gehen. Noch haben wir nicht all unsere Kraft vergeudet, vertilgen immer noch jeden Rest an guter Sitte. Durch Glattheit und Pflege des Körpers putzen wir uns noch mehr als die Weiber, und buhlerischen Schmuck, den keine Matrone tragen darf, tragen jetzt Männer. In verzärteltem, weichlichem Gang stelzen wir herum (wir gehen nicht, sondern steigen daher), man schmückt die Finger mit Ringen und steckt an jedes Fingerglied einen Edelstein; tagtäglich sinnen wir nach, wie wir unserer Männlichkeit Eintrag tun können.»

21 Grugel-Pannier, Luxus, S. 32; Tertullian, De cultu feminarum. Über den weiblichen Putz, aus dem Lateinischen übers. von K. A. Heinrich Kellner, in: Tertullian, private und katechetische Schriften (Bibliothek der Kirchenväter 1,7), München 1912, 175–202, Buch 2, Kap. 8, S. 195: «Auch den Männern ist die Gefallsucht gegenüber den Weibern, wie den Weibern gegenüber den Männern durch einen Naturfehler angeboren, auch unser Geschlecht hat seine eigentümlichen Kunstgriffe zur Hebung der Gestalt, z. B. den Bart möglichst glatt zu rasieren, dünner zu machen, rundumher zu stutzen, das Haar zu scheiteln, das grau gewordene anders zu färben, stets allen Flaum am ganzen Körper zu entfernen, das Haar mit derselben Pomade, wie sie die Weiber brauchen, glatt zu streichen, die übrigen Teile durch Reiben mit einem gewissen rauen Pulver zu glätten, bei jeder Gelegenheit den Spiegel zu befragen und ängstlich hineinzuschauen.»

22 Zit. nach Johannes Hofer, Johannes von Capestrano. Ein Leben im Kampf um die Reform der Kirche, Innsbruck/Wien/München 1936, S. 334.

23 Melanie Meaker, Von Blumenkränzen, Salbölen und Purpurgewändern. Luxus und Geschlechterrollen im archaischen Griechenland, in: Elisabetta Lupi, Jonathan Voges (Hg.), Luxus. Perspektiven von der Antike bis zur Neuzeit, Stuttgart 2022, S. 51–79, hier S. 65 f. für den Ausschluss von Frauen vom Luxus.

24 Werner Sombart, Liebe, Luxus und Kapitalismus. Über die Entstehung der modernen Welt aus dem Geist der Verschwendung, Berlin 1983 (Originalausgabe: Luxus und Kapitalismus, 1913).

25 Catherine Kovesi, Luxury and the Ethics of Greed in Early Modern Italy, Turnhout 2018, S. XVII, mit Verweis auf Neil McKendrick, John Brewer, John H. Plumb (Hg.), The Birth of Consumer Society. The Commercia-

lization of Eighteenth-Century England, Bloomington 1982; Richard A. Goldthwaite, The Empire of Things. Consumer Demand in Renaissance Italy, in: Francis W. Kent, Patricia Simons (Hg.), Patronage, Art and Society in Renaissance Italy, Oxford 1987, S. 153–75; Kenneth Pomeranz, The Great Divergence. China, Europe, and the Making of the Modern World Economy, Princeton 2000; Simon Schama, The Embarrassment of Riches. An Interpretation of Dutch Culture in the Golden Age, Berkeley 1988; Evelyn S. Welch, Shopping in the Renaissance. Consumer Cultures in Italy, 1400–1600, New Haven 2005; Peter Stearns, Consumerism in World History. The Global Transformation of Desire, London 2001.

26 Trentmann, Empire of Things, S. 7.

27 Zum Folgenden Henning Brandis, Diarium. Hildesheimer Geschichten aus den Jahren 1471–1528, hg. von Ludwig Haenselmann, Hildesheim 1896, S. 32 f., 96 f., 194 f. Brandis beschrieb seine eigene erste und seine dritte Hochzeit (1475, 1508) sowie eine Hochzeit von Verwandten (1490).

28 Ebd., S. 32 f.

29 Urkundenbuch der Stadt Hildesheim, hg. v. Richard Doebner, Hildesheim 1886–1897, Bd. 4, S. 319, Nr. 371 (8); S. 510, Nr. 598. Vgl. für Bestimmungen aus den Jahren 1411, 1420, 1427 ebd., S. 18 und 19.

30 Neithard Bulst, Zum Problem städtischer und territorialer Kleider-, Aufwands- und Luxusgesetzgebung in Deutschland (13. bis Mitte 16. Jahrhundert), in: Renaissance du pouvoir législatif et genèse de l'état, hg. von A. Gouron und A. Rigaudière (Publications de la Société d'Histoire du Droit et des Institutions des Anciens Pays de Droit Ecrit), Montpellier 1988, S. 29–57; ders., Feste und Feiern unter Auflagen. Mittelalterliche Tauf-, Hochzeits- und Begräbnisordnungen in Deutschland und Frankreich, in: Feste und Feiern im Mittelalter. Paderborner Symposium des Mediävistenverbandes, hg. von D. Altenburg, J. Jarnut und H.-H. Steinhoff, Sigmaringen 1991, S. 39–51; ders., Vom Luxusverbot zur Luxussteuer. Wirtschafts- und sozialgeschichtliche Aspekte von Luxus und Konsum in der Vormoderne, in: Michael Prinz (Hg.), Der lange Weg in den Überfluss. Anfänge und Entwicklung der Konsumgesellschaft seit der Vormoderne, Paderborn 2003, S. 47–60; ders., Kleidung als sozialer Konfliktstoff. Probleme kleidergesetzlicher Normierung im sozialen Gefüge, in: Saeculum 44 (1993), S. 32–46; J. Schneider, Luxusordungen, in: Lexikon des Mittelalters VI, München 2002, Sp. 35 f.

31 Petronella Bange, Frauen und Feste im Mittelalter, in: Feste und Feiern im Mittelalter, S. 125–132, S. 129 für die Regelung in Amsterdam.

32 Rainer Driever, Obrigkeitliche Normierung sozialer Wirklichkeit. Die städtischen Statuten des 14. und 15. Jahrhunderts in Südniedersachsen und Nordhessen, Bielefeld 2000, S. 97–101.

33 Mehr dazu bei Hubert Mattausch, Das Beerdigungswesen der freien Reichsstadt Nürnberg (1219–1806), München 1970, S. 32–41.

34 Siehe Melanie Burgemeister, Kleider – Kultur – Ordnung. Kulturelle Ordnungssysteme in Kleiderordnungen aus Nürnberg, Regensburg und Landshut zwischen 1470 und 1485, Münster 2019; zum Hosenlatz S. 244–246 mit Verweis auf Lyndal Roper, Männlichkeit und männliche Ehre, in: Karin Hausen, Heide Wunder (Hg.), Frauengeschichte – Geschlechtergeschichte, Frankfurt a. M./New York 1992, S. 154–172; zum Schnabelschuh Burgemeister, Kleider – Kultur – Ordnung, S. 170–173; Jan Keupp, Die Wahl des Gewandes. Mode, Macht und Möglichkeitssinn in Gesellschaft und Politik des Mittelalters, Ostfildern 2010, S. 56 f.; June Swann, English and European Shoes from 1200 to 1520, in: Rainer C. Schwinges, Regula Schorta (Hg.), Fashion and Clothing in Late Medieval Europe. Mode und Kleidung im Europa des späten Mittelalters, Basel 2010, S. 15–24.

35 Bulst, Zum Problem städtischer und territorialer Kleider-, Aufwands- und Luxusgesetzgebung, S. 31 ff., hier S. 53; zu den Ausnahmeregelungen siehe z. B. die bayerischen Ausnahmen in den Kleiderordnungen von 1626 und 1683 bei Veronika Baur, Kleiderordnungen in Bayern vom 14. bis zum 19. Jahrhundert, München 1975, S. 101.

36 Hilary Doda, «Saide Monstrous Hose». Compliance, Transgression and English Sumptuary Law to 1533, in: Textile History 45. 2 (2014), S. 171–191.

37 Bulst, Feste und Feiern unter Auflagen, S. 40. Vgl. Rainer Driever, Wieviel Konsum ist erlaubt? Feiern im Blick der spätmittelalterlichen Stadtobrigkeit, in: Michael Prinz (Hg.), Der lange Weg in den Überfluss. Anfänge und Entwicklung der Konsumgesellschaft seit der Vormoderne, Paderborn 2003, S. 61–78, hier S. 62.

38 Daten aus Giorgio Riello, Ulinka Rublack (Hg.), The Right to Dress. Sumptuary Laws in a Global Perspective, c. 1200–1800, Cambridge 2019; Liselotte Constanze Eisenbart, Kleiderordnungen der deutschen Städte zwischen 1350 und 1700. Ein Beitrag zur Kulturgeschichte des deutschen Bürgertums, Göttingen 2000; Neithard Bulst, Feste und Feiern unter Auflagen. Mittelalterliche Tauf-, Hochzeits- und Begräbnisordnungen in Deutschland und Frankreich, in: Detlef Altenburg u. a. (Hg.),

Feste und Feiern im Mittelalter. Paderborner Symposion des Mediävistenverbandes, Sigmaringen 1991, S. 39–52; J. Schneider, Luxusordnungen; Katrin Kukke, Les lois somptuaires de Reval, in: Medium Aevum Quotidianum, Sonderband 5 (1996), S. 128–134; Yves Mausen, Robe, amour et fantaisie. Les établissements somptuaires montpelliérains, in: Vincent Challet u. a. (Hg.), Aysso es lo comessamen. Écritures et mémoires du Montpellier médiéval, Montpellier 2017, S. 143–155; James A. Brundage, Sumptuary laws and prostitution in late medieval Italy, in: Journal of Medieval History 13 (4) (1987), S. 343–355; William Chester Jordan, Sumptuary Laws, European, in: Dictionary of the Middle Ages, Tl. 11 (1988), S. 506–507; Catherine Kovesi, Sumptuary Law in Italy 1200–1500, Oxford 2002.

39 Kovesi, Sumptuary Law in Italy. Vgl. James A. Brundage, Sumptuary laws and prostitution in late medieval Italy, in: Journal of Medieval History 13 (4) (1987), S. 343–355; Maria Giuseppina Muzzarelli, Le leggi suntuarie, in: Carlo Marco Belfanti, Fabio Giusberti (Hg.), Storia d'Italia. Annali 19. La moda, Turin 2003, S. 185–220; Maria Giuseppina Muzzarelli, Sumptuary Laws in Italy. Financial Resource and Instrument of Rule, in: Riello/Rublack (Hg.), The Right to Dress, S. 167–185.

40 Francisco Bethencourt, Sumptuary Laws in Portugal and its Empire from the Fourteenth to the Eighteenth Century, in: Riello/Rublack (Hg.), The Right to Dress, S. 272–298, hier S. 296 f.

41 Isis Sturtewagen, Bruno Blondé, Playing by the Rules? Dressing without Sumptuary Laws in the Low Countries from the Fourteenth to the Eighteenth Century, in: Riello/Rublack (Hg.), The Right to Dress, S. 74–95, hier S. 74–76; siehe auch Petronella Bange, Frauen und Feste im Mittelalter, S. 125–132 zu den Bestimmungen zu Tauffeiern.

42 Sparky Booker, Moustaches, Mantles, and Saffron Shirts. What Motivated Sumptuary Law in Medieval English Ireland?, in: Speculum 96 (2021), S. 726–770.

43 Maria Hayward, «Outlandish Superfluities». Luxury and Clothing in Scottish and English Sumptuary Law from the Fourteenth to the Seventeenth Century, in: Riello/Rublack (Hg.), The Right to Dress, S. 96–120, hier S. 96; Martha C Howell, Commerce before Capitalism in Europe, 1300–1600, Cambridge 2010, S. 234–242; Frances E. Baldwin, Sumptuary Legislation and Personal Regulation in England, Baltimore 1927; Jordan, Sumptuary Laws, European.

44 Zur europaweiten Verbreitung siehe Maria Giuseppina Muzzarelli, An-

tonella Campanini (Hg.), Disciplinare il lusso. La legislazione suntuaria in Italia e in Europa tra medioevo ed età moderna, Rom 2003; zur globalhistorischen Perspektive Riello/Rublack (Hg.), The Right to Dress.

45 Riello/Rublack (Hg.), The Right to Dress, S. 2.

46 Alan Hunt, Governance of the Consuming Passions. A History of Sumptuary Law, New York 1996.

47 Ulrike Wulf-Rheidt, Zwischen volksnahem Princeps und größenwahnsinnigem Herrscher. Die Palastbauten der römischen Kaiser, in: Thomas Blank, Christine van Hoof, Christoph Catrein (Hg.), Caesarenwahn. Ein Topos zwischen Antiwilhelminismus, antikem Kaiserbild und moderner Populärkultur, Köln/Weimar/Wien 2021, S. 217–246.

48 Vittorio Lampugnani, Gegen Wegwerfarchitektur. Weniger, dichter, dauerhafter bauen, Berlin 2023, S. 7 f., 20 f.

49 Jörg Oberste, Die Zisterzienser, Stuttgart 2014; Gert Melville, Die Welt der mittelalterlichen Klöster. Geschichte und Lebensformen, München 2012, S. 123–141.

50 Jörg Oberste, Constitution in progress. Der Zisterzienserorden und das System der «Carta caritatis», in: Georg Mölich, Norbert Nußbaum, Harald Wolter-von dem Knesebeck (Hg.), Die Zisterzienser im Mittelalter, Köln/Weimar/Wien 2017, S. 31–44, hier S. 41. Zum Prinzip der Visitationen und zu deren Vorgeschichte siehe Jörg Oberste, Das gottgeweihte Leben auf dem Prüfstand. Kirchliche und klösterliche Visitationen vor den Zisterziensern, in: Joachim Werz (Hg.), Die Lebenswelt der Zisterzienser. Neue Studien zur Geschichte eines europäischen Ordens, Münster 2020, S. 184–205.

51 Le Corbusier, Vorwort, in: Lucien Hervé, Architektur der Wahrheit. Die Zisterzienserabtei von Le Thoronet, Berlin 2001, S. 7.

52 Maximilian Sternberg, Vorreiter der Moderne? Rezeptionen der Zisterzienserbaukunst im 20. Jahrhundert, in: Mölich/Nußbaum/Wolter-von dem Knesebeck (Hg.), Die Zisterzienser im Mittelalter, S. 45–63. Für Le Corbusier (1887 bis 1965) war die Klosterbaukunst eine lebenslange Quelle der Inspiration. 1953 besuchte er erstmals Le Thoronet, nachdem man ihm den Auftrag zum Bau eines modernen Klosters in La Tourette erteilt hatte. Marie-Alain Couturier, Führer der einflussreichen Art-Sacré-Bewegung, war der Bauherr und Auftraggeber.

53 Lucien Hervé, Architektur der Wahrheit. Die Zisterzienserabtei von Le Thoronet, Berlin 2001.

54 Anselme Dimier, vgl. Sternberg, Vorreiter der Moderne?, S. 59.

55 Ebd., S. 46.

56 Françoise Choay, The Invention of the Historic Monument, Cambridge 2001, S. 123–126. Siehe auch dies., L'allégorie du patrimoine (La couleur des idées), Paris 1992, Kap. 4, La consécration du monument historique 1820–1960, S. 96–143. (Deutsch: Das architektonische Erbe, Braunschweig 1997.)

57 Michelle Camille, vgl. Sternberg, Vorreiter der Moderne?, S. 24.

58 Vgl. Oberste, Constitution in progress, S. 140.

59 Matthias Untermann, Forma Ordinis. Die mittelalterliche Baukunst der Zisterzienser, München/Berlin 2001, S. 123 f. Bis ins 18. Jahrhundert konnte man diese Gebäude besichtigen, und wir wissen aus Quellen, wie sie aussahen.

60 Oberste, Die Zisterzienser, S. 136–143; Untermann, Forma Ordinis, S. 164–169.

61 Untermann, Forma Ordinis, S. 113–118. Die Ermahnung zur Einfachheit in der Ausstattung der Kirchen in der «Carta Caritatis» findet sich bei Hildegard Brem (Hg.), Einmütig in der Liebe. Die frühesten Quellentexte von Cîteaux. Lateinisch – Deutsch, Aachen 1998, S. 47 f., S. 57. Eine Zusammenstellung der Generalkapitelbeschlüsse zur Architektur und Kirchenausstattung bietet Christopher Norton, David Park, Cistercian Art and Architecture in the British Isles, Cambridge 1986, S. 315–393, Table of Cistercian Legislation on Art and Architecture 1098–1335.

62 Günther Binding, Matthias Untermann, Kleine Kunstgeschichte der mittelalterlichen Ordensbaukunst in Deutschland, Darmstadt 1985, S. 192.

63 Jens Rüffer, Die Zisterzienser und ihre Klöster. Leben und Bauen für Gott, Darmstadt 2008, S. 29 zu den Baumeistern des Ordens, S. 36 zur Angemessenheit.

64 Zit. nach Binding/Untermann, Kleine Kunstgeschichte der mittelalterlichen Ordensbaukunst, S. 188.

65 Berthold Kress, Dilecti a deo et hominibus. Barocke Darstellungen von Zisterzienserheiligen in Altbayern und Schwaben, in: Joachim Werz (Hg.), Die Lebenswelt der Zisterzienser. Neue Studien zur Geschichte eines europäischen Ordens, Münster 2020, S. 589–635, 611.

66 Lampugnani, Gegen Wegwerfarchitektur, S. 90.

67 Timo Heimerdinger, Bescheidenheit, Genügsamkeit, Verzicht. Praktiken der Unterlassung in alltagskultureller Perspektive, in: Praktische Theologie 57. 2 (2022), S. 76–81.

68 Bericht der Weltbank, What a Waste 2.0. A Global Snapshot of Solid Waste Management to 2050, https://www.worldbank.org/en/news/infographic/2018/09/20/what-a-waste-20-a-global-snapshot-of-solid-waste-management-to-2050, abgerufen am 23. August 2023; vgl. Carl Tillessen, Konsum. Warum wir kaufen, was wir nicht brauchen, Hamburg 2021, S. 60 f.

69 Dhuoda, Liber manualis. Ein Wegweiser aus karolingischer Zeit für ein christliches Leben. Eingeleitet, aus dem Lateinischen des 9. Jahrhunderts übersetzt und kommentiert von Wolfgang Fels, Stuttgart 2008, S. 107 f.

70 Miriam Czock, Arguing for Improvement. The Last Judgment, Time and the Future in Dhuoda's Liber manualis, in: Johann Heiss, Vincent Eltschinger, Veronika Wieser (Hg.), Cultures of Eschatology, Bd. 1: Empires and Scriptural Authorities in Medieval Christian, Islamic and Buddhist Communities, München/Wien 2020, S. 509–527; Janet L. Nelson, Dhuoda, in: Patrick Wormald, Janet L. Nelson (Hg.), Lay Intellectuals in the Carolingian World, Cambridge 2007, S. 106–120.

71 Zu den Fürstenspiegeln siehe Noëlle-Laetitia Perret, Stéphane Péquignot (Hg.), A Critical Companion to the «Mirrors for Princes» Literature, Turnhout 2022; zu England Ulrike Graßnick, Ratgeber des Königs. Fürstenspiegel und Herrscherideal im spätmittelalterlichen England, Köln/Weimar/Wien 2004, S. 51–58, 66 f.; Hans Hubert Anton, Fürstenspiegel des frühen und hohen Mittelalters, Darmstadt 2005.

72 Regula Forster, Das Geheimnis der Geheimnisse. Die arabischen und deutschen Fassungen des pseudo-aristotelischen *Sirr al-asrār / Secretum secretorum*, Wiesbaden 2006; zur Verbreitung in Europa Steven J. Williams, The Early Circulation of the Pseudo-Aristotelian Secret of Secrets in the West, in: Micrologus 2 (1994), S. 127–144; zur mittelhochdeutschen Übersetzerin Wolfgang Wegner, Hiltgart von Hürnheim, in: W. Gerabek u. a. (Hg.), Enzyklopädie Medizingeschichte, Berlin 2005, S. 594.

73 Forster, Das Geheimnis der Geheimnisse, S. 1.

74 Vgl. Wolfgang Augustyn, Liberalitas – Largitas im Mittelalter. Bemerkungen zu Begriff und Bild einer Tugend, in: Johanna Aufreiter (Hg.), Kunst – Kritik – Geschichte. Festschrift für Johann Konrad Eberlein, Berlin 2013, S. 73–106.

75 Forster, Das Geheimnis der Geheimnisse, S. 57.

76 Ebd., S. 58.

77 Dhuoda, Liber manualis, S. 107 f. (Nach dem apokryphen Buch Jesus Sirach 3,30: «Wie Wasser loderndes Feuer löscht, / so sühnt Mildtätigkeit Sünde.» Je nach Verszählung auch 33.)

78 Sally Dixon-Smith, Feeding the Poor to Commemorate the Dead. The Pro Anima Almsgiving of Henry III of England 1227–72, Ph.D. Thesis, University College London 2002, S. 136 f.

79 Ebd., S. 122 f.

80 Ebd., S. 152 f.

81 Vgl. dazu die Forschungen zu Reziprozität und Konvivialismus von Alain Caillé, Anthropologie der Gabe, Frankfurt am Main 2008, und Frank Adloff, Politik der Gabe. Für ein anderes Zusammenleben, Hamburg 2018.

IV. Acedia – Tun und Lassen

1 Evagrius Ponticus, Ad monachos, S. 75–78. Vgl. Rüdiger Augst, Lebensverwirklichung und christlicher Glaube. Acedia – Religiöse Gleichgültigkeit als Problem der Spiritualität bei Evagrius Ponticus, Frankfurt am Main 1990, S. 143 f.

2 Im profanen antiken Griechisch kommt der Begriff nur selten vor. Im «Corpus Hippocraticum» gilt *a-kêdeia* als pathologischer Zustand. Die homerischen Schriften verwenden das Wort immer in der allgemeinen Bedeutung von «unbesorgt, sorglos». Es dient lange zur Bezeichnung einer Vielzahl emotionaler Zustände im Sinne von «Sorglosigkeit, Gleichgültigkeit», die sowohl positiv als auch negativ bewertet werden können. In der Stoa wird das Wort mit einem leisen Tadel gebraucht, um Erschöpfung und Verdruss auszudrücken. Im Neuen Testament kommt das Wort nicht vor.

3 Nach Evagrius, Ad monachos, S. 75–78. Vgl. Gabriel Bunge, Akedia. Die geistliche Lehre des Evagrios Pontikos vom Überdruss, Würzburg 2004, Praktikos 12, S. 95; Evagrios Pontikos, Über die acht Gedanken, eingeleitet und übers. von Gabriel Bunge, Beuron 2016, S. 53; Johannes Cassian, Die Heilmittel der acht Hauptlaster. De octo principalium vitiorum remediis, übers. von G. Ziegler, Münsterschwarzach 2019, S. 205 f.

4 Evagrius, Praktikos, Kapitel 27, S. 137. Vgl. Bunge, Akedia, S. 87; Evagrius, Ad monachos, S. 35 f.; Jeremy Driscoll, Apatheia and Purity of Heart in Evagrius Ponticus, in: H. A. Luckman, L. Kulzer (Hg.), Purity of Heart in Early Ascetic and Monastic Literature, Collegeville/MN 1999,

S. 141–159; C. Joest, Die Bedeutung von akedia und apatheia bei Evagrios Pontikos, in: Studia Monastica 35 (1993), S. 7–53, bes. S. 18–31.

5 Thomas von Aquin, Summa theologica. Die Deutsche Thomas-Ausgabe, hg. von der Albertus-Magnus-Akademie Walberberg bei Köln, Bd. 17b, Heidelberg u. a. 1966, Quaestio 35, 1, S. 22. Vgl. Michael Theunissen, Vorentwürfe von Moderne. Antike Melancholie und die Acedia des Mittelalters, Berlin/New York 1996, S. 26–27; Siegfried Wenzel, The Sin of Sloth. Acedia in Medieval Thought and Literature, Chapel Hill, NC, S. 53–55; Gwendolin Wanderer, Depression oder Melancholie? Eine theologisch-ethische Studie zu Perspektiven aus Medizin, Sozial- und Geisteswissenschaften, Frankfurt am Main 2022.

6 Zum Folgenden siehe Wenzel, The Sin of Sloth, S. 173 und S. 248, Anm. 35. Zu Grossetestes Predigt siehe Robert Grosseteste, Templum Dei, hg. von Joseph Ward Goering, Toronto 1984, S. 47.

7 Vgl. Wenzel, The Sin of Sloth, S. 73 f.

8 Theunissen, Vorentwürfe von Moderne, S. 10 f.

9 Raymond Klibansky, Erwin Panofsky, Fritz Saxl, Saturn and Melancholy. Studies in the History of Natural Philosophy, Religion and Art, London 1964. (Dt. Saturn und Melancholie. Studien zur Geschichte der Naturphilosophie und Medizin, der Religion und der Kunst, Frankfurt a. M. 1994.)

10 Klibansky/Panofsky/Saxl, Saturn und Melancholie, S. 367–394.

11 Erwin Panofsky, Fritz Saxl, Dürers «Melencolia I». Eine quellen- und typengeschichtliche Untersuchung, Leipzig/Berlin 1923. Siehe auch Romedio Schmitz-Esser, Um 1500. Europa zur Zeit Albrecht Dürers, Darmstadt 2023, S. 392–398; Peter Sillem, Melancholie. Oder vom Glück, unglücklich zu sein. Ein Lesebuch, München 2006; Annette Kehnel, Der homo miserabilis oder: die menschliche Befähigung zum «Heimweh nach der Traurigkeit», in: Manuel Braun (Hg.), Wie anders war das Mittelalter? Fragen an das Konzept der Alterität, Göttingen 2013, S. 299–322.

12 Klibansky/Panofsky/Saxl, Saturn und Melancholie, S. 11.

13 Friedrich Nietzsche, Unzeitgemäße Betrachtungen, hg. von Giorgio Colli und Mazzino Montinari, Berlin/New York 1999, Kritische Studienausgabe 1, S. 243–334, hier S. 248.

14 Hartmut Rosa, Resonanz. Eine Soziologie der Weltbeziehung, Berlin 2019.

15 Ebd., S. 263 f.

16 Zum Folgenden Claudia Märtl, Ein Regimen gegen Melancholie für Kaiser Friedrich III., in: Deutsches Archiv 79 (2023), S. 135–161, hier S. 153 f. Zur Melancholie als Herrscherleiden siehe Wolfgang Weber, Im Kampf mit Saturn. Zur Bedeutung der Melancholie im anthropologischen Modernisierungsprozess des 16. und 17. Jahrhunderts, in: Zeitschrift für Historische Forschung 17 (1990), S. 155–192, bes. S. 169–175. Zur Persönlichkeit Friedrichs III. vgl. die Beiträge im Band von Martin Wagendorfer, Das Notizbuch Friedrichs III. (in Vorbereitung).

17 Märtl, Ein Regimen gegen Melancholie, S. 142.

18 Fasciculus Morum, S. 398–624. Im Folgenden werden ausgewählte Abschnitte paraphrasiert.

19 Eviatar Zerubavel, The Seven Day Circle. The History and Meaning of the Week, Chicago 1985, S. 8. Vgl. David M. Henkin, The Week. A History of the Unnatural Rhythms That Made Us Who We Are, New Haven 2021.

20 Jean-Claude Schmitt, Les rythmes au Moyen Âge, Paris 2016, S. 29–33; Roland Barthes, Wie zusammen leben. Simulationen einiger alltäglicher Räume im Roman. Vorlesung am Collège de France 1976–1977, übers. von Horst Brühmann, Frankfurt am Main 2007, S. 37–89, bes. S. 80–82.

21 Craig Wright, The Maze and the Warrior, Cambridge, MA 2001, S. 129.

22 Vgl. ebd., S. 134 f.

23 Ebd., S. 129–158, hier S. 139 f. für den Bericht aus Auxerre. Siehe auch Christiane Brehm, Der Weg zu Gott. Ein Tanz auf dem Labyrinth, in: Heiter bis göttlich. Die Kultur des Spiels im Kloster. Katalog zur Sonderausstellung Kloster Dalheim, Lindenberg 2013, S. 122 f.; Daniel K. Connolly, At the Center of the World. The Labyrinth Pavement of Chartres Cathedral, in: Sarah Blick, Rita Tekippe (Hg.), Art and Architecture of Late Medieval Pilgrimage in Northern Europe and the British Isles, Leiden 2004, S. 285–331.

24 Miri Rubin, Corpus Christi. The Eucharist in Late Medieval Culture, Cambridge 1991, S. 267 ff.; Dieter J. Weiß, Prozessionsforschung und Geschichtswissenschaft, in: Jahrbuch für Volkskunde 27 (2004), S. 63–79.

25 Schmitt, Les rythmes, S. 190.

26 Ebd., S. 187 f.; M. Moleiro (Hg.), Les Heures de Charles d'Angoulême, Paris 2016.

27 Schmitt, Les rythmes, S. 193.

28 Maria Laura Gemelli Marciano (Hg.), Die Vorsokratiker 2: Parmenides, Zenon, Empedokles, Düsseldorf 2009, S. 138–438, hier Fragment 175,

S. 309–311, sowie die Anm. auf S. 434; vgl. Oliver Primavesi, Empedokles, in: J. Mansfeld, Die Vorsokratiker. Griechisch/Deutsch. Ausgewählt, übersetzt und erläutert von J. Mansfeld und O. Primavesi, Stuttgart 2011, S. 392–563.

29 Stefan Zweig, Die Eroberung von Byzanz, in: ders., Sternstunden der Menschheit. 14 historische Miniaturen, Frankfurt a. M. u. a. 2012, S. 47–86, hier S. 52. Den aktuellen Forschungsstand bietet Marios Philippides, Walter K. Hanak, The Siege and Fall of Constantinople in 1453. Historiography, Topography and Military Studies, Farnham 2011; Jonathan Harris, The End of Byzantium, New Haven 2010. Für wertvolle Hilfe bei dieser Skizze danke ich Rike Szill. Vgl. dies., A History Dedicated to Mehmed II? Kritoboulos of Imbros and the Enshrining of a Superior's Memory after the Conquest of Constantinople in 1453, in: History in Flux 1 (2019), S. 79–91; dies., Herrschaftszeiten! Zum Diskurs über die Endlichkeit von Herrschaft am Beispiel der Einnahme Konstantinopels 1453 in den Geschichtswerken des Dukas und des Kritobulos von Imbros, in: Julia Weitbrecht, Andreas Bihrer, Timo Felber (Hg.), Die Zeit der letzten Dinge. Deutungsmuster und Erzählformen des Umgangs mit Vergänglichkeit in Mittelalter und Früher Neuzeit, Göttingen 2020, S. 267–286. Klassisch ist noch immer die Darstellung von Steven Runciman, Die Eroberung von Konstantinopel 1453, 4. Auflage, München 1990.

30 Szill, Herrschaftszeiten!, S. 270, Anm. 11, zu den zeitgenössischen Klagen.

31 Neslihan Asutay-Effenberger, Die Landmauer von Konstantinopel-İstanbul. Historisch-topographische und baugeschichtliche Untersuchungen, Berlin 2007.

32 Vgl. Herbert Hunger, Die hochsprachlich profane Literatur der Byzantiner. Erster Band: Philosophie – Rhetorik – Epistolographie – Geschichtsschreibung – Geographie, München 1978 (Handbuch der Altertumswissenschaft 12: Byzantinisches Handbuch 5), S. 485–503; Szill, Herrschaftszeiten!, S. 270, Anm. 11.

33 Zwar ist nur eine im 16. Jahrhundert überarbeitete und erweiterte Version erhalten, doch konnten viele Passagen als authentisch identifiziert werden. Vgl. R. Maisano, Sphrantzes, Georgios, in: Lexikon des Mittelalters, Bd. VII, Zürich 2002, Sp. 2100.

34 Gründe für die Untätigkeit des Westens nach Runciman, Die Eroberung von Konstantinopel, S. 64–89.

35 Walter Deeters, Ein Breve des Papstes Nikolaus V. an den oströmischen Kaiser von 1453, in: Quellen und Forschungen aus italienischen Archiven und Bibliotheken 48 (1968), S. 357 f.

36 Runciman, Die Eroberung von Konstantinopel, S. 65.

37 Georgios Sphrantzes, Die letzten Tage von Konstantinopel. Der auf den Fall Konstantinopels 1453 bezügliche Teil des dem Georgios Sphrantzes zugeschriebenen «Chronicon Maius», übersetzt, eingeleitet und erklärt von Endre von Ivánka, Graz/Wien/Köln 1973, S. 42–102, hier S. 92. Das «Chronicon Maius» liegt uns heute nur in der überarbeiteten und aus verschiedenen Texten zusammengesetzten Fassung aus der Mitte des 16. Jahrhunderts vor.

38 Ebd., S. 92.

39 Ebd., S. 83 f.

40 «‹Ich bin inzwischen zu der Überzeugung gelangt, dass wir fast immer wider besseres Wissen leben›, philosophiert Wallander. ‹Wir glauben, wir können eine Entwicklung bremsen, indem wir uns weigern, sie zur Kenntnis zu nehmen.›» In: Henning Mankell, Die weiße Löwin, übers. von Erik Gloßmann, München 2000, S. 386.

41 Sphrantzes, Die letzten Tage von Konstantinopel, S. 65.

42 Vgl. z. B. Damaris Grimmsmann, Krieg mit dem Wort. Türkenpredigten des 16. Jahrhunderts im Alten Reich, Berlin 2016. In einer Analyse von 299 Predigten von 38 Autoren zeigt Grimmsmann, wie hier Angst geschürt wurde, wie die Osmanen, die Muslime, die Angst vor der fremden Religion als Negativfolie benutzt wurden, um das eigene Bekenntnis besonders hell erstrahlen zu lassen.

V. Invidia – Konkurrenz

1 Homer, Ilias, XI, 784, in der Prosaübersetzung von Ferdinand Lempp, hg. von M. Schroeder, Frankfurt am Main 2009, S. 232. Vgl. Meus, Alexander, «Immer der Beste zu sein». Die agonale Kultur der Griechen, in: AGON-Blog Juli 2017, https://www.phil.uni-mannheim.de/geschichte/lehrstuehle/alte-geschichte/transfer/agon-blog/alle-beitraege/immer-der-beste-zu-sein/

2 Jacob Burckhardt, Griechische Culturgeschichte, Bd. 4: Der hellenische Mensch in seiner zeitlichen Entwicklung, München 2012, S. 109–118; dazu Christian Mann, Athlet und Polis im archaischen und frühklassischen Griechenland, Göttingen 2001, S. 22–29; ders., People on the Frin-

ges of Greek Sport, in: Donald G. Kyle, Paul Christesen, A Companion to Sport and Spectacle in Greek and Roman Antiquity, Hoboken 2014, S. 276–28; Thomas F. Scanlon, Alison Futrell (Hg.), The Oxford Handbook Sport and Spectacle in the Ancient World, Oxford 2021; Ingomar Weiler, Wider und für das agonale Prinzip – eine griechische Eigenart? Wissenschaftsgeschichtliche Aspekte und Grundsatzüberlegungen, in: Nikephoros 19 (2006), S. 81–110; Leonhard Burckhardt, Vom «Agon» zur «Nullsummenkonkurrenz». Bemerkungen zu einigen Versuchen, die kompetitive Mentalität der Griechen zu erfassen, in: Nikephoros 12 (1999), S. 71–93.

3 Mann, Athlet und Polis, S. 289–291.

4 Mann, Athlet und Polis, S. 23 f.; Burckhardt, Vom «Agon» zur «Nullsummenkonkurrenz».

5 Martin Hinterberger, Phthonos. Mißgunst, Neid und Eifersucht in der byzantinischen Literatur, Wiesbaden 2013.

6 Hier nach Theodor Nikolaou, Der Neid bei Johannes Chrysostomus. Unter Berücksichtigung der griechischen Philosophie, Bonn 1969, S. 31 ff.; zu Johannes Chrysostomus siehe auch Claudia Tiersch, Johannes Chrysostomus in Konstantinopel (398–404). Weltsicht und Wirken eines Bischofs in der Hauptstadt des Oströmischen Reiches, Tübingen 2002.

7 Nikolaou, Der Neid, S. 103 f.

8 Wenzel (Hg.), Fasciculus Morum, S. 148 f.

9 Ebd., S. 162 f.

10 Erwin Pokorny, Die sogenannte Tischplatte mit den sieben Todsünden und den vier letzten Dingen, in: Daniela Erlach u. a. (Hg.), Die sieben Todsünden in der Frühen Neuzeit, Frühneuzeit-Info 21, Heft 1+2 (2010), S. 35–42; Stefan Fischer, Im Irrgarten der Bilder. Die Welt des Hieronymus Bosch, München 2016, S. 7 f.

11 Lyndal Roper, Hexenwahn. Geschichte einer Verfolgung, Frankfurt am Main 2007; dies., Oedipus and the Devil. Witchcraft, Sexuality and Religion in Early Modern Europe, Milton Park 1994; einschlägig zur Hexenverfolgung Wolfgang Behringer, Witches and Witch-Hunts. A Global History, Cambridge 2004; immer noch sehr lesenswert Gerd Schwerhoff, Vom Alltagsverdacht zur Massenverfolgung. Neuere deutsche Forschungen zum frühneuzeitlichen Hexenwesen, in: Geschichte in Wissenschaft und Unterricht 46 (1995), S. 359–380.

12 Lyndal Roper, The Witch in the Western Imagination, Oxford 2012,

S. 87–116, besonders S. 91 ff.; vgl. zur Aktualität solcher Motive bei Hexereivorwürfen in heutigen Gesellschaften Mirjam Mencej, Styrian Witches in European Perspective. Ethnographic Fieldwork, London 2017.

13 Behringer, Witches and Witch-Hunts, S. 49.

14 Klaus Graf, Der Endinger Hexenprozess gegen Anna Trutt von 1751, in: Wolfgang Behringer u. a. (Hg.), Späte Hexenprozesse. Der Umgang der Aufklärung mit dem Irrationalen, Bielefeld 2016, S. 89–101.

15 Dante, Die göttliche Komödie, Purgatorio, XIII Gesang, Verse 46–48, 58–60, 70–72.

16 Zum Folgenden siehe Stephan Selzer, Die mittelalterliche Hanse, Darmstadt 2010, S. 26. Einen soliden Überblick zu Hanse und Hanseforschung bietet Rolf Hammel-Kiesow, Die Hanse, 8. Auflage, München 2014.

17 Gervase Rosser, The Art of Solidarity in the Middle Ages. Guilds in England 1250–1550, Oxford 2015; vgl. die Fallstudie von Hadewijch Masure, Poor Boxes, Guild Ethic and Urban Community Building in Brabant, c. 1250–1600, in: Justin Colson, Arie van Steensel (Hg.), Cities and Solidarities. Urban Communities in Pre-Modern Europe, London 2017, S. 115–131.

18 Tine De Moor, Homo cooperans. Instituties voor collectieve actie en de solidaire samenleving, Utrecht 2013; dies., The Silent Revolution. A New Perspective on the Emergence of Commons, Guilds and Other Forms of Corporate Collective Action in Western Europe, in: Jan Lucassen, Tine De Moor, Jan Luiten van Zanden (Hg.), The Return of the Guilds, Cambridge 2008, S. 179–212.

19 De Moor, The Silent Revolution, S. 181, 210. De Moor betont, dass diese «stille Revolution» nicht von ihr selbst entdeckt wurde, und verweist auf Peter Blickle, From Communal Reformation to the Revolution of the Common Man, Leiden 1998; Avner Greif, Institutions and the Path to the Modern Economy. Lessons from Medieval Trade, Cambridge 2006; Susan Reynolds, Kingdoms and Communities in Western Europe 900–1300, Oxford 1997.

20 Vgl. Hiram Kümper, Der Traum vom Ehrbaren Kaufmann. Die Deutschen und die Hanse, Berlin 2020. Die folgenden Abschnitte über die Hanse folgen weitgehend den Kapiteln 5 bis 7, S. 84–214, mit Verweis auf die überreiche Literatur zum Thema. Auf den Ausweis einzelner Zitate wurde hier – mit Zustimmung des Autors – verzichtet.

21 Ebd., S. 70.

22 Ebd., S. 108.

23 Ebd., S. 168 f., nach Rolf Sprandel, Albrecht Cordes (Hg.), Societates. Das Verzeichnis der Handelsgesellschaften im Lübecker Niederstadtbuch 1311–1361, Köln/Weimar/Wien 2003.

24 Avner Greif, Paul Milgrom, Barry R. Weingast, Coordination, Commitment, and Enforcement. The Case of the Merchant Guild, in: Journal of Political Economy 102 (1994), S. 745–776; vgl. Stephan Selzer, Ulf Christian Ewert, Die Neue Institutionenökonomik als Herausforderung an die Hanseforschung, in: Hansische Geschichtsblätter 123 (2005), S. 7–29.

25 Siehe die Projektbeschreibung von Ulla Kypta zum Thema «Kooperativer Individualismus» auf den Seiten des Arbeitskreises für Spätmittelalterliche Wirtschaftsgeschichte: https://www.wirtschaftsgeschichte.org/de/uber-uns.

26 Douglass North, Institutions, Institutional Change, and Economic Performance. Cambridge 1990. Vgl. Elisabeth Göbel, Neue Institutionenökonomik. Grundlagen, Ansätze und Kritik, München 2021.

27 Heinz-Gerhard Haupt (Hg.), Das Ende der Zünfte. Ein europäischer Vergleich. Göttingen 2002, S. 9. Die Beiträge in diesem Band rekonstruieren die Abschaffung der Zünfte in den verschiedenen Ländern Europas. Josef Ehmer, Traditionelles Denken und neue Fragestellungen zur Geschichte von Handwerk und Zunft, in: Friedrich Lenger (Hg.), Handwerk, Hausindustrie und die historische Schule der Nationalökonomie, Bielefeld 1998, S. 19–77, zur Entstehung der zunftkritischen historischen Tradition, die Ehmer ins 19. Jahrhundert datiert, verknüpft vor allem mit den Arbeiten von Marx und Engels, die dann an der Wende vom 19. zum 20. Jahrhundert von der Historischen Schule der deutschen Nationalökonomie zur orthodoxen Lehre erhoben wurden. Aktuell dominiert erneut die zunftkritische Schule, siehe dazu Sheilagh Ogilvie, The European Guilds. An Economic Analysis, Princeton 2019. Ogilvie analysiert die Daten von Tausenden von Zünften, die die europäische Wirtschaft von 1000 bis 1880 beherrschten, und zeigt, wie diese die Märkte in vielerlei Hinsicht beeinflussten, etwa durch Marktzutrittsschranken, Preis- und Angebotsverzerrungen oder geschlechtsspezifische Diskriminierung. Indem sie die Funktionsweise der Märkte zum Nutzen ihrer eigenen Mitglieder veränderten, veränderten sie zwangsläufig auch die Märkte für alle anderen, und zwar vor allem negativ, durch Verstärkung von Informationsasymmetrien, Verwässerung von Qualitätsstandards, Manipulation der freien Kräfte des Marktes durch Preisbindungen und anderes mehr.

VI. Ira – Gewalt

1 Die Buchmalerei stammt aus einer Handschrift in der British Library, MS Harley 5102, f. 32, ein reich bebilderter Psalter, Catalogue of the Harleian Manuscripts in the British Museum, Bd. 3, London 1808, S. 246.

2 Die Darstellung folgt Hanna Vollrath, Thomas Becket. Höfling und Heiliger, Göttingen/Zürich 2004, S. 121–130; Jürgen Sarnowsky, Mord im Dom. Thomas Becket 1170, in: Alexander Demandt (Hg.), Das Attentat in der Geschichte. Köln u. a. 1996, S. 75–89; Aurell Martin, Le Meurtre de Thomas Becket. Les Gestes d'un Martyr, in: Natalie M. Fryde, Dirk Reitz (Hg.), Bischofsmord im Mittelalter / Murder of Bishops, Göttingen 2003, S. 187–210; siehe ebd. auch Nicholas, C. Vincent, The Murderers of Thomas Becket, S. 211–272. Den ausführlichsten Bericht liefert der Augenzeuge Edward Grim, Narrative of the Murder of Thomas Becket (29 December 1170), in: David Douglas, George Greenaway (Hg.), English Historical Documents 1042–1189, London 1981, S. 812–820. Eine Übersicht zu den zahlreichen zeitgenössischen Berichten zum Mord bietet Antonia Gransden, Historical Writing in England, London 1974, S. 296–317.

3 Vollrath, Thomas Becket, S. 126.

4 Natalie M. Fryde, Dirk Reitz (Hg.), Bischofsmord im Mittelalter. Murder of Bishops, Göttingen 2003.

5 Seneca, De ira, I, 1, in: Seneca, Von der Kürze des Lebens. Über den Zorn. Von der Muße, übertragen und eingeleitet von H. M. Endres, München o. J., S. 37–142, hier S. 37.

6 Aristoteles, Rhetorik. Übersetzt, mit einer Bibliographie, Erläuterungen und einem Nachwort von Franz G. Sieveke, München 1995, Buch 2, Kapitel 2. 1., S. 85 f.: «Es sei also Zorn ein mit Schmerz verbundenes Trachten nach dem, was uns als Rache für das erscheint, worin wir eine Kränkung unserer selbst oder eines der unsrigen erblicken von jemandem, dem das Kränken nicht zukommt.»

7 Johannes, F. Lehmann, Im Abgrund der Wut. Zur Kultur- und Literaturgeschichte des Zorns, Freiburg 2012, S. 45 f.

8 Gerd Althoff, Ira regis. Prolegomena to a History of Royal Anger, in: Barbara Rosenwein (Hg.), Anger's Past. The Social Uses of an Emotion in the Middle Ages, Ithaca, NY 1998, S. 59–74.

9 Lehmann, Im Abgrund der Wut, S. 46 f.; Aristoteles, Rhetorik, Buch 2,

Kap. 2,24, S. 90: «Ferner [zürnen wir] denen, die sich uns gegenüber ironisch verhalten, obwohl wir ernsthaft sind; denn die Ironie zeigt immer etwas von Verachtung. [...] Zornerregend ist auch das Vergessen, wie z. B. das von Namen, so geringfügig es auch ist; denn auch das Vergessen scheint uns ein Zeichen von Kränkung zu sein, das Vergessen entsteht nämlich aus der Sorglosigkeit.»

10 Vgl. dazu und zum Folgenden Manfred Fuhrmann, Seneca und Kaiser Nero, Berlin 1997, S. 118–128. Siehe auch Peter Sloterdijk, Zorn und Zeit, Frankfurt am Main 2008.

11 Fuhrmann, Seneca, S. 44–46.

12 Seneca, De ira, I, 4.

13 Seneca, De ira, I, 13,5. Vgl. dazu vor allem Lehmann, Im Abgrund der Wut, S. 72 f.

14 Fuhrmann, Seneca, S. 117–128.

15 Thomas von Aquin, Maßhaltung (2. Teil), in: Vollständige, ungekürzte deutsch-lateinische Ausgabe der Summa theologica, Bd. 22, Heidelberg 1993, S. 164–165 (II-I), q. 158,1.

16 Althoff, Ira regis; Lehmann, Im Abgrund der Wut, S. 118–120; Frevert, Ute, Mächtige Gefühle. Von A wie Angst bis Z wie Zuneigung. Deutsche Geschichte seit 1900, Frankfurt am Main 2020, S. 398–400.

17 Sara Sorella, Alessandro Grecucci, The Neural Bases of Anger, in: C. R. Martin u. a. (Hg.), Handbook of Anger, Aggression, and Violence, Berlin 2023, S. 1–19; Gitta Jacob, Wut. Emotionsarbeit in der Psychotherapie, Weinheim 2022, S. 19.

18 Siehe dazu Lehmann, Im Abgrund der Wut, S. 151–154.

19 Immanuel Kant, Anthropologie in pragmatischer Hinsicht, hg. von Reinhard Brandt, Hamburg 2003, S. 174; Johann Heinrich Zedler, Großes vollständiges Universallexicon aller Wissenschaften und Künste, 1731–1754, Bd. 63, Sp. 501 f.

20 Peter Sloterdijk, Zorn und Zeit, Frankfurt am Main 2008; Pankaj Mishra, Das Zeitalter des Zorns. Eine Geschichte der Gegenwart, übers. von Michael Bischoff und Laura Su Bischoff, Frankfurt am Main 2017.

21 Salimbene da Parma, The Chronicle of Salimbene de Adam, hg. von Joseph Baird, Giuseppe Baglivi und John Robert Kane, Binghamton 1986, S. 47–55, hier S. 47, Übersetzung ins Deutsche von mir; vgl. Augustine Thompson (Hg.), Revival Preachers and Politics in Thirteenth-Century Italy. The Great Devotion of 1233, Oxford 1992.

22 Salimbene, The Chronicle, S. 48.

23 Klaus Schreiner, «Gerechtigkeit und Frieden haben sich geküßt» (Ps. 84,11). Friedensstiftung durch symbolisches Handeln, in: Johannes Fried (Hg.), Träger und Instrumentarien des Friedens im hohen und späten Mittelalter, Sigmaringen 1996, S. 37–86, hier S. 60 f.

24 Ludovico V. Geymonat, Preparing for the End. Painting in the Baptistery of Parma and the Great Devotion of 1233, in: Rosa Bacile, John McNeill (Hg.), Romanesque and the Mediterranean. Points of Contact across the Latin, Greek and Islamic Worlds, c. 1000 to c. 1250, Leeds 2015, S. 173–192.

25 Schreiner, «Gerechtigkeit und Frieden», S. 42.

26 Johannes Burkhardt, Stephanie Haberer (Hg.), Das Friedensfest. Augsburg und die Entwicklung einer neuzeitlichen Toleranz-, Friedens- und Festkultur, Berlin 2000.

27 Claire Gantet, *Dergleichen sonst an keine hohen festtag das gantze Jar hindurch zue geschehen pfleget bey den Evangelischen inn diser statt*. Das Augsburger Friedensfest im Rahmen der deutschen Friedensfeiern, in: Burkhardt/Haberer (Hg.), Das Friedensfest, S. 209–232.

28 Hans-Otto Mühleisen, Augsburger Friedensgemälde als politische Lehrstücke, in: Burkhardt/Haberer (Hg.), Das Friedensfest, S. 117–145.

29 Ulrike Albrecht, Die Augsburger Friedensgemälde 1651–1789. Eine Untersuchung zum evangelisch-lutherischen Lehrbild einer Reichsstadt, München 1983, S. 30.

30 Siehe https://www.augsburg.de/kultur/festivals/hohes-friedensfest/.

31 Thomas Richter, Instrumenta pacis. Der Kuss von Bildwerken und Reliquien im Friedensritus der Heiligen Messe, in: Edgar Bierende u. a. (Hg.), Riten, Gesten, Zeremonien. Gesellschaftliche Symbolik in Mittelalter und Früher Neuzeit, Berlin 2008, S. 117–140, hier S. 117 f. Vgl. Yannick Carré, Le baiser sur la bouche au Moyen Âge. Rites, symboles, mentalités à travers les textes et les images, XIe – Xve siècles, Paris 1992; Klaus Oschema, Freundschaft und Nähe im spätmittelalterlichen Burgund. Studien zum Spannungsfeld von Emotion und Institution, Köln/Weimar/Wien 2006, S. 488–538.

32 Dudo von Saint-Quentin, zit. nach Hans Hattenhauer, Die Aufnahme der Normannen in das westfränkische Reich. Saint Claire-sur-Epte AD 911, Göttingen 1990, S. 4; Alheydis Plassmann, Die Normannen. Erobern – Herrschen – Integrieren, Stuttgart 2008, S. 17–26, 59–103.

33 H.-W. Strätz, Kuss, in: Lexikon des Mittelalters, 5, Sp. 1590 f. Vgl. Oschema, Freundschaft und Nähe, S. 531–538.

34 Mishra, Das Zeitalter des Zorns, S. 9.

35 Ebd., S. 37.

36 Ebd., S. 55.

37 Ebd., S. 62.

38 Joseph Schumpeter, Kapitalismus, Sozialismus und Demokratie. 10., vervollständigte deutschsprachige Auflage mit einer Einführung von Heinz D. Kurz, Tübingen 2020, S. 103–109, hier S. 105 f.

39 Siehe A. Pyka, H. Hanusch (Hg.), Elgar Companion to Neo-Schumpeterian Economics. Cheltenham, UK/Northampton, MA 2007; E. G. Carayannis, C. Ziemnowicz, Rediscovering Schumpeter. Creative Destruction Evolving into «Mode 3», Basingstoke, Hampshire 2007.

VII. Superbia – Macht

1 Karl Popper, Das Elend des Historizismus, Tübingen 1974, Nachdruck der 4. Auflage, S. 1, VIII (Exzerpt von Oliver Kloss).

2 Jeremia, 21; vgl. Josephus, Jüdische Altertümer, übersetzt und mit Einleitung und Anmerkungen versehen von H. Clementz, Wiesbaden 1998, Buch 10, 4, 2, S. 608–610.

3 Josephus, Jüdische Altertümer, Buch 10, 1–6, S. 607–615.

4 Daniel 4,25–34. Vgl. Josephus, Jüdische Altertümer 10, 10,6, S. 635 f.

5 Daniel 4,34.

6 Jan Christian Gertz, Das erste Buch Mose (Genesis). Die Urgeschichte Gen 1–11, Göttingen 2018, S. 19–25.

7 Gen. 11,1–9, in der Übersetzung von Gertz, Das erste Buch Mose, S. 328. «Jhwh» wurde durch das geläufigere «Jahweh» ersetzt.

8 Arno Borst, Der Turmbau von Babel. Geschichte der Meinungen über Ursprung und Vielfalt der Sprachen und Völker, Stuttgart 1957; George Smith, A. H. Sayce, The Chaldean Account of Genesis Containing the Description of the Creation, the Fall of Man, the Deluge, the Tower of Babel, the Times of the Patriarchs, Project Gutenberg, 2019. In Carel van Schaik, Kai Michel, Das Tagebuch der Menschheit. Was die Bibel über unsere Evolution verrät, Reinbek bei Hamburg 2016, S. 126–132, wird das Scheitern des Turmbaus darauf zurückgeführt, dass Großbaustellen des Altertums zu gefährlichen Infektionsherden wurden und früher oder später Seuchen die aufstrebenden Städte heimsuchten. Diese Erfahrung sei der Geschichte vom Turmbau zu Babel eingeschrieben.

9 Die Bildbeschreibung folgt Ulrike B. Wegener, Die Faszination des Maßlosen. Der Turmbau zu Babel von Pieter Bruegel bis Athanasius Kircher, Hildesheim/Zürich/New York 1995, S. 15–72.

10 Josephus, Jüdische Altertümer, Buch 1, 4–5, S. 31–33.

11 Barbara A. Kaminska, Negotiating Entrepreneurship in Early Modern Antwerp. Pieter Bruegel's Tower of Babel, in: dies., Pieter Bruegel the Elder. Religious Art for the Urban Community, Leiden/Boston 2019, S. 15–72; mit Verweis auf An M. Kint, The Community of Commerce. Social Relations in Sixteenth-Century Antwerp, Diss., Columbia University 1995.

12 Kaminska, Negotiating Entrepreneurship, S. 24. Vgl. auch Margaret A. Sullivan, Bruegel and the Creative Process, 1559–1563, London/New York 2018, S. 192–200.

13 «Hochmut», in: Wolfgang Pfeifer u. a., Etymologisches Wörterbuch des Deutschen (1993); digitalisierte und von Wolfgang Pfeifer überarbeitete Version im Digitalen Wörterbuch der deutschen Sprache, https://www.dwds.de/wb/etymwb/Hochmut.

14 «Achtung», in: Meyers Großes Konversations-Lexikon, 6. Auflage (1905–1909); digitalisierte Fassung im Wörterbuchnetz des Trier Center for Digital Humanities, Version 01/23, https://www.woerterbuchnetz.de/Meyers?lemid=A00981.

15 Aristoteles, Nikomachische Ethik, übers. von Dorothea Frede, Berlin/Boston 2020, Buch IV, 7, S. 67.

16 Kai Externbrink, Moritz Keil, Narzissmus, Machiavellismus und Psychopathie in Organisationen. Theorien, Methoden und Befunde zur dunklen Triade, Wiesbaden 2018, S. 8–13.

17 Ebd., S. 2.

18 Hier wiedergegeben nach Wenzel (Hg.), Fasciculus Morum, S. 55. Vgl. Matthew Baasten, Pride According to Gregory the Great. A Study of the Moralia. Lewiston 1986.

19 Johannes von Salisbury, Policraticus 8,17, hier zit. nach Richard H. Rouse, Mary A. Rouse: Johann von Salisbury und die Lehre vom Tyrannenmord, in: Max Kerner (Hg.): Ideologie und Herrschaft im Mittelalter, Darmstadt 1982, S. 241–267, hier S. 244 f. Siehe auch Jürgen Miethke, Der Tyrannenmord im späteren Mittelalter. Theorien über das Widerstandsrecht gegen ungerechte Herrschaft in der Scholastik, in: Gerhard Beestermöller (Hg.), Friedensethik im Spätmittelalter. Theologie im Ringen um die gottgegebene Ordnung, Stuttgart 1999, S. 24–48.

20 Wenzel (Hg.), Fasciculus Morum, S. 55. Silvia Negri (Hg.), Representations of Humility and the Humble, Florenz 2021.

21 Meine Darstellung folgt Mary Beard, The Roman Triumph, London 2007, S. 85–92, und Joachim Hölkeskamp, Memento mori. Erinnerung an die Sterblichkeit und die römische Kultur des Triumphzuges, in: Elke und Joachim Hölkeskamp (Hg.), Erinnerungsorte der Antike, München 2006, S. 258–276. Zum Triumphzug einschlägig Michael McCormick, Eternal Victory. Triumphal Rulership in Late Antiquity, Byzantium, and the Early Medieval West, Cambridge 1986; Tanja Itgenshorst, Tota illa pompa. Der Triumph in der römischen Republik, Göttingen 2005; C. H. Lange, Triumphs in the Age of Civil War. The Late Republic and the Adaptability of Triumphal Tradition, London 2016. Für Kaiserzeit und Spätantike Fabian Goldbeck, Johannes Wienand (Hg.), Der römische Triumph in Prinzipat und Spätantike, Berlin 2017. Hier auch S. 2, Anm. 2, mit weiterführender Literatur.

22 Jan B. Meister, Tracht, Insignien und Performanz des Triumphators zwischen später Republik und früher Kaiserzeit, in: Goldbeck/Wienand (Hg.), Der römische Triumph, S. 83–102.

23 Bernhard Woytek, «Hominem te memento!» Der mahnende Sklave im römischen Triumph und seine Ikonographie, in: Tyche 30 (2015), S. 193–210.

24 Quintus Septimius Florens Tertullianus, Apologeticum. Verteidigung des Christentums. Lateinisch und deutsch, hg., übers. und erl. von Carl Becker, 4. Aufl., Darmstadt 1992, S. 168–171.

25 Siehe dazu und zum Folgenden die Beiträge in Thomas Blank, Christoph Catrein, Christine van Hoof (Hg.), Caesarenwahn. Ein Topos zwischen Antiwilhelminismus, antikem Kaiserbild und moderner Populärkultur, Köln/Weimar/Wien 2021, sowie K. Holl, H. Kloft, G. Fesser (Hg.), Caligula – Wilhelm II. und der Caesarenwahnsinn. Antikenrezeption und wilhelminische Politik am Beispiel des «Caligula» von Ludwig Quidde, Bremen 2001. Zu Caligula Aloys Winterling, Caligula. Eine Biographie, München 2003.

26 Siehe dazu und zu den folgenden Zitaten Ludwig Quidde, Caligula. Eine Studie über römischen Cäsarenwahnsinn. Leipzig 1894, in: Blank u. a. (Hg.), Caesarenwahn, S. 23–42.

27 G. Fesser, Kaiser Wilhelm II. und der Wilhelminismus, in: Holl u. a. (Hg.), Caligula – Wilhelm II. und der Caesarenwahnsinn, S. 117–152, hier S. 122.

28 Le sacre royal à l'époque de Saint Louis d'àprès le manuscrit latin 1246 de la BNF, hg. von J. Le Goff u. a., Paris 2001. Ausführlich dazu Annette Kehnel, «Erst Prügel, dann Gottähnlichkeit». Zum Zusammenhang zwischen Macht und Marter, in: Paradoxien der Legitimation, hg. von Annette Kehnel und Cristina Andenna, Florenz 2010, S. 55–98.

29 Kuno Meyer (Hg.), Betha Colmáin maic Lúacháin. The Life of Colmán son of Lúachan, Dublin 1911, 72 f., § 70; vgl. Kehnel, «Erst Prügel», S. 95 f.

30 Claus Ambos, Weinen aus Demut. Der babylonische König beim Neujahrsfest, in: ders. (Hg.), Die Welt der Rituale. Von der Antike bis heute, Darmstadt 2005, S. 38–40; ders., Das «Neujahrs»-Fest zur Jahresmitte und die Investitur des Königs im Gefängnis, in: Doris Prechel (Hg.), Fest und Eid. Instrumente der Herrschaftssicherung im Alten Orient, Würzburg 2008, S. 1–12.

31 Bernd Schneidmüller, Ganz oben und doch nicht allein. Verflochtene Herrschaft oder die mittelalterliche Zähmung von Monarchie, in: Matthias Becher, Katharina Gahbler (Hg.), Herrscher und Eliten zwischen Symbiose und Antagonismus. Kommunizieren in vormodernen Herrschaftsstrukturen, Bonn 2023, S. 227–264, hier S. 256.

32 Cooks Fahrten um die Welt. Bericht nach seinen Tagebüchern, hg. von Paul Beyer, Leipzig 1963, S. 395. Vgl. J. C. Beaglehole, The Journals of Captain James Cook III. The Voyage of the Resolution and Discovery, 1776–1780, London 1967, S. 654.

33 Heinrich Zimmermann, Reise um die Welt mit Capitain Cook, Mannheim 1781, zweite Auflage 1783. Die offiziellen, von His Majesty freigegebenen Logbücher der Expedition erschienen erst 1784: A Voyage to the Pacific Ocean. Undertaken, by the Command of His Majesty, for Making Discoveries in the Northern Hemisphere. Performed under the Direction of Captains Cook, Clerke, and Gore, in the Years 1776, 1777, 1778, 1779, and 1780 [...].

34 Zimmermann, Reise um die Welt, S. 44.

35 Marshall Sahlins widmete den Traditionen auf Hawaii mehrere Jahrzehnte seines Forscherlebens und entwickelte die sogenannte Stranger-King-These, nach der indigene Gemeinschaften zum Teil ganz bewusst zur Lösung interner Konflikte ankommenden Fremden Autorität übertrugen. Die Verehrung, die Cook zuteilwurde, wäre in diesem Kontext zu verstehen. Und auch sein Tod, der herbeigeführt wurde, als der fremde König sich allzu oft über die Regeln der Gemeinschaft hinweggesetzt hatte. Vgl. Marshall Sahlins, The Stranger-King, or Dumézil

among the Fijians, in: Journal of Pacific History 16 (1981), S. 107–132; ders., Der Tod des Kapitän Cook. Geschichte als Metapher und Mythos als Wirklichkeit in der Frühgeschichte des Königreichs Hawaii, Berlin 1986 (Erstausgabe 1981). Sahlins Thesen stießen auf heftige Kritik; seine Stranger-King-Theorie zählt zu den am heftigsten diskutierten und zugleich am besten dokumentierten anthropologischen Forschungsthesen des 20. Jahrhunderts. Siehe dazu auch Jerry D. Moore, Marshall Sahlins – Culture Matters, in: ders. (Hg.), Visions of Culture. An Introduction to Anthropological Theories and Theorists, Lanham 2004, S. 365–385.

36 Zit. nach Marshall Sahlins, How «Natives» Think: About Captain Cook, for Example, Chicago 1995, S. 67.

37 Zimmermann, Reise um die Welt, S. 44.

38 Ebd., S. 45.

39 Ebd., S. 46.

40 Ebd., S. 46.

41 Ebd., S. 55.

Menschheitswissen für das Zeitalter der Krise

1 Lucius Annaeus Seneca, Briefe an Lucilius, hg. von Marion Giebel, Ditzingen 2022, S. 7.

2 Axel Michaels, Die Kunst des einfachen Lebens. Eine Kulturgeschichte der Askese, München 2004. Vgl. zum Buddhismus: Die Reden des Buddha. Mittlere Sammlung aus dem Kanon übersetzt von Karl Eugen Neumann, Stammbach o. J., S. 51 f.; zur «Fessel der Menschen» siehe S. 36.

3 Alasdair MacIntyre, Der Verlust der Tugend. Zur moralischen Krise der Gegenwart, Frankfurt am Main 1995, S. 303; vgl. Marcel Mauss, Die Gabe. Form und Funktion des Austauschs in archaischen Gesellschaften, Frankfurt am Main 1968, S. 172.

4 Alfred O. Hirschman, Leidenschaften und Interessen. Politische Begründungen des Kapitalismus vor seinem Sieg, Frankfurt am Main 1980, S. 17. Nach ihm ist der Hirschman-Index (auch Herfindahl-Hirschman-Index) zur Messung von Konzentrationen, etwa der Unternehmenskonzentration im Prozess der Monopolbildung, benannt. Siehe auch Werner Plumpe, Die Geburt des «Homo oeconomicus». Historische Überlegungen zur Entstehung und Bedeutung des Handlungsmodells der modernen Wirtschaft, in: Wolfgang Reinhard, Justin Stagl (Hg.), Menschen und Märkte. Studien zur historischen Wirtschaftsanthropo-

logie, Köln u. a. 2007, S. 319–352. Plumpe rekonstruiert die Erfindung des Interesses, des Eigennutzes als Mittel zum Zweck der «vernünftigen» Einhegung der Leidenschaften, am Übergang von der alteuropäischen zur modernen Wirtschaft.

5 Hirschman, Leidenschaften und Interessen, S. 23.

6 Giambattista Vico, Scienza nuova, § 132, 133, hier zit. nach ebd, S. 25.

7 Paul Henri Thiry d'Holbach, Système de la nature ou des loix du monde physique et du monde moral, Paris 1821, S. 424, Neudruck Hildesheim 1960, hier zit. nach Hirschman, Leidenschaften und Interessen, S. 35.

8 Hirschman, Leidenschaften und Interessen, S. 49.

9 Ebd., S. 50.

10 Ebd., S. 59.

11 Ebd., S. 63.

12 Ebd., S. 64.

13 Tagebucheintrag vom 27. März 1775. James Boswell, Dr. Samuel Johnson. Leben und Meinungen. Mit dem Tagebuch einer Reise nach den Hebriden. Hg. und aus dem Englischen übersetzt von Fritz Güttinger, Zürich 2008. Zit nach Hirschman, Leidenschaften und Interessen, S. 66.

14 David Hume, Of Interest, in: Political Discourses, 1752/1777, Edinburgh 1779, S. 295–307. Hier zit. nach Hirschman, Leidenschaften und Interessen, S. 75.

15 Ebd., S. 76.

16 Z. B. Ulrike Herrmann, Das Ende des Kapitalismus. Warum Wachstum und Klimaschutz nicht vereinbar sind – und wie wir in Zukunft leben werden, Köln 2022, S. 19–27. Herrmann beginnt ihr Buch mit einem elegischen Lob des Kapitalismus.

17 Walter Willett, Johan Rockström u. a., Food in the Anthropocene. The EAT-Lancet Commission on healthy diets from sustainable food systems, 16. Januar 2019, https://doi.org/10.1016/S0140-6736(18)31788-4.

18 Die Kommission besteht aus Mitgliedern des Potsdam Institute for Climate Impact Research, der Food and Land Use Coalition und der EAT-Lancet Commission. Siehe Food System Economics Commission (FSEC), The Economics of the Food System Transformation, Global Policy Report, 2024. Aktuelle Angaben finden sich auf https://foodsystemeconomics.org.

19 Ebd.

20 Hannah Skoda, Enough-ness in the Later Middle Ages, in: Matthew

Ingleby, Samuel Randalls (Hg.), Just Enough. The History, Culture and Politics of Sufficiency, London 2019, S. 29–46, hier S. 37.

21 Christian Stöcker, Männer, die die Welt verbrennen. Der entscheidende Kampf um die Zukunft der Menschheit, Berlin 2024.

22 1. Mose 19,1–26.

Epilog: Erinnert euch! Die Weisheit der Kogi

1 Aura Reyes, Ensamblando una colección. Trayectos biográficos de sujetos, objetos y conocimientos antropológicos en Konrad Theodor Preuss a partir de su expedición a Colombia (1913–1919), Dissertation, Freie Universität Berlin 2017, https://refubium.fu-berlin.de/handle/fub188/2195.

2 Falk X. Parra Witte, Living the Law of Origin. The Cosmological, Ontological, Epistemological, and Ecological Framework of Kogi Environmental Politics, Dissertation, University of Cambridge 2018.

3 Alan Ereira, Die großen Brüder. Die Botschaft der Hüter des Lebens, Reinbek bei Hamburg 1995.

4 https://www.amazonteam.org/biocultural-restoration-at-jaba-taniwashkaka.

DANK

Wenn wir von Generationen sprechen, dann meinen wir meist Boomer, Gen X, Millennials, Gen Z, Gen Alpha etc. und tun fast so, als wären das in sich geschlossene Einheiten. Dabei gerät in Vergessenheit, dass jede Generation das Ergebnis von Beziehungen ist, die weit in den Tiefen der Zeiten wurzeln. Wir sind Teil eines unendlichen Stroms. Andere waren vor uns da. Von ihnen können wir lernen. Andere werden nach uns sein. Auf sie können wir unsere Hoffnung setzen. Doch eines bleibt das Privileg der Gegenwärtigen. Wir teilen Lebenszeit. Generationenübergreifend. Nur im Hier und Jetzt können wir handeln. Und nur gemeinsam!

In diesem Sinne danke ich all den Gleichzeitigen aus den verschiedenen Generationen für die Begleitung auf der Reise durch das Land der Todsünden: meinen Kindern samt PartnerInnen und Kindern für den Wind der Zukunft, meinen Eltern für ihre Erfahrung, meiner Tante Rose für ihr Lachen, meinen Geschwistern für ihr Wohlwollen, meinen Studierenden für ihre Neugier auf ein altes Thema, der Belegschaft am Historischen Institut der Universität Mannheim für viele Todsündenwitze (dass eine Kollegin ihr Bücherregal nach den sieben Todsünden ordnet, würde nicht überall geduldet). Bonnie Effros, Tina Loo, Coll Thrush und Paige Raibmon (UBC Vancouver) bin ich unendlich dankbar dafür, dass sie mein naives Verständnis von «traditionellem Wissen» auf den Kopf gestellt haben. Für Unterstützung, Humor, kritische Fragen und Inspiration danke ich Cristina Andenna (Saarbrücken), Julia Burkhardt (München), Gerald Hagemann (München), Timo Heimerdinger (Freiburg), Steffen Jung (München), Melanie Klinger (Mannheim), Christine und Elmar Klukas (Vancouver),

Stephan Müller (Wien), Silvia Negri (Zürich), Johannes Paulmann (Mainz), Christian Queva (Mannheim), Lyndal Roper (Oxford), Marlene Rückert (Ludwigsburg), Michael Schaich (London), Bernd Schneidmüller (Heidelberg), Peter Strohschneider (München), Stig Tenold (Bergen), Rosemarie Tracy (Mannheim), Frank Trentmann (London), Julia Zimmermann (Graz) und Ruben Zimmermann (Mainz). Sie alle haben mich auf verschiedenste Weise motiviert. Nora Berend bin ich herzlich dankbar für zwei arbeitsintensive Forschungsaufenthalte an der Universität Cambridge, meiner Agentin Nina Sillem für Zuoz und dafür, dass sie das Projekt von Anfang bis Ende wie einen kostbaren Schatz gehütet, begleitet und zum Leuchten gebracht hat, und Frank Pöhlmann (Rowohlt) für die sorgfältige Endredaktion des Textes. Schließlich möchte ich meiner geliebten Tante Berta danken für die Großzügigkeit und den Humor, die sie auf den Wanderungen durch Höllenkreise und Läuterungsfeuer nie verloren hat.

BILDNACHWEIS

Seite 31: © Peter Palm, Berlin; **Seite 39:** The History Collection/Alamy Stock Photo; **Seite 43:** bpk/Alinari Archives/Serge Domingie; **Seite 53:** bpk/Staatsgalerie Stuttgart (Gula. Kupferstich von Pieter van der Heyden nach einer Vorlage von Pieter Bruegel d. Ä. aus der Serie «Die sieben Todsünden», 1558, Ausschnitt); **Seite 87:** Image and original data provided by Wellcome Collection, London/PD Mark 1.0 Universal; **Seite 95:** Penta Springs Limited/Alamy Stock Foto (Avaritia aus der Serie «Die sieben Todsünden», Ausschnitt); **Seite 121:** bpk/Alinari Archives/Microfoto; **Seite 135:** bpk/Hamburger Kunsthalle/Christoph Irrgang (Luxuria aus der Serie «Die sieben Todsünden», Ausschnitt); **Seite 161 links:** bpk/Städel Museum; **Seite 161 rechts:** Nachzeichnung Christine Lohmann; **Seite 164:** Annette Kehnel; **Seite 172:** ullstein bild – imageBROKER/Jiri Hubatka; **Seite 189:** bpk/Hamburger Kunsthalle/Christoph Irrgang (Acedia/Desidia aus der Serie «Die sieben Todsünden», Ausschnitt); **Seite 196:** commons.wikimedia.org/wiki/File:Dürer_Melancholia_I.jpg/PD-Art/Städel Museum; **Seite 211:** Heritage Image Partnership Ltd/Alamy Stock Foto; **Seite 225:** MET/BOT/Alamy Stock Foto (Invidia aus der Serie «Die sieben Todsünden», Ausschnitt); **Seite 234:** Prado, Madrid/akg-images/Erich Lessing; **Seite 251:** bpk/Hamburger Kunsthalle/Christoph Irrgang (Ira aus der Serie «Die sieben Todsünden», Ausschnitt); **Seite 254:** commons.wikimedia.org/wiki/File:Martyrdom_of_Thomas_Becket_-_Psalter_(c.1220),_f.32_-_BL_Harley_MS_5102.jpg/CC0 1.0 Universal; **Seite 275:** Staats- und Stadtbibliothek Augsburg: Sam[m]lung aller Denkmale des Westphälischen Friedens, welche vom Jahr 1650 an, biß 1789... sind ausgetheilt worden. Augsburg 1790. Signatur: 2 S 115, Friedensgemälde 1663, Blatt 17 verso; **Seite 285:** bpk/Hamburger Kunsthalle/Christoph Irrgang (Superbia aus der Serie «Die sieben Todsünden», Ausschnitt); **Seite 292:** Photo © Minneapolis Institute of Art/Bridgeman Images; **Seite 296:** bpk/Hermann Buresch; **Seite 307:** Museo Archeologico Prenestino, Palestrina, Rom/akg-images/De Agostini/S. Vannini; **Seite 314:** Ms lat. 1246, BNF/Photo: Tallandier/Bridgeman Images; **Seite 315:** Ms lat. 1246, BNF/Photo © Photo Josse/Bridgeman Images; **Seite 316:** Ms lat. 1246, BNF/Photo © Photo Josse/Bridgeman Images